BIM 技术应用丛书

BIM 第一维度
——项目不同阶段的 BIM 应用

葛　清　主　编
赵　斌　何　波　副主编

中国建筑工业出版社

图书在版编目（CIP）数据

BIM第一维度——项目不同阶段的BIM应用/葛清主编. —北京：中国建筑工业出版社，2013.5
（BIM技术应用丛书）
ISBN 978-7-112-15386-2

Ⅰ.①B… Ⅱ.①葛… Ⅲ.①建筑业-信息管理-研究
Ⅳ.①F407.9

中国版本图书馆CIP数据核字（2013）第084708号

本书是《BIM技术应用丛书》之一，全书对项目不同阶段如何应用BIM维度及BIM技术进行了系统全面的介绍。全书共9章，内容包括：业主主导的BIM应用模式和效益分析，项目设计阶段的BIM应用——参数化设计，项目设计阶段的BIM应用——建筑性能分析，项目施工阶段的BIM应用，项目施工阶段的BIM应用——工程监理，项目深化设计和工厂制造的BIM应用——幕墙，项目深化设计和工厂制造的BIM应用——钢结构，项目运营阶段的BIM应用，BIM工具与应用环境。附录是上海中心项目主要参与方招标文件BIM技术要求。本书内容系统全面，知识性、可读性强，既可作为工程建设管理人员和技术人员了解BIM知识的参考书，也可作为高等院校、行业协会学会等的教学研究参考书。

责任编辑：范业庶
责任设计：陈　旭
责任校对：王雪竹　赵　颖

BIM技术应用丛书
BIM第一维度——项目不同阶段的BIM应用
葛　清　主　编
赵　斌　何　波　副主编
*
中国建筑工业出版社出版、发行（北京西郊百万庄）
各地新华书店、建筑书店经销
北京红光制版公司制版
廊坊市海涛印刷有限公司印刷
*
开本：787×1092毫米　1/16　印张：17½　字数：430千字
2013年7月第一版　2017年9月第五次印刷
定价：**55.00**元
ISBN 978-7-112-15386-2
（23483）

本书编委会

主　　编： 葛　清

副 主 编： 赵　斌　何　波

编　　委： 葛　清　赵　斌　何　波　彭　武　谢　宜　卞若宁　胡　琦　刘　珩　沈　峰　王　鑫　俞晓萌　曹洁华

丛书主编： 何关培

丛书前言（补充）

让 BIM 成为全球工程建设行业广泛接受的专业术语的主要推动者之一，乔治亚理工学院教授、行业分析家 Jerry Laiserin 在 2008 年说过这样一段话："100％ BIM…，我们不知道什么是 100％ BIM。" BIM 是一个还在不断快速发展的技术。

2010 年上半年，作者和中国建筑工业出版社责任编辑范业庶先生筹划《BIM 技术应用丛书》的时候，我们就一起商定该丛书是一套开放的丛书，以便持续反映不断发展的 BIM 技术在我国工程建设各个领域的研究和应用成果。

2011 年 8 月，《BIM 第二维度——项目不同参与方的 BIM 应用》出版以后，发现了一个跟书名有关的小小问题，这个问题就是"维度"这个词的使用问题。

丛书第一个系列共有 5 本，书名如下：

- 第一册：《那个叫 BIM 的东西究竟是什么》
- 第二册：《BIM 总论》
- 第三册：《BIM 第一维度——项目不同阶段的 BIM 应用》
- 第四册：《BIM 第二维度——项目不同参与方的 BIM 应用》
- 第五册：《BIM 第三维度——不同层次和深度的 BIM 应用》

书名里面的第一、第二、第三维度是指解析和理解 BIM 的三个不同角度，鉴于 BIM 技术的服务阶段涉及项目全生命周期、服务对象包括建设项目所有利益相关方、目前统计的各种应用有几十种之多的实际情况，要找到一种合适的方法才能把 BIM 讲清楚、才能有助于 BIM 的理解和普及应用，三个维度理解 BIM 就是作者及其同行们这种努力探索的结果。本来这是一件比较清楚的事情。

这个小小的问题在于，BIM 本身代表"多维工程信息模型"，而 3D/4D/5D/xD 又是 BIM 应用过程中诀不离口的口诀，因此 BIM 应用的"维度"和 BIM 丛书书名的"维度"就在这里"撞词"了。幸亏 BIM 应用维度的习惯用法是 BIM 3D 应用（三维应用）、4D 应用（四维应用）、5D 应用（五维应用）、xD 应用（x 维应用）等，而书名用的是第一维度、第二维度、第三维度；更幸亏丛书书名到第三维度就结束了，而 BIM 应用则刚从三维开始。因此混淆的机会不是太多。

尽管如此，还是需要说明，上述书名的真正含义可以解释如下：

- 第三册：《理解 BIM 的第一个角度—— 项目不同阶段的 BIM 应用》

- 第四册：《理解 BIM 的第二个角度——项目不同参与方的 BIM 应用》
- 第五册：《理解 BIM 的第三个角度——不同层次和深度的 BIM 应用》

丛书会不断增添新的成员，BIM 也还是一个正在成熟过程中的技术，借此机会对所有关心、支持 BIM 技术发展的专家、同行表示敬意！

何关培

2011 年 9 月

丛书前言

时间跨入 2011 年，对中国工程建设行业的从业人员来说，BIM 已经不再是一个陌生的名词和术语，北京奥运会部分场馆、上海世博会部分场馆以及目前国内在建第一高楼 632m 的上海中心在设计、施工过程中都能在不同程度上看到 BIM 的身影。

但是，对服务于建设项目不同阶段的不同参与方来说，如何能够把 BIM 和自己的专业职责结合起来，从而提高工作质量和效率？对负责于建设项目全生命周期的业主或开发商来说，如何能够通过集成和协调所有项目参与方的努力和贡献使 BIM 能够帮助提升项目的总体质量和效率？目前都还有待通过进一步的理论研究和工程实践去逐步解决。

同任何一种新技术新方法的发展成熟和普及应用过程一样，要研究、实践并最终回答跟 BIM 有关的上述问题，足够数量和种类的跟 BIM 有关的图书资料不可或缺。

目前国内能够看到的 BIM 图书基本上分为两类：一类是学校和科研机构撰写的教材类书籍，如中国建筑工业出版社 2005 年初版的《建设工程信息化——BIM 理论与实践丛书》，2007 年初版的《建筑数字技术系列教材》等，其主要读者是学校师生；另一类是软件厂商和用户撰写的各种软件使用手册和指南，主要读者是不同软件的实际操作者。

而作为行业中坚力量的政府、业主、设计、施工、运营等各类机构的战略制定者、技术负责人、项目负责人和专业负责人来说，却很难找到适合他们阅读和参考的 BIM 及相关技术图书，这个人群真正关心的重点既不是纯粹的 BIM 理论问题，也不是具体软件的操作问题，他们需要了解的是 BIM 能够为其服务的机构、项目和专业带来一些什么价值，以及如何实现这些价值。

本丛书旨在填补这方面资料的缺失，丛书的撰写人员主要来自于政府主管部门、开发商、设计、施工、BIM 咨询服务和软件机构的一线技术负责岗位，都具有丰富的 BIM 实际工程应用经验。相信以这些经验为基础编就的本套丛书能够对其他同行即将开展的 BIM 认识和实践有所参考。

阅读本丛书并不需要太多的计算机和软件操作经验，但需要对建设工程的设计、施工、运营过程生命周期有一定的认识和理解。

本丛书共计五册，分别为：

第一册：《那个叫 BIM 的东西究竟是什么》

第二册：《BIM 总论》

第三册：《BIM 第一维度——项目不同阶段的 BIM 应用》

第四册：《BIM 第二维度——项目不同参与方的 BIM 应用》

第五册：《BIM 第三维度——不同层次和深度的 BIM 应用》

其中第一册和后四册从文字风格、体例编排和内容上都相对独立，可以看成是后四册的一个引子或者准备读物；后四册是一个比较完整的系列，分别从整体角度和三个不同维度对 BIM 技术的应用进行了深入讨论。

值此丛书付印之际，首先要感谢中国建筑工业出版社责任编辑范业庶先生和封毅女士，没有他们二位的精心策划和积极推动，就不会有这套丛书的出版。此外，我要借这个机会对全体丛书编委在极其繁忙的日常工作中抽时间投入撰写工作表示崇高的敬意，正是由于你们的积极努力和勤奋工作才有了本丛书的问世！

何关培

2011 年 1 月

本 书 前 言

我是 2007 年开始接触 BIM 的。当时何关培先生大概花了半个小时给我作了些简要的介绍，出于长期从事工程技术工作的敏感，我意识到 BIM 对于上海中心建设的重要性。相对于金茂大厦、环球金融中心，上海中心是完全由中国人自己主导建设的一幢超高层建筑，事实上在完成初步设计以后，无论是设计、施工还是现场管理，已经没有了外方顾问团队的踪影。凭心而论，我们缺乏掌控这样一个超高难度项目的经验，对于负责工程和技术的本人，更是忐忑不安。参与到上海中心技术工作的各类设计、顾问团队 30 余家，前后近千人。到目前为止，施工图完成 12000 余张，各类施工深化设计图纸已经超过 80000 张，最终可能到达 150000 张。海量的信息如何在业主、设计、总包及各类工程分包单位中准确、快速的传递是一个令人头疼的事情。如果没有一个有效的信息平台和组织架构以及高效、合理的管理流程，信息之间的误会就足够叫人抓狂，更不要说多如牛毛的功能调整、各种技术原则的研究确定、各类技术系统的形成、工程的实施等只能依靠人全身心投入的工作。业主本身的工程技术管理团队只有 10 人，这无疑是我们必须面对的挑战，而 BIM 则为我们迎接这种挑战提供了新的武器。

道路并不平坦，整个团队似乎只有我才模糊地感知到 BIM 是什么东西。而更多的人在还没搞清这三个英文字是什么东西的情况下就发出了人类本能的反对声音。这在意料之外，又在情理之中。仿佛大多数人只对自己熟悉的东西才抱有好感或者认同，而对不在自己字典里的东西则天然地生出排斥之心。从这个意义上讲，改革开放是一件多么不容易的事件?！我们天天喊着创新，却时时对新的事物心存疑虑。不了解，所以是错的，这是不少人的思维逻辑。但对于要负责技术、工程工作的我，不得不思考面临的挑战会给我带来多大的压力和麻烦。经过一年的拉锯战，在质疑声渐渐平息之后，在公司主要领导的支持下，在战略合作伙伴 AUTODESK 指导下，我把 BIM 的工作要求写入了总包招标文件以及后来的主要分项工程的招标文件之中。当时只有我一个人还算了解这是怎么回事的情况下，我只能使用业主的权利，要求那些还不知道 BIM 为何物的投标单位去研究、运用 BIM。因为要公司花巨资去聘请一个当时还很不成熟的咨询公司去做这项工作的办法不可行，只能激起更多的反对；同时也没有这样的一个团队可以面对这样复杂的一个工程，因为当时的 BIM 运用大多只停留在设计阶段，和工程实施相结合还没有成功的先例。这无疑是个冒险！但当时的情况下，没有更好的办法。

后来我有了专职的 BIM 经理——赵斌先生，他是个比我更专业的人。在他和逐渐增加的总包、分包 BIM 团队的努力下，上海中心 BIM 工作走上了正轨。这个过程中得到了李邵键、姚奔、王轶群、张学生等团队的大力支持。从 2009 年至今，在经过了一个抵触、接受、学习、实践、提升的过程后，上海中心的 BIM 团队成长到 70 余人。熬过开始的阶段，近两年多来，我看到了 BIM 在土建、钢结构、机电、幕墙、施工、监理等各个方面的运用结出了丰硕的成果，而现在向室内装饰工程、造价管理、物业管理等各个方面延伸。最终我们形成了“以业主为主导、各参建单位共同参与的 BIM 运用模式”。故事还在延续，可能后面更精彩。

上海中心是一个具有中国特色的工程，在完成方案设计之后就开始桩基施工，开工迄今已经历时四年多了，楼也长到了近 500m 高。边设计、边优化、边调整、边审批、边施工，每个环节紧紧相扣，这真是中国的建设速度。而我们到现在为止所幸没有发生大的返工。这当然归功于整个团队的不懈努力，但是还有我们的 BIM 在默默地作出巨大的贡献。现在有人跟我说：没有 BIM，这幢楼恐怕造不起来。

希望我们的经历和取得的一些经验会给你们有益的帮助，也希望上海中心的实践能为中国的 BIM 发展带来积极的促进作用，因为我们正在迎接工程建设行业的第二次信息革命。在这个革命征途中，我们在努力，我们在痛苦，同时我们也在享受阶段性胜利带来的喜悦。

本书各章的编写分工如下：

1. 业主主导的 BIM 应用模式和效益分析——葛清；
2. 项目设计阶段的 BIM 应用——参数化设计——彭武；
3. 项目设计阶段的 BIM 应用——建筑性能分析——谢宜；
4. 项目施工阶段的 BIM 应用——卞若宁　俞晓萌；
5. 项目施工阶段的 BIM 应用——工程监理——胡琦　王鑫；
6. 项目深化设计和工厂制造的 BIM 应用——幕墙——刘珩；
7. 项目深化设计和工厂制造的 BIM 应用——钢结构——曹洁华　沈峰；
8. 项目运营阶段的 BIM 应用——胡琦　王鑫；
9. BIM 工具与应用环境——何波。

本书由何关培和葛清负责统稿。

葛　清

2013 年 2 月

目　　录

1　业主主导的BIM应用模式和效益分析 …… 1
1.1　上海中心大厦工程建设管理模式选择 …… 1
1.1.1　工程简介 …… 1
1.1.2　工程特点及其面临的难题 …… 2
1.1.3　项目BIM信息化精益管理模式 …… 4
1.2　基于BIM技术构建项目的管理架构及管理流程 …… 5
1.2.1　管理架构设计原则 …… 5
1.2.2　管理的主要内容和职责分工 …… 7
1.2.3　构建新的管理架构和流程 …… 9
1.3　新型管理模式如何提升管理效益 …… 10
1.3.1　新型管理模式对设计阶段的管理效益提升分析 …… 11
1.3.2　新型管理模式对施工阶段的管理效益提升分析 …… 13
1.3.3　新型管理模式对运维阶段的管理效益提升分析 …… 15
1.3.4　制定合理的BIM技术运用成本和利益分配制度 …… 16
1.4　展望 …… 16
参考文献 …… 17
2　项目设计阶段的BIM应用——参数化设计 …… 19
2.1　新的征程——整合全球资源的数字化设计 …… 19
2.1.1　参数化设计的作用与原则 …… 19
2.1.2　参数化设计的基础概念——生成算法与关联性模型 …… 20
2.1.3　公式驱动的上海中心大厦参数化模型——基准平面和指数收分 …… 20
2.1.4　基于聚合形态理论的复杂建筑表皮（Polymorphism） …… 23
2.1.5　幕墙支撑结构（CWSS）——BIM平台的跨软件数据联动 …… 26
2.2　基于数字平台的性能化设计（Performance-Based Design） …… 28
2.2.1　性能化设计的关键作用 …… 28
2.2.2　性能化设计的多专业协同 …… 29
2.2.3　未来的机遇 …… 31
2.3　BIM平台的设计成果交付 …… 31
2.3.1　走在前面的BIM …… 31
2.3.2　分布式BIM模型 …… 32

2.3.3 BIM——范式的转换 …… 33
参考文献 …… 33
3 项目设计阶段的BIM应用——建筑性能分析 …… 34
3.1 建筑性能指标分类 …… 34
3.1.1 建筑性能指标常用分类 …… 34
3.1.2 建筑性能指标各学科简介 …… 35
3.2 绿色建筑规范介绍及绿色建筑与传统建筑的差异 …… 37
3.2.1 国内外绿色建筑标准体系简介 …… 37
3.2.2 传统建筑与绿色建筑的对比 …… 38
3.3 建筑性能指标分析数字化 …… 40
3.3.1 建筑性能指标分析数字化现状 …… 40
3.3.2 建筑性能指标分析数字化实施方法 …… 41
3.4 BIM建筑性能分析数据处理和计算方法 …… 43
3.4.1 BIM建筑性能分析流程 …… 43
3.4.2 BIM建筑性能分析指标计算方法 …… 47
3.5 BIM建筑性能分析指标的解读 …… 50
3.5.1 BIM建筑性能分析指标的理解 …… 50
3.5.2 BIM建筑性能分析指标成果的判读 …… 51
3.6 小结 …… 58
参考文献 …… 58
4 项目施工阶段的BIM应用 …… 59
4.1 引言 …… 59
4.2 BIM在项目施工阶段应用的难点 …… 60
4.3 项目BIM管理体系 …… 60
4.4 BIM在项目施工阶段的实施方法 …… 61
4.4.1 概述 …… 61
4.4.2 团队构建和工作定位 …… 62
4.4.3 软硬件配置与培训 …… 63
4.5 BIM模型的建立与质量控制 …… 65
4.5.1 模型建立原则 …… 65
4.5.2 模型质量控制 …… 66
4.6 构建BIM模型技术标准 …… 66
4.6.1 BIM模型的应用、修改和维护 …… 67
4.6.2 施工现场模拟 …… 68
4.6.3 大型机械运行空间分析 …… 69
4.6.4 施工虚拟预演和进度分析 …… 71
4.6.5 碰撞检查 …… 72

4.6.6 自建族模型 …… 73
4.6.7 工程算量 …… 74
4.7 BIM 应用的局限和相应建议 …… 75
4.7.1 技术问题 …… 76
4.7.2 管理问题 …… 78
4.8 结语 …… 79
5 项目施工阶段的 BIM 应用——工程监理 …… 81
5.1 BIM 工程监理应用内容 …… 81
5.2 BIM 工程监理应用架构 …… 82
5.3 BIM 工程监理功能定位 …… 84
5.4 基于 BIM 技术质量监管 …… 86
5.5 基于 BIM 技术管理协同 …… 87
5.6 现场管理采集与 BIM 模型数据对比 …… 88
5.7 基于 BIM 技术工程算量 …… 89
6 项目深化设计和工厂制造的 BIM 应用——幕墙 …… 91
6.1 工厂级幕墙 BIM 模型及创建 …… 91
6.1.1 概述 …… 91
6.1.2 工厂级幕墙 BIM 模型 …… 92
6.1.3 工厂级幕墙 BIM 模型的创建 …… 93
6.2 BIM 模型在幕墙深化设计阶段的应用 …… 96
6.2.1 基于 BIM 模型的幕墙深化设计 …… 97
6.2.2 基于 BIM 模型的细部构造设计 …… 99
6.2.3 基于 BIM 模型的设计变更响应 …… 100
6.3 基于 BIM 的幕墙加工组装分析 …… 102
6.3.1 幕墙用设备材料统计 …… 102
6.3.2 幕墙构件加工 …… 105
6.3.3 幕墙单元组装模拟 …… 106
6.4 目前的限制及未来的趋势预测 …… 109
参考文献 …… 110
7 项目深化设计和工厂制造的 BIM 应用——钢结构 …… 111
7.1 钢结构加工制造 BIM 应用概述 …… 111
7.2 钢结构详图 BIM 模型及创建 …… 111
7.2.1 钢结构详图 BIM 模型 …… 111
7.2.2 钢结构详图 BIM 模型的创建 …… 113
7.2.3 基于 BIM 模型的设计出图 …… 119
7.2.4 钢结构详图 BIM 模型与其他专业 BIM 模型的响应 …… 124
7.3 基于钢结构 BIM 模型的数字建造 …… 126

8　项目运营阶段的 BIM 应用 …… 131
8.1　项目运营阶段职能 …… 132
8.1.1　项目运营阶段相关概念 …… 134
8.1.2　项目运营期与项目建设期关系 …… 134
8.1.3　建设期 BIM 与项目运营 …… 135
8.2　项目运营阶段 BIM 应用基础 …… 135
8.2.1　项目运营阶段 BIM 模型的建立 …… 138
8.2.2　建设期 BIM 与运营阶段 BIM 的结合 …… 138
8.2.3　项目运营管理工具与全寿命 BIM 的结合 …… 139
8.3　项目运营阶段 BIM 应用软件 …… 140
8.4　项目运营阶段 BIM 应用需求 …… 143
8.4.1　空间管理 …… 144
8.4.2　运营管理 …… 146
8.4.3　资产管理 …… 147
8.4.4　维护管理 …… 148
8.4.5　大楼健康监测管理 …… 148
8.5　基于 BIM 的项目优化运营 …… 151
8.5.1　节能优化运营 …… 151
8.5.2　优化安全模式运营 …… 152
8.5.3　应急管理 …… 153
8.6　项目运营、BIM 与物联网 …… 153
参考文献 …… 154
9　BIM 工具与应用环境 …… 155
9.1　BIM 工具 …… 155
9.1.1　项目阶段与常用 BIM 工具 …… 155
9.1.2　BIM 软件数据交换 …… 157
9.1.3　常用 BIM 工具 …… 159
9.2　BIM 应用环境 …… 183
9.2.1　硬件环境 …… 183
9.2.2　软件环境 …… 186
9.2.3　BIM 工作流程 …… 186
9.2.4　模型标准 …… 189
9.2.5　BIM 团队成员结构 …… 191
参考文献 …… 191
附录　上海中心项目主要参与方招标文件 BIM 技术要求 …… 192
A.1　施工总包 BIM 技术要求 …… 192
A.2　机电分包 BIM 技术要求 …… 194

A.3 钢结构分包的 BIM 技术要求 …… 197
A.4 幕墙分包 BIM 技术要求 …… 199
A.5 裙房幕墙分包 BIM 技术要求 …… 201
A.6 自动扶梯分包 BIM 技术要求 …… 203
A.7 擦窗机分包 BIM 技术要求 …… 206
A.8 泛光照明 BIM 技术要求 …… 208

编委简历 …… 211

1　业主主导的BIM应用模式和效益分析

作为建设单位的业主来说，BIM在项目各阶段的应用通常可以采取两种模式，第一种是项目参建单位按照常规方式完成相应工程任务，业主聘请独立的BIM咨询服务机构进行各阶段BIM应用；第二种模式是以合约形式要求参建单位应用BIM履行全部或部分合同规定的职责。本章以上海中心大厦项目BIM应用为例，介绍采取第二种BIM应用模式时业主的决策和实施路线及应用成效。

1.1　上海中心大厦工程建设管理模式选择

1.1.1　工程简介

1. 基本概况

上海中心大厦主体建筑结构高度为580m，总高度为632m，地下5层、地上121层。其造型美观，双层幕墙，轻盈通透，外层幕墙的旋转达到建筑造型效果，如图1-1所示。作为中国在建的第二高楼（上海第一），是一个特大型、多功能超高层建筑项目，单体建筑面积超过57.6万m^2。

本项目建成后，将包括办公、酒店、会议中心、商业、观光平台等多种经营业态。而且，将与金茂大厦、环球金融中心等组成和谐的超高层建筑群，形成小陆家嘴中心区新的天际线，展现浦东改革开放成果和陆家嘴金融贸易区的时代风貌。围绕自然、人文、未来的建设理念，打造一座能代表时代特征的垂直社区、绿色社区、智慧社区、

图1-1　上海中心大厦效果图（本图见书后彩图）

文化社区。既是对中国过去的回顾，又是对中国未来的展望。

本工程项目建设单位为上海中心大厦建设发展有限公司。项目建设追求的不仅是建筑高度，更是理念高度、科技高度、文化高度、管理高度，尤其是对于“管理高度”，期望引领建筑工程领域的项目管理发展方向，力求在行业中发挥引领和示范作用，并且塑造可持续性建筑的典范——中国绿建三星奖和LEED金奖双认证。

2. 功能定位

根据上海市发展金融服务业、建设国际金融中心的战略目标，“上海中心”将建成为浦东陆家嘴金融城的标志性建筑和上海金融服务业的重要载体。同时，“上海中心”将在优化陆家嘴地区整体规划、完善城市空间、提升上海金融中心综合配套功能、促进现代服务业集聚等方面发挥重要作用。为此，“上海中心”具有五大功能：

（1）国际标准的24小时甲级办公

针对银行、保险、证券、基金等金融服务业、跨国公司地区总部、现代新型服务业等差异化办公需求，提供全天候、定制式办公空间、系统和服务。办公产品包括低、中、高区不同产业集聚的塔楼办公，超高层全球顶级企业馆等。

（2）超五星级酒店和配套设施

引入国际顶级酒店管理公司，为全球高端客人提供个性化服务、体验式住宿环境和共享交流的空间。

（3）主题精品商业

以沿街裙房3～4层建筑形态和外立面创意化造型，为奢侈品牌提供一个独立旗舰馆，集办公、展示展售、小型秀场、VIP接待等功能于一体，彰显品牌卓越气质和独特个性。

（4）观光和文化休闲娱乐

突破8小时以外小陆家嘴地区的空城现象，成为集观光购物、娱乐、餐饮、休闲功能于一体的商业文化城。

（5）特色会议设施

在高区有可以观景的会议设施，在裙房有2000多m^2的多功能会议中心和1000多m^2的多功能宴会厅，满足个性化活动、重大会议以及文化娱乐活动的需求。

项目建成后，“上海中心”将与金茂大厦、环球金融中心共同组成上海重要的“金融服务中心、商务配套中心、公共活动中心”，为上海“四个中心”建设、发展现代服务业和国际大都市建设提供必要的载体。

1.1.2 工程特点及其面临的难题

1. 工程特点分析

上海中心大厦建设工程因其独有的建筑风格、特有的人文风情、独特的功能定位，故在建设阶段有其显著的工程特点，主要体现在建筑系统、设计理念、参建单位、工程信息等方面。

（1）建筑分支系统复杂

巨大的体量、超常的高度、丰富的功能和独特的定位，决定了上海中心大厦建筑系统的复杂程度。仅就主要系统而言，就包括8大建筑功能综合体、7种结构体系、30余个机电子系统、30余个智能化子系统。这些系统既相互联系，又有一定的独立性；既相辅相成，又常常出现各种矛盾。

(2) 项目参建单位众多

建筑系统的复杂性直接决定了项目涉及学科的多样性。上海中心大厦的设计团队包括建筑结构、机电、消防、幕墙等30余家咨询单位。在施工总承包单位管理下，参与施工的分包队伍将达到十几家，涉及基础、结构、机电等专业工程。巨大的建筑和机电材料采购量决定了在上海中心大厦整个建设过程中，将有数量众多的设备、材料等供货方。此外，本项目还将在银行、保险、财务、行政、广告、公关等领域与不同单位展开广泛的合作。

(3) 工程建设信息海量

对于上海中心而言，其建筑分支系统辅助、项目参建单位众多。因此，针对不同建筑系统、不同参建单位，在工程建设的不同阶段，将包含大量的建筑、结构、机电安装等相关信息。初步估计，本工程的设计图、施工图、钢结构等深化图的图纸量将超过8万张，数量巨大，体量惊人。

(4) 创新设计理念先进

为了追求垂直城市和绿色超高层建筑的建筑目标，上海中心大厦采用了众多先进的设计理念。比如，独一无二的建筑形式，平面120°旋转，立面竖向收分55%；旋转、收分、上升的幕墙系统；楼顶塔冠部分的风力发电设施；各区域里的公共中庭设计等。

2. 管理难点分析

高规格的要求带来高规格的标准，高规格的标准面临高难度的问题。本工程特点突出，导致业主对工程建设的管理难度十分巨大，主要难题涉及统筹协调、投资控制、进度控制、信息共享、合同管理等方面内容。

(1) 项目统筹协调阻力大

由于工程分支系统复杂、项目参建单位众多，二程建设的各个方面、各个环节、各个系统之间都存在相互关联的联系。同时，巨大的建筑和机电材料采购量决定整个建设过程中必然要对数量众多的供货方进行有序地管理。然而，如此多的项目参建方均有各自的管理体系和优势，建设单位在统一管理时难度相对较大；而且利益最大化的驱使使得企业遇到项目统筹协调的阻力会比较大。因此，这对建设单位进行项目的统筹协调、有效管理提出了非常大的挑战。

(2) 海量信息共享传递难

本工程设计信息、施工信息、安装信息等数据繁多，将分别保存在设计图、施工图、竣工图等资料中，图纸数据巨大。大量的图纸和资料若以文本的形式记录下来，将堆积如山，需要非常大的专用空间进行存储；而且，这些大量信息的分类、保存、分析、更新和管理工作难度巨大。建设单位若将这些海量的信息以文本的形式进行传递并让参建各方有效共享，可想而知是多么难以想象的情景。当工程项目开始实施后，还会产生海量的工程数据，这些数据获取的及时性和准确性直接影响到各单位、班组的协调性水平和项目的精细化管理水平。海量信息有效传递难度大、信息无法有效地共享将成为制约本工程顺利建设和影响建设单位管理效率提高最关键的因素之一。

(3) 成本合同管控难度大

本项目预算总投资约 120 亿元人民币，巨额的投资控制必须用精确的计算模型和管理手段加以保障。如何将账面投资与实际建设进度有效结合、实时掌握项目过程的实际进程情况，并确保最终控制目标的实现是建设单位亟需解决的关键问题之一。而且，本工程建设周期较长，为 72 个月；参见单位众多，超过 40 家；各类合同的数量巨大，建设单位对合同的管理难度将非常高。

(4) 进度质量控制要求高

本项目施工周期紧，整个项目施工周期为 72 个月，与体量小 19.7 万 m^2 的上海环球金融中心（38 万 m^2）的施工工期基本相同（环球金融中心施工工期为 72 个月），这对于本工程进度控制提出了不小的挑战。同时，本工程建筑难度大、施工工艺复杂，较多创新性的设计理念首次在如此高的超高层建筑中大范围使用，这对在保证工程进度的同时，保证工程质量创优提出了更高的要求。要保证现场施工的顺利进行，不至于影响施工质量和进度，这对项目建设单位管理的精细化水平提出了极高的要求。

上述这些工程管理的难题给业主管理部门提出了严峻的挑战。需要管理者建立专门的精益化管理模式，采用一揽子的工程管理模型，运用行之有效的信息化技术，将设计、施工、管理、投资控制等各项工作内容纳入同一个信息化的管理平台中进行统筹协调，切实解决前述本工程建设过程中的各种企业管理难题。

1.1.3 项目 BIM 信息化精益管理模式

项目的建设理念是“至高、至尊、至精”。这就要求我们的管理能力和管理水平达到“至高、至精、至远”的高度。

参考《BIM 技术应用丛书》中的有关内容可知，从 BIM 应用维和 BIM 能力维两个维度同时推进 BIM 技术的应用与管理，使 BIM 真正意义上成为新型项目管理架构的核心部分，充分发挥信息化平台的经济效益和提升工程品质，实现一个超出软件系统平台的广义的综合管理平台，即终极阶段的集成 BIM 应用，“让所有参建人员运用 BIM 技术开展所有项目的所有工作”。同时，由于建设单位驱使下的 BIM 应用模式更能发挥 BIM 技术的管理效益，故可建立一套建设单位牵头、各参建单位共同参与的 BIM 信息化技术精细化管理模式，最能体现 BIM 的作用和价值。

因此，对于上海中心大厦工程项目而言，可以采取观念上的转变和机制上的创新，建立一种“建设单位主导、参建单位共同参与的基于 BIM 信息化技术的精益化管理模式”，实现参建各方尤其是建设单位对本工程建设项目进行有效的管理。这种新型的精益化管理模式的信息传递方式如图 1-2 所示。项目参建各方的项目相关信息存储在公共的 BIM 数据平台中，而参建各方间也通过对 BIM 技术的应用和管理，在虚拟的平台中形成了一种精益化的管理模式。当然，这个平台是在参建各方原有内部组织结构的基础上建立的一个具有共同工作平台的环形架构，可以真正实现信息的充分共享和无缝管理。

当然，若采用图 1-2 所示的管理模式，其前提条件是：要求“上海中心”的参与团队全面掌握 BIM 技术。因此，必须以合同的形式对参建各方的 BIM 技术应用能力和水平进行规定，以便于项目参建各方都能站在业主的立场全面推动 BIM 信息技术的运用，在此基础上进一步构建基于技术信息化和管理信息化相结合的项目建设框架。

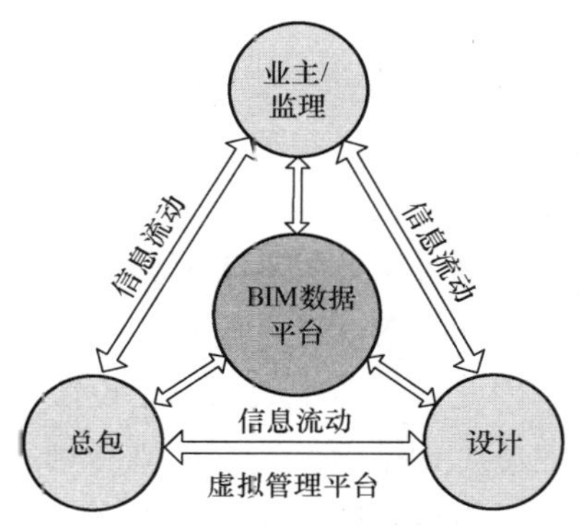

图 1-2　基于 BIM 信息技术的“三位一体”精细化管理模式（本图见书后彩图）

通过这种信息传递和管理模式，使建设项目信息在规划、设计、建造和运营维护全过程充分共享、无损传递，可以使建设项目的所有参与方在项目从概念产生到完全拆除的整个生命周期内都能够在模型中操作信息和在信息中操作模型，进行协同工作，从根本上改变过去依靠文字符号形式表达的蓝图进行项目建设和运营管理的工作方式。

就目前的情况来看，对于上海中心大厦工程建设的建设单位、承包单位、设计单位、分包单位而言，BIM 所涉及的软件技术是比较容易掌握的，硬件技术的不断发展也为全方位推动这一新型管理模式创造了基础条件。故上海中心大厦工程建设已经具备了采取“建设单位主导、参建单位共同参与的基于 BIM 技术的精益化管理模式”的基本条件。

1.2　基于 BIM 技术构建项目的管理架构及管理流程

1.2.1　管理架构设计原则

对于上海中心大厦这样一个由业主、设计、总包、分包、供应商等几十家单位为了一个共同目标而构成的具有阶段性特征的项目建设团队，每家的文化、管理流程、员工素质不尽相同，面对这样一个错综复杂的团队，为了很好地发挥所有单位的合力并有效地对所有参建单位进行管理，需以组织行为学为指导，从权利和影响力、权力与授权、团队的作用等角度设计项目的组织体系，形成统一的工作标准和沟通平台，是做好项目建设团队的有力措施和基础工作。

针对上海中心大厦建设的工程特点和我国建设工程管理过程中的不足之处，借鉴国际上先进管理经验和学术领域精益化管理的发展趋势，基于 BIM 信息化技术的上海中心大厦建设发展有限公司精益化管理模式的设计遵循以下原则：

1. 全员参与和专业分工相结合原则

本工程非常复杂，为了高效、高质完成本工程建设，除了建设单位，项目参建各方都负有一定的项目管理责任，也都有项目管理的义务。因此，在工程建设过程中应注重培养所有项目管理人员的全员参与意识，项目的质量、进度、投资等控制目标与所有成员息息相关。

本工程具有涉及专业面广、知识密集性高的特点，任何一个参建单位和任何一个成员都不可能具有项目管理要求的所有专业知识，对于具体专业工程和专业技术，还需要具有项目管理专业知识技能的管理人员。因此，在强调全员参与的同时还应注重各专业的分工，针对工程施工的各个环节或各个专业指定单位或个人具体负责，专人专职，切实落实各参建单位、各专业人员风险管理职责。

因此，上海中心大厦建设发展有限公司的精益化管理模式设计应遵循全员参与和专业分工相结合的原则，既考虑分散整个工程项目管理责任到项目全体成员，也考虑将项目管理职能集中到专业人员，特别是专职BIM技术平台的管理人员。

2. 职责明确与协同合作相统一原则

本工程项目建设各个阶段并非一个个孤立的过程，而是相互联系、相互作用的动态过程，设计阶段的BIM应用成果对施工阶段的工程建设产生很大影响，施工阶段的BIM应用也会影响到工程建筑运维阶段的使用效率。因此，各参建单位及参与人员的BIM信息化技术的相应管理职责应明确。此外，项目实施过程中涉及众多参建单位，参建单位又由众多专业人员组成，各参建单位和参与人员在BIM信息化技术管理职能的职责也必须予以明确，BIM技术的管理职能才能落实到位。

专业分工和职责明确在保证BIM信息化技术管理职能落实到位的同时，也容易导致各专业和各职能之间缺少全局观念，缺少各职能和各单位之间的协同合作。沟通不畅、协作不足、专业知识壁垒、没有统一的BIM技术标准等因素成为导致BIM精益化管理效果不佳的重要因素。因此，在管理模式设计过程中应充分考虑协同合作，保证各职能和单位之间沟通协调良好。

3. 管理效率与管理效果相统一原则

本工程建设过程中的精益化管理涉及建设单位、施工单位、设计单位、监理单位等多家参建单位，各专业、各工种交叉作业，各单位管理职能与责任又各有不同，项目全过程、全方位的控制必然需要交叉协作和沟通协调。这种多主体、多交叉的工作流程易导致管理效率低下的问题。因此其管理模式设计过程中应以提高管理效率为原则，同时也要避免因片面提高管理效率带来的管理效果不足的问题。

在确定了上海中心大厦工程建设发展有限公司的BIM信息技术的精益化管理模式设计的基本原则后，考虑BIM技术能够为企业尤其是建设单位带来明显的价值回报。在BIM实施之前，建设单位需制定正确的策略，能够明确总体目标，并对总目标进行分解，从而使效益最大化。因此，上海中心大厦工程建设实施BIM策略主要考虑了如下几个方面的内容：

（1）BIM实施的战略目标与阶段性目标是什么？

（2）如何利用BIM，使项目取得利润回报以及企业成长？

（3）如何组建具有领导力的BIM管理团队？

（4）如何架构BIM应用环境？

（5）如何设立合同条款来管理、协调BIM实施的设计方、施工方、运营方？

（6）如何制定 BIM 标准流程与数据标准？

（7）如何审核 BIM 实施过程和提交成果等？

1.2.2 管理的主要内容和职责分工

1. 企业 BIM 战略的制定

企业 BIM 战略需要考虑如何快速拥有一支专业 BIM 团队、改造企业业务流程、提升企业核心竞争力。上海中心大厦建设发展有限公司 BIM 战略的实施将分阶段进行，BIM 战略的具体实施从项目的 BIM 应用入手。从技术层面来讲，BIM 信息化技术可以用于建设项目的所有阶段，可以完成各种不同的任务和应用；从管理层面而言，可以为项目的所有参与方使用，可进行建设全过程、全方位的管理。因此，上海中心大厦建设发展有限公司 BIM 战略规划将根据上海中心项目的特点、项目团队的能力、当前的技术发展水平、BIM 实施成本等多个方面综合考虑，设定一个对本工程建设项目而言性价比最优的方案，从而使项目和项目团队成员实现如下价值：

（1）所有成员清晰理解和沟通实施 BIM 的战略目标；

（2）项目参与机构明确在 BIM 实施中的角色和责任；

（3）保证 BIM 实施流程符合各个团队成员已有的业务实践和业务流程；

（4）提出成功实施每一个计划的 BIM 应用所需要的额外资源、培训和其他能力；

（5）对于未来要加入项目的参与方提供一个定义流程的标准；

（6）为衡量项目进展情况提供基准线。

在本工程 BIM 信息化技术进行精益化管理模式的实施初期，首先考虑对现有企业流程的梳理和再造，通过循序渐进的方式来实现新流程的应用推广。

2. BIM 管理团队的组建

上海中心大厦工程的精益化管理模式是建立在 BIM 信息共享的基础上的，由建设单位主导，各参建单位共同参与。上海中心大厦建设发展有限公司通过招标约定的方式来组建 BIM 管理团队的主要成员，要求所有承包商必须建立自己的专业团队，并且在总包的统一管理下，形成上海中心项目的 BIM 工作平台。

上海中心大厦工程 BIM 管理团队包括项目主要参与方的代表，即业主方、设计方、施工总包和分包、主要供应商、物业管理等单位的代表，其中，业主的 BIM 管理团队必须在项目中起领导核心的作用，这也是项目 BIM 成功实施的关键。上海中心大厦建设发展有限公司的 BIM 管理团队的主要成员及其主要职责包括：

（1）企业级别的 BIM 经理

BIM 经理的主要职责包括：制定战略规划和负责阶段目标，制定 BIM 培训，制定 BIM 流程标准和数据标准；协调公司高层以及相关部门（如设计部、采购部、工程部等），以获得最大支持。

（2）项目级别的 BIM 技术主管

BIM 技术主管的主要职责包括：管理项目 BIM 模型，保证 BIM 实施的流程标准和保证数据标准，审查其他项目参与方的 BIM 数据，负责协调项目 BIM 数据的具体应用。

(3) 单工种级别的 BIM 工程师

单工种级别 BIM 工程师指具备一定技术水准和协调能力的建模员，包括建筑、结构、给水排水、暖通、电气、施工、运维等方面的建模。其职责包括：负责本专业的 BIM 实施，协调其他团队的本专业 BIM 实施。

3. BIM 应用环境的创造

上海中心大厦工程 BIM 信息化技术的精益化管理中，需要确定实施 BIM 的硬件和软件要求：(1) 团队需提供 BIM 系统运行所必需的、相匹配的硬件及软件环境。(2) 所有团队成员必须接受过 BIM 软件的应用培训，具备相应的 BIM 工作能力。(3) 为了解决可能的数据交互问题，所有项目参与方必须对使用什么软件、用何种文件进行存储等达成共识。

而且，对于协同工作环境也需要满足如下要求：团队需要考虑一个在项目生命周期内可以使用的物理环境用于协同、沟通和审核工作，以改进 BIM 规划的决策过程，包括支持团队浏览模型、互动讨论以及外地成员参与的协同工作环境。

4. BIM 合同条款的设立

上海中心大厦工程建设 BIM 实施可能会涉及建设项目总体实施流程的变化，BIM 管理团队需要界定 BIM 实施对项目实施架构、项目团队选择以及合同战略等的影响。在选择项目实施方法和准备合同条款的时候需要考虑 BIM 信息化技术的相关规定，在合同条款中根据 BIM 规划分配角色和责任。

BIM 合同应该包含以下几个方面：

(1) BIM 模型开发和所有参与方的职责；

(2) 模型分享和可信度；

(3) 数据互用/文件格式；

(4) 模型管理；

(5) 知识产权。

上海中心大厦建设发展有限公司在进行工程建设管理时，除了业主自身和各项目总包签署的合同以外，还规定项目总包与分包以及供货商的合同中也包含对其 BIM 工作的要求。BIM 团队可能需要分包和供货商创建相应部分的模型做好 3D 设计协调，也可能希望收到分包和供货商的模型或数据并入协调模型或记录模型。要求分包和供货商完成的 BIM 工作，需要在合同中定义范围、模型交付时间、文件及数据格式等。

5. BIM 实施过程的审核和成果提交

上海中心大厦建设发展有限公司需要审核 BIM 实施过程中各个参与方提交的 BIM 成果。通常在 BIM 实施之前，业主团队就要确定提交 BIM 模型的软件、版本、数据标准、图纸标准等。

审核的要求包括：1) 在审核 BIM 实施过程中，要非常注意把握建筑模型信息的特点；2) 当设计师把构件放到 BIM 模型中去的时候必须作出与设计、施工、运营有关的完整判断。

BIM 实施过程中，参建各方需提交的成果为 BIM 模型，其中模型中构件、部件、族库的组织方式需考虑以下方面的内容：

（1）工程量统计和相应施工活动的成本；

（2）提取信息创建合同要求的图纸；

（3）BIM 模型的效果图用于和客户沟通设计；

（4）支持施工模型数据提取；

（5）构件查询以便根据设计需要作出修改；

（6）数据提取过程构件的符号表示重新设置；

（7）层级管理；

（8）设计计划。

1.2.3 构建新的管理架构和流程

根据上海中心大厦建设发展有限公司的精益化管理设计原则和管理的主要内容及职责分工，并吸收已有建设项目管理模式的优势，构建上海中心基于 BIM 信息化技术的新型管理架构和工作流程，在这个流程中，各个部门之间的管理目标是统一的，而且相关的衡量标准也是统一的，如图 1-3 所示。

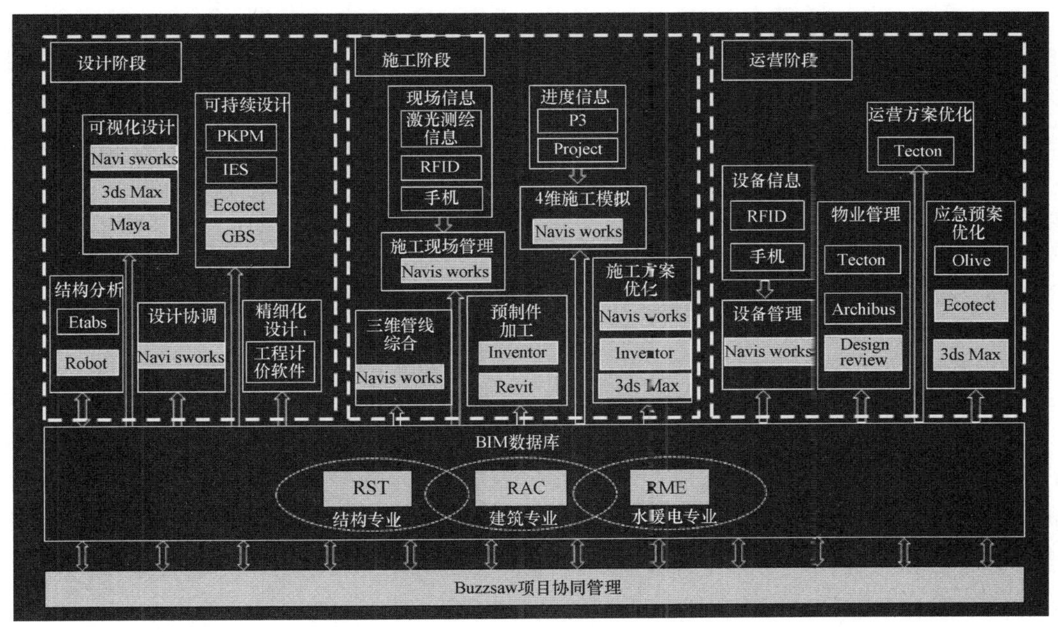

图 1-3　上海中心大厦建设发展有限公司基于 BIM 信息技术的精益化管理技术框架体系

该技术框架体系的基础是 BIM 数据库，即建筑、结构、水暖电专业的建筑模型信息。管理的时间维度包括设计阶段、施工阶段和运营阶段三个阶段。其中，设计阶段的精益化管理主要体现在采用 BIM 技术进行精细化设计，施工阶段的精益化管理主要是预制件的工厂化加工，运营阶段的精益化管理主要体现在物业管理的一站式服务。

在建立了上海中心大厦以建设单位为主导，各参建单位共同参与的基于BIM信息化技术的精益化管理框架体现后，结合参建各方的职责分工，制定上海中心大厦建设发展有限公司进行精益化管理的工作流程，如图1-4所示。

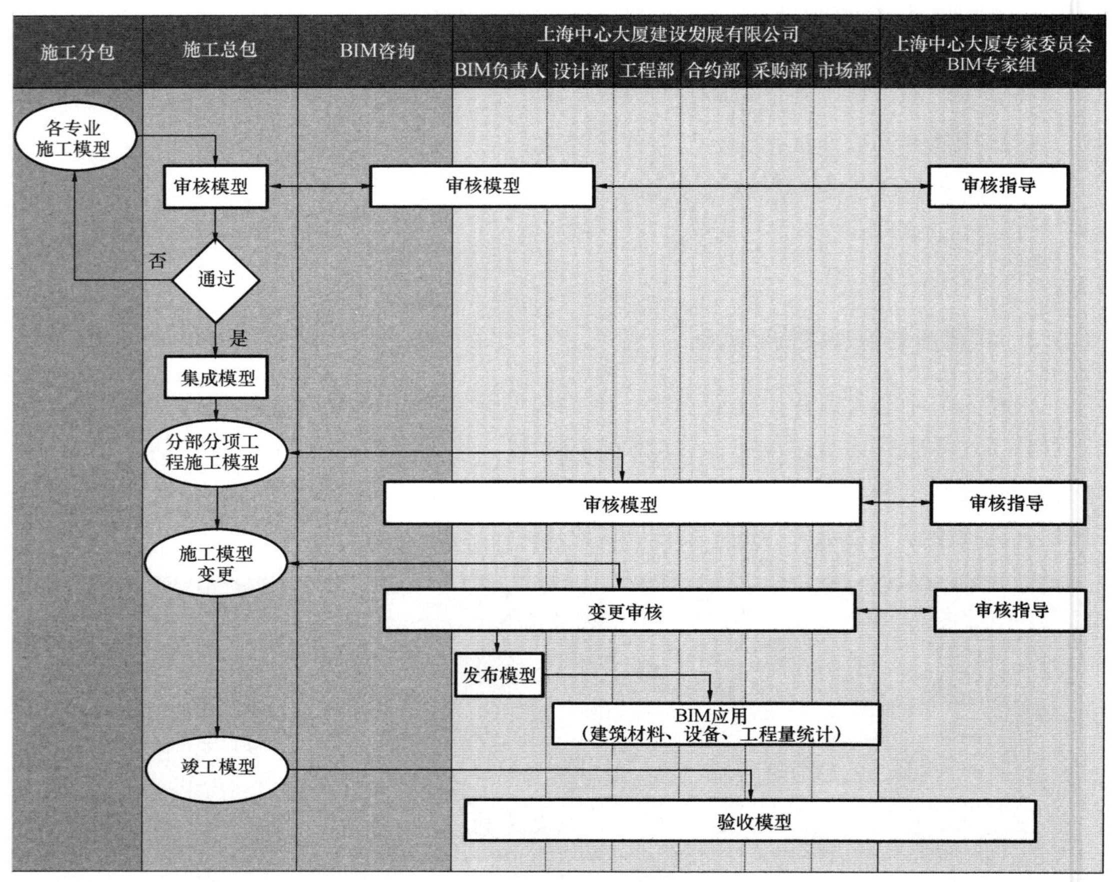

图1-4　上海中心大厦BIM精细化管理流程图

本节针对上海中心大厦工程建设的特点和难点，结合我国建筑行业项目管理模式的最新发展现状，引入先进的技术方法，构建了“建设单位主导、参建单位共同参与的基于BIM技术的精益化管理模式”。该管理模式通过创建无边界的虚拟组织、无缝对接的协同管理平台，可实现建筑决策、建造和运营的一体化整合等，可显著提升项目管理的效率和效果，并可提升项目管理的效益。

1.3　新型管理模式如何提升管理效益

上海中心大厦工程建设以“建设单位主导、参建单位共同参与的基于BIM技术的精益化管理模式”，通过集成的数据模型，能够最大程度的整合资源，提供更好的交互协同能力，可显著地提高工程建设质量、降低建设成本、缩短工期、促进安全。最终实现“更好地提高设计质量、更好地进行施工管理、更好地进行运维管理”的目标，达到项目全生命周期内的技术和经济指标的最优化。

为了阐述这种新型管理模式所产生的管理效益，将该精益化管理模式分别运用于上海中心大厦工程建设的设计阶段、施工阶段和运营阶段。通过对每个阶段可能的管理效益提升进行分析，证明该新型管理模式的价值。

1.3.1 新型管理模式对设计阶段的管理效益提升分析

1. 通过可视化设计管理提升管理效率

传统二维 CAD 的设计方式中，由于其平、立、剖面图以及门窗表、详图等之间是相对独立的，这就导致设计信息处于割裂状态，因此会经常出现图纸设计错误，门窗表统计错误，平、立、剖面图无法对应等问题。而基于三维数字技术所构建的“可视化”BIM 模型，可为上海中心大厦工程建设的业主、建筑设计师、结构工程师、机电工程师、最终用户等利益相关者提供“模拟和分析”的协作平台，各参与方可以直观地了解设计方的设计意图，从而使项目各参与方对项目理解达成统一，消除理解误差，大大提高相互间沟通的效率。

另外，若采用二维 CAD 建模画图，要想清楚地表示上海中心大厦工程复杂桁架间的空间关系要花费大量时间和精力。一旦发生设计变更，那么就要再重复一次先前复杂的作图工作。但是，通过搭建 BIM 模型，调整参数很容易改变构件尺寸，并可轻松导出想要的任意标高平面，节省了设计绘图及调整的时间。

上海中心大厦工程建设由于采用 BIM 可视化检测技术而节省的设计变更费用测算见表 1-1～表 1-3。表 1-1 为某项目 BIM 技术经济分析指标，作为本工程费用测算依据。表 1-2 为按照碰撞数的参考单价测算得到的上海中心大厦项目 BIM 经济指标估算结果。表 1-3 为按照工程变更费的比率测算得到的上海中心大厦项目 BIM 经济指标估算结果。可以看出，通过两种估算方式，在采用 BIM 信息化技术手段后，预计的费用节约在 7400 万～4.1 亿元之间，占工程总投资的 0.5%～2.8%。考虑到上海中心项目的复杂程度及体量大小，与普通工程的管理模式相比，保守估计本工程能节约由于施工返工造成的浪费至少超过 1 亿元人民币，占工程总投资的 0.7%。因此，通过这种可视化的技术管理模式可大幅提升管理效率。

某项目 BIM 技术经济指标（参考标准）　　表 1-1

类　　型	直接施工处理单价（元）
板结构开洞	2600
封堵结构洞口	19800
墙、梁开洞	5400
管道结构开洞	1600
总碰撞数	8400
总价	10,000,000
平均单价	1190.48

上海中心大厦项目 BIM 经济指标估算结果（按照碰撞数的参考单价）　　表 1-2

面　积	单　位
样板层 9F 面积	4656.1m^2
样板层 10F 面积	4648.4m^2
样板层总面积	9304.5m^2
上海中心总建筑面积	570000m^2
样板层总碰撞数	1013 个
参考平均价	1190.48 元
样板层总价	1,205,952.38 元
上海中心技术经济指标总价	73,877,463.29 元

上海中心大厦项目 BIM 经济指标估算结果（工程变更费的比率）　　表 1-3

上海中心总造价	120 亿元
变更比率	3%
变更费	3.6 亿元

注：根据相关统计，在大中型工程项目中，信息沟通问题导致的工程变更和错误约占工程总成本的 3%～5%。而此类费用是可以通过 BIM 信息化手段来解决。

2. 通过多专业协同设计提高工作效率

采用二维 CAD 技术的设计经常会出现管线之间、管线与结构之间相互冲突、碰撞、打架等问题，主要包括两个方面的原因。

（1）信息的沟通不畅。在传统二维技术下生成的平、立、剖面图之间关系是相对独立的，设计信息处于一种割裂的状态，当其中任何一张图纸发生变更的时候，其他关联图纸的修改需要通过人为的方式进行电话、邮件、图纸标示等方式进行沟通，而且当图纸的改动量变得频繁时，就难以保证信息反馈能够准确并及时的到达相关图纸负责人的手里。

（2）人脑的局限性。传统二维 CAD 技术下建筑模型存在于设计师的脑海中，对于复杂的建筑，由于人脑的局限性，不可避免地会出现管线错、漏、碰、缺等问题。规模越大的项目，设备管线越多，管线错综复杂，碰撞冲突也越容易出现，返工的可能性就越大。一旦出现返工，就会造成工期和经济上的损失。

但是，若利用 BIM 技术，通过搭建各专业的 BIM 可视化模型，一方面可对原有二维图纸进行审查，找出相关图纸设计的错误，从而进一步提高设计图纸的质量，并优化设计；另一方面，设计师能够在虚拟的三维环境下方便地发现各专业构件之间的空间关系是否存在碰撞冲突，这样便可针对这些碰撞点进行设计调整与优化，不仅能及时排除项目施工环节中可以遇到的碰撞冲突，显著减少由此产生的变更申请单，更大大地提高了管线综合的设计能力和工作效率。

对上海中心大厦工程的设备层设计进行管理时，可搭建设备层的建筑、结构、机电等各专业 BIM 三维模型，通过信息整合，可提前发现各专业间的碰撞部位，从而提早进行设计优化，提高多专业协同工作的效率，其可视化协同设计如图 1-5 所示。

图 1-5　基于 BIM 信息化技术的多专业协同设计

（本图见书后彩图）

1.3.2　新型管理模式对施工阶段的管理效益提升分析

1. 通过可视化预演提升施工组织效率

采用 BIM 技术可以对项目的一些重要的施工环节或采用新施工工艺的关键部位、施工现场平面布置等施工指导措施进行模拟和分析，以提高计划的可行性；也可以利用 BIM 技术结合施工组织计划进行预演，以提高复杂建筑体系的可建造性（例如：施工模板、玻璃装配、锚固等）。而且，借助 BIM 信息化三维技术，可对施工组织进行模拟，项目管理方能够非常直观地了解整个施工安装环节的时间节点和安装工序，并清晰地把握安装过程中的难点和要点，以提高施工效率和施工方案的安全性。

在上海中心大厦施工过程中，其核心筒四周将布置有 4 台 M1280 大型塔吊。每台塔吊所处的位置都在其他 3 台的工作半径内，所以存在很大的冲突区域。在施工过程中，难免会有塔吊相互干扰的情况发生，所以需要事先制定一个运行规则。传统的管理方法是通过二维平面的临界值调整来确定吊机运行计划，效率比较低，一则二维的几何关系对三维空间问题的考虑不够全面，二则采用二维方式处理的管理效率比较低，需要通过平面运行规则的逐条记录来编排吊机运行计划。若利用 BIM 模型来完全模拟现场实际的施工状况，通过调整模型参数设置把每台塔吊都调整到相互干扰最大的情况，观察实际效果，并记录下所有临界状态值。这样能够在很短的时间内就能够把想得到的所有不利状态一一呈现出来，十分直观地看到塔吊相互影响的情况，提高塔吊的运行组织效率。

2. 通过 4D 模拟优化可缩短施工进度

建筑施工是一个高度动态的过程，随着建筑工程规模不断扩大，复杂程度不断提高，使得施工项目管理变得极为复杂。目前，建筑工程项目管理中经常用于表示进度计划的甘特图，由于专业性强，可视化程度低，无法清晰描述施工进度以及各种复杂关系，难以准确表达工程施工的动态变化过程。若将BIM技术与施工进度计划相链接，将空间信息与时间信息整合在一个可视的4D（3D+Time）模型中，可以直观、精确地反映整个建筑的施工过程。通过4D管理可合理制订施工计划，精确掌握施工进度，优化使用施工资源以及科学地进行场地布置，从而缩短工期、降低成本、提高质量。

上海中心大厦工程利用BIM技术，基于与现场实际情况相一致的BIM模型，结合预设的施工计划进行4D模拟，来依次表现混凝土施工、钢结构吊装、钢平台系统运行和大型塔吊爬升等工况，从中可以直观地看到各工序之间存在的冲突，进而进行工序优化，避免在实际操作中可能存在的工期进度拖延情况。基于BIM信息化技术的施工模拟如图1-6所示。

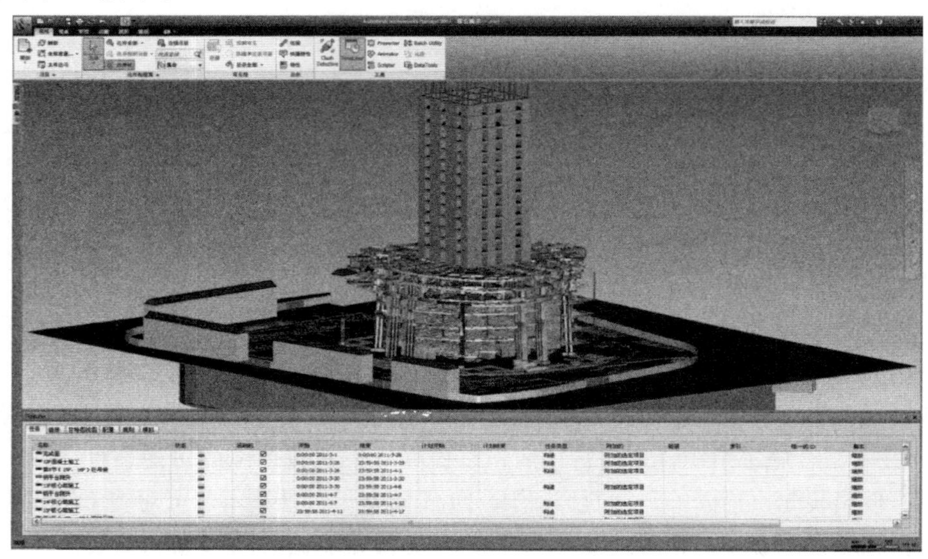

图1-6 基于BIM信息化技术的施工模拟

（本图见书后彩图）

3. 采用BIM建模进行构件精细化制造和施工

利用传统二维CAD设计工具进行机电、钢结构、幕墙等深化设计时，其精度和详细程度很难满足现场施工的要求，尤其是在构件加工图上，出错率更高，而在加工制造环节又不易察觉，直到现场安装的时候才会发现，只能重新返回到工厂加工、然后运输到现场进行再次安装。这样会严重影响施工的进度，造成工期延误和成本损失。而基于BIM模型辅助进行深化设计，提供了精准的信息参考及统一的可视化环境，可有效促进团队对细节位置进行沟通，同时在施工深化设计的过程中，发现已有施工图纸上不易发现的设计盲点，找出关键点，为现场的准确施工尽早地制定解决方案，实现工程现场大量构件的精细化工厂预制和现场安装，降低成本，提高效率。

对于上海中心大厦工程而言，在幕墙深化设计时，基于BIM模型可方便地生成各部位的平、立、剖面图纸，并校核原设计蓝图，修正设计；在进行钢结构深化设计时，采用BIM模型省却了用于创建制造模型的时间，而且改进了制造质量（消除了设计模型与制造模型相互矛盾的现象），可保证工程构件的精细化工厂预制和现场安装质量和效率。基于 BIM 信息化技术的构件精细化制造如图 1-7 所示。

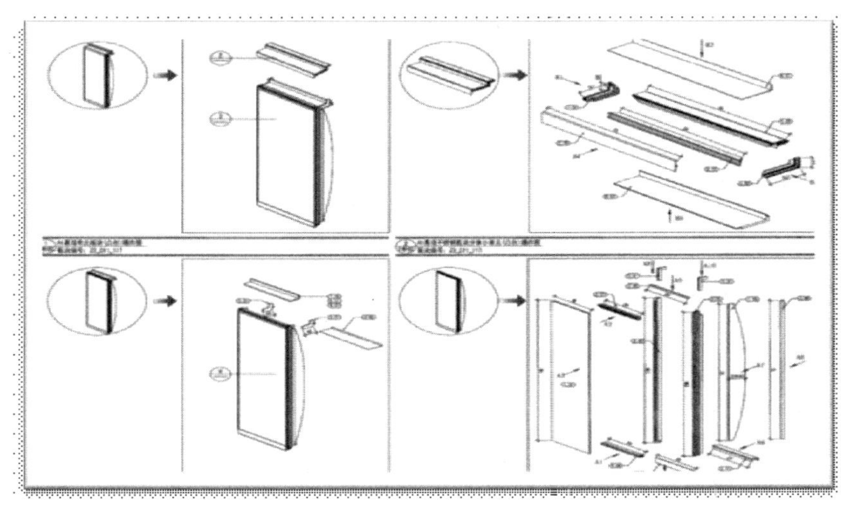

图 1-7　基于 BIM 信息化技术的幕墙构件精细化制造

1.3.3　新型管理模式对运维阶段的管理效益提升分析

1. 运用 BIM 数据模型提升物业信息化管理效率

一般而言，在工程项目完成后的移交环节，物业管理部门需要得到的不只是常规的设计图纸、竣工图纸，还需要能正确反映真实的设备状态、材料安装使用情况等与运营维护相关的文档和资料，然而目前常规技术无法实现物业管理部门的要求。

通过 BIM 技术应用，上海中心大厦建设发展有限公司的物业管理部门能将建筑物空间信息和设备参数信息有机地整合起来，结合运营维护管理系统，可以充分发挥空间定位和数据记录的优势，合理制订维护计划，分配专人专项维护工作，以降低建筑物在使用过程中出现突发状况的概率。对一些重要设备还可以跟踪维护工作的历史记录，以便对设备的适用状态提前作出判断。在空间管理方面，也可以帮助管理团队记录空间的使用情况，处理最终用户要求空间变更的请求，分析现有空间的使用情况，合理分配建筑物空间，确保空间资源的最大利用率。

2. 运用 BIM 技术提升灾害预警应急水平

利用 BIM 及相应灾害分析模拟软件对上海中心大厦进行运营阶段的灾情预警应急分析，提升上海中心大厦安全保障能力，确保人民生命财产安全。

在灾害发生前，BIM 技术可模拟灾害发生的过程，分析灾害发生的原因，制定避免灾害发生的措施，以及发生灾害后人员疏散、救援支持的应急预案。当灾害发生后，BIM 模型可以提供救援人员紧急状况点的完整信息，这将有效提高突发状况应对措施。此外楼宇自动化系统能及时获取建筑物及设备的状态信息，通过 BIM 和楼宇自动化系统的结合，使得 BIM 模型能清晰地呈现出建筑物内部紧急状况的位置，甚至到达紧急状况点最合适的路线，救援人员可以由此作出正确的现场处置，提高应急行动的成效。

虽然目前而言，本文提出的企业管理模式刚投入上海中心大厦工程中应用不久，许多直接的效益增加无法通过定量化的数据展示出来，但是通过分析，可以定性地得到本管理模式在建设的全过程中能够发挥巨大的管理效益。经过初步测算，上海中心大厦建设项目采用BIM信息化技术管理模式，可能比行业平均水平提高劳动生产率10%以上，提高项目管理效率20%，节约投资控制5%，减少固体废弃物10%以上，大幅降低工程建设中的安全、质量风险，从建造安全到运营安全两个环节显著提升城市安全水平。

1.3.4 制定合理的BIM技术运用成本和利益分配制度

从上述分析可知，在该新型管理模式下，BIM信息化技术运用的最大受益者是建设单位，建设单位成为管理效益提升的最大获益者。而对于总承包单位、设计单位、咨询单位而言，其技术和管理效益提升带来的利润几乎全部归建设单位所有。这种利润分配模式下，承包单位、设计单位等其他参建单位的工作积极性很难充分地调动起来，甚至会影响建设企业管理效益的提升。

为了更好地将建设单位驱动的BIM应用模式成功地应用于建设项目，上海中心大厦工程建设发展有限公司在督促参建各方采用BIM技术进行工程建设的同时，制定合理的BIM成本和利益分配策略。将工程建设因技术和管理效率的提升而产生的利润在建设单位和各参建单位之间进行合理的再分配，并将其写入合同文本中，以激励的形式实现利润再分配，促进该企业管理模式的可持续、有效推广应用。

综上所述，“建设单位主导、参建单位共同参与的基于BIM技术的精益化管理模式”的新型企业管理模式可在上海中心大厦工程建设全过程的各个阶段提升企业的管理效率，进而提高企业综合管理效益。通过BIM信息化技术的应用，在协调沟通、效率提升、质量控制、成本优化、信息整合等方面起到了巨大的推进作用。通过对各阶段工作进行高度信息化管理，可以更加合理地配置企业生产要素，优化劳动力资源配置，提高行业生产能力和效率。

1.4 展　　望

由于BIM技术在国内应用的时间不长，国内的设计、施工、监理、咨询等企业对BIM的认知水平和应用水平相对较低，故本文提出的“建设单位主导、参建单位共同参与的基于BIM技术的精益化管理模式”在上海中心大厦建设工程中的应用刚刚起步，该模式推广应用尚需时日。而且，为了实现建筑业的精益化管理水平和能力快速提升，仍有许多制度需要完善，仍有许多工作需要深化，仍有许多能力需要建设。

1. 需结合企业发展战略确定该模式及其管理咨询服务产品推广模式

本文提出的基于BIM信息化技术的企业管理模式的实施是个因地制宜、因材施教的工作。应根据不同企业的发展战略、业务定位、企业现有团队素质和应用基础、企业合作参与方的能力特点等，找到 BIM 信息化技术应用的切入点，循序渐进地将基于 BIM 的精益化管理模式应用于工程项目，在应用的过程中不断改进现有流程，以期实现企业发展战略目标。

“建设单位主导、参建单位共同参与的基于 BIM 技术的精益化管理模式”最大的优势是能够发挥业主的核心作用，但是从本章的分析可以看出，该模式的前提条件是：要求上海中心建设的参与团队全面掌握 BIM 技术。以“建设单位主导”需要业主单位有比较强的项目管控能力，要有基于 BIM 实施的合同管理能力，要设计清晰的参建各方职责分配，还要组建自己的 BIM 管理团队（包括需要企业级别的 BIM 经理、项目级别的 BIM 技术主管和单工种级别的 BIM 工程师）。所有这些，对于一个建设单位而言，在能够提升利润空间的同时，无疑又需投入一笔不菲的资金和人力物力来支撑上述所有工作。最关键的是，许多建设单位进行建设项目开发具有一次性，资金的投入固然简单，但是建设单位自己的 BIM 核心团队的组建和能力建设并不能一蹴而就。但是，若完全委托第三方专业 BIM 咨询机构则又会带来无法体现 BIM 价值的问题上来。

因此，聘请第三方专业 BIM 咨询机构与建设单位管理人员一起组成建设单位的 BIM 核心团队，发挥 BIM 管理团队内部的专业分工与合作，来共同发挥基于 BIM 信息化技术的这种无边界的虚拟组织、无缝对接的协同管理平台的优势和效益，既经济又高效。

2. 需建立具有中国特色的 BIM 运用机制和相应标准体系

虽然本章探索了一种新型的基于 BIM 信息化技术的企业精益化管理模式，但是由于 BIM 信息化技术在国内的应用才处于起步阶段，我国尚无统一的 BIM 标准体系，而且也无关于 BIM 运用相关管理、推行的机制。因此，需要从多种渠道建议政府建立统一的 BIM 技术应用标准体系、规范使用制度，并应加大 BIM 技术的管理应用宣传力度。

总之，虽然本章提出的新型企业精益化管理模式在上海中心大厦工程建设中应用的效果和作用明显，但是由于受到外界环境和自身能力不足等方面的影响，以及受到利润再分配、机制完善等方面的制约，该企业管理模式仍有许多需要完善之处。不过整体而言，该模式的提出为我国建筑业企业的管理水平和管理效益提升提供了崭新的思路，其应用前景会非常广泛。

参 考 文 献

［1］ 吴颖华，徐蓉. 政府投资项目代建制模式探究[J]. 中外建筑，2012(2)：90-91.

［2］ 贺玉德，刘军. 我国政府投资项目代建制存在的问题及成因分析[J]. 石家庄铁路职业技术学院学报，2011，10(1)：86-90.

［3］ 刘萌. 关于工程项目中 EPC 模式的探讨[J]. 科技致富向导，2011(11)：26-27.

［4］ 清华大学 BIM 课题组. 中国建筑信息模型标准框架研究[M]. 北京：中国建筑工业出版社，2012.

[5] 刘照球，李云贵. BIM的发展及其在设计中的应用[J]. BIM基础理论，2010.
[6] 何关培，李刚. 那个叫BIM的东西究竟是什么[M]. 北京：中国建筑工业出版社，2011.
[7] 何关培. BIM总论[M]. 北京：中国建筑工业出版社，2011.
[8] 何关培. BIM第二维度——项目不同参与方的BIM应用[M]. 北京：中国建筑工业出版社，2011.
[9] 陈建国，周兴. 基于BIM的建设工程多维集成管理的实现基础[J]. 科技进步与对策，2008，(10).
[10] 张泳，王全凤. 基于BIM的建设项目文档集成管理系统开发[J]. 武汉理工大学学报，2008，(8).
[11] 曾旭东，赵昂. 基于BIM技术的建筑节能设计应用研究[J]. 重庆建筑大学学报，2006，(4).
[12] 王琳，王静，王成国. 基于BIM技术的建筑信息模型设计研究[J]. 第十四届全国工程设计计算机应用学术会议论文集，杭州·2008.
[13] 张建平，张洋，张新. 基于IFC的BIM及其数据集成平台研究 [J]. 第十四届全国工程设计计算机应用学术会议论文集，杭州·2008.
[14] 曾旭东，谭洁. 基于参数化智能技术的建筑信息模型[J]. 重庆大学学报(自然科学版)，2006，(06).
[15] 刘爽. 建筑信息模型(BIM)技术的应用[J]. 建筑学报，2008，(2).
[16] 陈彦，戴红军，刘晶，成虎. 建筑信息模型(BIM)在工程项目管理信息系统中的框架研究 [J]. 施工技术，2008，(2).
[17] 杨宝明. 建筑信息模型BIM与企业资源计划系统ERP[J]. 施工技术，2008，(6).
[18] 刘照球，李云贵. 建筑信息模型的发展及其在设计中的应用[J]. 建筑科学，2009，(1).
[19] 葛松培，孙红三. 建筑业信息技术应用新概念——BIM [J]. 第十二届全国工程建设计算机应用学术会议论文集，北京·2004.
[20] 祝嘉. 在城市轨道交通建设项目中应用BIM技术的设想[J]. 建筑经济，2008年12月增刊.

2 项目设计阶段的 BIM 应用——参数化设计

2.1 新的征程——整合全球资源的数字化设计

总高度 632m 的上海中心大厦目前正处于施工阶段，预计将在 2015 年完成整个建设，竣工后的上海中心也将是全世界最高的双层表皮超高层建筑，并和 SOM 设计的金茂大厦和 KPF 设计的环球金融中心共同组成陆家嘴的超高层群落，重塑上海陆家嘴的天际线。该项目由美国 Gensler 事务所设计，来自美国的 TT 结构工程事务所和 Cosentini 机电设计事务所分别负责本项目的结构和机电设计工作。作为上海市陆家嘴中央商务区三座超高层塔楼当中的后起之秀，上海中心大厦将重新定义未来上海的城市形象。其原创性的建筑、结构和机电设计，以及创新性的设计流程，均昭示着超高层建筑的未来。

总计 121 层的上海中心大厦沿高度方向由下至上逐渐收分，同时塔身以轴心按顺时针方向扭转，自下而上分为 9 个分区。每个分区设置 12～15 个楼层，分区之间是两层高的结构加强层（兼具设备层及避难间）。由此内外表皮之间形成 24 个新月形中庭。风洞试验证明这一几何上的大胆处理极大地减少了塔楼的风荷载，但是要完成如此巨大尺度的复杂超高层建筑仍然是巨大的挑战，正是借助先进的数字化设计平台，Gensler 高效快速地完成了设计成果的交付。

设计和建造上海中心所采用的的数字化设计技术跨越多个当前最新的领域，整合了计算机技术在建筑领域的最新成果。前沿的参数化设计方法贯穿设计始终，全面整合的 BIM 技术帮助设计团队快速完成技术文件出图，来自全球不同国家和地区的团队和专家借助数字化设计平台展开工作，业主、设计顾问和施工单位之间的数字合作踏上新的征程。

2.1.1 参数化设计的作用与原则

工作伊始，参数化设计方法已经应用在方案设计的各个阶段，从定义建筑基本形体，到建立高度关联的复杂建筑表皮，借助参数化软件建立的逻辑模型，设计团队可以迭代式操作和定义项目的复杂几何。参数化设计平台在定义塔楼独特的环境响应型高性能造型、复杂的双层幕墙和幕墙支撑结构体系的过程中发挥了至关重要的作用。这一过程包括初始阶段采用的 Generative Components，以及之后大量运用的基于 Rhino 软件平台参数化插件 Grasshopper。整个过程遵循由简入繁，参数化、数据化和设计可视化紧密结合的原则，基于多层级高度信息化模型为多专业的设计协同提供了良好的基础。参数化设计首次在如此复杂项目上的运用也开创了业界的先河。

2.1.2 参数化设计的基础概念——生成算法与关联性模型

参数化设计是对目前新兴的设计方法的抽象描述，它包括生成设计、算法几何、关联性模型等核心概念。很多当代的建筑都面临一个对建筑几何进行理性描述的难题，和大部分的方盒子形建筑相比，这些充满创新的设计其形体往往非常复杂，涉及很多自由曲面的变化，仅仅借助于传统的工作流程，很难高效准确的完成设计图纸。现在，借助新的数字化设计平台，可以对这些复杂的几何变化进行理性的分析和设定，包括从几何学的角度对建筑的平面以及三维空间生成进行准确的定义和呈现。

理论上对无论是平面还是立体的几何生成过程的描述都可以被称为生成算法（generative algorithms）。算法是参数化设计的核心，其本身也有一个优化的过程，最终目标是以最快的速度和最少的步骤生成海量的包括建筑几何在内的各种数据。要实现上述的目标则需要根据设定的算法在参数化软件中建立关联性模型（Associative Model）——关联性模型是实现参数化设计的手段，模型由不同的模块化单元组成，其结构表述为参数输入模块、调节控制模块、逻辑计算模块以及数据输出模块。关联模型一旦建立，通过参数输入和调节，计算机将自动完成复杂的运算，并实时输出设计成果。

2.1.3 公式驱动的上海中心大厦参数化模型——基准平面和指数收分

上海中心大厦平面为一个圆角等边三角形，其中一个圆角有一个 V 形切口，以垂直方向螺旋状收分上升，这意味着大楼的每个楼层保持相同但逐层缩小的几何外形。除了外表皮的圆角三角形，塔楼的平面几何元素还包括圆形的内表皮以及内外表皮之间的支撑结构。所有的建筑几何按照设定的变化规律沿标高逐渐旋转缩小，生成规则非常清晰明确。建筑设计的过程需要在各个阶段谨慎的界定这些规则使之成为最终的算法，并依据算法创建一个建筑结构和表皮的一体化关联模型。在参数化软件里，算法本身也不断被优化，直到最快速、最直接的找到需要的信息。输入参数也被限定在最小范围，比如最主要的旋转、收分等，通过这些关键的参数就可以对模型进行从总体到局部的动态调整（图 2-1）。

工作的起点，是设置水平基准平面（default profile）。塔楼的基准平面是带有大小弧边的圆角三角形。需要优化上述圆角的弧度，以达到功能与美学的统一。优化转角的外观以及在内外幕墙间形成中庭恰当的使用进深，同时平衡大楼总建筑面积（GFA）。经过多次的生成模拟和数据比较，确定塔楼的基准平面由中心定位点（WPS1）开始生成，从 WPS1 水平往右一定距离 $L4$ 生成 WPS2，然后从 WPS2 按照设定角度 $A1$ 反向生成直线 $L3$，同时从 WPS1 按同方向 60°角生成直线 $L2$。$L3$ 和 $L2$ 的交点为第三个定位点 WPS3。以 WPS2 为圆心，按照半径 $R1$ 画出大弧，同时以 WPS3 为圆心，按照半径 $R2$ 画出小弧，然后按照 120°角沿中心复制 3 次，至此完成塔楼的基准平面的几何生成。这就是一个生成算法设定的过程。$A1$ 以及 $L4$ 等则是输入参数。在参数化软件中建立描述这个过程的关联性逻辑模型，这可以通过对 $A1$ 和 $L4$ 的调节

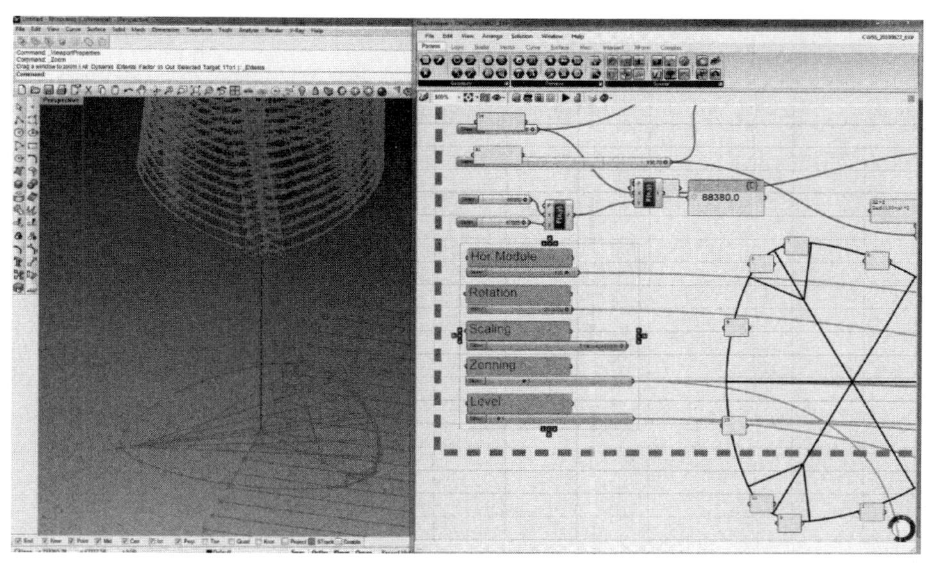

图 2-1　驱动模型的关键参数（本图见书后彩图）

动态的实现平面几何的分析对比，找到最适合的参数。为了实现这一目标，基础数据首先通过参数化软件 Grasshopper 的可视化编程运算器输入到软件中，通过调整驱动角度（$A1$）来产生不同的弧度和半径进行比较（图 2-2）。当判断 $A1$ 达到恰当的角度时，会形成大小弧之间最优的切向过渡，而不会过于尖锐或圆滑。完美弧度的外层表皮轮廓和圆形内层表皮之间形成美丽的新月形平面。平面的逻辑模型建立以后，接下来需要对外表皮的分格数量更深入的研究。

外层表皮分格模数影响到外幕墙的玻璃尺寸、由为往外的视线通透性等相互矛盾的问题。分格数少，视线遮挡少，但是可能因玻璃尺寸过大而不利加工。分格数量多

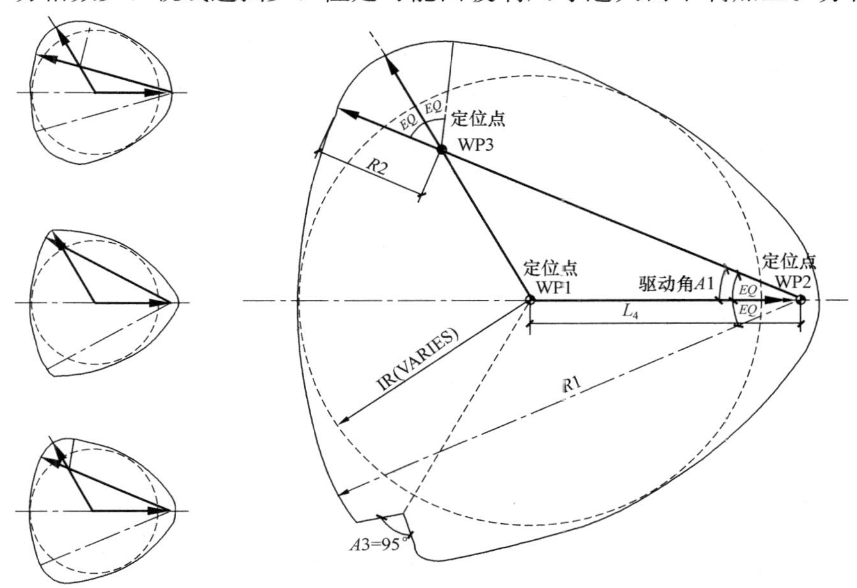

图 2-2　驱动角度 $A1$（本图见书后彩图）

则玻璃加工没问题，但是幕墙竖框过于密集影响视线。经过数据对比，在60°范围内23个分格的玻璃尺寸最适合业界的加工生产（即保证最大的玻璃宽度不超过2.5m），该尺寸也在视觉可接受范围内。分格方式则在按半径等分和按弦长等分两种方式中进行比较。按半径分格会在大小弧之间形成不同的模数，会增加一倍幕墙的板块类型。因此，最终选择了大小弧连续弦长等分方式。这就保证了玻璃尺寸的一致性。但是要实现弦长统一在通常的设计平台则涉及复杂的作图求解过程，而在参数化软件里，这个求解过程只需要一个运算模块就可以解决。这里就要引入一个关键的参数TSL（typical segment length，标准分段长度）。基于数学原理，TSL将是一个无理数，而且跨越两段半径不同的弧线，要通过几何作图找出TSL的长度将是一个巨大的难题。所以借助Rhino软件平台运行的VB脚本（script）却能很好地胜任这一工作，脚本运行后，可以求出精确的TSL值用来划分双弧线。在确定60°标准范围内的分格模数后在其他区域内复制这一参数就得到了整个外层幕墙的分格模数。最后确定了2.14m的TSL长度及平面内138个分格的模数。同时展开的还有形体的比较分析以便进一步的对幕墙系统进行设计研究。

塔楼基准平面在上升的过程中逐渐收分，收分的过程可以通过两种方式来实现，即线性收分和指数收分。二者在外幕墙的空间关系以及建筑面积比上有细微的变化。而指数收分的方式在获取最大建筑面积的前提下能获得更接近自然形态的曲线，这常常被描述为数学与美学的统一。下列公式确定满足塔楼最佳观感的楼层逐层减缩方式：

$$y=\mathrm{e}^{zs}$$

其中，y=缩减比例；e=数学常数（欧拉数）；z=标高；s=缩减值。若s值小于100%，建筑形体从下往上缩小，s值大于100%，则相反（图2-3）。此外，更重要的是要了解内幕墙和外幕墙之间的关系，在确保总建筑面积满足要求的情况下内外幕墙在凸台位置保持恰当的距离。内幕墙和凸台位置的参数加入到关联性模型中，无论如

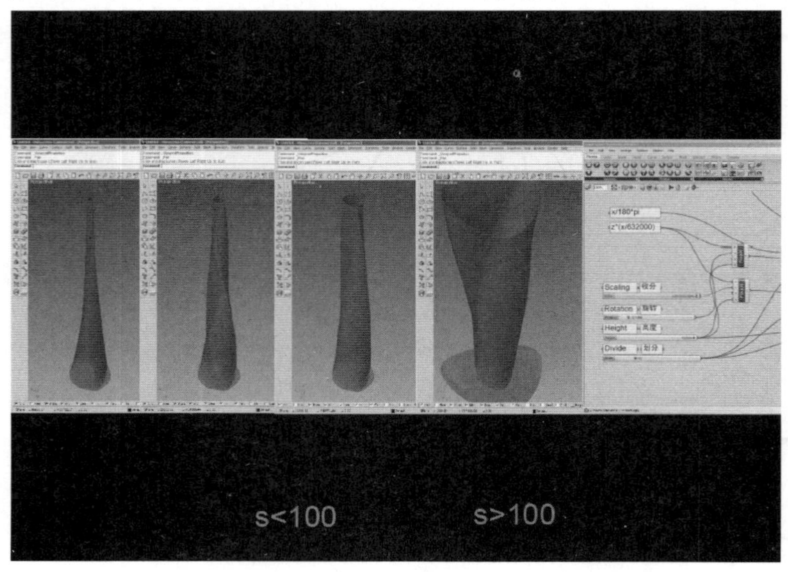

图2-3　塔楼体量缩减比例示意图（本图见书后彩图）

何调整外层幕墙的几何外形，凸台和内层幕墙都将发生联动变化，保证塔楼每个竖向分区的高区位置内外幕墙之间仍有合理的间距。通过参数建模研究和物理测试建立一些原型后，不同扭转角度（90°～180°，按10°为一个级别）的测试方案交给加拿大RWDI的风工程师进行风洞试验。1∶500的物理模型在加拿大国家研究院的风洞内进行了一系列的测试。测试结果证明，扭转和收分的设计能大幅度的减少作用在塔楼表

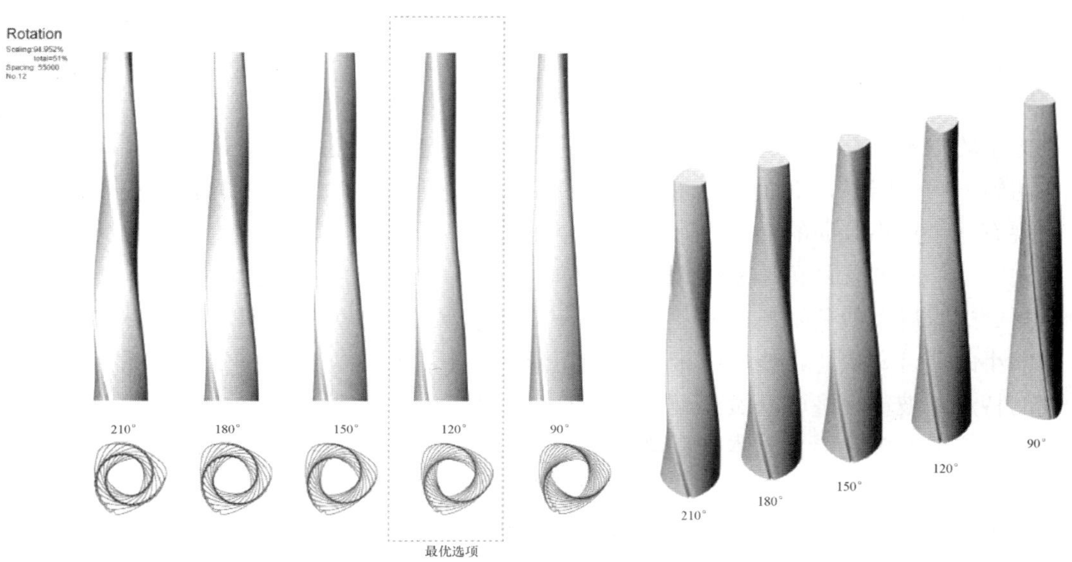

图 2-4　不同扭转角度比较图

面的风荷载，相对于普通的高层建筑，风荷载是超高层建筑结构设计的决定因素之一。在平衡了视觉接受度（扭转角度过大会造成立面的畸变）和风荷载效率之后（较大扭转角度能更多的减少风荷载），120°的扭转角度和55%从底层到顶部的缩小比例被用于最终的方案（图 2-4），并进一步制作了比例为1∶85物理模型进行高雷诺数测试。最后的测试显示，120°方案将减少高达32%的风荷载，直接体现在结构造价的节约上（预估约为4亿人民币的节省）（图 2-5）。

图 2-5　用于风洞试验的1∶85建筑模型（本图见书后彩图）

2.1.4　基于聚合形态理论的复杂建筑表皮（Polymorphism）

在使用了几乎是纯几何学方法分析了大楼的初始模型后，更多的、更详细的设计要求和控制参数加入到参数化模型中。例如，共计约13万m^2的外层幕墙的结构系统

和立面分格方式。根据之前确定的平面分格数和 TSL 长度，首先将外立面按照模数分成一些板块（图 2-6），然后对板块的尺度、形状和类型进行评估，由于分割后的幕墙板块数量多达 25000 多片，因此减少板块的类型是几何分析阶段的最重要的工作。这个过程需要对模型的几何数据进行分析，并与幕墙顾问对参数化模型的反馈结果进行讨论，分析各种幕墙系统的可行性，研究幕墙单元的安装和连接方式，以确定其对立面、视线以及构造本身的影响。

在研究了各种幕墙面板方案和配置后，确认了外幕墙系统的三个设计方向——“鱼鳞式”、“退台式”和“平滑式”，同时为每个方案建立参数化建模（图 2-7），这三种方案均以不同的方式与上海中心大厦的复杂几何造型相呼应。鱼鳞式设计跟随塔楼的扭转方向，竖框自下而上为连续构造。面板采用平行四边形，因为存在扭转面，会出现有一个点不共面的问题，其中的一个角凸出立面表面，而且也因为平面旋转，上下边错开，360°平面范围内只有很少的玻璃类型是相同的。为解决上述问题，须将玻璃面板的边缘以类似鱼鳞的方式互相叠置；交错退台式方案由每层平面垂直升起形成逐层缩小的退台式构造，玻璃面板为标准矩形，上下面板在立面上呈交错关系。这个方案的特点是玻璃规格可以做到最少，非常有利于生产和维护；平滑式方案的玻璃面板为接近梯形的多边形，总体上幕墙单元板之间采用平滑连接，视觉上面板同样是错开关系。但是这个方案也存在四点不共面的问题，需要在现场冷弯玻璃单元进行安装。这三种方案在完成理论分析之后全部在软件里建立参数化模型，主要的原理是分别设

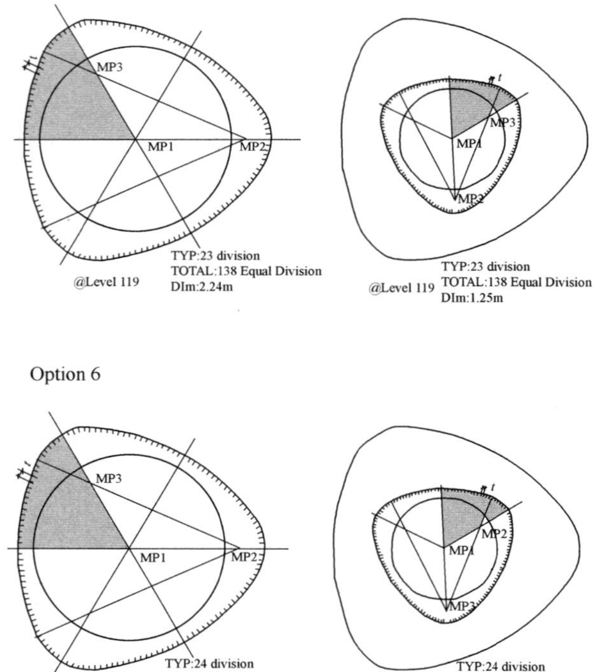

图 2-6　幕墙分格模数分析

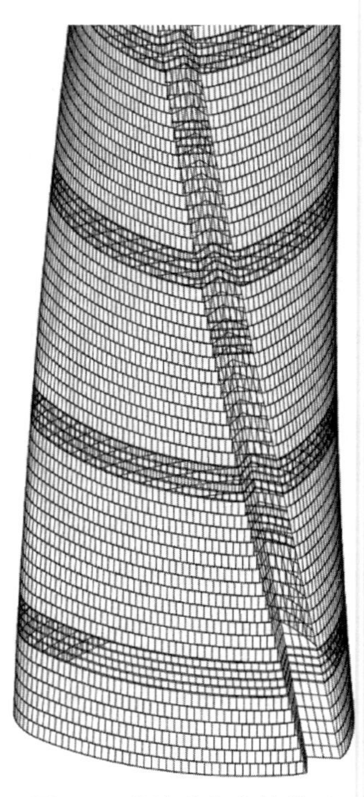

图 2-7　幕墙分格整体模型

定上下相邻楼层之间的关系，通过上述的几何变换公式生成幕墙几何。因为基准平面和形体变化的参数已经设定，因此当反映上下楼层的相互关系的逻辑模型输出并得到分析验证之后，就可以输入到整个塔楼的模型中自动生成总体的幕墙几何模型（实际上因为目前计算机运算能力的限制，这个步骤分解为按塔楼分区生成的模式）。通过这一过程，全局性的形态生成问题只需借助基本原型的研究即可解决。这也是参数设计平台带来的形态设计方法的跃升。这可以引用一个跨学科词汇——聚合形态（Polymorphism）理论来进行类比。

聚合形态（Polymorphism）是指大量差异元素或个体的集聚，而差异性个体属于同属的内部差异（In organisms of the same species）。不同于传统的一种自上而下，由总体到局部的设计方法，聚合形态类似一种自适应系统，它可以是动态的，自下而上的从局部影响总体。由于个体之间的高度关联性，聚合形态也表现为一种自组织系统，个体的改变同时也决定了总体的图景。外幕墙的研究方法也是同理，通过人为的干预和介入个体的生成逻辑，则立即引起总体模型的规律性变化。这也是参数化设计的关键所在，掌握了这个钥匙，则打开了海量计算形态生成的大门。

现在是信息模型的时代，除了几何模型，参数化软件提供了多层级的信息输出能力。幕墙的几何数据按照类别最终输出到 Excel 表格中进行格式化。生成详细的数据报表，并进行类型统计。最终生成的塔楼幕墙几何数据报告提交给幕墙和结构顾问进行分析。对于如玻璃承包商了解项目的实际工作也非常有意义。真正实现了基于数字化平台的多专业协同（图 2-8、图 2-9）。

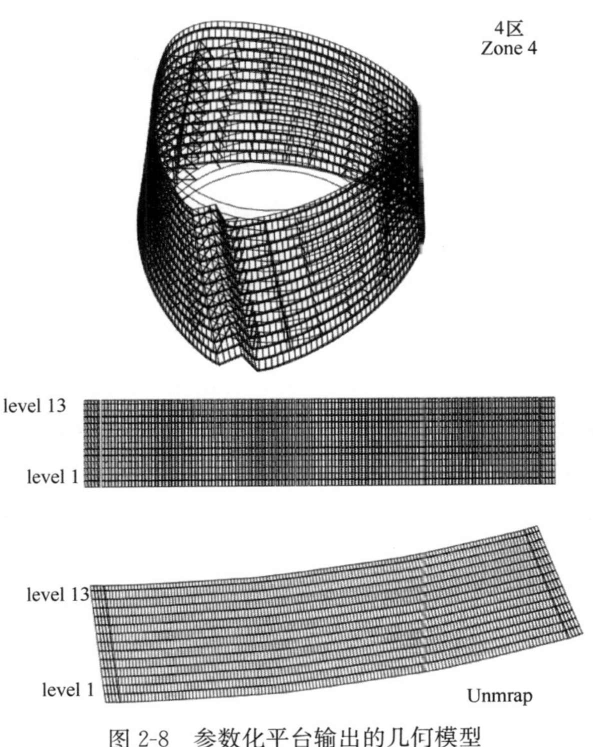

图 2-8　参数化平台输出的几何模型

Zone 4　四区

Number 编号	LA	LB	LC	LD	LE	T1	T2	T3	PR1	PR2
	LA（竖边长）	LB（底边长）	LC（竖边长）	LD（顶边长）	LE（错开宽度	T（弯曲宽度）	T（交错宽度）	T（交错宽度）	PR(板片内角	PR(倾斜角度)
Z4 L1 1	4564.359	639.131	4515.932	1276.805	379.85	2.872	16.283	7.19	98.38	85.23
Z4 L1 2	4515.932	1826.2	4519.329	1781.47	358.757	36.097	15.603	15.379	90	85.19
Z4 L1 3	4519.329	1826.2	4522.653	1781.188	337.48	32.282	12.245	14.678	90	84.7
Z4 L1 4	4522.653	1826.2	4522.951	1809.147	332.468	2.652	3.237	5.308	90	84.26
Z4 L1 5	4522.951	1826.2	4521.261	1815.856	331.63	17.236	3.231	3.229	90	84.23
Z4 L1 6	4521.261	1826.2	4519.632	1816.265	331.033	17.267	3.226	3.225	90	84.44
Z4 L1 7	4519.632	1826.2	4518.066	1816.674	330.677	17.289	3.224	3.223	90	84.66
Z4 L1 8	4518.066	1826.2	4516.562	1817.083	330.564	17.301	3.223	3.223	90	84.87
Z4 L1 9	4516.562	1826.2	4515.123	1817.493	330.692	17.303	3.224	3.224	90	85.09
Z4 L1 10	4515.123	1826.2	4513.75	1817.902	331.063	17.295	3.227	3.227	90	85.31
Z4 L1 11	4513.75	1826.2	4512.442	1818.311	331.675	17.278	3.231	3.233	90	85.53
Z4 L1 12	4512.442	1826.2	4511.201	1818.719	332.529	17.251	3.238	3.24	90	85.74
Z4 L1 13	4511.201	1826.2	4510.027	1819.126	333.624	17.214	3.246	3.248	90	85.96
Z4 L1 14	4510.027	1826.2	4508.921	1819.533	334.959	17.167	3.256	3.259	90	86.18
Z4 L1 15	4508.921	1826.2	4507.882	1819.938	336.533	17.111	3.268	3.271	90	86.4
Z4 L1 16	4507.882	1826.2	4506.91	1820.341	338.347	17.045	3.282	3.285	90	86.61
Z4 L1 17	4506.91	1826.2	4506.006	1820.743	340.398	16.97	3.297	3.301	90	86.83
Z4 L1 18	4506.006	1826.2	4505.169	1821.142	342.685	16.884	3.314	3.319	90	87.04
Z4 L1 19	4505.169	1826.2	4504.399	1821.54	345.207	16.79	3.333	3.338	90	87.26
Z4 L1 20	4504.399	1826.2	4503.695	1821.935	347.964	16.685	3.353	3.359	90	87.47
Z4 L1 21	4503.695	1826.2	4503.056	1822.327	350.952	16.572	3.375	3.382	90	87.68
Z4 L1 22	4503.056	1826.2	4502.481	1822.717	354.171	16.448	3.398	3.406	90	87.89
Z4 L1 23	4502.481	1826.2	4501.97	1823.103	357.618	16.316	3.423	3.432	90	88.1
Z4 L1 24	4501.97	1826.2	4501.522	1823.486	361.293	16.174	3.45	3.459	90	88.3
Z4 L1 25	4501.522	1826.2	4501.134	1823.865	365.192	16.023	3.478	3.487	90	88.51
Z4 L1 26	4501.134	1826.2	4500.807	1824.241	369.313	15.863	3.507	3.517	90	88.71
Z4 L1 27	4500.807	1826.2	4500.537	1824.613	373.654	15.694	3.538	3.549	90	88.92
Z4 L1 28	4500.537	1826.2	4500.324	1824.98	378.213	15.516	3.57	3.581	90	89.11
Z4 L1 29	4500.324	1826.2	4500.167	1825.343	382.987	15.329	3.603	3.615	90	89.31
Z4 L1 30	4500.167	1826.2	4500.062	1825.702	387.974	15.133	3.637	3.65	90	89.51
Z4 L1 31	4500.062	1826.2	4500.008	1826.055	393.17	14.929	3.673	3.686	90	89.7
Z4 L1 32	4500.008	1826.2	4500.004	1826.404	398.572	14.716	3.709	3.723	90	89.89
Z4 L1 33	4500.004	1826.2	4500.047	1826.747	404.178	14.495	3.747	3.761	90	90.08
Z4 L1 34	4500.047	1826.2	4500.135	1827.085	409.984	14.265	3.785	3.8	90	90.26
Z4 L1 35	4500.135	1826.2	4500.265	1827.418	415.987	14.027	3.824	3.84	90	90.44
Z4 L1 36	4500.265	1826.2	4500.436	1827.744	422.184	13.782	3.864	3.881	90	90.62
Z4 L1 37	4500.436	1826.2	4500.646	1828.297	428.706	13.527	5.213	3.924	90	90.8
Z4 L1 38	4500.646	1826.2	4500.403	1831.425	437.521	16.203	18.006	13.583	90	90.97
Z4 L1 39	4500.403	1826.2	4500.011	1827.97	443.994	50.347	18.187	18.273	90	90.77
Z4 L1 40	4500.011	1826.2	4500.19	1822.451	447.199	51.063	18.276	18.319	90	90.13
Z4 L1 41	4500.19	1826.2	4500.962	1816.871	447.101	51.172	18.274	18.272	90	89.47
Z4 L1 42	4500.962	1826.2	4502.322	1811.296	443.7	50.676	18.179	18.135	90	88.82
Z4 L1 43	4502.322	1826.2	4504.236	1805.789	437.036	49.589	17.993	17.906	90	88.16
Z4 L1 44	4504.236	1826.2	4506.645	1800.415	427.186	47.927	17.712	17.587	90	87.52
Z4 L1 45	4506.645	1826.2	4509.468	1795.238	414.266	45.714	17.335	17.177	90	86.89
Z4 L1 46	4509.468	1826.2	4512.602	1790.317	398.427	42.981	16.86	16.673	90	86.29

图 2-9　幕墙几何数据报告（本图见书后彩图）

2.1.5　幕墙支撑结构（CWSS）——BIM 平台的跨软件数据联动

上海中心大厦的幕墙支撑结构（CWSS）是塔楼外层幕墙得以成立的关键，结构由一系列钢管构件形成一组新月形的钢结构，为外层幕墙的单元板提供支撑，同时将来自外表皮的风荷载传递到主体结构上。幕墙支撑结构（CWSS）主要构件包括平行外墙定位线的环梁，悬吊于设备层桁架的双吊杆，以及用于嵌固整个系统的撑杆和 X 形支撑。

幕墙支撑结构的力学关系简单直接，新月形标准平面的几何关系和外层幕墙高度关联。支撑结构的模型生成仍然按照算法一模型的方式进行，整个结构体系的建模过程更进一步体现聚合形态的理论。所有的钢构件的几何中心线按照和外层幕墙的关系设定。外圈环梁后退外幕墙定位线 400mm。一端连向塔楼几何中心点 WPS1 的撑杆中心线，另一端与环梁相接。其定位点按外幕墙分格在 60°标准区域内按 3 块、6 块、6 块、2 块的模数，以正投影原则落在环梁中心线上，投影点即是撑杆定位点，这些定位点同时也是上下双吊杆的定位点。上述算法设定好之后，则可以在参数化软件 Grasshopper 里开始进行基于图形界面的脚本编程，建立详细的关联性参数化模型。和生成外幕墙几何模型的理论一样，CWSS 的结构定位点和空间几何模型也按照设定的算法由计算机快速生成，因为随标高缩小的楼层平面，所以每根撑杆和环梁的夹角都在发生变化。以往，这样的设计将会带来几乎无法逾越的大量性人工绘图的难题，但是，借助参数化模型，软件自动计算各个构件的角度，并输出精确的三维空间定位模型和平面图纸。这个模型是一个开放的体系，关于构件的定位参数，尺寸都可以在过程中进行动态调节，并立即反馈结果，同时输出构件的各种信息和模型，交予结构工程师进行力学分析。返回的意见和参数则重新输入到参数模型中生成最后的设计结果，如图 2-10 所示。

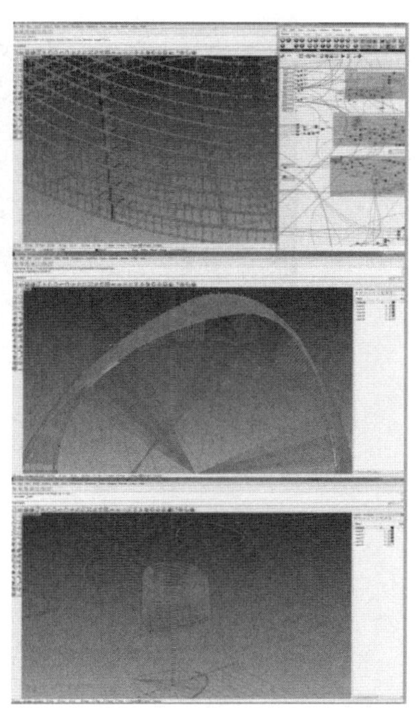

图 2-10　基于算法的 CWSS 参数化模型（本图见书后彩图）

参数化设计在建立高度关联的逻辑模型的同时也保持了高度的开放性，这是一个飞跃式的进步。这个飞跃为幕墙和支撑结构的联动设计提供了全新的分析和调节模式。前述塔楼的外幕墙采用了垂直板块，但是支撑结构的吊杆仍然是按照形体的扭转关系连续布置的，这会造成幕墙的竖框和吊杆形成碰撞，在模型中可以很容易的观察到这个碰撞。现在只需调用一个百分比计算的模块，就可以很快地对幕墙面板的分格进行偏移调整，并即刻体现在整体模型上，如图 2-11 所示。

参数化程序生成的用于设计幕墙支撑结构（CWSS）的输出结果可与其他软件生成的数据相结合。例如，在塔冠幕墙支撑结构（CWSS）的设计中，便采用了集成式工作流程。上海中心塔冠的几何模型非常复杂，在塔楼旋转收分的基础上，额外的抛物线轮廓给几何设计带来了技术挑战。最终通过植入一系列用于控制抛物线曲率的计算模块进行调整，获得满足视觉要求的高精度冠顶模型。同时，支撑结构的直线杆件和弧线杆件分别输出几何数据报表 Excel 文件（直线构件为两端点的空间坐标，弧线构件为半径和扫掠角）。幕墙几何数据从 Grasshopper 导出到 Excel（图 2-12）。

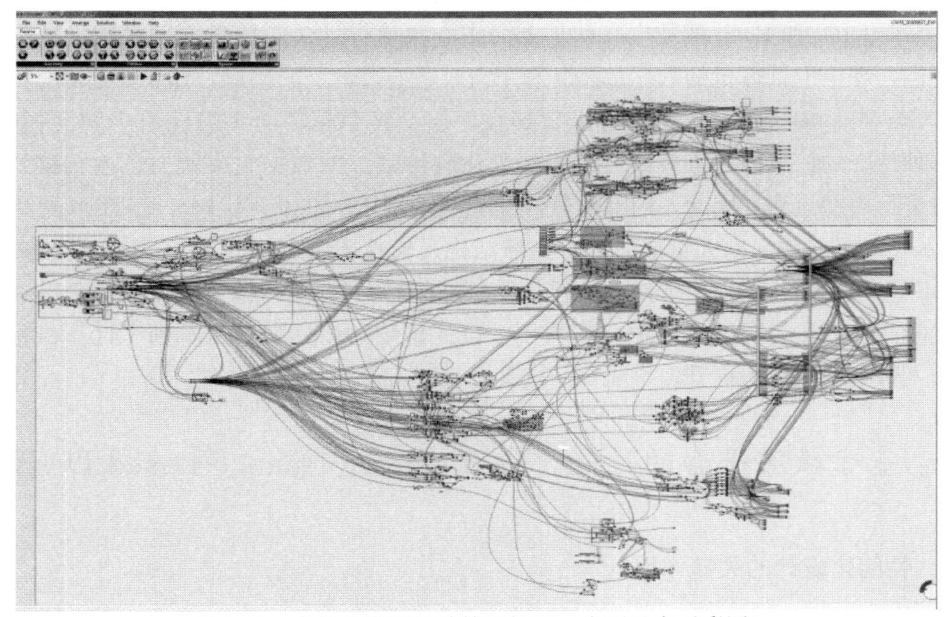

图 2-11　参数化模型的计算逻辑图（本图见书后彩图）

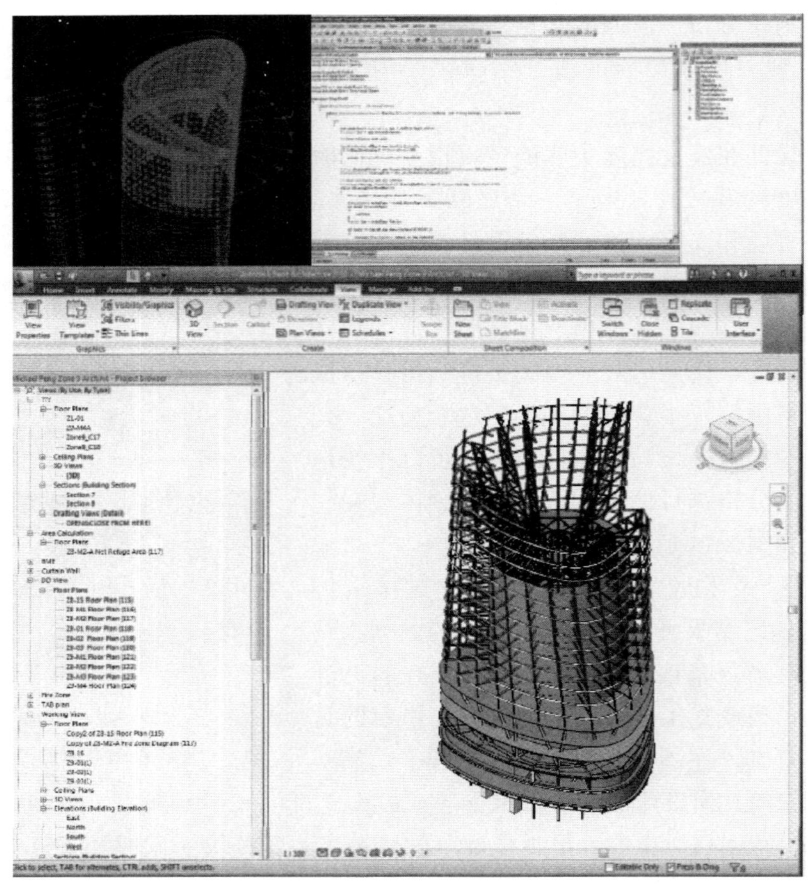

图 2-12　通过 C# 脚本生成的塔冠钢结构 Revit 模型

（本图见书后彩图）

Grasshopper 和 Revit 的数据联动是上海中心大厦设计建筑信息模型集成设计的一个成功案例，理论上计算机的数据都是 0 和 1 组成，通过恰当的接口，只要描述的是同一个指向，Grasshopper 和 Revit 完全可以直接在底层交换数据，而无需任何中间交换格式。这是一种特殊的信息植入方式，可以将参数化软件强大的数据生成能力迅速转移到 BIM 软件中进行模型重建。因此，内部的软件工程师编制了一些 C# 代码，让 Revit 可以实时读取 Grasshopper 输出的大量描述幕墙支撑结构几何位置的 Excel 文件。并以此生成钢结构的 BIM 模型用于技术图纸的正确编制。这些自编的 C# 代码作为催化剂对于打通不同平台之间的数据接口提供了很重要的作用，也让传统的设计事务所看到了计算机程序员直接介入带来的竞争力提升。毫无疑问这是未来的一个新的职业方向。

2.2　基于数字平台的性能化设计（Performance-Based Design）

2.2.1　性能化设计的关键作用

对于大型公共建筑，性能（Performance）正在成为决定其内在质量的关键综合指标。尤其表现在结构效率和可持续策略上。实际上，由于超越规范的界定，上海中心的很多关键设计问题必须基于性能化设计（Performance-Based Design）才能落地。前述的风工程测试目前仍然依赖实物模型进行模拟才能获得准确的信息。但是计算流体力学（CFD，Computational Fluid Dynamics）的发展使得一些诸如涉及能耗及消防安全的议题能够在计算机上进行准确的分析和模拟。

2.2.2 性能化设计的多专业协同

机电顾问采用了 DOE-2.1E 能源模拟软件对全楼的全年能耗进行了完全的模拟。VVE 能源顾问用 CFD 软件 Fluent 对大楼的 21 个数十米高的空中中庭进行了 CFD 模拟，分析中庭内一年四季的温度变化和气流分布，以便采用恰当的措施来避免极端情况的出现，如防止冬天玻璃的结露和夏季的高温（图 2-13）。幕墙顾问澳昱冠采用 Ecotect 软件对塔楼的外表皮进行了太阳辐射分布分析和遮阳措施的效能分析（图 2-14）。消防技术顾问 RJA 采用了 NIST（美国国家与技术标准研究院）开发的 CFD 软件 FSD（Fire Dynamic Simulation）进行火灾场景的模拟，模拟结果对于火情发生后特定时间内的升温变化和范围作出了准确的预判，对于确定消防措施和等级提供了可靠地依据（图 2-15）。所有的分析都是基于已有的数字化模型（参数化模型或者 BIM 模型），这些多学科交叉的性能化设计实现了设计成果的高度整合和升级。实际上以更经济、更高效的方式推动着技术进步。

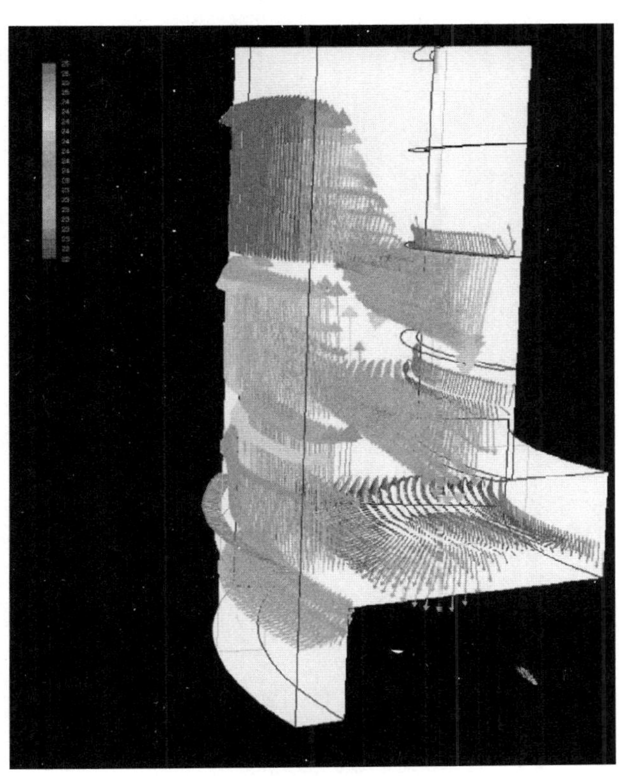

图 2-13　中庭的 CFD 模拟（本图见书后彩图）

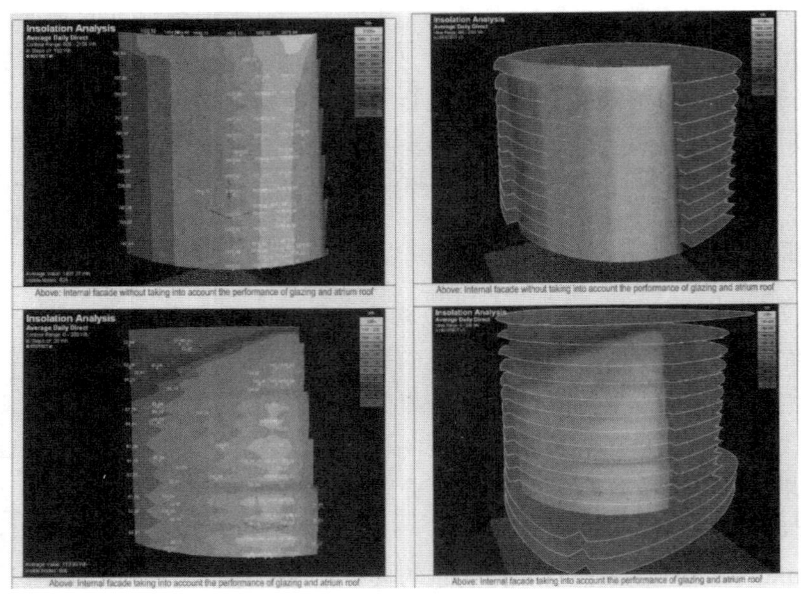

图 2-14　中庭的遮阳分析（本图见书后彩图）

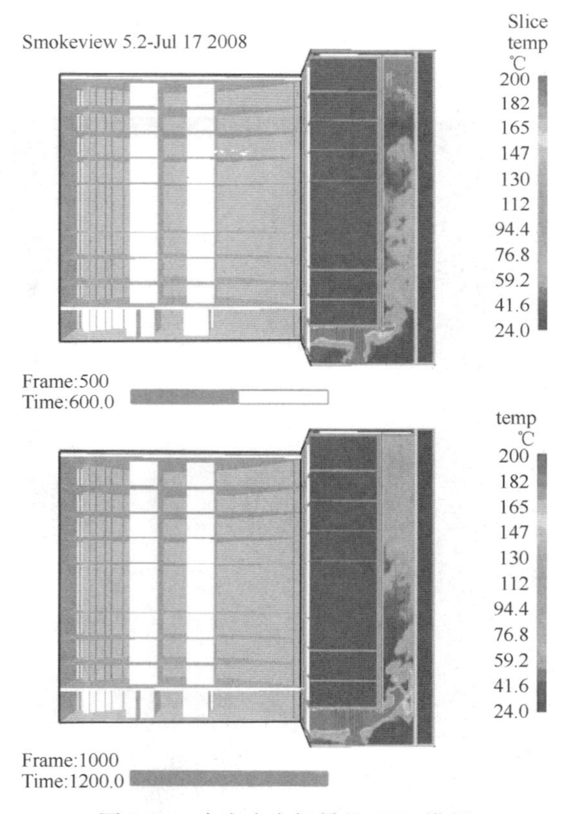

图 2-15　中庭火灾场景的 CFD 模拟
（本图见书后彩图）

2.2.3 未来的机遇

从某种程度上说，未来的建筑设计尤其是复杂的综合体将越来越多的采用性能化设计的手段来解决复杂的设计落地和专业协同的问题。计算机技术实际上在超越摩尔定律不断发展。更智能化的平台逐渐引入建筑设计领域，一日千里的计算机仿真技术中将带来平台的革命性变化。工具本身将越来越人性化，并以更智慧的方式无缝植入到设计过程中。BIM将会越来越Smart，门槛会不断降低，对于处于转型中的设计事务所和专业顾问，这将是一个挑战，更是一个机遇。

2.3 BIM平台的设计成果交付

2.3.1 走在前面的BIM

绘图（drawing）是建筑师最核心的工作之一，某种意义上说，建筑师手里交出的最终的产品也是图纸（drawing）。现在，惯例被打破了。Autodesk公司提供的Revit软件被用来完成塔楼大部分的建筑图纸。建筑师要做的工作是在软件平台上建立整个塔楼的BIM模型——像在实际的空间中搭建一个建筑一样立柱子、放置墙体、开门洞。最终的平面、剖面图纸都是由Revit自动生成的。在Revit里生成的BIM模型里对建筑构件的任何改动都将自动反应在输出图纸上（图2-16）。结构和机电顾问同时也分别使用Revit Structure和Revit MEP建立他们的BIM模型并且整合到建筑模型中进行碰撞

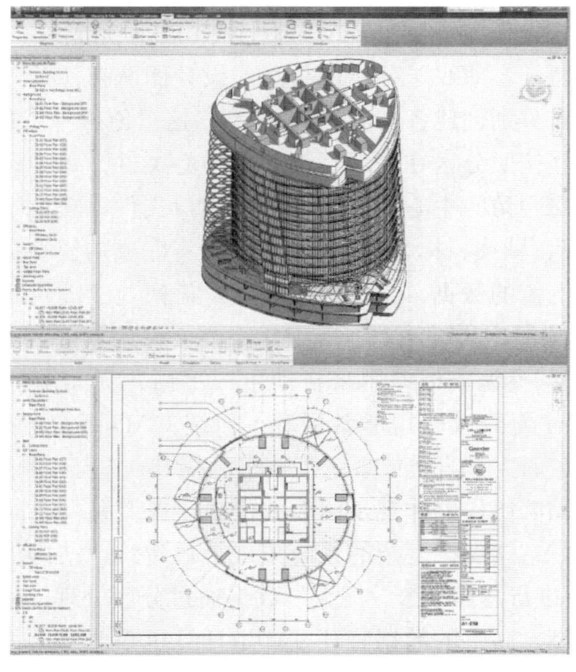

图2-16 基于Revit平台的BIM模型

检测，从而避免了一些传统的二维对图过程很难发现的问题（图 2-17）。

对于上海中心大厦这个超复杂的项目来说，从主体建筑的技术图纸编制到多专业协同上，包括设计流程的多个方面，BIM 发挥了重大的作用。在讨论范式的转变时，工作方式和工作流程的变化是很具体的指向。通常，绘图（大量的平面、剖面、轴测图）帮助建筑师揭示建筑的内部结构和运作，现在这一过程却是通过抽象的三维模型搭建来完成。尽管程度有限制，但是通过数字技术，建造来到了绘图的前面。

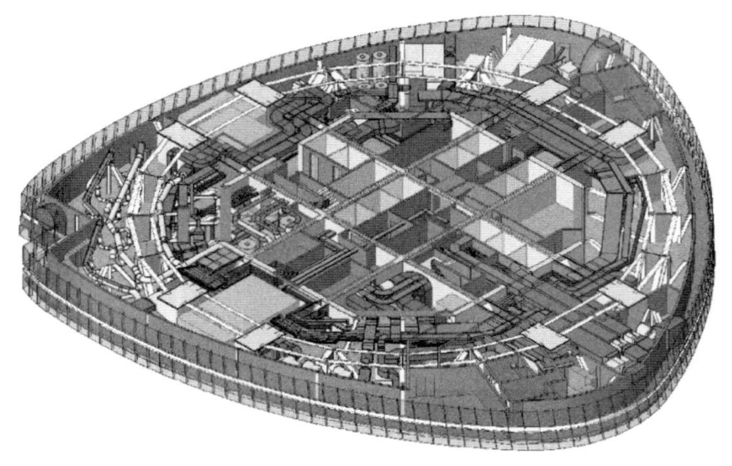

图 2-17 整合机电与结构的 BIM 模型

（本图见书后彩图）

2.3.2 分布式 BIM 模型

塔楼大部分的扩初设计图纸是在 BIM 软件 Revit 里面完成的。第 8～120 层的塔楼平面有着高度重复的特征，即双层幕墙的外形。设计团队按照建筑表皮、结构、核心筒分成不同的工作组，分别创建各自的 BIM 模型。这里值得一提的是 Revit 高效的分布式工作集模型。塔楼按照分区在服务器上建立中心文件。每个设计人员的本地工作站通过内部的高速千兆网访问中心文件生成一个用户文件，获取不同的图元编辑权限（如墙体、结构、楼板、轴线、标高等）。系统定时将完成的模型提交到中心文件，同时下载其他团队成员上传的数据。工作界面清晰，任何处于编辑状态的图元所有非编辑者无法调用，只有 BIM 总监才有打开和编辑中心文件的权限。团队的工作就是建立塔楼的全部的三维信息模型。最终用来自动生成平面、剖面图等各种技术图纸。模型—图纸的链接关系使得修改变得非常便利。传统 CAD 平台的绘图观念（如图层、外部参照）皆成为过去时。其直接体现就是效率的提升。基于 BIM 平台的工作团队明显小而精干，并且在团队协作上体现了明显的优势。在上海中心的设计阶段，BIM 技术的应用是跨越式的，它体现在复杂的系统集成上，建筑、结构、机电的设计团队分别建立 BIM 模型然后进行总体整合。庞大的数据通过分区处理，保证每个设计人员能自如的打开和编辑模型。高效的数据管理发挥了计算机平台的巨大潜力，保证了设计时间表的落实和最终成果的完整交付（图 2-18）。

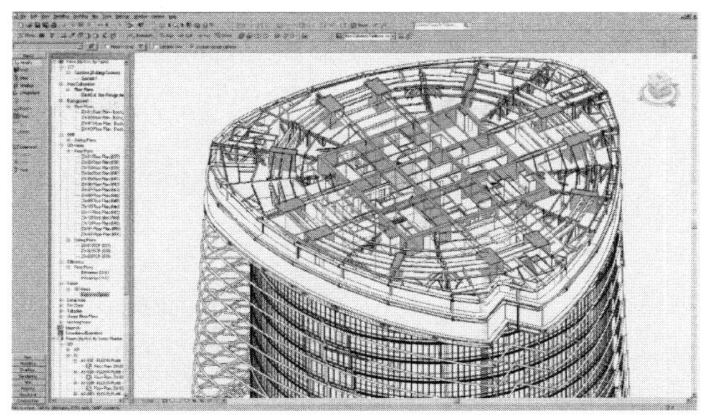

图 2-18　工作组模式的 BIM 协同

2.3.3 BIM——范式的转换

数字化设计方兴未艾，此时此刻，我们正处于重大范式转换的初期，参数化、BIM 将走向更广泛和深入的应用。多专业协同、一体化集成是大势所趋，而上海中心大厦正是创新和集成的典范，她让我们见证了一个关于设计理论的关键阶段——多系统的一体化、信息技术和几何学的交融、性能和设计的相互验证，新的数字化平台让这一切成为可能。和上海中心加速上升的曲线一样，技术还在不断进步，并催生更新的观念，数字化设计平台仍将引领潮流，上海中心将会达到更高的高度。

参　考　文　献

［1］ 袁烽，尼尔·里奇．建筑数字化建造[M]．上海：同济大学出版社，2012.

［2］ 彭武/Michael Peng. The Parametric Design of Shanhai Tower's Form and façade/上海中心大厦造型与外立面参数化设计．CTBUH 世界高层都市建筑学会第九届全球会议论文集．上海：2012：112-119.

［3］ 帕特里克·舒马赫，尼尔·里奇．关于参数化主义/On Parametricism. 时代建筑，2012(5)：22-31.

3 项目设计阶段的 BIM 应用 —— 建筑性能分析

通常建筑性能可以分为三大部分：一是建筑的力学性能，如静力、动力、弹塑性等；二是指建筑的生态性能，如日照、通风、舒适度、噪声、照明、气密性与能耗、空调系统等；三是建筑其他防灾的性能，如防水、防火、防毒等。

由于建筑结构力学分析目前已经十分成熟，而建筑生态性能分析目前在国内仍然属于比较新的领域，特别是与 BIM 技术的结合，是 BIM 技术的主要应用研究方向之一。建筑设计在满足使用功能的前提下，如何让人们在使用过程中感到舒适和健康是建筑环境领域研究的主要内容。其中，寻找室内舒适性、建筑能耗、环境保护之间的平衡点是建筑生态性能分析需要解决的关键问题。因此，本章的建筑性能分析主要是介绍基于 BIM 技术的建筑生态性能分析，所述的建筑性能指标均是指建筑生态性能指标。

3.1 建筑性能指标分类

3.1.1 建筑性能指标常用分类

随着社会经济及城市化的快速发展，环境问题日益突出，资源、能源的枯竭，环境的恶化等已威胁到人类目前及子孙后代的生存。在此背景下，对于能源消耗大户的建筑领域，世界各国纷纷提出绿色建筑的理念来寻求建筑与自然的和谐，在满足舒适健康的居住前提下，实现高效率地利用资源，最低限度地影响环境。于是，绿色建筑便成为建设业界力捧的宠儿，大力发展绿色建筑已成为一项意义重大而又十分迫切的现实任务。

对于大多人而言，建筑所造成的环境影响令人震惊：在美国，商用和住宅建筑消耗了近 40%的总能源、70% 的电力、40% 的原材料和 12% 的淡水。它们排放出 30% 的温室气体，并产生 1.36 亿 t 重的施工和拆毁废料（约 2.8 磅/人/天）。我国每年新建房屋 20 亿 m^2 中，90% 以上是高能耗建筑，而既有的约 430 亿 m^2 建筑中，只有 4% 采取了能源效率措施，单位建筑面积采暖耗能为发达国家新建建筑的 3 倍以上。绿色建筑的核心是尽量减少能源、资源消耗，减少对环境的破坏，并尽可能提高居住品质。而目前来看，常规的建筑技术很难达成目标，这就要求绿色建筑要突破传统建筑技术的种种制约，通过科学的整体设计，集成绿色配置、自然通风、自然采光、低能耗维护结构、新能源利用、中水回用、绿色建材和智能控制等新技术、新材料，以及绿色的施工与运营管理，来实现建筑选址的规划合理、资源利用的高效循环、节能措施的综合有效、建筑环境的健康舒适、废物排放的减量无害和建筑功能的灵活适宜。

因此，为了使绿色建筑的概念具有切实的可操作性，一些发达国家相继开发了适合不同国家特点的绿色建筑评估体系，通过定量的描述绿色建筑的节能效果、对环境的影响以及经济性能等指标，为决策者和设计者提供依据。建筑性能常用指标分类：建筑热工、噪声、风环境、照度、日照、能耗和舒适度等。

3.1.2 建筑性能指标各学科简介

1. 建筑热工学

建筑热工学是研究建筑物室内外热湿作用对建筑围护结构和室内热环境的影响，是建筑物理的组成部分（图 3-1）。

建筑物常年经受室内外各种气候因素的作用。属于室外的气候因素有太阳辐射、室外空气的温湿度、风、雨、雪和地下建筑物周围的土壤或岩体的温度和裂隙水等。这些因素所起的作用，统称为室外热湿作用。由于室外热湿作用经常变化，建筑物围护结构本身及由其围成的内部空间的室内热环境也随之产生相应的变化。属于室内的气候因素有进入室内的阳光、空气温湿度、生产和生活散发的热量和水分等。这些因素所起的作用，统称为室内热湿作用。室内外热湿作用的各种参数是建筑设计的重要依据，它不仅直接影响室内热环境，而且在一定程度上影响建筑物的耐久性。

图 3-1 建筑热工学

（本图见书后彩图）

建筑热工学的主要任务是研究如何创造适宜的室内热环境，以满足人们工作和生活的需要。建筑物既要抗御严寒、酷暑，又要把室内多余的热量和湿气散发出去。对于特殊建筑，如空调房间、冷藏库等不仅要考虑热工性能，而且还要考虑投资和节能等问题。

建筑热工学的研究范围包括：室外热湿参数及其对室内热环境的影响，建筑材料热物理性能、房屋热稳定性、建筑热工测试的技术以及特殊建筑热工，如空调房间热工设计、地下建筑传热等。

现代人对居住、劳动生产场所的热环境要求不断提高，建筑技术和设备不断改进，建筑热工学的研究内容也在不断深化。早期的建筑热工设计一般都采用简化的稳定或非稳定传热理论计算，现在逐步被更精确的动态模拟计算所替代。

建筑热工学领域应用电子计算机技术后，又使过去若干难以计算的热工课题，如墙和屋顶等转角处三维温度场的计算、房间内部热环境变化等，都可以用电子计算机获得迅速和精确的计算结果。此外，随着城市、乡镇建设的发展，以及城市热环境的改变，建筑热工学研究领域逐步扩大到建筑群体的热环境的改善和利用。

2. 建筑声学

建筑声学是研究建筑环境中声音的传播、声音的评价和控制的学科，是建筑物理的组成部分。建筑声学的基本任务是研究室内声波传输的物理条件和声学处理方法，以保证室内具有良好听闻条件；研究控制建筑物内部和外部一定空间内的噪声干扰和危害。在建筑物中实现固体声隔声，相对地说要困难些。采用一般的隔振方法，如采用不连续结构，施工比较复杂，对于要求有高度整体性的现代建筑尤其是这样。取得良好的声学功能和建筑艺术的高度统一的效果，这是科学家和建筑师进行合作的共同目标。

3. 建筑光学

建筑光学是研究天然光和人工光在建筑中的合理利用，创造良好的光环境，满足人们工作、生活、审美和保护视力等要求的应用学科，是建筑物理的组成部分。

在一个相当长的历史阶段，人类利用天然光和火光照明，曾在建筑中创造了不少有效的采光和照明方法，例如，中国传统建筑中的南窗北墙的采光方法，古埃及太阳神庙中的高侧窗采光方法等。但天然采光受季节、昼夜、地理位置和气候变化的影响很大。火光照明效果差、烟尘大，且容易引起火灾。自从大量生产玻璃，特别是 19 世纪发明白炽电灯以后，才使建筑采光和照明技术的理论和实践进入一个新的阶段，并逐步形成建筑光学。

现代建筑光学理论日趋完善，天然光的变化规律逐步为人们所掌握，各类建筑的采光方法和控光设备相继研究成功，各种新型电光源和灯具也在建筑中得到广泛的应用，从而使这一学科在建筑功能和建筑艺术中发挥日益重要的作用。建筑采光和建筑照明的质量评价指标有：

① 采光照明均匀度。指被测面上的最低采光系数或照度与该面上的平均采光系数或平均照度之比，可用照度计测量后计算得出。

② 被照面的亮度和亮度分布。可用亮度计测量并计算确定。

③ 眩光。视野内的亮度分布不均匀和亮度差过大引起的眩光，常用眩光指数或限制照明器的亮度进行评价。眩光指数和照明器的亮度可通过亮度测量和计算确定。

建筑光学利用相邻学科的研究成果，同时又为相邻学科服务。如建筑光学的测试技术是以光度学和色度学为基础的；建筑采光照明设计需直接利用大气光学、应用光学、建筑电气和建筑学的研究成果；在研究光和视觉关系时需利用心理和生理光学的评价方法和试验结果。建筑光学还直接或间接为建筑设计和建筑电气系统等提供数据资料。

国内建筑科学的研究、教学、设计等部门都有规模不同的建筑光学研究机构和试验设备。建筑光学在研究剧场建筑、展览馆建筑、体育建筑、精密仪表厂生产车间和地下工程的采光照明问题以及编制工业企业采光照明标准、探讨光气候规律、提高建筑光学测试技术等方面都取得较显著的成效。

4. CFD（计算流体力学）

计算流体力学或计算流体动力学（Computational Fluid Dynamics，简称 CFD），是用电子计算机和离散化的数值方法对流体力学问题进行数值模拟和分析的一个分支。

计算流体力学是目前国际上一个强有力的研究领域，是进行传热、传质、动量传递及燃烧、多相流和化学反应研究的核心和重要技术，广泛应用于航天设计、汽车设计、生物医学工业、化工处理工业、涡轮机设计、半导体设计、HAVC & R 等诸多工程领域，板翅式换热器设计是 CFD 技术应用的重要领域之一。

计算流体力学和其他学科一样，是通过理论分析和实验研究两种手段发展起来的。很早就已有理论流体力学和实验流体力学两大分支。理论分析是用数学方法求出问题的定量结果。但能用这种方法求出结果的问题毕竟是少数，计算流体力学正是为弥补分析方法的不足而发展起来的。

在 20 世纪初，理查德就已提出用数值方法来解流体力学问题的思想。但是由于这种问题本身的复杂性和当时计算工具的落后，这一思想并未引起人们重视。自从 40 年代中期电子计算机问世以来，用电子计算机进行数值模拟和计算才成为现实。1963 年，美国的 F. H. 哈洛和 J. E. 弗罗姆用当时的 IBM7090 计算机，成功地解决了二维长方形柱体的绕流问题并给出尾流涡街的形成和演变过程，受到普遍重视。1965 年，哈洛和弗罗姆发表“流体动力学的计算机实验”一文，对计算机在流体力学中的巨大作用作了引人注目的介绍。从此，人们把 60 年代中期看成是计算流体力学兴起的时间。

计算流体力学的历史虽然不长，但已广泛深入到流体力学的各个领域，相应地形成了各种不同的数值解法。就目前情况看，主要是有限差分方法和有限元法。有限差分方法在流体力学中已得到广泛应用。而有限元法是从求解固体力学问题发展起来的。近年来在处理低速流体问题中，已有相当多的应用，而且还在迅速发展中。

计算流体力学在最近 20 年中得到飞速的发展，除了计算机硬件工业的发展给它提供了坚实的物质基础外，还主要因为无论分析的方法或实验的方法都有较大的限制，例如由于问题的复杂性，既无法作分析解，也因费用昂贵而无力进行实验确定，而 CFD 的方法正具有成本低和能模拟较复杂或较理想的过程等优点。经过一定考核的 CFD 软件可以拓宽实验研究的范围，减少成本昂贵的实验工作量。在给定的参数下用计算机对现象进行一次数值模拟，相当于进行一次数值实验，历史上也曾有过首先由 CFD 数值模拟发现新现象而后由实验予以证实的例子。

3.2 绿色建筑规范介绍及绿色建筑与传统建筑的差异

3.2.1 国内外绿色建筑标准体系简介

目前具有代表性的各国绿色建筑评估体系如下：

1. 美国绿色建筑委员会（USGBC，United States Green Building Council）

美国绿色建筑委员会（U. S Green Building Council）1993 年成立，是世界上较早推动绿色建筑运动的组织之一，它也是随着国际环保浪潮而产生的。其宗旨是整合建筑业各机构、推动绿色建筑和建筑的可持续发展、引导绿色建筑的市场机制、推广并教育建筑业主、建筑师、建造师的绿色实践。

2. 美国绿色建筑评估体系（LEE，Leadership in Energy & Environment Design）

由美国绿色建筑协会（USGBC）建立并推行的绿色建筑评估体系（Leadership in Energy & Environmental Design Building Rating System），国际上简称 LEED，是目前在世界各国的各类建筑环保评估、绿色建筑评估以及建筑可持续性评估标准中被认为是最完善、最有影响力的评估标准。LEED 根据每个方面的指标打分：①可持续的场地规划；②保护和节约水资源；③高效的能源利用和可更新能源的利用；④材料和资源问题；⑤室内环境质量。总得分是 69 分，分四个认证等级：认证级：26～32 分；银级：33～38 分；金级：39～51 分；铂金级：52 分以上。

3. GBTool（Green Building Tool）

GB Tool 是一个建立在 EXCEL 基础上的软件类绿色建筑评价工具，评价内容包括：资源消耗、环境负担、室内环境质量、服务质量、经济、使用前的管理和社区交通七大项，以及全生命周期中的能量消耗、土地使用及其生态价值的影响等相关子项，分子项 100 多条及全部评价过程均在 EXCEL 软件内表现和进行。

4. 日本建筑物综合环境性能评价体系

日本建筑物环境效率综合评价体系（CASBEE，Comprehensive Assessment System for Building Environment Efficient）是由日本政府、企业、学者组成的联合科研团队经过 3 年多时间的辛勤工作所取得的重大科研成果。CASBEE 提出，建筑物环境效率（bee=q/l）的新概念，并明确划定建筑物环境效率综合评价的边界，对影响建筑物环境质量与性能（q）和建筑物的外部环境负荷共约 80 个条目进行综合、定量评价，该评价体系为建筑物的绿色设计、绿色等级认定等工作奠定了理论基础。

5. 中国《绿色建筑评价标准》（GB 50378—2006）

中国《绿色建筑评价标准》于 2006 年 6 月 1 日开始实行，用于评价住宅建筑和办公建筑、商场、宾馆等公共建筑。标准的评价指标体系包括以下六大指标：(1) 节地与室外环境；(2) 节能与能源利用；(3) 节水与水资源利用；(4) 节材与材料资源利用；(5) 室内环境质量；(6) 运营管理（住宅建筑）、全生命周期综合性能（公共建筑）。

3.2.2 传统建筑与绿色建筑的对比

与传统建筑相比，绿色建筑主要有以下几点特征：(1) 建筑本身较传统建筑，其耗能大大降低。(2) 绿色建筑尊重当地自然、人文、气候，因地制宜、就地取材，因此没有明确的建筑模式和规则。(3) 绿色建筑充分利用自然，如绿地、阳光、空气，注重内外部的有效联通，其开放的布局较封闭的传统建筑的布局有很多区别。(4) 绿色建筑建设过程中，对整个过程都注重环保因素。

绿色建筑的设计与当地的气候环境及其变化是紧密相关的，所谓因地制宜，在考虑其建筑的过程中必须针对当地特征采用相应的方法。

绿色建筑往往与可持续设计有密切的关系，这与传统建筑设计有比较大的区别。可持续代表的是一种在不减弱自然系统的健康发展和生产能力的基础上便能够满足人类需求的一种平衡。美国建筑师学会将可持续定义为，“将这个系统赖以运转的重要资源持续不断地运用至将来的一种社会能力”。如果说环境和经济可持续是目标，那么可持续设计就是我们这些设计者实现这一目标的方法。可持续设计使能源密集、利用率低且有毒的消耗能源、不可多次利用的系统转变为可恢复、有活力且灵活可变的循环系统。

由于可持续设计涉及整体的环境质量，因此，与土地利用和小区规划相关的问题十分重要。事实上，可持续设计不一定要花费更多。而且，它能够提高建筑物的价值。事实上，通过简单的十种方法就可以实现可持续设计：

（1）选择发展基地以促进小区宜居性；

（2）发展灵活设计以延长建筑寿命；

（3）利用自然策略保护并回收水资源；

（4）保证热舒适度的同时提高能效；

（5）减少与能量使用相关的环境影响；

（6）提高使用者健康水平及室内环境质量；

（7）节约用水及水资源再利用系统；

（8）利用与环境更协调的建筑材料；

（9）选择适宜的植物种类；

（10）建设、拆除和使用过程中再循环计划。

可持续设计可以带来多种经济效益。其中包括能源、水资源和节约材料的经济效益，以及维护和其他操作费用的降低。这也正是绿色建筑所需要达到的目标，是一种可持续的方向。

现代建筑是一种过分依赖有限能源的建筑。能源对于那些大量使用人工照明和机械空调的建筑意味着生命，而高能耗、低效率的建筑，不仅是导致能源紧张的重要因素，并且是使之成为制造大气污染的元凶。据统计，全球能量的50%消耗于建筑的建造和使用过程。为了减少对不可再生资源的消耗，绿色建筑主张调整或改变现行的设计观念和方式，使建筑由高能耗方式向低能耗方向转化，依靠节能技术，提高能源使用效率以及开发新能源，使建筑逐步摆脱对传统能源的过分依赖，实现一定程度上能源使用的自给自足。日本有关学者研究得出：在环境总体污染中与建筑业有关的环境污染比例占34%，包括空气污染、光污染、电磁污染等。而生态环境保护是绿色建筑的追求。因此，绿色建筑设计必须深入到整个建筑生命周期中考察、评估建筑能耗状况及其对环境的影响，建立全面能源观。首先必须注重研制、优化保温材料与构造，提高建筑热环境性能。如在建筑物的内外表面或外层结构的空气层中，采用高效热发射材料，可将大部分红外射线反射回去，从而对建筑物起保温隔热作用。目前，美国已开展大规模生产热反射膜，主要用于建筑节能。此外，还可运用高效节能玻璃，硅气凝胶等新型节能墙材，以提高节能效率；其次，研制再生能源（如太阳能、核能、风力、水力）的收集、储存装置和热回收装置。太阳能是一种最丰富、便捷、无污染的绿色能源，近年来在我国的天津、北京、甘肃、河北等省市建立了17座被动式太阳能恒温式住宅，以建筑物本身为太阳能收集器，从而达到屋内取暖制冷的目的。

建筑节能是我国节能工作的重点之一，而外墙外保温已成为建筑节能的主产品。

对于热工设计时以保温为主的地区，如严寒地区和寒冷地区，外墙外保温不仅合理，而且适用，发展较快。而对于热工设计时一般只考虑隔热的夏热冬暖地区，或热工设计时以隔热为主的夏热冬冷地区，目前的一些外墙外保温存在进一步完善的空间。太阳辐射能对建筑物的热环境和能耗有着十分重要的作用。根据波长的长短，太阳光可以分为紫外线、可见光和红外线。紫外线的波长小于400nm，约占太阳总能量的5%。可见光波长在400～760nm，约占太阳总能量的45%。而红外线的波 长大于760nm，约占太阳总能量的50%。可见，太阳能主要集中于可见光区和 红外区。太阳辐射热通过向阳面，特别是东、西向窗户和外墙以及屋面进入室内，从而造成室内过热。因此这些部位也是建筑物夏季隔热的关键部位。《建筑外用太阳能辐射控制涂料标准规程》规定，太阳能辐射控制涂料在环境温度下的红外发射率应至少为80%。辐射隔热涂料能够以热发射的形式将吸收的热量辐射出去，从而使室内降温，达到隔热效果，用于夏热冬暖地区和夏热冬冷地区的隔热，是不错的选择，且与外墙外保温结合使用效果更佳。作为内墙涂料，常温下低发射率有利于提高舒适度和节能。好多人知道LOW-E玻璃能提高舒适度和节能，但很少有人知道LOW-E内墙涂料能提高舒适度和节能。

3.3 建筑性能指标分析数字化

3.3.1 建筑性能指标分析数字化现状

1. 现有建筑指标分析的数字化情况

建设项目的景观可视度、日照、风环境、热环境、声环境等性能指标在开发前期就已经基本确定，但是由于缺少合适的技术手段，一般项目很难有时间和费用对上述各种性能指标进行多方案分析模拟，BIM技术为建筑性能分析的普及应用提供了可能性。目前利用计算机技术在建筑性能分析上主要为以下几个部分：

（1）室外风环境模拟：改善住区建筑周边人行区域的舒适性，通过调整规划方案建筑布局、景观绿化布置，改善住区流场分布、减小涡流和滞风现象，提高住区环境质量；分析大风情况下，哪些区域可能因狭管效应引发安全隐患等。

（2）自然采光模拟：分析相关设计方案的室内自然采光效果，通过调整建筑布局、饰面材料、围护结构的可见光透射比等，改善室内自然采光效果，并根据采光效果调整室内布局布置等。

（3）室内自然通风模拟：分析相关设计方案，通过调整通风口位置、尺寸、建筑布局等改善室内流场分布情况，并引导室内气流组织有效的通风换气，改善室内舒适情况。

（4）小区热环境模拟分析：模拟分析住宅区的热岛效应，采用合理优化建筑单体设计、群体布局和加强绿化等方式削弱热岛效应。

（5）建筑环境噪声模拟分析：计算机声环境模拟的优势在于，建立几何模型之后，能够在短时间内通过材质的变化，房间内部装修的变化，来预测建筑的声学质量，以及对建筑声学改造方案进行可行性预测。

2. 我国建筑性能指标数字化发展情况

从2005年BIM技术进入我国以来，伴随着绿色建筑和低碳、环保等呼声越来越成为建筑工程的主要声音，建筑性能指标的数字化模拟成为各设计院和施工企业在设计前期的重要工作之一。目前，基于BIM数据的很多建筑环境分析方法都在被开发研究，这些方法也将运用到针对BIM的绿色建筑评估体系里（见表3-1）。

基于BIM的绿色评估软件体系 **表3-1**

分析软件	基础模型	分析要素
IES（VE）	Revit MEP	Heat load，Lighting，Solar shade analysis，CFD，interior illumination，Ventilation Evacuation analysis，LEED standard result value
Energy Plus	CAD based	Thermal Parallel load，Concurrence of wind direct ion load，System plant calculation，HVAC system analysis
Green Building Studio	Revit	web-based local climate，Building-consumed energy，Carbon dioxide emission，Estimates
Ecotect	CAD based	Accumulated quantity of sunlight A day-shade distribution，An air current distribution，Distribution of wind quantity，Photo tacticrate，Interior illumination，Luminance analysis

IES可以读取Rev it输出的gbXML（绿色建筑扩展标记语言）模型，从而与Revit进行无缝链接分析，增强了建筑性能分析与建筑设计的关联性。Energy Plus（whole building energy analysis tool）是一个建筑全能耗分析软件，具备很多优点，包括采用了先进的集成同步的负荷/设备/系统模拟方法和热平衡法、模块化开发式结构、与其他软件的链接等。

Autodesk Green Building Studio基于web的服务支持以更快的速度对Revit建筑设计的整体建筑能耗、水耗和碳排放进行分析。输出结果还可概述水耗和成本以及电力和燃料成本；计算评分；评估可能的太阳能和风能；计算LEED采光评分以及评估可能的自然通风情况。

Ecotect是一个全面的技术性能分析辅助设计软件，提供了一种交互式的分析方法，只要输入一个简单的模型，就可以提供数字化的可视分析图，随着设计的深入，分析也越来越详细。

3.3.2 建筑性能指标分析数字化实施方法

1. 性能分析在项目全生命周期中的实施阶段

当今社会，伴随着建筑业的迅猛发展的自然资源领域的巨大消耗，不可再生能源、淡水、天然材料、可耕作土地等正走向枯竭，温室气体的排放总量也在大幅增加。在我国，建筑的总耗能已经占到全社会总耗能的25.5%左右；而从全球来看，40%的CO_2的排放量是由于建筑运行产生的。同时，建筑内恶劣的空气质量也是众多疾病的传播源，危机公众健康。基于此，世界上已经有26个国家和地区推出了建筑节能、绿色建筑以及可持续建筑的设计标准。我国在2006年6月1日实施了《绿色建筑评价标准》。建筑师和规划师在设计中也越来越需要考虑可持续设计的问题。一般来说，只有建筑师从设计初期就具备可持续的设计观，才可能真正设计出可持续性的建筑。但是，当今建筑的复杂程度已经大大超过了仅凭建筑师主观判断或者经验就可以正确把握的程度。因此，在条件复杂的、不确定性存在的情况下，就必须借助建筑物理环境分析软件进行模拟分析，从而帮助建筑师作出正确的判断，修改设计方案。这种情况下，整合大量建筑信息的模型技术—BIM应运而生，给可持续设计带来了改善的契机。目前比较成熟的BIM软件主要有Autodesk公司的建筑设计软件Revit Architecture、结构设计软件Revit MEP、土木与基础设施软件NavisWorks和Buzzsaw以及Graphisoft公司的ArchiCAD、Bentley公司的MicrostationTriFrma。

据统计，在美国已经有48%的建筑设计事务所采用了BIM方法。而且美国总务局（GSA）也率先要求政府工程只有提交BIM的条件，才有中标可能。并在使用BIM的条件下GSA鼓励"建筑设计过程中采用精确的能耗评估"，以加强在设计的早期阶段使用BIM。目前世界上主要的建筑物理环境性能分析模拟软件约有350种左右，但是由于各种软件接口不统一，几乎在使用每一种软件时都有重新建模、输入大量的专业数据。结果导致大部分情况下，建筑师既没有精力也没有专业的知识背景来学习这些软件，运用信息模拟来进行可持续性建筑设计的操作性难度就大大增加。于是，BIM的优势就凸显出来，通过建筑信息模型在建筑设计软件与建筑物理环境性能化分析间的传递，可以节省大量的重复建模、重复设置的时间，大大提高了设计和分析的效率。

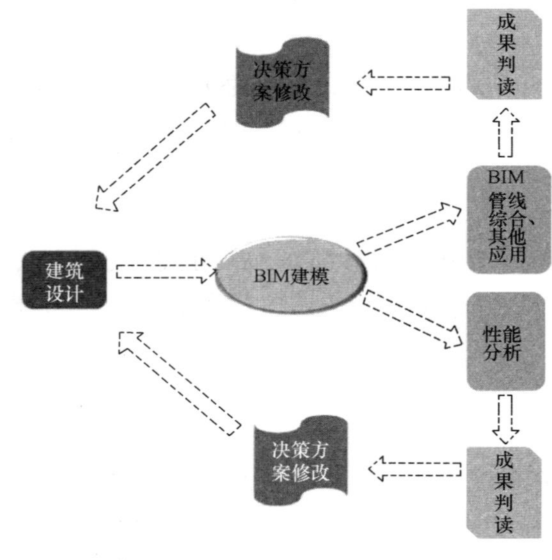

图3-2　BIM复合设计流程图

（本图见书后彩图）

2. 性能分析在项目中与建筑设计的流程结合

总的来讲，BIM复合设计流程是将设计方案BIM模型化后，通过性能分析检查、建筑构件空间检查，以及设计师对设计方案空间感觉的评估后，通过修改设计方案的一种工作流程（图3-2）。

BIM复合设计流程主要是设计方案在各单项分析之后，综合各项结果反复调整模型，寻找建筑物综合性能平衡点，提高建筑整体性能。"BIM软件平台——数据格式——专业分析软件"构成了BIM技术在建筑环境领域综合应用的基本模型。在建筑全生命周期不同阶段的调整均以性能分析的结果并综合建筑设计的规划和经济指标为依据，从真正意义上构建可持续建筑。

3.4 BIM 建筑性能分析数据处理和计算方法

在满足使用功能的前提下，如何让人们在使用过程中感到舒适和健康是建筑环境领域研究的主要内容。其中，寻找室内舒适性、建筑能耗、环境保护之间的矛盾平衡点是亟待解决的问题。由 BIM 软件平台构建的深度 BIM（详细建筑信息模型）通过软件输出为不同的数据格式，我们根据室内环境应用方向的不同，选择合适的数据格式，再输入到专业的分析软件中，可以有效解决数据一致性问题，提高建模效率。在各单项分析之后，综合各项结果反复调整模型，寻找建筑物综合性能平衡点，提高建筑整体性能。“BIM 软件平台——数据格式——专业分析软件”构成了 BIM 技术在建筑环境领域综合应用的基本模型。在建筑全生命周期不同阶段的调整均以性能分析的结果为依据，从真正意义上构建可持续建筑。

3.4.1 BIM 建筑性能分析流程

1. BIM 模型建立

基于项目全生命周期的 BIM 模型是对绿色建筑评估各项指标进行研究的基础，BIM 模型的各类信息可以对 BIM 模型进行各个方面的研究，如基于 BIM 模型的空间信息和材料信息，可以研究针对绿色建筑认证的成本分析、能量分析等。这些性能分析成果也与 BIM 在项目全生命周期中的变化与积累相互呼应，像能量分析、投资分析和成本分析等，都是随着 BIM 模型全生命周期各个阶段的变化而变化。最后随着整个项目过程而形成的 BIM 模型也可以支持绿色认证的决策。同时可以从 BIM 模型的几个方面出发，在 3D 模型、价格数据、材料数据等各种数据库的支持下，对建筑体的各个方面进行绿色评估分析。特别是在热能分析、能效分析、材料、空气质量等周边环境进行全面的分析后，参照绿色评估的标准进行对比与信息的反馈，可以进一步完善建筑的绿色性能并能支持绿色建筑的评估决策。

建模必须忠实于图纸的设计方案，一般在设计过程中，我们会对图纸进行建模，模型建立后，需要对设计方案进行调整时，我们会在模型中进行调整，得到满意的结果，最后反映到图纸上。BIM 建模是一个逻辑性比较强的工作，具体过程就不在本书里一一阐述了。图 3-3 是一个能耗 BIM 模型及该模型导入到 Ecotect 后的能耗分析模型（图 3-4）。

2. 边界条件数字化

建筑物间距、体型、高度和围护结构热工参数以及可利用的节能技术等与其所在地区的气候条件关系密切。利用气象数据，通过 Weather Tool 等工具进行建筑所在地的气象分析，给建筑设计提供数据支持。以上海气象数据为例，可以进行以下一些分析。

（1）最佳朝向分析。

如图 3-5 所示，黄色部分表示最佳位置，绿圈表示全年各方向平均辐射量，红色箭

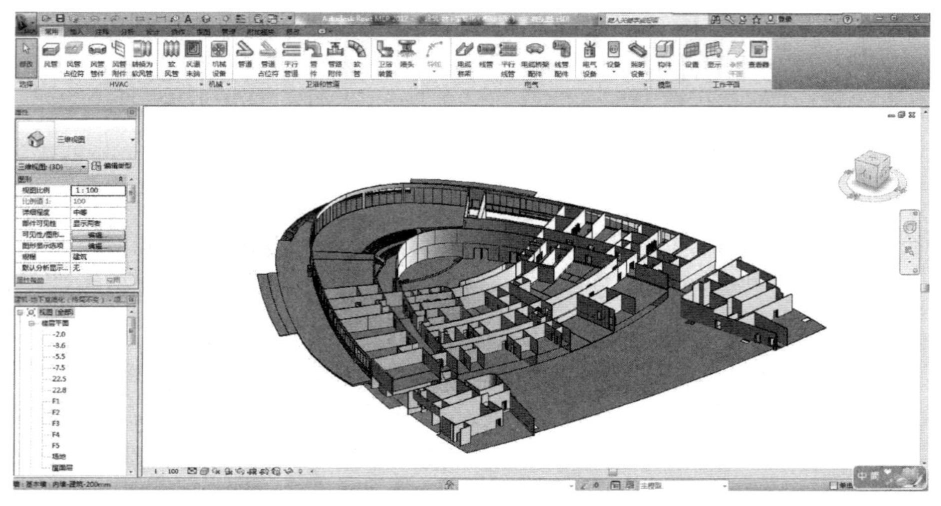

图 3-3　BIM 模型

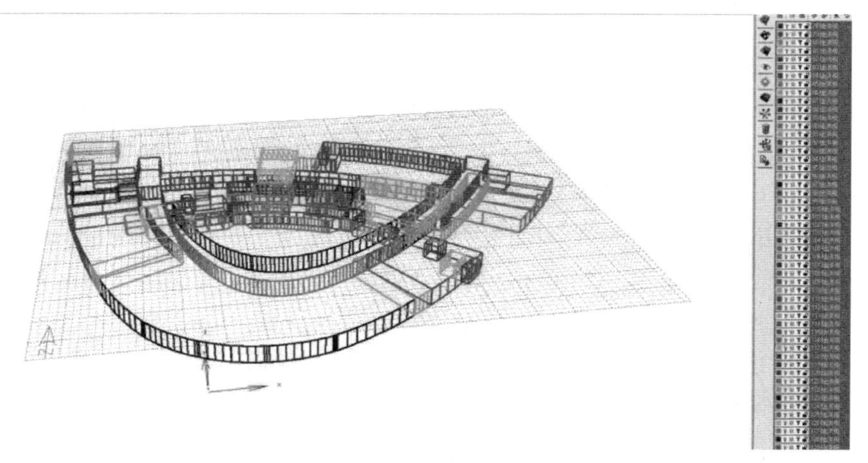

图 3-4　Ecotect 能耗分析模型（本图见书后彩图）

头表示最热 3 个月最大辐射量的方向，蓝色箭头表示最冷 3 个月最大辐射量的方向，绿色箭头表示全年平均辐射量最大的方向，黄色箭头表示最佳朝向。由此可知，最佳朝向为东偏南 67°，且可以明显看出哪个朝向适合利用太阳能。

（2）太阳辐射分析（图 3-6）为最佳朝向（东偏南 67°）位置的太阳辐射：红色区域代表过热期，蓝色代表过冷期，粗黄线代表该方向上太阳直射的平均值，为太阳能的合理利用提供了数据支持。

（3）干湿球温度分析。

图 3-7 为全年逐时干球温度图，图 3-8 为相对湿度图。由此可知：上海的最高温出现在 7、8 月份，最低温度出现在 12 月和 1 月，温差、湿度均较大。

（4）辐射强度分析。

图 3-9 为逐时法向直射辐射强度分析，图 3-10 为逐时水平面散射辐射强度分析。由此可知：全年晴日较多，特别是过渡季节，可以有利于太阳能利用。散射辐射在过

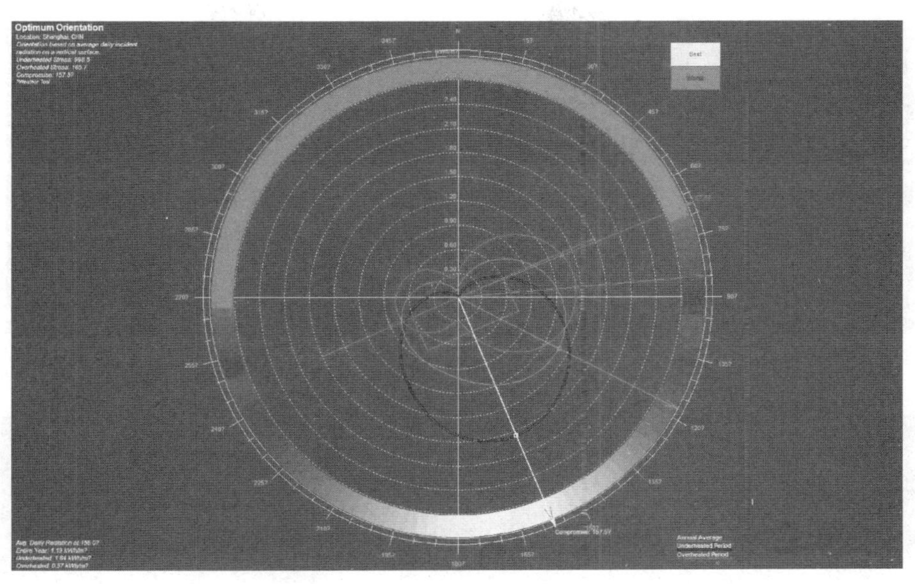

图 3-5　最佳朝向分析（本图见书后彩图）

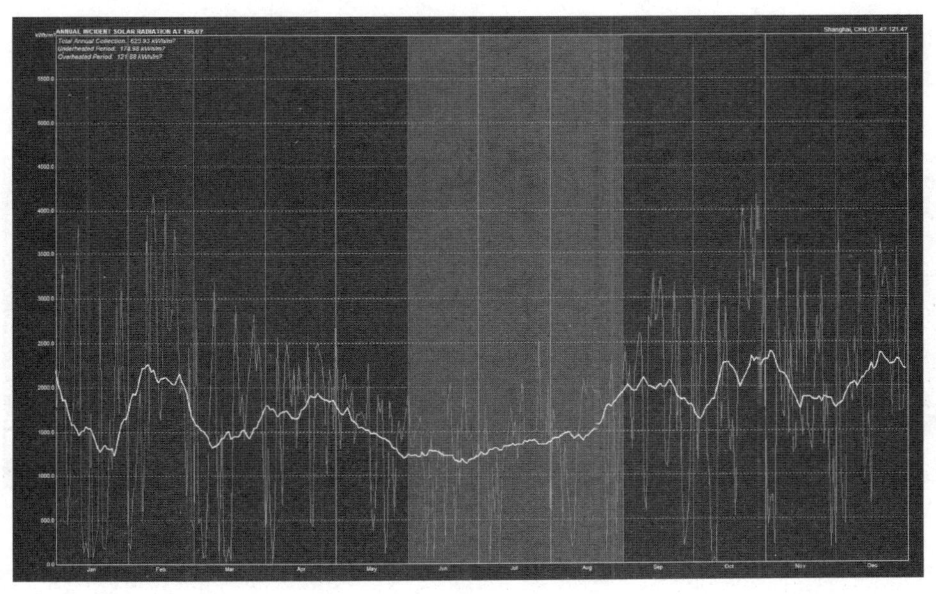

图 3-6　太阳辐射分析（本图见书后彩图）

渡季较多，冬季则较少。

（5）舒适度分析与被动技术应用分析。

利用焓湿图进行室内舒适度和被动技术应用分析：黄色区域为热舒适区间，蓝色区域表示逐日的频率（以点形式绘制全年 8760h 的温湿度数据），如图 3-11 所示。

3. 指标需求分析

不同的性能化分析需要建筑物不同的信息作支撑。根据分析方向的要求将详细建筑信息模型中的信息提取、简化、整理后，转化为不同的文件格式，再导入到各专业

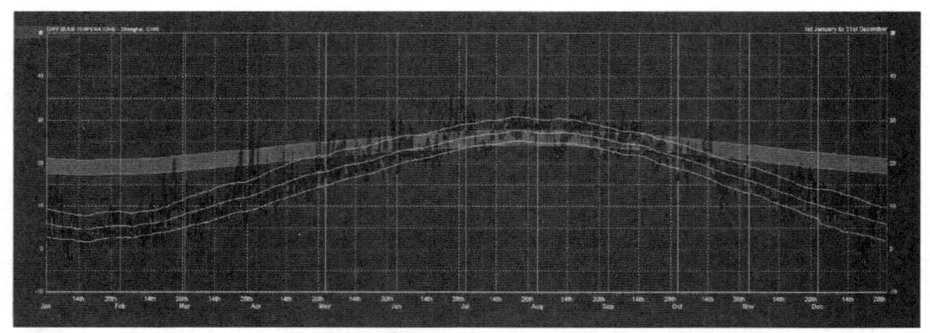

图 3-7　逐时干球温度（本图见书后彩图）

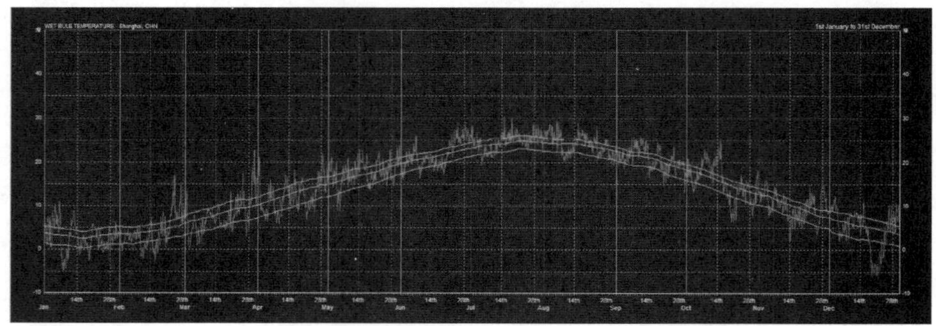

图 3-8　相对湿度图（本图见书后彩图）

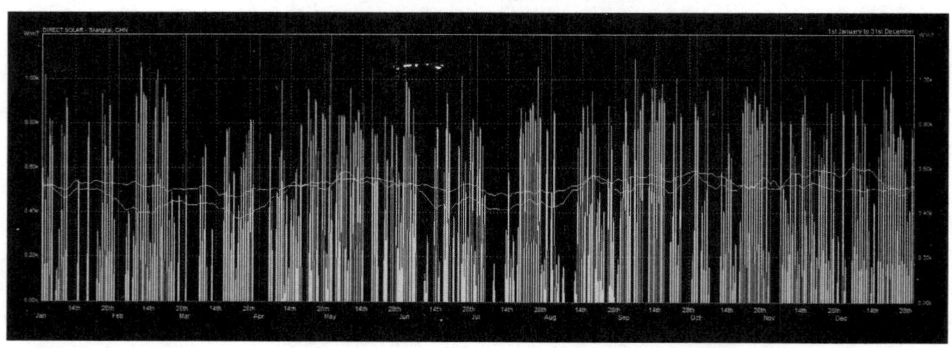

图 3-9　法线方向太阳辐射强度（本图见书后彩图）

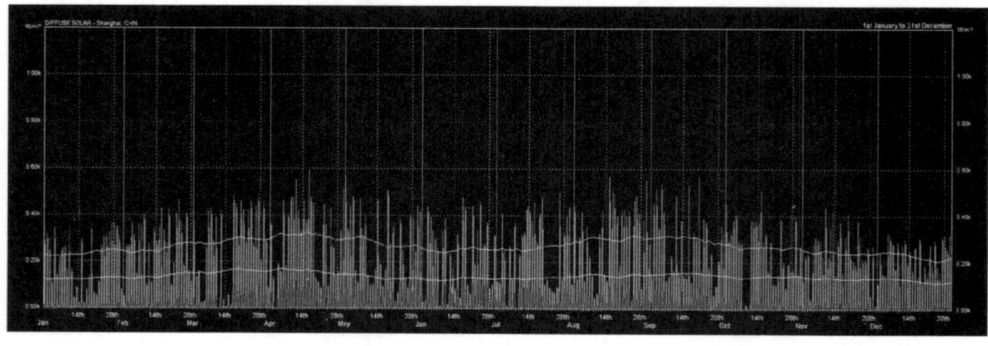

图 3-10　水平方向太阳辐射分析（本图见书后彩图）

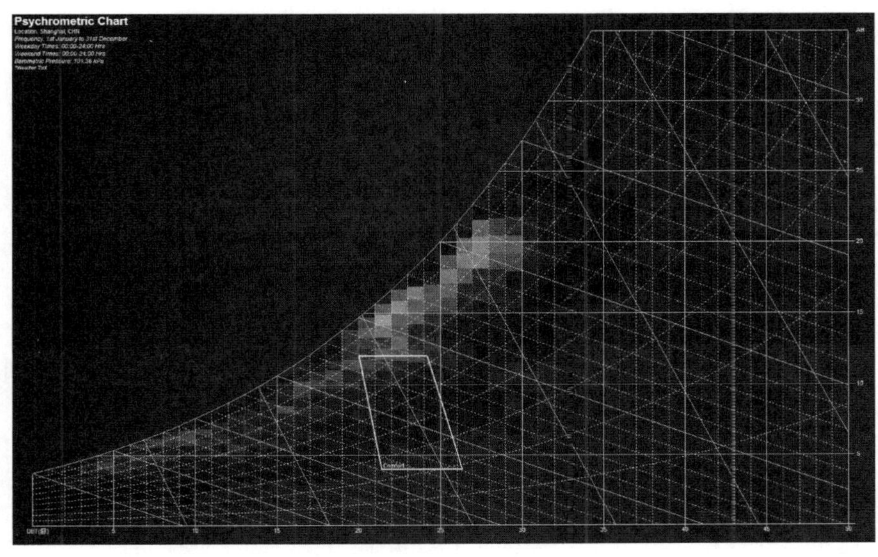

图 3-11 焓湿图舒适度分析（本图见书后彩图）

软件中进行专业分析。

（1）明确建筑物需要进行分析的对象和内容。主要进行建筑所在地气象数据分析、舒适度分析与被动技术应用分析、采光分析、能耗模拟与分析、声环境分析、热环境模拟、烟气模拟分析和人员疏散模拟等。

（2）将详细建筑信息模型进行必要的拆分和删减。根据分析对象和性能化需求，整理成不同的模型。根据实际操作经验，本工作在 Revit 软件平台中完成较为便利。

（3）将整理好的对象文件通过 Revit 软件平台和相关软件导出为不同的文件格式。不同的数据格式反映在建筑性能化不同的内容中。

（4）根据专业分析工具的需要将不同的数据格式导入，局部进行调整，补充不完善信息和丢失的信息。由于 GBXML 格式只能导出空间信息，空间以外的遮阳物体不能提取，所以将模型再拆分，拆分成模型中的遮阳物体和模型中 GBXML 格式可提取的空间信息。最后将模型别以 DXF 格式和 GBXML 格式导入 Ecotect。

3.4.2 BIM 建筑性能分析指标计算方法

1. 不同建筑性能指标的应用

（1）规划设计方案分析与优化：根据建筑规划布局、场地分布、建筑单体数据、道路设计、环境设计等信息进行规划方案的各项经济技术指标分析，对日照、土地资源利用、绿化方案、区域环境影响等指标进行控制，并根据绿色建筑评价标准等相应规范要求进行方案优化。

（2）节能设计与数据分析：结合国内各种标准规范，基于 BIM 技术建立建筑能耗分析的三维可视化模型，完成建筑能耗分析模型分析数据生成、建筑能耗分析结果数据的处理与直观可视化模拟，实现在设计过程中的节能标准预期控制。

（3）建筑遮阳与太阳能利用：根据 BIM 建筑信息模型数据，结合各地日照数据与标准规范，以数仿真手段计算真实日照情况及周边环境，对建筑遮阳板形状进行方案优化设计；根据建筑物任意表面的全年动态日照情况，结合各地环境数据，计算可进行利用的太阳辐射能量，用于各类太阳能采集、发电与集热等设备的方案设计与优化设置，实现可再生能源的最大化合理利用。

（4）建筑采光与照明分析：基于 BIM 建筑信息模型数据，进行周边环境影响下的建筑室内采光计算分析；根据分析结果，对周边环境影响下的室内采光设计优化；根据不同照明设备的参数数据，进行任意形状的房间三维照度计算和仿真模拟，并依据照明部分相关规范以及实施不同照明方案的能耗计算结果进行方案优化。

（5）建筑室内自然通风分析：结合 BIM 建筑信息模型数据，建立多区域网络分析模型。参照国际上通用的热舒适性评价方法，建立自然通风状况的评价标准。结合各地区外在、内在因素的影响，进行分析模型建立、模型转换和模型提取与分析，将分析结果以可视化方式进行动态模拟表达。

（6）建筑室外绿化环境分析：根据植物绿化设计对生态环境的各项影响因素，如调节温度和空气湿度、防风固沙、防止水土流失、吸收二氧化碳放出氧气、吸收有毒气体、吸滞尘埃、杀菌抑菌、衰减噪声等，结合三维建筑信息模型数据，列出各项的影响参数，最后纳入生态园林的评价标准。

（7）建筑声环境分析：基于 BIM 建筑信息模型数据建立模拟声环境。包括声场边界条件的界定、声源的确定。以一种合理方式建立声线数量和声音强度之间的数量关系，根据确定的声线数量计算声音的强度对建筑环境的影响，将分析计算结果以可视化方式进行模拟。

2. 分析技术流程

真实的 BIM 数据和丰富的构件信息给各种绿色建筑分析软件以强大的数据支持，确保了结果的准确性。目前包括 Revit 在内的绝大多数 BIM 相关软件都具备将其模型数据导出为各种分析软件专用的 GBXML 格式。绿色建筑设计是一个跨学科，跨阶段的综合性设计过程，而 BIM 模型则正好顺应此需求，实现了单一数据平台上各个工种的协调设计和数据集中，使跨阶段的管理和设计完全参与到信息模型中来。BIM 的实施，能将建筑各项物理信息分析从设计后期显著提前，有助于建筑师在方案、甚至概念设计阶段进行绿色建筑相关的决策。

然而，我国的绿色建筑才刚刚起步，还存在许多问题，对绿色建筑的发展仍然存在许多制约因素。主要是：缺乏绿色建筑的意识和知识、缺乏强有力的激励政策和法律法规、缺乏系统的标准规范体系、缺乏严密的行政监管体系、缺乏合理的城市能源结构等，尤为关键的是，缺乏有效的新技术推广交流平台，各类绿色建筑相关规范分散于各个专业设计过程中，无总体规划控制手段和具体实施方法，很难在规划设计整个过程中对建筑“四节”的影响、建筑与周围环境的相互作用以及可再生能源利用等方面进行量化分析与评估。目前仍没有一个完善的辅助设计系统，在规划、设计、施工、运行各阶段对建筑进行定性和定量评估，对绿色建筑的设计与推广缺乏。

基于三维图形平台，对建筑在方案设计、结构体系、材料使用、能源消耗等方面的数据进行提取、计算与分析。依据建立的三维建筑信息模型，并在其中集成各专业相关数据，研究数据交互、处理与分析方法；研究对建筑总体布局、规划方案、设计方案、结构体系、建筑材料、供热制冷、温室效应、人工照明、室内通风、建筑声环境及日照质量等因素进行数据统计与分析。依据分析结果对绿色建筑设计方案进行量化分析，并根据绿色建筑设计要求对相应各专业设计进行优化调整。其主要技术流程如图 3-12 所示。

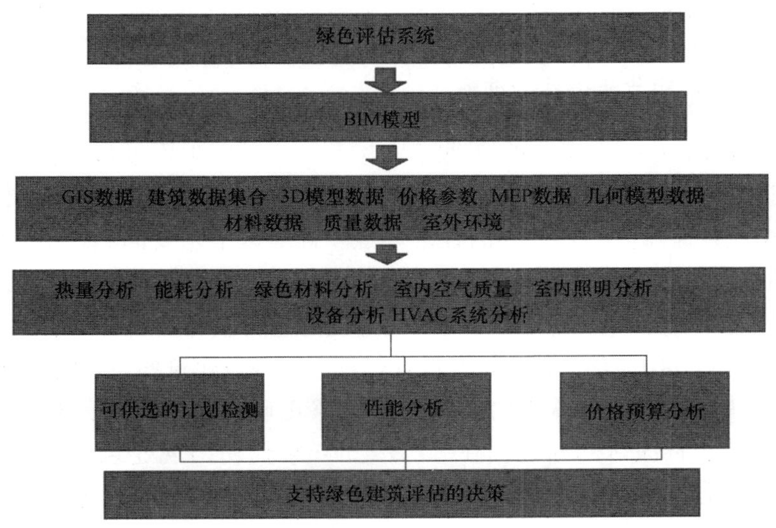

图 3-12 BIM 性能分析技术流程

性能分析工作最基本的载体来源于 BIM 模型，该模型必须是严格按照设计图纸构建，同时将建筑构件的属性信息附在建筑模型上，通过 BIM 模型工具对其属性信息进行提取，构件性能分析用的专业分析模型，导入到专业性能分析软件中，通过综合气象数据、建筑使用的基本规律等边界条件，最后计算得到模型的各个性能指标（图 3-13）。

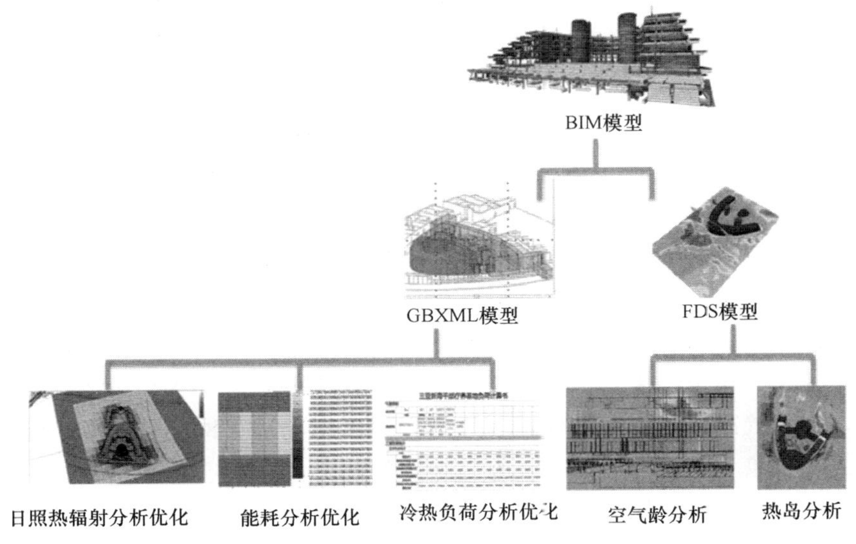

图 3-13 性能分析工作流程图（本图见书后彩图）

3. 成果的表达

基于三维图形平台，建立三维可视化建筑模型，并在三维模型中集成相关分析数据；对绿色建筑各项分析数据结果的可视化表达，将分析结果以图像、图表、三维状态模拟等方式进行表述。

3.5 BIM建筑性能分析指标的解读

3.5.1 BIM建筑性能分析指标的理解

在绿色建筑设计中需要考虑的典型问题包括：（1）减少不可再生资源耗费和节约资源；（2）提高能源利用效率，使用可再生能源；（3）减少环境污染，保护自然生态；（4）室内环境质量保障；（5）良好的社区环境。针对以上主要问题，绿色建筑预评估系统应建立涵盖完整设计流程的设计与评估数据一体化建筑数据模型体系，以此为依据在规划设计阶段为各个专业提供相应的设计处理与分析计算工具，并参照相应规范进行检查与评估，以保证预评估系统在设计过程中对绿色建筑各要素的控制。

怎样保证建筑性能模拟软件给出的结果能够正确地反映其实际模拟对象，这是建筑热模拟领域一直探讨的问题。在20世纪70年代初出现建筑模拟软件时，就开始提出了这个问题。为此，美国、加拿大、日本等国都曾专门建造了实验性建筑进行测试，期望能够对模拟软件加以验证。但经实验发现，测得的结果与模拟结果总是难以吻合。后经研究发现，由于建筑热状况受多种因素的影响，且难以全部精确测定，因此无法用实际建筑进行严格的测试比较。真正要验证模拟软件的正确性，首先要弄清楚可能出现问题的原因，然后据以设计检验或验证的方法。根据分析，模拟软件产生错误的原因主要有三种：（1）程序及计算方法的问题，包括算法错误、计算不收敛、代码错误等等；（2）物理细节参数设定问题，如表面传热系数的确定等；（3）某些假设的合理性问题，如将三维传热简化为一维传热进行模拟，表面传热系数的常量近似等等。

针对这些问题，经过近20年的研究，基本上发展出一套建筑热环境模拟分析程序验证的系列方法，主要包括以下三种验证方法：理论验证、程序间对比验证和实验验证。理论验证是指在某些特定的能求得理论解析解的工况下，将数值模拟结果与理论解析结果进行对比，对模拟结果进行验证，这种方法可以有效地找出由于编程错误和算法不当所引起的问题。

对建筑热工求解来说，能求得理论解析解的有两种状况：一种是外温、太阳辐射、室内发热量等影响建筑热状况的因素（以下简称为“热扰”）均为恒定的情况下，室内的温度及需投入的冷热量可以用稳态的传热方程求得；另一种是各种室内外热扰为周期性变化时，可以采用谐波法求得室内热响应的解析解。在这两种状况下的验证我们分别称为稳态验证和谐波反应法验证，统称为理论验证。这种理论验证是对同一对象利用不同的数学模型进行求解并比较计算结果，验证最基本的物理原理和简化模型有没有概念性错误。通过这种与严格精确的解析解的对比验证，可以对建筑热环境模拟软件计算结果的正确性作出基本的评判，这也是对一个建筑热环境模拟软件最基本的要求在理论验证中，尽管采用了不同的数学计算方法，但其中的物理细节是相同的，如室内某种发热量在内墙各个表面的分配方式，表面传热系数的确定等，因此理论验证的通过并不能说明这些细节的设定都是准确的，由此提出了程序间对比验证的方法。这种方法是在相同的建筑物、室内外热扰，以及相同的设备控制方案等前提下，分别用不同的模拟程序计算建筑物的热性能指标，然后对比各程序的计算结果，以检验不同程序的一致性，找出不同程序在物理细节设定上的差异，通过理论分析来确定较好的设定方法。这种验证并非一种严格的理论性验证，而是通过集结不同研究团体的研究成果，以避免个体受其本身局限而造成的疏漏或错误。

程序间对比验证是在理论验证的基础上进行的更深入更细致的验证工作。当一个模拟程序通过理论验证这一正确性的基本要求后，应该与世界上其他同类型的模拟程序进行比较，以检验其自身在物理细节上的设定，完善其物理模型，这也是对模拟程序的一个基本要求。

鉴于实际建筑物的复杂性，模拟程序在建立建筑模型时都会作一些简化，如将墙壁的三维传热简化为一维进行计算，认为墙壁物性是不随时间变化的等，这些都是模拟计算的基本假设，而这些基本假设是否会给计算结果带来较大误差呢？这在理论验证和程序间对比验证中都难以说明。理论验证只验证了两种极端的情况，而程序间对比验证也是在大家都作了各种类似的假设后得到的结果，即使所有的程序模拟的结果都是一致的，也不能肯定它们就是正确的，因为实际情况并未被准确地了解，因此这些假设的正确与否只有通过实验的方法进行验证。实验验证是把各程序的模拟结果与实测记录相比较，以评价各程序的准确性和可靠性。但由于建筑物的复杂性，实测过程不可避免地会存在误差，因此即使模拟结果和实测记录吻合也不能说该程序一定正确。另一方面，例证的正确性并不一定能保证对实际事物反映的正确性，也就是说，即使某程序的模拟结果和某建筑的实测结果相吻合，也不能保证当建筑物改变类型、结构、规模等特性时，该程序还能给出符合实际的模拟结果。

综上所述，上述三种验证方法各有特点，互为补充。在程序开发阶段，一般可先采用理论验证的方法，保证最基本的物理原理和数学模型不出现概念性错误，进一步拿自己的程序与世界上应用较广泛的同类程序作程序间对比，找出一些较明显的错误或不足，进一步完善。程序编写完成并经一定的测试后，可参加有组织的实验验证，或自行组织实验验证，再进行不断地改进和提高。

3.5.2 BIM 建筑性能分析指标成果的判读

以四川绵阳某小区规划方案模拟为例。

该案例的 BIM 微环境模拟主要是根据修建性详细规划设计方案建立 BIM 模型，通过导入气候数据（图 3-14、图 3-15），建立微环境分析模型，经过 BIM 计算流体力学（Computational Fluid Dynamics ，CFD）平台、建筑热工、建筑声学等平台，计算设计方案的微环境生态指标，通过指标成果对设计方案进行评估和辅助设计。

从日照平面分析成果看，三个方案在大寒日日照总时间在 0.3m 高度和 4.9m 高度（1 月 20 日）都达到了 2 小时以上，日照情况良好；根据绵阳市气象资料（绵阳市根据气象数据夏季东南风向，速度 10～15km/h，最高温度集中在 35℃左右，冬季吹西北风速度 10～15km/h，最低温度在 0～5℃），三个方案在夏季通风良好，热岛温度在 0.2℃左右，冬季由于建筑空间布局方向适合，区域内温度比较平均，没有出现大的温差情况，热岛为 0.1℃左右。

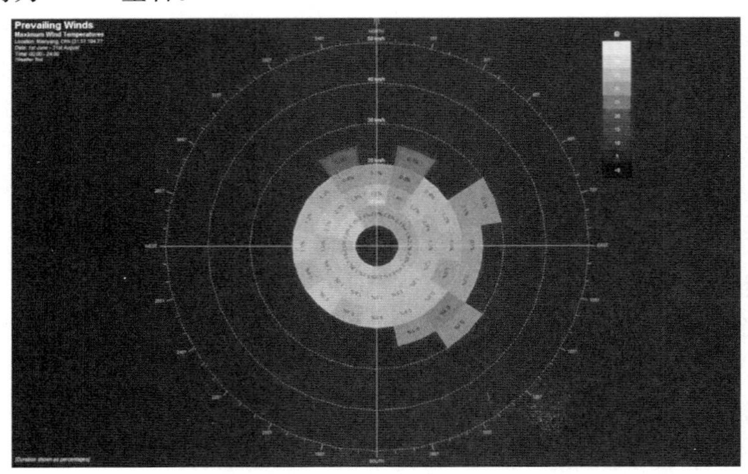

图 3-14　绵阳市夏季风玫瑰图（高温）
（本图见书后彩图）

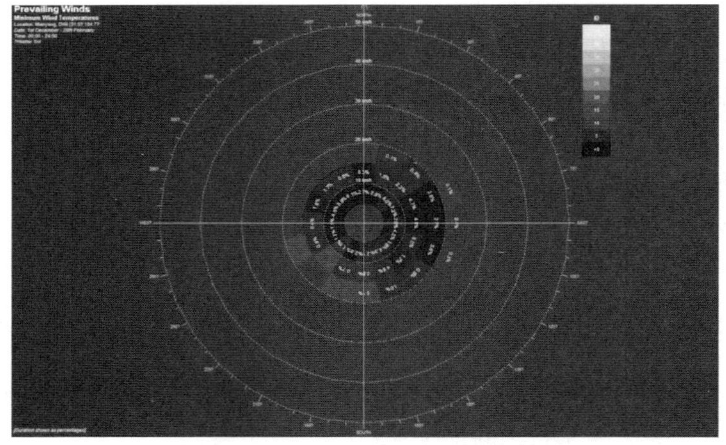

图 3-15　绵阳市冬季风玫瑰图（低温）
（本图见书后彩图）

1. 日照成果图

（右侧图例从蓝色到黄色为日照时间 0～10h 对照）

（1）方案 1-1 的日照成果分析图（图 3-16、图 3-17）

（2）方案 1-2 日照成果分析图（图 3-18、图 3-19）：

（3）方案 2 日照分析图（图 3-20、图 3-21）：

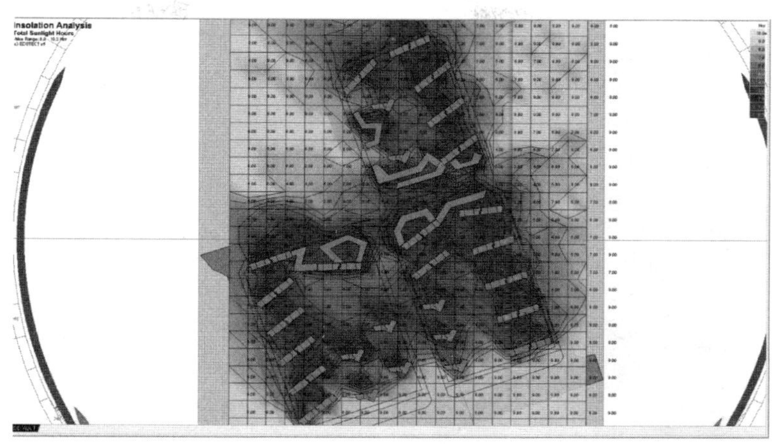

图 3-16 0.3m 高程日照总时间平面图（大寒日）

（本图见书后彩图）

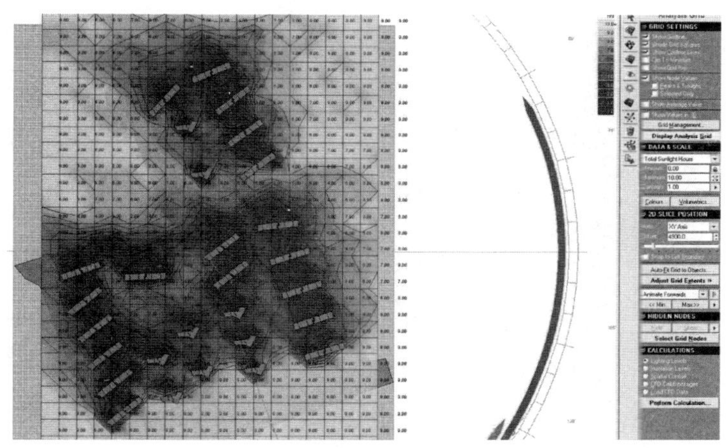

图 3-17 4.9m 高程日照总时间平面图（大寒日）

（本图见书后彩图）

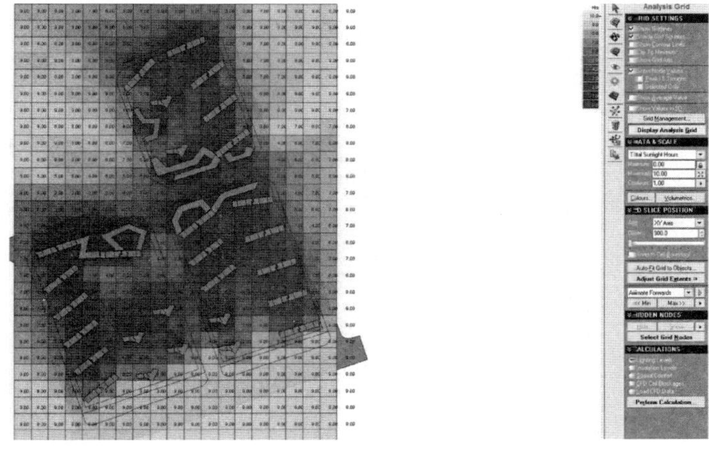

图 3-18 0.3m 高程日照总时间平面图（大寒日）

（本图见书后彩图）

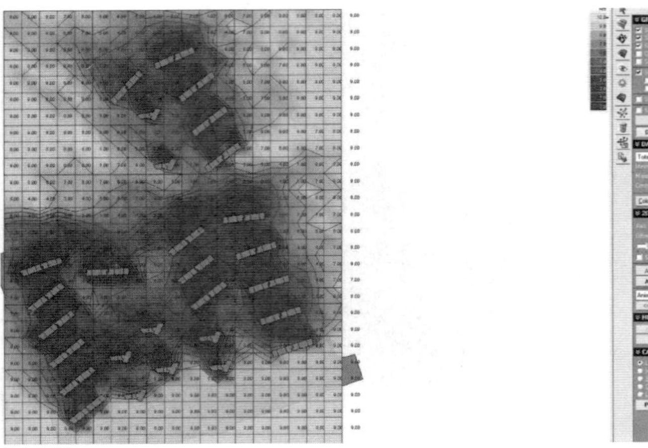

图 3-19　4.9m 高程日照总时间平面图（大寒日）
（本图见书后彩图）

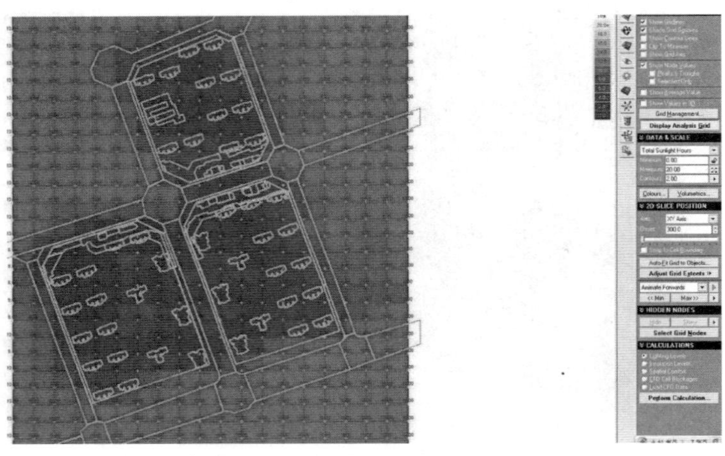

图 3-20　0.3m 高程日照总时间平面图（大寒日）
（本图见书后彩图）

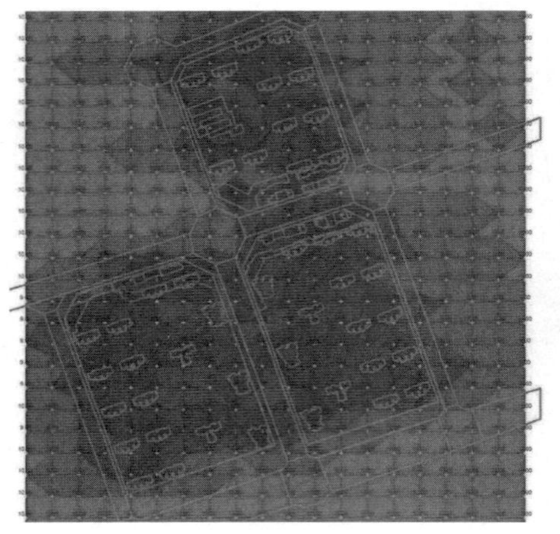

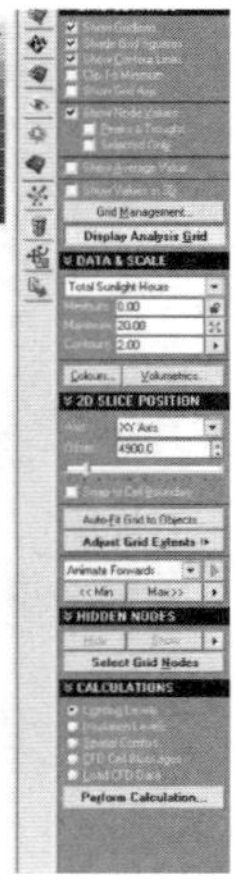

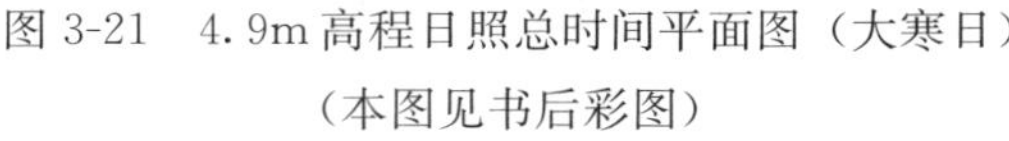

图 3-21　4.9m 高程日照总时间平面图（大寒日）
（本图见书后彩图）

2. 风环境分析

（1）方案 1—1 风环境分析（夏季）（图 3-22、图 3-23）

右侧温度图例显示从蓝色到红色表示 35～35.1℃（原始环境温度为 35℃），热岛效应为 0.1℃。风速图例显示从蓝色到黄色为 0.4～3.4m/s（原始风速为 4m/s）。

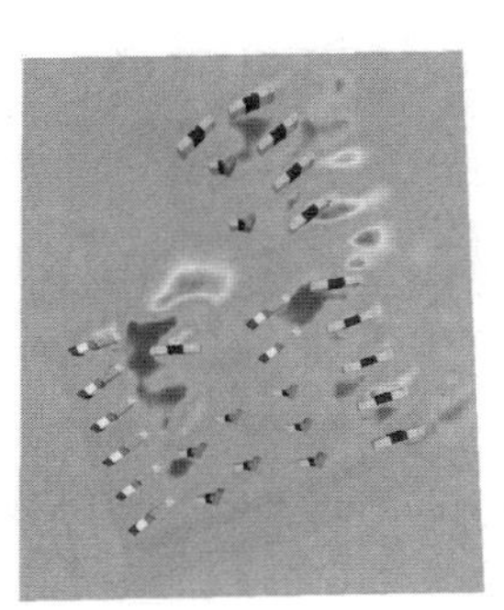

图 3-22　13m 温度云图（本图见书后彩图）

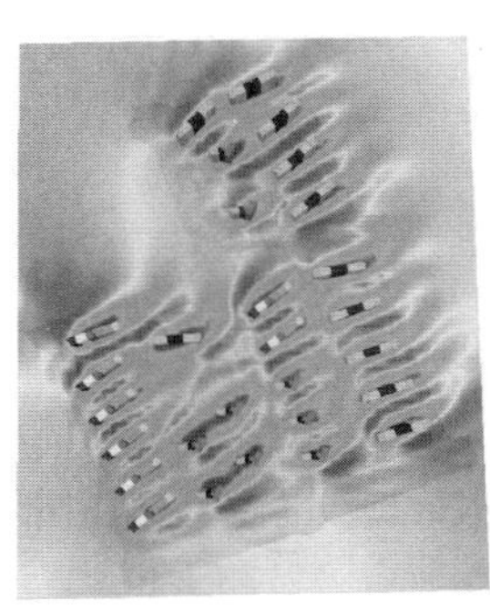

图 3-23　26m 风速分析云图（本图见书后彩图）

（2）方案 1—1 风环境成果（冬季）（图 3-24、图 3-25）

右侧温度图例显示从蓝色到红色表示 9.95～10.2℃（原始环境温度为 10℃），热岛效应为 0.25℃。风速图例显示从蓝色到黄色为 0.35～5.35m/s（原始风速为 8m/s）。

（3）方案 1—2 风环境成果分析（夏季）（图 3-26、图 3-27）

右侧温度图例显示从蓝色到红色表示 35～35.1℃（原始环境温度为 35℃），热岛效应为 0.1℃。风速图例显示从蓝色到黄色为 0.4～3.4m/s（原始风速为 4m/s）

（4）方案 1—2 风环境分析（冬季）（图 3-28、图 3-29）

右侧温度图例显示从蓝色到红色表示 9.95～10.3℃（原始环境温度为 10℃），热岛效应为 0.26℃。风速图例显示从蓝色到黄色为 0.35～5.35m/s（原始风速为 8m/s）。

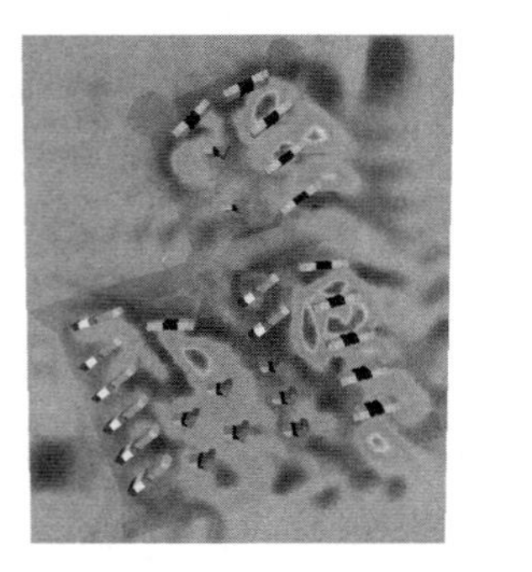
图 3-24　13m 高程温度分析云图（本图见书后彩图）

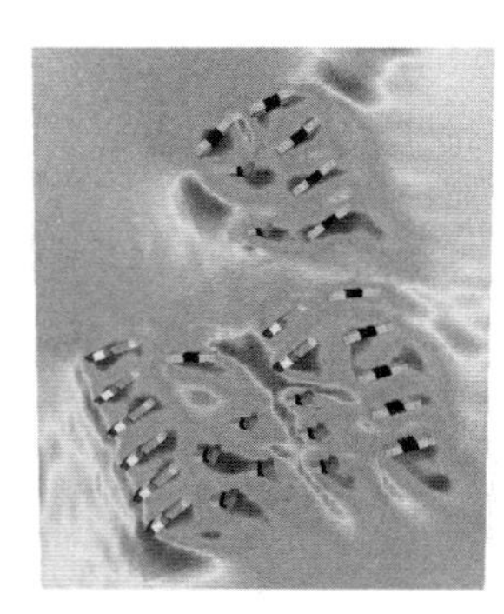
图 3-25　26m 高程风速分析云图（本图见书后彩图）

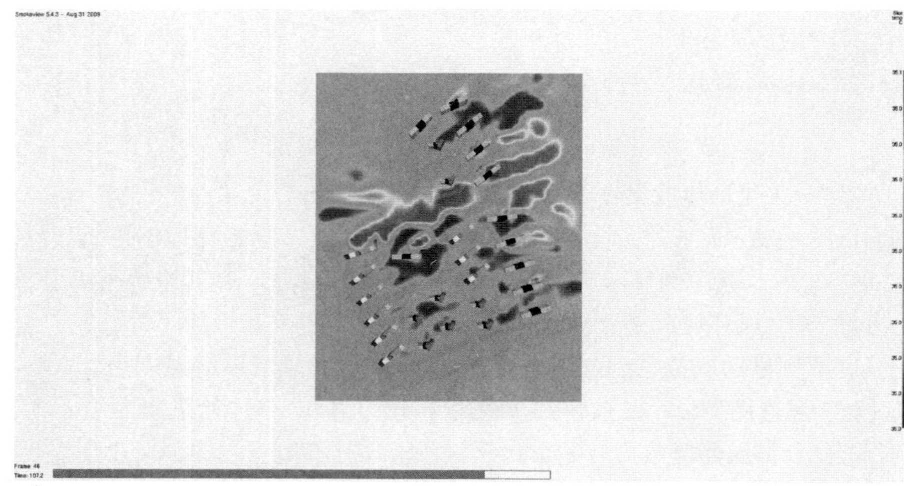
图 3-26　26m 高程温度云图（本图见书后彩图）

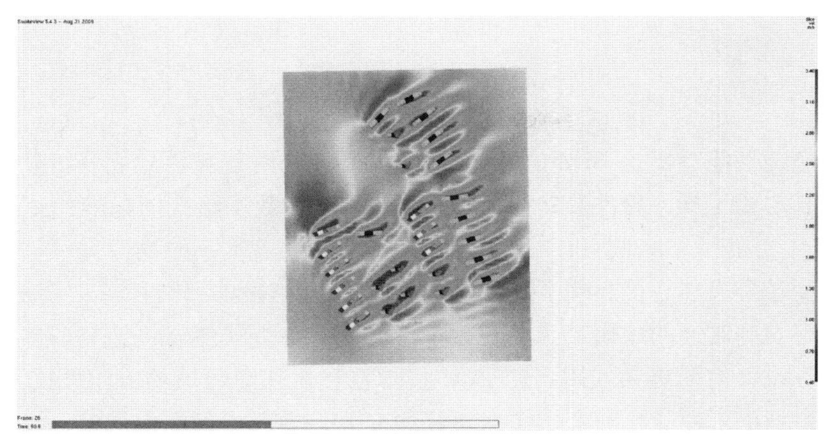

图 3-27　高程 26m 风速云图（本图见书后彩图）

图 3-28　13m 高层温度云图（本图见书后彩图）

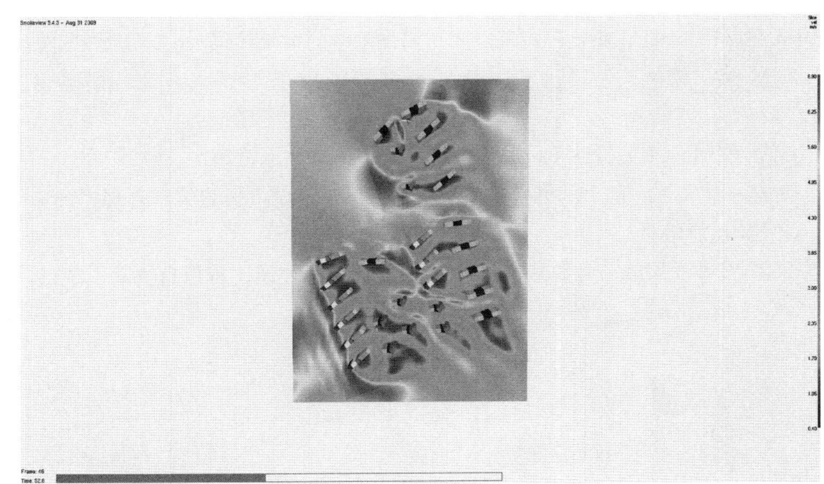

图 3-29　13m 高程风速云图（本图见书后彩图）

3.6 小　　结

建筑环境与性能分析是 BIM 的具体应用，而 BIM 模型和各专业分析软件是 BIM 应用的数据核心和工具。软件及软件接口的成熟度和各数据格式的标准化是 BIM 发展的主要内容。

软件的变革和发展直接影响了性能化分析的过程。比如，软件 Sketchup 是设计前期最受广大建筑师欢迎的建模工具之一，而它与能耗分析软件 EnergyPlus 的结合使建筑能耗模拟在设计前期更易实现，使 BIM 技术在建筑环境领域的应用模式发生变化。建筑业与软件业的广泛交流与合作在推动 BIM 应用和普及方面非常重要。

软件的使用不能代替专业知识的学习，BIM 在建筑环境领域的应用应该以坚实的专业基础知识和实际工程经验为根本。没有专业团队的支持，BIM 无法在建筑性能分析方面真正发挥作用。

鉴于目前很多软件的不成熟和软件接口的不完善，需要更多专业团队在此方面积极探索、交流，为建筑性能软件分析标准化作出贡献。

参 考 文 献

[1] 谢宜．基于 BIM 的北京路及周边地区城市规划微环境模拟［J］．土木建筑工程信息技术，2011（6）．

[2] 何波．BIM 建筑性能分析应用价值探讨［J］．土木建筑工程信息技术，2011（9）．

[3] 刘宏、谢宜、张家立．紧凑条件下的宜居——BIM 在城市微环境模拟中的应用［J］．土木建筑工程信息技术，2011（9）．

[4] 朱广堂、张家立．基于 BIM 技术的城乡规划微环境管理平台研究和实践［J］．土木建筑工程信息技术，2012（3）．

[5] 谢宜．BIM 在城市 CBD 商业地产建筑空间布局规划中的应用［J］，中国房地产业，2012（2）．

[6] 葛文兰．BIM 第二维度——项目不同参与方的 BIM 应用［M］．北京：中国建筑工业出版社，2011．

[7] 何关培．BIM 和 BIM 相关软件［J］．土木建筑工程信息技术，2010，（12）．

[8] 李时锦、谢宜、葛文兰．基于网络平台的项目信息门户在城市规划编制管理中的应用［J］．建筑学报，2007，（10）．

[9] 何关培．我国 BIM 发展战略和模式探讨（一）［J］．土木建筑工程信息技术，2011，（6）．

4 项目施工阶段的BIM应用

4.1 引　　言

建筑信息模型（Building Information Modeling，简称BIM）正在引发建筑行业一次史无前例的彻底变革。它利用数字建模软件，提高项目设计、建造和运营管理的效率，给采用该模型的业主、建筑企业和最终用户都带来极大的价值，代表建筑业的未来发展方向。

某超大工程项目（上海中心大厦）从2008年年底开始全面规划和实施BIM技术。项目业主通过与设计方、施工方和业内专家的合作，推动项目在设计和施工过程中全方位实施BIM技术。理论上，BIM技术对项目施工阶段会有很多好处：

（1）设计意图可行性的分析。运用BIM技术可以在正式图纸出来前即可发现问题，并提出可行的修改意见，与设计协调修改图纸，降低施工难度和成本。

（2）设计图纸的复核。项目有建筑、结构、水道、暖通、电气、概（预）算等专业的设计图纸，还有数据、通信、安全、节能等方面的要求，这些专业之间分工是清晰的，即使每个专业的图纸都是正确的，合在一起后也可能有问题，不是不同专业的内容互相碰撞、冲突，就是造好以后不合理。利用BIM技术就可以将所有数据整合在同一模型中，极大地提高复核、协调的效率和质量。

（3）施工现场4D管理。可以轻松创建、审核和编辑4D进度模型，编制更为可靠的进度表，与三维模型直接对接，从而使规划的施工流程与项目相关方顺畅沟通。也可对下阶段施工方案和计划安排进行预演，在视频界面上，直观、系统的考察方案的可行性。通过在视觉上比较竣工进度与预测进度，项目管理人员可避免进度疏漏，更好地把握项目进度管理。

（4）主要演示手段。作为主要的与外界交流的演示手段，比如工程的介绍和施工方案的交底。现今很多现场复杂方案的交底往往因平面图纸较难理解而效率不高，使用直观的视频化的BIM模型对方案进行演示，能让每个做的人都明白自己到底要做什么和怎样做。

（5）施工现场 nD管理。在软件的支持下，BIM模型还可用于更好地管理成本、物流和材料消耗。

（6）提供给业主和物业一个可靠的、真实的竣工模型。

因此，为了保证项目的顺利推进，业主提出建立基于BIM的工程信息管理系统，从建筑的全生命周期角度出发，以信息技术为手段，在建筑的设计、施工、运营全过程中有效地控制工程信息的采集、加工、存储和交流，用经过集成和协同的信息流指导和控制项目建设的物质流，支持项目管理者进行规划、协调和控制。

在项目上应用基于 BIM 的工程信息管理系统将帮助整个建设团队更好地控制工程质量、进度和费用，保证项目的成功实施，达到项目全生命周期内的技术和经济指标最优化。

本章以该超大工程项目（上海中心大厦）为例介绍 BIM 在施工阶段的应用实践。

4.2　BIM 在项目施工阶段应用的难点

虽然 BIM 的应用在国外已经达到相当规模和深度，国内也有许多成功案例，但是在超大规模建设项目（超高层建筑）中的应用还不多见。该工程项目庞大复杂，建设周期长，在 BIM 的应用上面临前所未有的挑战，主要表现在以下几个方面：

（1）数据协同困难。

总包采用欧特克公司的系列软件作为模型的创建和整合平台，各分包根据各自需要采用不同的 BIM 软件，造成信息数据格式多样，信息详略程度不同，而相应的数据格式转换工作因为数据匹配工作量太大且缺乏软件支持而难以实施，致使项目难以确定统一的数据标准。

（2）技术信息传递难度大。

项目的规模庞大，涉及设计、顾问、监理、施工、供应商、分包商等众多单位，彼此之间的信息传递线路极为复杂，产生的文件和数据数量惊人，图纸、说明书、分析报表、合同、变更单、施工进度表等，信息量大，而且还牵涉到责任的归属，难以进行高效的管理。如何保证所有资料的高效传递、权限准确、版本一致、历史纪录有据可查，成为必须解决的问题。

（3）团队需要磨合。

项目 BIM 管理体系包括业主、监理、施工、供应商、分包商等众多单位，有些应用 BIM 具有一定经验，有些刚刚上手，熟练程度差异极大。在上海中心 BIM 实施管理中，需要有相当的培训时间和长时间的磨合，才能发挥出预想的成效。

4.3　项目 BIM 管理体系

总包的项目部 BIM 工作室为项目 BIM 管理体系的核心，在上海建工（集团）股份有限公司及其各分公司和其他配合单位配合下开展工作，对系统实施全面管理，并负责与相关单位签订合作协议，与协调单位联系沟通，详见图 4-1 和表 4-1。

项目 BIM 管理支持体系　　　　表 4-1

	部　门	职　　责
配合单位	集团、分公司	作为项目集团内部支持力量，提供技术、人力、物力等支持。根据需要可聘请相关人员作为顾问
	总包各部门	配合、协助、支持项目部完成 BIM 任务要求

续表

	部门	职责
配合单位	同济大学	作为科研配合单位，与项目部签订合作协议。初级阶段主要为跟踪、提供国内外资料；进行该领域理论研究；配合、指导建立项目 BIM 模型。今后视实际需要，承担主要的 BIM 软件二次开发工作
	软件公司	提供软件使用培训、技术支持等有关软件的工作
协调单位	业主 BIM 部门	业主已与 BIM 专业公司签约，开展业主方的 BIM 系统工作，项目部可与其保持专业联系，及时沟通，满足合同要求
	同济大学设计院	该院为项目设计方，已开展项目 BIM 工作，保持定期联系，交流经验
	项目分包单位	项目所属专业分包作为 BIM 子系统建设单位，负责建立本专业 BIM 子系统模型，配合总包 BIM 总系统的建立、集成、更新、维护。目前主要包括土建、钢结构、幕墙、机电分包商

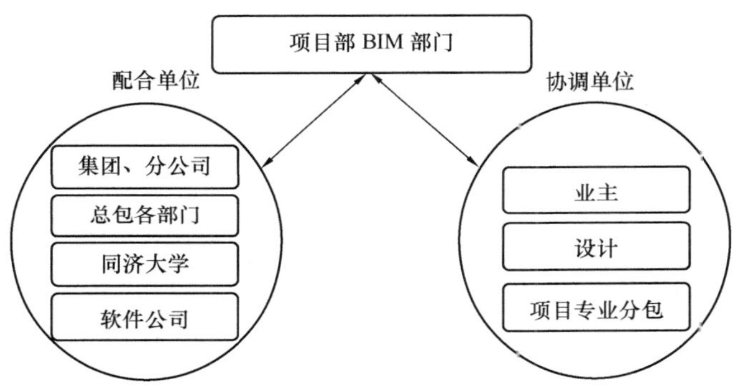

图 4-1　项目 BIM 管理体系图

4.4　BIM 在项目施工阶段的实施方法

4.4.1　概述

工程项目的 BIM 应用从构想到实践分别经过了前期策划、业务培训、团队组建、建模实践和应用实践五个阶段。工作起始于 2010 年 5 月，陆续策划 BIM 工作室的组建、软件选用、软件培训、硬件采购等工作，并于 2010 年 9 月完成了以上所有的基础准备工作。自 2010 年 10 月起，工作的重心就开始转移至 BIM 软件应用实践。在取得第一批图纸后，BIM 工作室开始尝试性地着手项目地下室的建模工作，结合之前的培训，使得 BIM 工作室的成员更深入地了解 Revit 系列软件的各种功能和特性。2010 年 11 月，BIM 工作室取得了由设计提供的设计阶段 BIM 模型，并开始按照合同要求在此基础上进行调整，以适应施工阶段的各项应用需求。进入 2011 年后，包括施工现场模拟、大型机械运行空间分析、施工虚拟、进度分析和碰撞检查在内的多项 BIM 应用就逐步启动，整个 BIM 工作室也逐渐在上海中心工程中扮演着越来越重要的角色。

4.4.2 团队构建和工作定位

项目 BIM 工作室隶属于总承包部，所有人员都选自总承包企业内部。相比聘请专业 BIM 顾问来说，组建属于总承包企业自己的队伍能够更清楚地理解施工企业在 BIM 应用上的具体需求和工作特点，同时从长远角度考虑，也可以自主开发第三方插件解决日后更加深入的软件应用。但是这样做却需要更长的周期，因为不仅需要进行专业培训，还需要通过试验性地实践活动来熟悉应用软件，积累工作经验。

项目 BIM 工作室全面承担 BIM 系统的建立、实施、维护和运用，及与配合单位、协调单位沟通联系，组织结构见图 4-2。对应分包（如土建、钢结构、幕墙、电梯、机电等）按合同规定必须指定 BIM 专业人员，与总包 BIM 小组建立有效联系，并服从总包要求提供资料。后续所需人员根据需要增加。

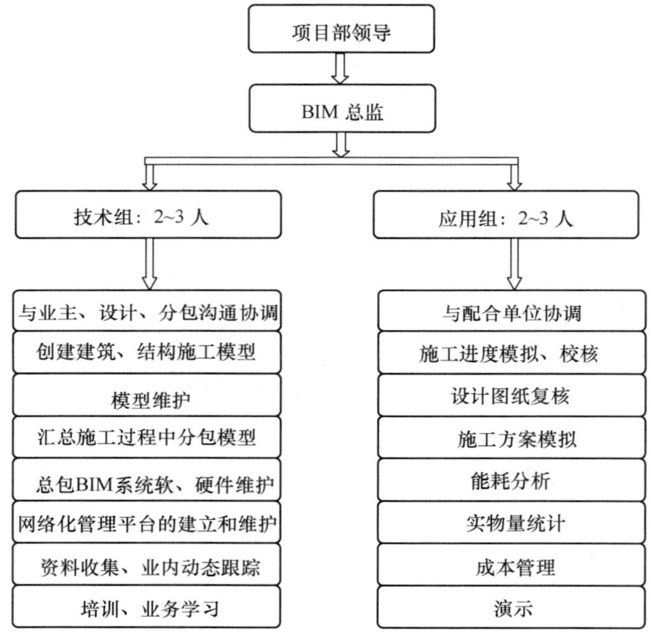

图 4-2 总包 BIM 工作室组织构架

BIM 系统团队成员必须有明确的分工与职责，并在合同签订后的 30 天内，提交业主审核及批准 BIM 组织架构表。项目对 BIM 系统团队成员要求如下：

1）BIM 系统总监，建筑施工类专业本科毕业，具有 10 年以上施工和工程经验，并有 BIM 管理经验。

2）建筑、结构、机电各专业管理人员若干名，必须是相关专业本科毕业，具有类似工程设计或施工经验。

3）除配备建筑、结构、机电系统专业人员外，再配备相关协调人员、系统维护管理员。

BIM 组织架构表一经业主审核批准，团队人员即立刻进场，快速投入系统的创建工作。

总包 BIM 工作室工作职责如下：

（1）设计管理

①负责从业主和设计单位接收最新版设计阶段的建筑模型、结构模型；

②及时发放给相关分包进行设计深化；

③督促分包及供应商在设计阶段模型的基础上建立各自施工阶段 BIM 模型；

④进行各专业深化设计，对各专业施工阶段模型整合，进行冲突和碰撞检测，优化分包设计方案；

⑤及时收集各分包及供应商提供的施工阶段 BIM 模型和数据，按时提交业主与设计单位；

⑥负责设计修改的及时确认与更新。

（2）进度管理

负责在施工阶段建筑、结构、机电 BIM 模型上，采用 Navisworks 软件按预测工程进度和实际工程进度进行 4D 进度模型的建立并进行比较分析，实时协调施工各方优化工序安排和施工进度控制。

（3）协调管理

①负责在 BIM 系统运行过程中的各方协调，包括业主方、设计方、监理方、分包方、供应方等多渠道和多方位的协调；

②建立网上文件管理协同平台，并进行日常维护和管理；

③定期进行系统操作培训与检查；

④软件版本升级与有效性检查。

4.4.3 软硬件配置与培训

根据 BIM 系统的工作要求，项目计划配置 7 台专用计算机、1 个服务器及相应工作站；购置 2 套 Revit Architecture 软件、2 套 Revit Structure 软件、3 套 Revit MEP 软件和 5 套 Revit Navisworks 软件。具体硬件配置见表 4-2。

硬件配置 **表 4-2**

适用范围	操作工作站	移动工作站	协同工作站	服务器
CPU	英特尔®酷睿™2 双核处理器	英特尔®酷睿™2 双核处理器	英特尔®至强®5500 系列四核处理器/8MB 二级缓存/6.4GT/s	PowerEdge （TM） 2950，Quad-Core Intel® Xeon® X5460， 2x6MB Cache 2CPU
内存	8GB （8x1GB） 1066MHz DDR3 ECC	16GB （4X4GB） 1066MHz 双通道 DDR3	24GB （6x4GB） 1066MHz DDR3 ECC	16GB 4x4096)，DDR-2 667MHz ECC 2R Fully-Buffered Memory
显卡	NVIDIA® Quadro™ FX 3700M 1GB	NVIDIA® Quadro™ FX 3700M 1GB	NVIDIA® Quadro™ FX4800M，DVI 1.5GB PCIe x16	

续表

适用范围	操作工作站	移动工作站	协同工作站	服务器
硬盘	200GB 硬盘空间 SATA 硬盘	500GB 硬盘空间 SATA 硬盘	500GB 硬盘空间 SATA 硬盘	4X300GB 2.5-inch, 10K RPM SAS Hard Drive
操作系统	Genuine Windows Vista® Business 64 位 SP1 (SCHI)	Genuine Windows Vista® Business 64 位 SP1 (SCHI)	Genuine Windows Vista® Business 64 位 SP1 (SCHI)	Microsoft® Windows® Server 2008 X64 Enterprise Ed. Eng (25 CALs), FI
网卡	集成千兆网卡	集成千兆网卡	集成千兆网卡	集成千兆网卡

实际操作中，总包在购买了相应的软硬件后，由软件代销商组织进行培训，培训课题脱产进行，总共 8 天，学习了上述 4 种软件。同时软件厂商每个周末在业主方开展讲座，连续 2 个月，总包进行旁听。分包商具有 BIM 应用经验的没有进行培训，没有相关经验的由总包提供软硬件配置表给予参考，原则上由总包组织进行统一培训。培训日程见表 4-3。

培训日程表 **表 4-3**

课程名称	课程内容	时间安排
Revit 平台基础	1）界面介绍 2）Revit 基本项目设置 3）建模前的准备 4）项目浏览器的定制 5）视图定制 6）模型链接	第一天上午
Revit 建筑应用培训	1）Revit 建筑基本功能模块介绍 2）标高和轴网 3）常用建筑构件建模和编辑 4）Revit 基本图纸设置 5）项目渲染与漫游 6）统计与日照分析 7）体量与场地设计	第一天下午 ～ 第二天全天
Revit 结构应用培训	1）Revit 结构基本功能模块介绍 2）复制/监视建筑模型 3）常用结构构件建模和编辑 4）三维钢筋建模 5）Revit 结构扩展工具介绍 6）结构分析软件交互介绍	第三天全天
Revit MEP 应用培训	1）RevitMEP 基本功能模块介绍 2）基本机电族库的调用与放置 3）风管，水管的绘制方式和连接方法 4）电缆桥架和线管建模 5）管件设置 6）系统的组建演示 7）MEP 明细表	第四天全天 ～ 第五天上午

续表

课程名称	课程内容	时间安排
Revit 族基础	1）族库概念与分类 2）族库模板选择 3）基本建族步骤 4）主要参数设置 5）公式设置	第五天下午
建族实战培训	1）建筑建族实战演练 2）结构建族实战演练 3）MEP 建族实战演练	第六天
Revit 项目建模实战培训	1）项目创建与修改 2）项目链接与检查 3）项目标准的初步形成、经验总结 4）成果提交与阅读 5）图纸与汇报 6）模型检查与协同	第七天
Navisworks 应用培训	1）工作界面 2）模型导入与整合 3）三维漫游操作 4）动画创建和导出 5）碰撞检查和报告 6）4D 虚拟施工 7）典型的软件与 NV 协同工作介绍	第八天

4.5 BIM 模型的建立与质量控制

4.5.1 模型建立原则

总包依据相关合同的约定，规范各个分包 BIM 工作，为便于上海中心工程 BIM 模型的最终完善，特尝试建立统一标准，并在实际工作中加以改进。目前，上海中心工程总承包使用的 BIM 应用软件为 Autodesk 公司的 Revit 系列和 Navisworks。总包已经拥有的所有 BIM 模型均采用上述软件制作。

BIM 建模推荐采用 Autodesk 公司旗下软件，包括：

（1）Revit Architecture。

（2）Revit Structure。

（3）Revit MEP。

（4）文件格式为 . rvt。

其中，Revit Architecture 用来建建筑模型，Revit Structure 用来建结构模型，Revit MEP 用来建机电管道模型，Navisworks 软件用来进行碰撞检查和 4D 施工模拟。

如有特殊情况，分包可以根据实际需要选用其他应用程序，包括但不限于 Xsteel 系列、Solidworks、Rhinoceros，但须与总包协商，确保提交的模型文件可以被 Revit 系列软件和 Navisworks 与文件正确读取和适当修改，同时还必须确保提交的模型文件可以在 Revit 系列软件下被正确地添加各类附属信息，做到真正的建筑信息集成。

4.5.2 模型质量控制

（1）模型创建基本原则：在确定电子沟通程序和技术基础设施要求以后，核心 BIM 团队必须就模型的创建、组织、沟通和控制等达成共识，保证 BIM 模型的正确性和全面性。包括以下几个方面：

①参考模型文件统一坐标原点，以方便模型集成。

②定义一个由所有设计师、承包商、供货商使用的文件命名结构。

③定义模型正确性和允许误差协议。

（2）质量控制基本原则：为了保证项目每个阶段的模型质量，必须定义和执行模型质量控制程序。在项目进展过程中建立起来的每一个模型，都必须预先计划好模型内容、详细程度、格式、负责更新的责任方以及对所有参与方的发布等。下面是质量控制需要完成的一些工作：

①视觉检查：保证模型充分体现设计意图，没有多余部件。

②碰撞检查：检查模型中不同部件之间的碰撞。

③标准检查：检查模型是否遵守相应的 BIM 和 CAD 标准。

④元素核实：保证模型中没有未定义或定义不正确的元素。

4.6 构建 BIM 模型技术标准

遵循以上 BIM 模型建立原则和质量控制原则，项目 BIM 工作室构建和完善项目的 BIM 模型技术标准。完善中的 BIM 技术标准主要包括以下内容：

（1）文件命名规则。

为便于管理和识别，项目的模型文件统一按以下要求命名：

专业一 区域(可选)一 楼层(可选)一 子专业(可选)一 特性(可选)一 版本。

每个标识一般不超过三个中文字符，之间用“一”符号连接。除“专业”和“版本”外，其他都为可选项。

（2）模型分类规则。

Revit 模型有两种类型：项目（project）模型和族（family）模型。各分包单位应根据不同的情况向总包提供不同类型的模型。

①各专业机械、设备必须提供族模型。

②结构构件（如钢结构节点、幕墙连接件等），应提供族模型。

③结构群（包含各类构件）和机械系统（包含系统内各单体机械）应提供项目模型。

未涉及上述三种类型的情况，需同总包协商确定模型类型，一旦确定就必须按要求提供。非 Revit 软件制作的模型不以此章节规定为模型分类标准，经过协商后将附加补充条款，并以此作为执行标准。

（3）模型附加信息。

BIM模型的内容应不仅仅包含几何形体，同时应该含有构件的附属信息。信息内容应包括但不仅限于以下内容：

①各专业机械、设备模型需要包含产品的出厂日期、安装日期、电子版产品说明书（文件链接）、各类合格证扫描件（文件链接）。

②结构构件应该包含产品出厂日期、安装日期、设计变更信息（电子文件链接，可选）以及其他与构件相关的日期和电子版单据链接。

③未涉及上述两种情况的，应经总包 、分包协商共同确定附加信息的内容。

（4）模型精细度划分。

项目中的BIM模型的详细程度分为五级（L1～L5），分别对应的标准见表4-4。

BIM模型精细度划分表 **表4-4**

L1	大约的基本形状，尺寸及方向（2D或3D）
L2	近似的基本尺寸，形状，方向及对象信息数据
L3	设计详图深度，包括设计模型中的精确尺寸，形状，定位，方向及其他信息
L4	预制及预安装深度模型，包括预制及预安装所需实际尺寸，实际形状，定位与方向，其他协调及施工相关信息
L5	运维深度模型，模型包括精确运营维护信息（如制造商、型号、重量、电压等），包括但不限于物理实际最终尺寸，实际形状，最终点位及方向，其他协调及施工计划相关信息

（5）模型参数定义。

模型参数主要指族模型的参数，参数的内容包括几何尺寸、材料材质、构件安装时间、加工时间等。

所有参数均使用“公共”规程。

参数类型根据实际情况进行选择。

参数分组方式为：几何尺寸归于“尺寸标注”组别，材料材质归于“材质和装饰”组别，加工、安装时间等时间类信息归于“常规”组别，所有过程变量归于“其他”组别。

4.6.1 BIM模型的应用、修改和维护

（1）基于BIM模型，探讨短期及中期的施工方案。

（2）基于BIM模型，及时提供能快速浏览的模型和图片，以便各方查看和审阅。

（3）按业主所要求的时间节点提交与施工进度相一致的BIM模型。

（4）根据施工进度和深化设计及时更新和集成BIM模型，进行碰撞检测，提供具体碰撞的检测报告，并提供相应的解决方案，及时协调解决碰撞问题。

（5）应用网上文件管理协同平台，确保项目信息及时有效地传递。

（6）将视频监视系统与网上文件管理平台整合，实现施工现场的实时监控和管理。

（7）运用Navisworks软件建立四维进度模型，在相应部位施工前1个月内进行施

工模拟，及时优化工期计划，指导施工实施。

(8) 对于施工变更引起的模型修改，在收到各方确认的变更单后的 14 天内完成。

(9) 在出具完工证明以前，向业主提交真实准确的竣工 BIM 模型，BIM 应用资料和设备信息等，确保业主和物业管理公司在运营阶段具备充足的信息。

(10) 集成和验证最终的 BIM 竣工模型，按要求提供给业主。

4.6.2 施工现场模拟

BIM 工作室组建已逾一年，目前正在工程施工实践中扮演着利用现有 BIM 技术为各项工种服务和技术辅助的角色，主要有四项工作内容：

(1) 施工现场模拟，以协助场地布置，设备车辆进出通道规划。

(2) 大型机械运行空间分析，以判断各台大型机械（如 1280D 塔吊）的安全运行空间。在平时运行期间避免机械相互干扰；在特殊天气情况下（如台风），选择安全的待机姿态。

(3) 施工虚拟预演和进度分析，以验证施工进度计划的可行性，发现其中可能存在的矛盾，尽量减少实际施工过程中会发生的问题。

(4) 碰撞检查，以复核深化设计结果，尽可能避免因深化设计失误而造成的返工，降低工程成本。

依据合同要求和以往的工作惯例，设计方须提供设计阶段的 BIM 模型，BIM 工作室将在此基础上调整此模型，以适应施工现场的需要。图 4-3 为项目部分核心筒及地下室施工阶段模型。

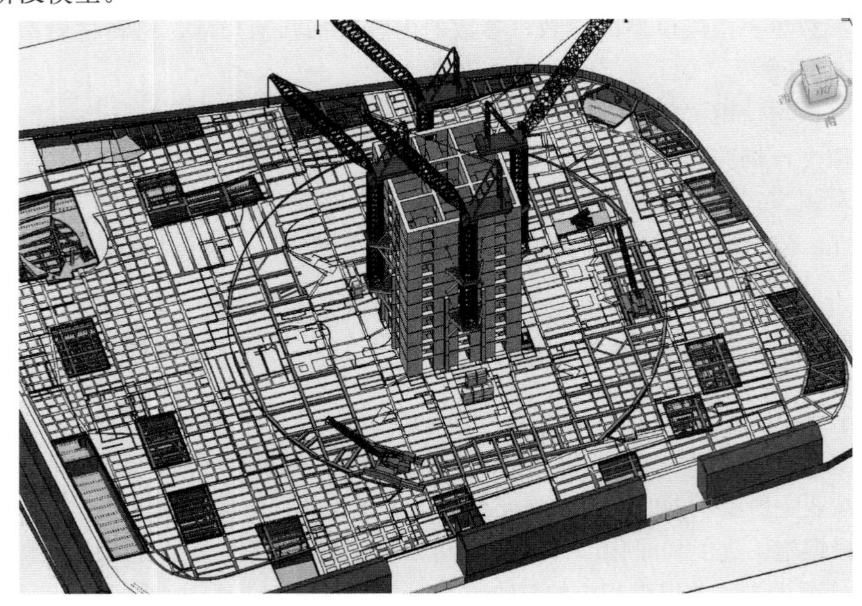

图 4-3 项目部分核心筒及地下室阶段模型（本图见书后彩图）

如图 4-3 所示，模型中包括结构、重型机械、临时支撑结构、临时办公楼、工地、围墙、大门等，尽可能与现场的实际情况相一致（图 4-4）。可以直接在模型上寻找可

图 4-4　项目现场照片（本图见书后彩图）

以利用的空地，并且查询可利用空地的几何尺寸，方便场地的使用规划；同时也可以直接通过看实时更新的模型来了解工程实际的施工情况。

4.6.3　大型机械运行空间分析

项目大部分时间需要同时使用四台 1280D 大型塔吊，如图 4-5 所示。四台塔吊相互间的距离十分近，相邻两台塔吊间存在很大的冲突区域，所以在塔吊的使用过程中必须注意相互避让。在工程进行过程中存在四种塔吊可能相互影响的状态：

（1）相邻塔吊机身旋转时相互干扰。

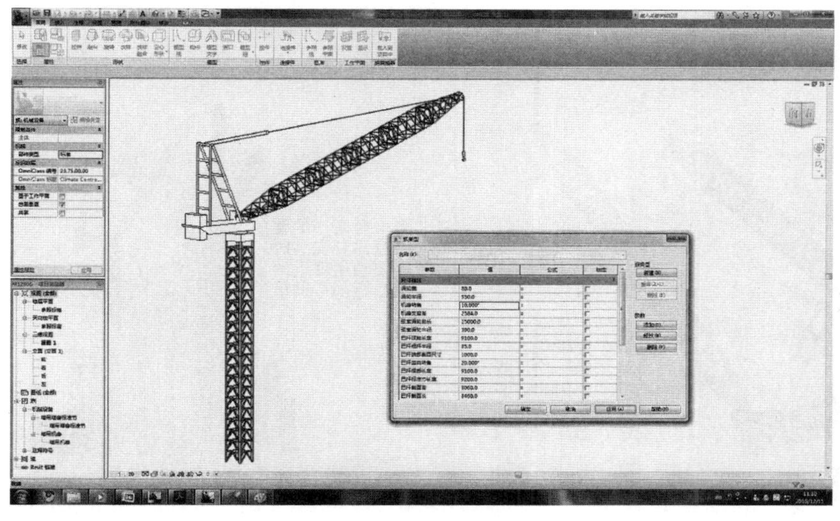

图 4-5　参数化的塔吊模型

（2）双机抬台吊时塔吊起重臂杆十分接近。

（3）台风时节塔吊受风摇摆干扰。

（4）相邻塔吊辅助装配塔吊爬升框时相互贴近。

如何判断在这四种情况发生时的塔吊行止位置是必需的。以前，通常采用两种方法：其一，在 AutoCAD 图纸上进行测量和计算，分析塔吊的极限状态；其二，在现场用塔吊边运行边察看。这两种方法各有其不足之处，利用图纸测算，往往不够直观，每次都不得不在平面或者立面图上片面地分析，利用抽象思维弥补视觉观察上的不足，这样做不仅费时费力，而且容易出错。使用塔吊实际运作来分析的方法虽然可以直观准确的判断临界状态，但是往往需要花费很长的时间，塔吊不能直接为工程服务或多或少都会影响施工进度。现在利用 BIM 软件进行塔吊的参数化建模，并引入现场的模型进行分析，既可以 3D 的视角来观察塔吊的状态，又能方便地调整塔吊的姿态以接近临界状态，同时也不影响现场施工，节约工期和能源。

通过修改参数，针对这四种情况分别将模型调整至塔吊的临界状态如图 4-6～图 4-9 所示，参考模型就可以指导塔吊安全运行。

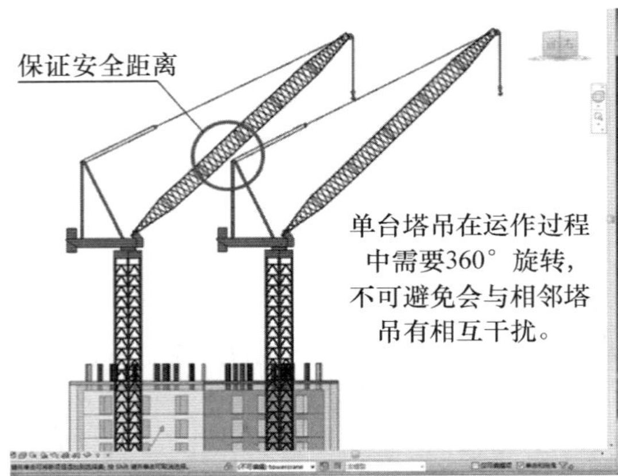

图 4-6　临界状态一

（本图见书后彩图）

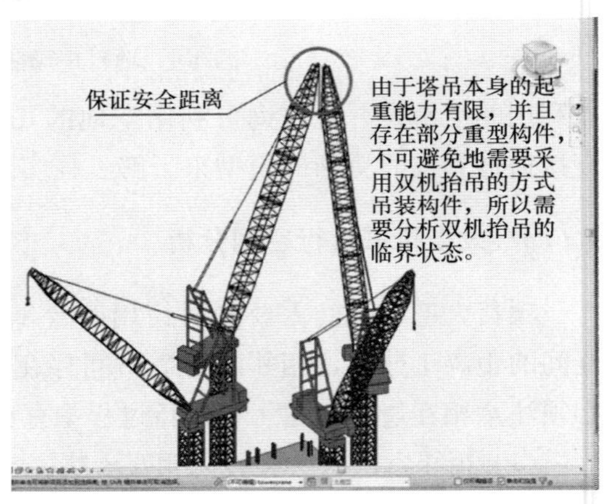

图 4-7　临界状态二

（本图见书后彩图）

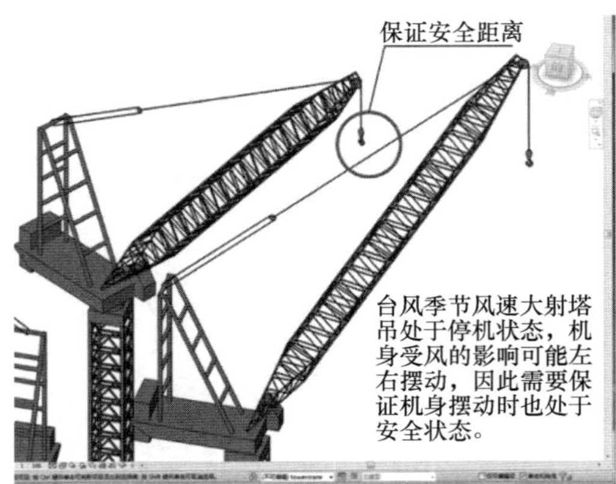

图 4-8　临界状态三

（本图见书后彩图）

图 4-9　临界状态四

（本图见书后彩图）

4.6.4 施工虚拟预演和进度分析

将 Revit 构建的模型结合预定的施工计划进度，在 Navisworks 中进行 4D 模拟，借此分析预定的施工计划进度中存在哪些问题和矛盾。在上海中心工程的第一次 4D 施工虚拟预演中涉及了混凝土施工、钢结构吊装、机械设备辅助装置的安装以及机械设备调整位置四项内容（图 4-10）。多种专业在虚拟预演中相互穿插进行，并借由时间轴模拟动画观察并发现问题。

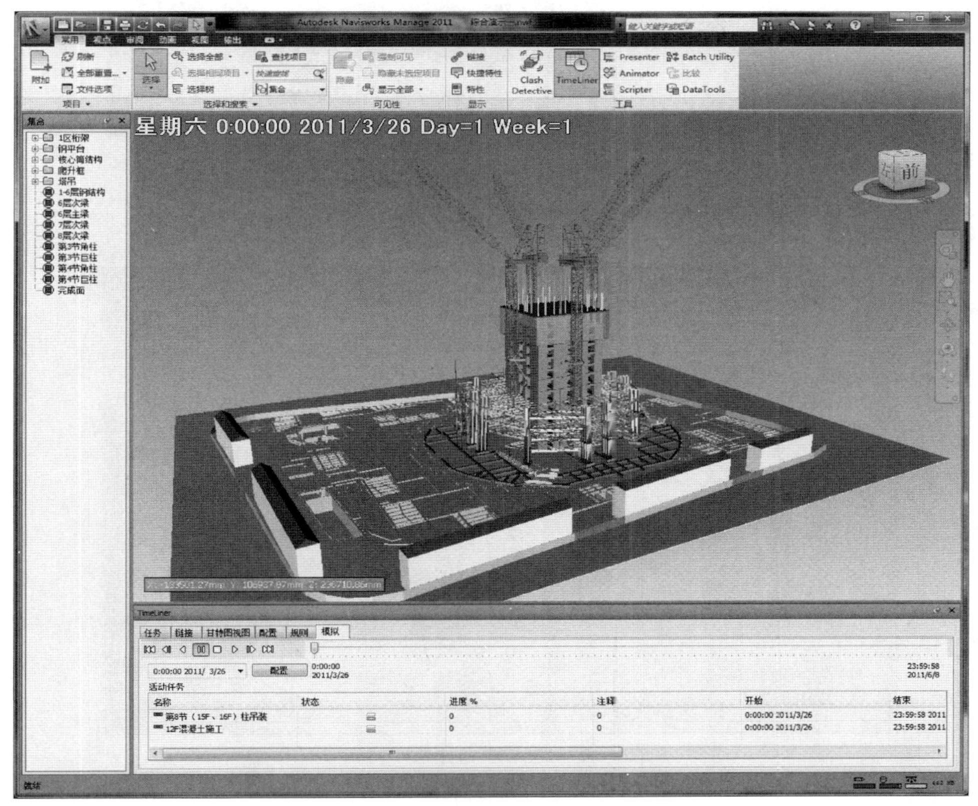

图 4-10 4D 施工模拟

（本图见书后彩图）

通过模拟，发现现有的施工计划中存在核心筒施工过快，钢平台爬升过早的问题。如图 4-11 所示，劲性钢柱的吊装开始时间比塔吊爬升早，二者之间发生干扰。宜先吊装矩形角上的钢柱，待塔吊爬升完成后再吊装塔吊位置的立柱。

如图 4-12 所示，钢平台爬升的计划时间已经领先于核心筒劲性钢柱的吊装，实际中钢平台不可能进行爬升，所以钢平台爬升或劲性钢柱吊装的时间需要进行调整。

在比较复杂的工程中，相比用图表分析施工计划，使用这种 4D 施工模拟具有很大的优势，它可以非常直观地看到计划中的施工工序，自然也更容易发现其中的问题。

图 4-11　施工计划分析（一）
（本图见书后彩图）

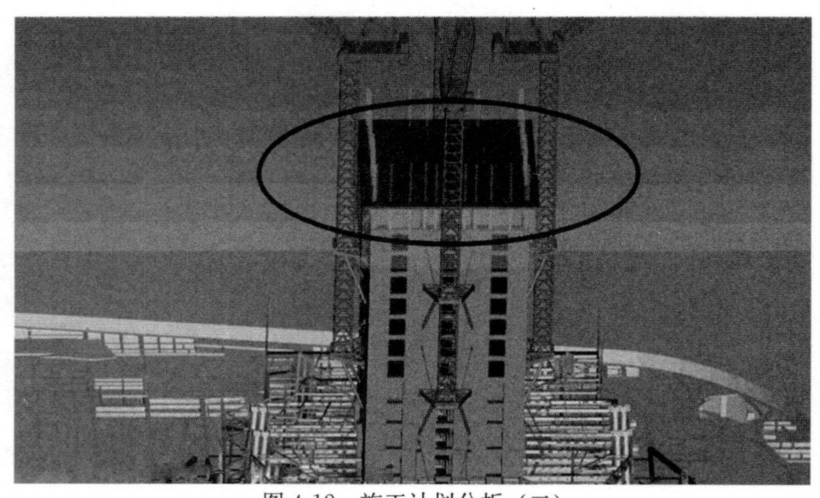

图 4-12　施工计划分析（二）
（本图见书后彩图）

4.6.5　碰撞检查

工程项目的主楼结构比较复杂，从内到外分别有混凝土核心筒、钢结构楼层、内幕墙结构、外幕墙支撑和外幕墙。这些结构涉及多家安装、加工企业，各项专业的深化设计工作也需要相互穿插进行，各专业间的构件发生相互挤碰的情况也不可避免会发生。如果能够在深化设计阶段就发现这些挤碰的问题，就可以及时调整，从而避免加工出来的构件到现场却无法安装。BIM 工作室做的跨专业碰撞检查就是为了提前发现这类问题，及时避免浪费（图 4-13～图 4-16）。

由于一些客观原因的限制，目前的碰撞检查内容分为五项：

1）混凝土核心筒——主楼钢结构。

2）主楼钢结构——内幕墙。

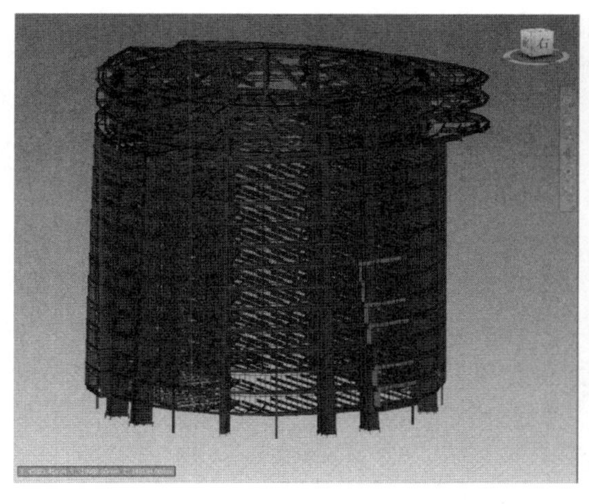

图 4-13　钢结构与内幕墙碰撞
（本图见书后彩图）

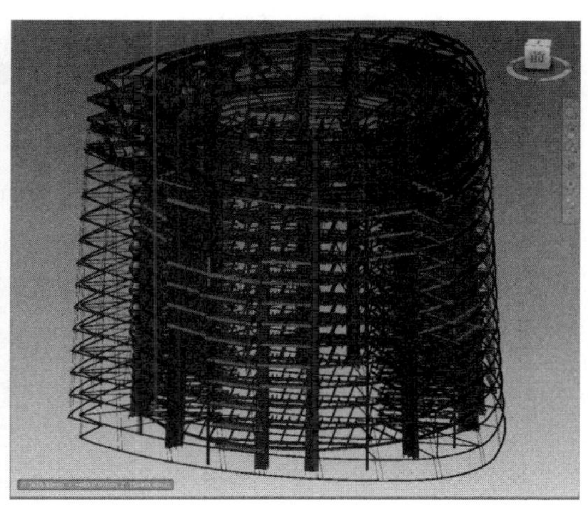

图 4-14　钢结构与外幕墙碰撞
（本图见书后彩图）

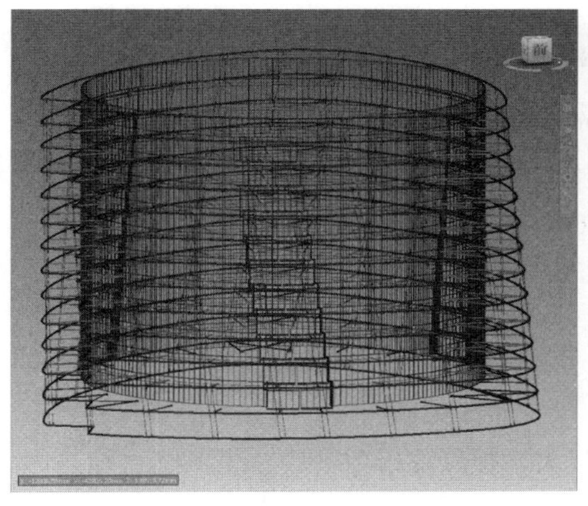

图 4-15　外幕墙与内幕墙碰撞
（本图见书后彩图）

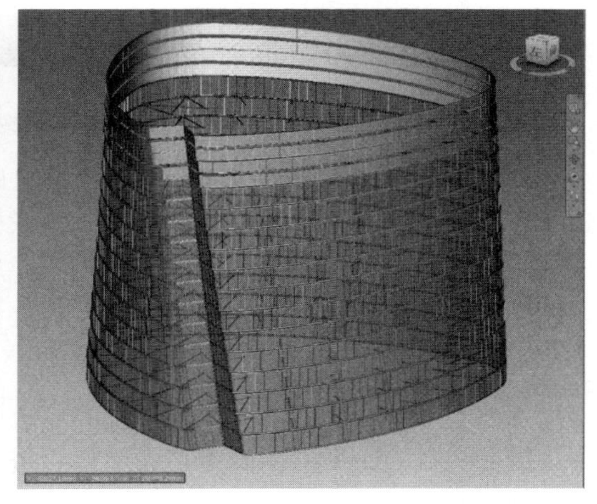

图 4-16　外幕墙与其支撑碰撞
（本图见书后彩图）

3）主楼钢结构——外幕墙支撑。

4）内幕墙——外幕墙支撑。

5）外幕墙支撑——外幕墙。

碰撞检查后发现主要存在三种碰撞原因：建模不精确造成的碰撞、结构细节处理不合适和加工厂为了保证现场安装的准确性而特意加长构件。

4.6.6　自建族模型

除设计与分包提供的族模型外，总包的 BIM 团队也需要自建部分现场设备、构件的族模型（图 4-17），作为现场 BIM 施工模型的一部分。这部分自建族包括：

（1）施工设备：如汽车吊、塔吊、挖土机、混凝土泵车等；

（2）现场构件：如劲性结构柱、不规则钢柱、不规则梁等；

（3）临时结构：如脚手架、钢平台、临时住房等；

（4）其他设备与构件：如工具式灯架、临时围挡等。

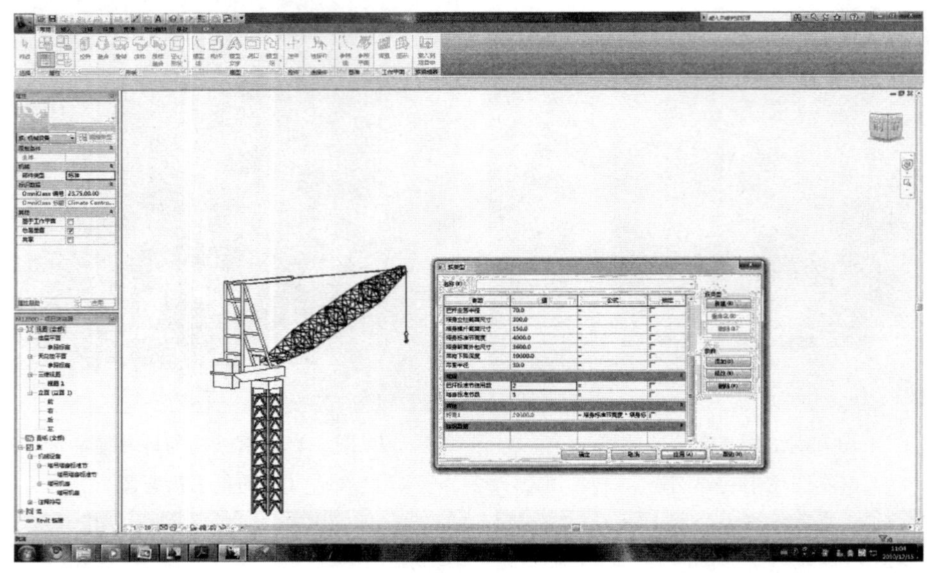

图 4-17　带参数的塔吊族模型

总包可根据实际需求建立不同精细度的自建族模型（仅用于施工），有的只需要大致外形，有的要求参数化，最精细的则要求对模型进行渲染。这些自建族模型要求现场 BIM 的工作人员对软件有较深的认识，需要进行一定程度的培训和实践才能达到要求。

4.6.7　工程算量

投资的目的是增值，而不是为节约投资。而实现投资增值的重要手段是对项目实施全过程造价管理。无可置疑工程量计算又是全过程造价管理中最重要的一环，在项目成本控制中发挥巨大的作用。工程量计算由设计阶段开始贯穿整个全过程生命周期。项目成本控制能力日益成为建筑企业最重要的核心竞争力。但长期以来建筑企业并没有找到有效的项目成本管理方法，其最主要的原因并非流程和方法问题，而是技术手段问题。传统技术手段（手工预算）依赖于手工方式，通过纸质图纸获取造价需要的项目信息，对海量的有机关联成本数据（工程数据）无法实时计算和共享，从而无法实现精细化作业，导致工程现场大量存在事前拍脑袋、事后算总账的情况存在，而建立基于 BIM 的算量软件将成为解决这一问题的关键。

基于 BIM 的算量软件能创建具体结构化的工程数据库。通过组成建筑物的基本单元——构件，可以将所有关联工程信息数据组织、存储起来，形成一个有机的整体，并对这些数据进行各种计算。而传统工程信息数据处于离散状态，关联性差，散布于图纸、产品说明书、图片及不关联电子文档中，数据调取效率极低。同时，基于 BIM 的算量软件具有强大的计算能力，可进行相当复杂的、高效准确的 3D 实体计算，进行任意条件的瞬时统计分析、海量工程数据中快速搜索等。正因为具备了以上强大的计算功能，基于 BIM 的算量软件无可置疑地将在项目成本控制中发挥出巨大的作用。

（1）实时三算对比

成本管理核心能力是“实时三算”（设计概算、施工图预算、竣工决算）对比分析。若能在工程进展中对每个项目进行实时三算对比分析，就很容易发现管理的问题所在，就可做到事前控制、计划。

传统手工预算方法能达到以上要求确实很少在项目上能做到，数据都在不关联的介质中，而非数据库，庞大的算量使手工三算对比无法做到。而算量软件的应用，能彻底改变这种状况，设计概算（图纸量）、施工预算（计划消耗量）可及时从 BIM 提取所需数据分析三算对比，找出成本管理的问题所在。

（2）精确采购、减少损失

手工预算方法常导致在采购环节引发巨大经济损失，一是实物量统计不准确，造成多采购或少采购。多采购会导致余料无法处理，浪费采购资金，增加库存成本。少采购会导致增加采购成本（运输、路费），甚至因延误工期造成更大的损失。

算量软件让工程材料用量统计十分准确及时，可使采购很从容随进度用量准确到位，避免由于数量统计错误导致大量余料库存。

（3）实现限额领料，真正做到事前管控

限额领料是材料消耗成本事前控制重要手段，是项目成本控制中非常重要的管理工具。项目清包合同虽然有材料损耗奖惩条款，但不事先管控会导致很大金额损失，会激化与分包队伍矛盾，使材料损耗奖惩条款落空。很多大型建筑企业十多年前已有完善的限额领料流程，但大多还停留在事后补单的形式主义上。非常重要的原因就是预算员手工计算统计各项耗量数据无法跟上限额领料管理的数据要求，预算员数据跟不上，进度不等人，只能用了再说。

算量软件轻易改变了这一困难局面，BIM 创建后，各分部分项甚至具体某细小构件所耗实物量瞬间可统计到，甚至仓库管理人员可通过局域网直接即时查询统计，获得所需数据，预算员完全获得解放。

（4）精确的资源计划，降低损失

工、料、机的准确及时计划、调配、使用是项目成本控制的又一重要方面，工程进度的每一阶段，项目经理最重要的决策工作就是工、料、机资源的计划调配，毛估的资源计划造成资源占用浪费、存储运输浪费。

工、料、机的资源计划严格依赖于工程实物量计算，能创建 BIM 的算量软件，可以在这方面大显身手。项目各条线（项目经理、经营、施工、技术）可随时向 BIM 调用数据，而不需等待预算员人工统计提供。

4.7 BIM 应用的局限和相应建议

项目 BIM 工作室组建已逾一年，在 BIM 的应用上也有了一定的经验。总体上来说，BIM 技术确实代表今后建筑业的发展方向，理念先进，系统完整，但目前仍然有相当多的不便之处。这些问题可以归纳为技术和管理两大方面。

4.7.1 技术问题

1. 工程建模

在技术上，就是没有一个合适的软件整合平台，目前 BIM 工作室使用 Revit 作为建模软件，Navisworks 作为模型整合和 4D 模拟软件。然而其他各种专业都有自己的专业软件，钢结构公司常用 Xsteel 软件，幕墙公司往往使用 Rhinoceros 软件。然而 Revit 和 Navisworks 都无法完美导入上述两种软件的模型文件，必须转换成 DWG 文件。经过这样一个中间转换过程，原来模型中具有的信息数据（非几何尺寸信息）就全部消失了，只留下几何形状。不管使用 Revit 和 Navisworks 中哪种软件作为整合模型的平台，都无法对导入的模型进行修改。只要其他专业模型有任何微小的修改都必须重新经历一次“导出——导入——校准”的流程，不仅费时，而且还不利于模型相互校核。

在实际施工时应用则只局限在三维视图、碰撞检查和施工模拟上，对施工资源、成本控制的技术支持力度不够，信息管理功能未充分发掘。而且国内暂时不可能将三维电子图作为合法图纸处理，导致 BIM 模型仅能用于参考，在投入产出比例上不尽如人意。

针对这些问题，我们首先要做的是普及 BIM 技术的使用，扩大使用人群，使更多的人体验到 BIM 技术的方便和先进，为 BIM 技术取代二维 CAD 技术做好铺垫。其次是采用一种权宜之计，用标准化的操作流程来规范模型传递和更新而代替目前整合平台的缺陷。简单地说，就是要求个专业分包团队做到：

（1）使用专业软件导出的 dwg 模型都必须按照实际的分区进行分层，调整图层的颜色；

（2）使用商定的模型原点，并使用文字说明；

（3）模型必须以时间版本进行区分，及时更新；

（4）按时提供模型清单，以便于整理。

最后，在此基础之上，最终形成标准化的 BIM 运行管理模型，同时促成三维电子图的合法化，使 BIM 技术真正成为建筑业变革的核心。

2. 工程算量

传统工程量统计会用掉造价人员 70%左右的时间。如何快速准确地取得项目基础数据，这是摆在面前的一个重大问题。现在一些人尝试用软件计算，算量软件种类繁多，有 EXCEL 等通用软件，有表格软件，还有图形软件。非图形软件的数据输入和核查是一个大问题，而图形软件的优势是显而易见的，就是可视直观，可导入 CAD 电子文档，可与钢筋算量等软件互导，然而一般图形软件的复杂性使人望而却步，使用效率并不高。

根据软件发展规律，或是建筑行业发展趋势，BIM 都将是未来建筑的通用平台，将在工程全生命周期获得广泛应用。BIM 模型是一个带有信息的项目构件和部件数据库，兼具数据库和图形两大优势，可以为造价人员提供造价管理需要的项目构件和部件信息，从而大大减少工程量统计的工作量。

那么图形算量软件如何做好与 BIM 的接轨？是在原有软件上增加 BIM 扩展功能，还是要改变原有的软件构架和模式？各分散的软件是否需要整合？能寻找到最优的解决方案吗？目前的算量软件模式都是各自独立而又能互导的，而 BIM 建筑信息化模型是要看到建筑的全貌，包括建筑外表和内部空间，还要能显示隐蔽工程内容和各种各样的设备，那么是否需要把建筑、安装、钢筋软件整合到一块？从理论上讲，这几个专业的软件可以合在一块，并且用户可以在同一软件平台上操作，各专业同步更新，但这几个软件整合为一谈何容易，意味着把原来的软件构架推倒重来，软件开发难度将增加数倍，BUG 出现概率也将指数增长，并且计算机硬件也承受不了。

以鲁班软件为例，它可以提供 BIM 浏览器，调用土建、钢筋、安装软件中的模型对原来分散的土建、钢筋、安装软件进行加工处理，生成 BIM 建筑信息模型，然后提供统一的 BIM 数据出口。原有的土建、钢筋、安装软件是 BIM 的工具软件，BIM 是系统软件，只是如何实现融合仍是个难题，里边有许多技术难题需要解决，如怎么把分散的土建、钢筋、安装数据进行合成。有几种方案：第一种是先后导入，水乳交融，相同构件的几何图形可覆盖可不导入，但构件的其他属性和参数附加进来，这样在一个建筑模型上可生成多个专业的建筑信息模型 BIM，这与同专业不同部位的合并有所不同，但原理差不多，前者是同专业拼装，后者是多专业拼装。既然是多专业拼装，每一构件属性应具有扩展性，这样导入其他专业时构件参数能被识别和接纳。如在土建构件中包含钢筋属性，这样导入钢筋时能把钢筋信息带过来。第二种方案是分专业图层显示方式，不断切换，按需显示。然后还有约束条件，就是土建、钢筋、安装软件仅提供工程量而不能提供消耗量，只有把工程量套定额，才能得到工程的消耗量。那么 BIM 系统除了土建、钢筋、安装还需加入计价软件，才能得到工程所需的消耗量。而计价软件模式与算量软件模式有着本质的不同，如何融合？同时还跟施工方法、施工工序、施工条件、施工进度等约束条件有关，在建立 BIM 模型的标准时都要把这些约束条件考虑进去。

设计师在用 BIM 模型进行设计的时候既不会考虑造价管理对 BIM 模型的要求，也不会把只是造价管理需要的信息放到他的 BIM 模型中去，它只是从设计的角度和业主的要求去建 BIM 模型。但并不是说这个设计 BIM 对造价人员毫无用处，它仍有极大的利用价值。造价人员基于 BIM 模型的造价管理工作有两种实施方法：

其一，是往设计师提供的 BIM 模型里增加造价管理需要的专门信息。

其二，是把 BIM 模型里面已经有的项目信息抽取出来或者和现有的造价管理信息建立连接。

第一种方法是紧密关联型的，优点是设计信息和造价信息高度集成，设计修改能够自动改变造价，反之亦然，造价对设计的影响也能在设计模型中反映出来；缺点是 BIM 项目模型越来越大，容易超出硬件能力，而且对设计、施工、造价等参与方的协同要求比较高，实现难度较大。

第二种方法是分离松散型，优点是软件实现起来相对比较容易，缺点是两者没有关联，设计变化不能引起造价变化，反之，造价变化不导致设计变化，需要进行重复操作。

BIM与造价软件融合可通过以下手段：

（1）API（Application Programming Interface，应用编程接口）：由BIM软件提供应用软件编程接口，第三方软件通过API从BIM模型中获取信息，跟造价软件集成，也可以逆向操作，把造价软件中数据传输到BIM中。

（2）ODBC（Open Database Connectivity，开放数据库互联）：ODBC是数据库访问技术，导出的数据可以和所有不同类型的应用进行集成。缺点是数据库和BIM模型的变化不能同步，需要人工干预。

（3）IFC标准的数据格式：一般来说，公开数据标准的好处是具有普适性，缺点是效率不高。

4.7.2 管理问题

BIM技术的应用不应当仅仅限于上述范围，它完全可以在建筑技术文档资料管理、海量工程数据整理分析、工程造价过程管控、工程决策支持方面起到更大的作用。可惜的是，现在的建筑业企业从业人员虽然意识到了BIM技术在这方面的潜力，但是缺乏足够技术能力（或者仅仅是意愿）将其实现。

就目前BIM技术的发展现状而言，以下几个要素是今后BIM技术在施工管理上的主要发展方向。而这需要建筑企业和软件企业同心协力进行完善。

1. 数据库化的施工文档管理

目前几乎所有施工文档都是纸质文档，即使是二维电子档案，施工结束后也都堆在档案馆无法利用，更不用提其使用价值。一旦过了若干年，建筑需要二次施工，或者有突发事件需要查询图纸内容，图纸已经很难进行有效查询。究其上述原因，是可读性太差，因此无法利用。而基于BIM模型的造价文档管理，是基于数据库模型建立，将电子文档等通过操作和BIM模型中相应部位进行链接。

该管理系统应集成对文档的搜索、查阅、定位功能，并且所有操作在基于四维可视化模型的界面中，充分提高数据检索的直观性，提高相关资料的利用率。当施工结束后，能够自动形成的完整的信息数据库，为工程造价管理人员提供快速查询定位。文档内容可包括：

1）勘察报告、设计图纸、设计变更；

2）会议记录、施工声像及照片、签证和技术核定单；

3）设备相关信息、各种施工记；

4）其他建筑技术和造价资料相关信息。

2. 海量工程基础数据筛选、调用

BIM模型中含有大量的工程相关信息，可以为工程提供强有力的数据支撑。在工程造价中工程量部分可以根据时间维度、空间维度、构件类型等要素进行汇总统计，保证工程基础数据及时、准确地提供，为领导者提供最真实准确的决策环境。

BIM在施工工程中，根据设计优化与相关变更对工程细节进行动态调整，将工程从开工到竣工的全部相关信息、数据资料存储在基于BIM系统的后台服务器中。无论是在过程中还是工程竣工后，所有的相关数据资料都可以根据需要进行参数设定，从而搜索得到相应的工程基础数据。工程造价管理人员即时、准确地筛选和调用工程基础数据成为可能。

3. 基于BIM的4G工程造价过程管控

基于BIM技术的新一代4G工程造价软件可对投标书、进度审核预算书、结算书进行统一管理，并形成数据对比。同时，可以提供施工合同、支付凭证、施工变更等工程附件管理，并为成本测算、招标投标、签证管理、支付等全过程造价进行管理。

基于BIM技术的新一代4G工程造价软件应实现企业级的过程管控，可以同时对公司下属管理的所有在建项目和竣工项目进行查阅、比对、审核；可以通过饼状图、树状图等直观了解各工程项目的情况，从而更好地进行工程造价全过程管控；可以方便统计，追溯各个项目的现金流和资金状况，并根据各项目的形象进度进行筛选汇总，为领导层更充分的调配资源、进行决策创造了条件。基于BIM技术的新一代4G工程造价软件应集动态数据变化与各数据关联体系于一体，图形、报表、公式、价格都是相联动的整体，每一个数据都可以快速追踪到与之相关联的各个方面，尤其对于异常或不合理的数据可以进行多维度的对比审核，从而避免不合理的以及人为造成的错误。

4. 工程决策支持

基于BIM技术创建的工程造价的相关数据，可以对施工过程中涉及成本和相关流程的工作给予巨大的决策支持。同时及时准确的数据反应速度也大大提高了施工过程中审批、流转的速度，极大地提高了人员工作效率。无论是资料员、采购员、预算员、材料员、技术员等工程管理人员还是企业级的管理人员都能通过信息化的终端和BIM数据后台将整个工程的造价相关信息顺畅的流通起来，保证了各种信息数据及时准确的调用、查阅、核对。随着BIM的推广和不断发展，建筑工程管理信息化、过程化、精细化将成为可能，并不断地得到完善。现代化的信息技术和BIM系统的出现必将推动建筑业进入革命性的时代，而作为工程过程控制核心的工程造价过程管控必将成为这场变革的先行军。

在此，希望软件厂商在技术上能够进一步开发，提供分布式的工作平台和统一的数据管理平台，为工程项目的远程协同提供可能性；同时开发针对各种数据应用的软件整合（如造价管理，ERP系统等），提高BIM技术的应用范围，为推广BIM技术作出应有贡献。

4.8 结　　语

BIM技术已经成为住房与城乡建设部《2011—2015年建筑业信息化发展纲要》的

重要组成内容，体现了国家和行业对 BIM 技术的关注。而该工程项目作为上海市著名地标工程，在应用 BIM 技术上早已进行了广泛宣传，在实际应用上也已打下良好基础，无论是从哪方面着想，作为工程项目 BIM 技术的实际应用者，都应该努力工作，勤奋思考，响应时代号召，作出优秀成绩，为 BIM 技术在工程领域的推广作出自己应有的贡献。

5 项目施工阶段的BIM应用——工程监理

BIM应用的发展为建设产能的提高创造了良好的条件，我们将建设阶段的管理快速引向信息时代管理模式，信息时代的最大特征就是几乎所有的信息都能被转化为可被计算机识别和处理的“1”和“0”代码进行管理，所以在BIM收集的建设信息应用程度上，将全面实现建设管理的数字化时代，使应用信息技术手段进行的工程监理利用计算机的强大功能对工程相关信息进行集成化管理，逐步构建全程全数字化的工程监理模式，提高工程监理工作的准确性及高效性，将成为工程监理事业发展重要的辅助工具。

5.1 BIM工程监理应用内容

目前，工程监理过程中的工程监理信息化应用主要是通过设置在建筑施工现场较重要、关键点位上的摄像探头，把现场施工情况传送到现场工程监理部的计算机屏幕上，用于监视工地的施工进度以及安全情况。在引入BIM技术后，将使更多的建设过程信息数字化展现在管理者面前，其内容主要体现在：

1. 工程监理信息数字化

通过模型化的数据对比，数字化工程监理模式与传统工程监理模式最大区别在于其是以数字化信息为主，工程项目所需的各种信息（如设计图纸、规范标准、工程监理中各种函件以及工程照片、音像等）均能在BIM模型中直接被计算机识别和处理。既可以由单台计算机处理，也可以通过网络进行远程传递和处理。

2. 工程监理资源虚拟化

数字化工程监理模式是一个开放的过程，其资源共享是数字化工程监理模式的不二法则，各个工程监理公司在维持自身特有的一定量的实体资源的同时，还可通过网络互联，跨省市、跨单位的互借互阅来建立虚拟模型资源，将各自不同的资源作为工程监理网络的一个节点，最终实现资源无限扩大。

3. 工程监理档案无纸化

数字化工程监理模式在实施过程中直接形成的档案均是能被建筑模型应用识别成构件属性信息。而对于非工程监理产生的纸质载体档案则用扫描仪等设备转化为电子档案，项目竣工后通过外部存储方式与建筑模型进行间接性连接，便于永久保存或连接入网，实现远程访问。

4. 信息传递网络化

数字化工程监理模式由于其形成的信息是数字式信息，在传送过程中可以进行同时多向传递，形成传递网络。而且通过网络可以很方便地进行远程传递，不受时间和空间的限制。这样，工程监理公司总部可以随时对承接不同区域、不同地方工程监理任务实现远程监控。还可以利用网络可视电话功能，实现远程会议来解决、处理问题。

5. 信息检索智能化

数字化工程监理模式在资料、档案的检索中通过一致性建筑信息模型进行智能化检索，检索速度快、效率高、范围广。若对以前的工程监理档案进行查阅，或查阅资料，只需登录建设共享建筑信息模型库或相关模型文件便可。

6. 用户使用方便化

工程监理单位内部用户（包括领导决策时）可以在任何时间任何地点通过网络共享模型文件及时调阅有关信息，当机立断完成各项决策。而外部用户则可以随时查阅工程监理单位的相关信息（包括企业概况、工程监理业绩、人员专业配备及获奖情况等），为合理、快捷地选择工程监理队伍提供参考信息。

最终实现以 BIM 化建筑信息模型为基础，以数字化设备为管理手段，以网络传递为利用方式的一种新型工程监理模式，同时形成现代高新技术的数字信息资源，无时空限制的，超大规模的高智能、高技术辅助管理系统。

5.2 BIM 工程监理应用架构

如何建立高效、实用的基于 BIM 信息化工程监理模式，并使之形成科学的管理系统，是在建设实践中重点考虑的问题，因为其建立既要考虑信息应用的要求，又要考虑充分利用现有传统模式下的信息基础和物质基础。在没有现成的数字化工程监理模式经验环境下，在借鉴其他行业和部门的经验的基础上，可从以下几方面去构建应用架构：先以工程监理公司为节点，根据各自项目规模、特点以及施工情况，配备相应的网络传输、信息模型处理服务、现场信息采集装备等，利用采集设备，按照工程监理的“三控一管一协调”要求形成工程监理的管理信息，然后进行分类、筛选、存储。

1. 现场工程监理控制的远程监控

通过定期架设在施工现场的质量、安全等关键点位上现场采集器（如：高精度摄像机、全像仪、全景拍摄设备等），把现场施工实况传送到工程监理部的计算机屏幕上，工程监理人员根据需要及时存储，并与建筑模型做好及时关联。

若发现违规操作及时在采集结果中标注，并对标注进行工程监理联系单、通知单的关联，发送给施工单位要求整改、纠正。特别是在工序或部位需要工程监理旁站时，可实现多工作面、多工序的工程监理同步旁站，工程监理只需 1 人查看计算机屏幕即可，省去较多的人力，且劳动强度也大大降低。工程监理人员在巡视、平行检查时可利用数码相机将重点部位、关键节点等施工情况拍照后接入计算机进行编码、配文字说明，形成档案资料与验收记录一并永久保存，在今后需要时可以一目了然，真实再现历史。

另外，出现质量隐患时能做到用事实说话，有很强的说服力，当施工单位纠正完后再采集留样，形成前后对比，处理问题闭合，突出工程监理工作的规范化、科学化。当遇到重大问题时可将取得信息（如照片、录像、文件等）通过网络传递给公司，便于公司及时了解、掌握，果断处理。

2. 计算机处理模型文件，实现无纸化管理

建设项目工程监理工作最终是通过文字和图表来反映的，而文字、图表编印又是日常工作处理的主要内容，从工程监理工作开始的招标投标文件、合同文件、会议纪要，到工程监理规划、工程监理细则、工程监理月报以及工程监理记录、工程监理发出的各种函件、通知单等，都可用建筑信息模型管理工作应用软件来处理。

按照预先建立的各文档标准格式和内容，分类归放到相应的文件夹内，清楚明了地分类存放，便于管理和使用。

对于工程监理月报、汇报总结 、演示演讲、专题纪要等所用到的提纲、图示图解可用模型虚拟化模拟来制作，与展示设备配合使用，形成图文并茂的工程监理档案。

对于建设单位、施工单位传递来的纸质载体文件则及时用扫描仪录入到计算机内，形成电子工程监理档案，从而完成工程监理档案载体形式上质的飞跃，实现无纸化管理。

3. 模型辅助信息计算管理

投资、质量和进度方面计算机辅助监控是工程监理工作的核心，是提高效率、节省资金和变被动控制为主动控制的捷径。

充分利用计算机的计算、绘图和信息加工功能，能有效地进行辅助管理和监控。如编制工程预算和月度付款审核；排定和优化工程进度计划与投资计划，进行计划与实际对比监控；记录、跟踪质量监测信息，分析对照验收规范对工程质量进行动态管理；建立质量监测知识库或专家系统辅助工程监理人员按每道工序的质量控制要点进行工程监理工作，甚至对工程项目的有关参数和特性利用建筑信息模型来模拟实现。

4. 信息资源共享和远程监控

因为每个建设项目工程监理涉及的信息多，如建设法律、法规及规范、标准，建设项目招标投标、合同文件、施工索赔、工程投资与使用、质量测控验收、工程进度、工程监理资料、设计施工图纸和有关的文件资料等，这些信息量大且十分重要。因此可由建筑信息模型来辅助管理，建立专门的信息管理系统来处理。

对于建设法律、法规及规范、标准等信息作为共享资源，可自己开发建立，也可从第三方获得。

对于不同项目形成的工程监理档案可联入公司的主服务器，与公司内部其他项目联网实现计算机资源共享，而且公司管理层也可通过因特网、宽带数据网随时查阅公司所监理各工程的基本概况，在建工程各种数据、图片，各工地施工进度、质量、安全等情况，同时给予相关指示，而不受区域、时间的限制，即减少人员、简化手续，又大大节约工作时间，提高工作效率。

5. 通过 BIM 技术在建设工程监理环节应用的优点

(1) 改变目前工程监理在工地的高负荷、高强度的“巡回式”管理模式，使得现

场工程监理人员大部分精力不再用于现场巡视，而将多余的精力针对现场实际提前进行预控或对重要部位、关键工序进行严格把关。不但提高工作效率，而且可相应减少人员配备数量。

（2）提高工程监理的工作效率、精度和实时性。就传统的工程现场监理而言，效率不高是一个现实的问题，不少的管理行为都是滞后的。以质量控制为例，一般都要等到错误或违规行为延续了一段时间后，才被发现，甚至还需要延迟另一段必要的时间，才能有效纠正。而运用数字化工程监理模式，则有可能在第一时间发现并制止质量问题。

（3）有利于提高工程监理工作的规范化、标准化。在建筑工地运用数字化工程监理模式时，首先要求工程监理工作必须及时到位，所下发的函件必须符合规范、标准，且工程监理工作也必须在规定的程序下或标准下进行，因为记录的大量工程实体同步音像资料可随时再现工程历史情况，这必然要求质量、安全等问题必须按规范、标准去处理。另外，公司的远程监控对工程监理自身工作也起到很好的约束作用。

虽然基于 BIM 模型的工程监理模式的实施还会有一些操作性的问题和具体实施中相关问题需要解决，但是更重要的或者说将起决定性推动作用的是我国建设工程监理要将观念更新换代。

5.3 BIM 工程监理功能定位

该部分系统功能以工程监理企业实际的管理流程为依据，涵盖项目全生命周期和项目要素，对项目进度、质量、人力资源、风险、文档等领域进行深入管理。帮助工程监理方工作团队合理规划资源使用、跟踪项目进度、监控项目质量与风险，为项目组织中各个管理层级提供全生命周期的精细化工程监理。

所部署功能结合企业的管理需求，将工程监理团队管理各级部门、项目建设方、设计方等多个层次的主体集中于一个协同平台上，及时地对汇集的现场情况进行模型化比对，灵活适用于两级管理、三级管理、多级管理等多种模式。结合 BIM 信息模型，其主体功能体现在：

1. 项目全局管理

系统功能涵盖项目的时间、质量、人力资源、沟通、风险等各个主要管理要素，对各个项目从项目的信息获取、项目开工到竣工验收的全生命周期进行详细管理。

不仅能够管理单个项目，还可以实现公司层面对多项目的统筹管理。工程监理团队可将 BIM 实施计划用作协作工作模板，以确定项目各项标准与规范。

BIM 实施计划还将帮助团队为各成员分工角色与责任，确定要创建和共享的信息类型，使用何种软件系统，以及分别由谁使用。还能让项目团队更顺畅地沟通，让团队在建设的各个阶段都能对质量、工作内容和进度驾驭自如。

2. 业务管理自动化

系统功能使得各业务环节相融互通，所有数据只需一次录入，即可在整个系统中按照需要的形式进行流转、提取、加工。

各层级管理环环相扣，业务按照既定规则自动流转，自动汇总统计，使项目运作效率得到明显提升。

应用 BIM 对建设项目进行实体对象实施过程化的集中管理，可以克服传统的管理模式和技术在很多方面存在的问题，实现如信息的传递渠道、累积方式等多方面根本性的变化。二维范围表达的工程含义相当有限，大量设计思想、工程实施要通过缺少关联关系的二维图纸、技术文件来表达，表达难度大，沟通成本高，生产效率低，往往为解决某个问题调用大量文件资料，计算过程中发生差错较多。

基于 BIM 的工程数据管理（BDM），很好地解决了这个问题，不论一个构件关联多少属性数据文件，都很容易实现实时调用。

3. 项目进度管理

系统功能对进度管理进行动态管理，制订项目计划。合理配置资源，动态掌控项目实际进度，重点防范项目时间风险。不同的参与方以 BIM 作为沟通和交流的基础，在项目完成以后，各方发现了应用 BIM 的优势所在，熟悉了应用的流程，为以后更好的合作奠定了基础。

基于 BIM 的虚拟建造技术是将设计阶段所完成的 3D 建筑信息模型附加以时间的维度，构成模拟动画，通过在计算机上建立模型并借助于各种可视化设备对项目进行虚拟描述。

其主要目的是按照工程项目的施工计划模拟现实的建造过程，在虚拟的环境下发现施工过程中可能存在的问题和风险，并针对问题对模型和计划进行调整和修改，进而优化施工计划。即使发生了设计变更、施工图更改等情况，也可以快速地对进度计划进行自动同步修改。BIM 模型是分专业进行设计的，各专业模型建立完成以后可以进行模型的空间整合，将各专业的模型整合成为一个完整的建筑模型。计算机可以通过碰撞检查等方式检测出各专业模型在空间位置上存在的交叉和碰撞，从而指导设计师进行模型修改。避免因为模型的空间碰撞而影响各专业之间的协同作业，从而影响项目的进度管理

4. 项目质量与安全管理

以“制订质量安全计划—计划执行—监督反馈—整改检查”为管控手段，从工序质量到分项工程质量、分部工程质量、单位工程质量的系统控制过程，强调工程质量管理的计划性、可控性。

使质量问题及时发现、切实改正，最大限度地降低工程质量风险。重点预防安全风险，落实项目安全管理制度，划清责任范围，规避安全责任风险。利用项目的集成化 BIM，能迅速地识别和解决系统冲突，对设计中存在的冲突和矛盾，及时地进行了修正。

5. 项目风险管理

帮助管理者综合管控项目风险。风险管理则是减少项目实施损失。强调项目风险防范、主动风险预警、尽量在风险未发生或发生初期得到处理。利用质量、进度、投

资控制模块，对所有系统模块（此时系统所有模块才全部参与运作）进行有效控制。

在该过程中，随着项目的进展，将产生各种合同文件、物资采购及调用记录、合同及项目设计等的变更记录以及施工进度、投资分析图等一系列系统文件。

在有效的系统使用范围内，项目参与各方可以随时调用权限范围内的项目集成信息，可以有效避免因为项目文件过多而造成的信息不对称的发生。

6. 项目文档资料管理

集中式档案资料综合管理，对文档的建档、归档等档案全生命周期的管理。可以对项目各个环节产生的资料文档进行自动化归档，避免项目资料的遗失，同时也减轻项目竣工时的资料整理工作负担。通过规范的档案管理，可以有效帮助项目部及公司对大量的资料进行管理，大大节约项目资料的整理时间。

7. 项目统计和报表

对项目工程监理过程产生的数据进行综合的统计、分析，为各级领导决策提供依据。相关的统计分析通过报表、柱形图、饼形图等直观的方式展现在管理者监察界面中。

工程预算存在定额计价和清单计价两种模式。自《建设工程工程量清单计价规范》发布以来，建设工程招标投标过程中清单计价方法成为主流。在清单计价模式下，预算项目往往基于建筑构件进行资源的组织和计价，与建筑构件存在良好对应关系，满足 BIM 信息模型以三维数字技术为基础的特征。

8. 流程协同管理

以工作流引擎为支持，项目的所有业务环节实现流程化管理，将业务活动贯穿于流程处理中，形成多级组织层级间的项目高效协同管理，使得每个重要的业务环节都能得到有效管控。

BIM 可以作为项目各参与方之间进行沟通和交流的平台，通过经常进行 3D 协同会议，促进项目参与方之间的沟通并使得决策更加容易。利用各种软件工具，项目团队各方可以方便地查看、穿越模型，这使得他们可以更好地理解设计成果信息，并取得更好的建设效果。

5.4 基于 BIM 技术质量监管

建设工程质量关系到工程的适用性、投资效果和人民生命财产安全，对建设工程质量进行有效控制，确保实现预定目标，是监理工程师进行工程监理的中心任务之一。

质量管理是一个质量保证体系，包括设计质量、施工质量和设备质量，是通过以验收为核心流程的规范管理，它主要通过各种质量文档的分类管理来实现。

质量控制模块是用于对设计质量、施工质量和设备安装质量等的控制和管理，它的功能是提供有关工程质量的信息。另外，还提供质量控制的分析方法，如排列图法、因果分析图法等，如何搞好工程建设的质量控制工作，就成了一个重要研究方向。

在项目质量管理中，BIM 的作用主要体现在冲突识别，如识别管线、设备、构件之间的碰撞、是否满足净高要求等，建立可视化的模拟环境，更可靠地判断现场条件，为编制进度计划、施工顺序、场地布置、物流人员安排等提供依据（图 5-1）。

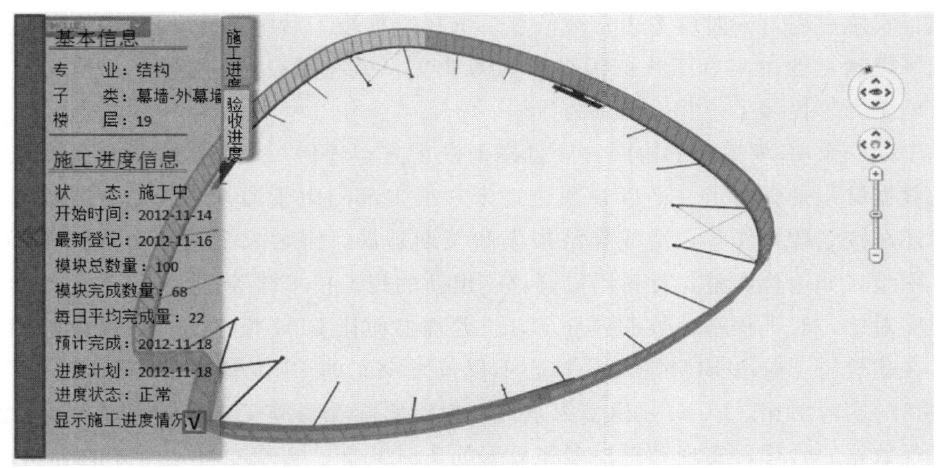

图 5-1　施工完成量在 BIM 模型上的监督应用

（本图见书后彩图）

由于建筑信息模型需要支持建筑工程全生命周期的集成管理环境，因此建筑信息模型的结构是一个包含有数据模型和行为模型的复合结构。它除了包含与几何图形及数据有关的数据模型外，还包含与管理有关的行为模型，两相结合通过关联为数据赋予意义，因而可用于模拟真实世界的行为，例如模拟建筑的结构应力状况、围护结构的传热状况。当然，行为的模拟与信息的质量是密切相关的。

通过现场施工检查管理与建筑信息模型的结合可辅助工程监理人员进行质量控制，将一些经验性的判断分析以及查找规范条文等繁琐的工作交由模型运算系统完成，从而提高了工作效率和质量。

同时，还可积累质量控制的工作经验，提高工程监理人员的工作能力。BIM 环境下，工程监理工作将更为系统、全面和深入。通过对 BIM 施工组织模拟与建筑系统分析信息方面的分析应用，工程监理可以施工阶段及时对一些存在的隐患进行有针对性的监督，有效保证了施工方质量管理的效率和质量。在工程监理管控环境中通过现状模型和建设过程中同步对比。

5.5　基于 BIM 技术管理协同

在建设实施过程中工程产品不标准，过程变化大，有很多设计变更，施工队伍临时组建，工程建造过程中需要有很多现场信息、数据让各团队成员知晓。这与工业化流水线生产过程有很大的不同，工程实施复杂度、难度也因此而起，整个工程建造过程沟通协调成本相当高。传统的管理手段（包括信息化手段）无法突破这一点，工程监理生产力也就无法突破，BIM 在这方面有了革命性的进展。

在工程项目全寿命期内综合考虑工程项目建设的各种问题，使得工程项目的总体目标达到最优。反映在管理信息系统建设上，就是管理信息系统的建设不仅仅是为了工程项目实施过程，同时应考虑管理信息系统在工程竣工后纳入企业运行阶段的应用，这样既可以满足业主实际工作的需要，又为业主、最终用户、承包商、分包商、监理机构、施工方等提供了一些后期总结数据。

基于同一个 BIM 模型的协同，一旦模型修正方有任何一点变更，其他所有人员调用到的数据就是最新的了。而以往变更过来，很多部门由于通知不及时，或数据调整得慢，还在按老数据作业，造成经济损失和工期延误。因为人工调整和重新核算相当耗时、困难，如造价调整、材料用量调整、出新的施工技术图等。

虚实对比，对工程基础数据进行全方位管理如何让 BIM 模型与项目实际管理紧密结合，在建筑施工阶段 BIM 应用的核心不仅仅是动态的 BIM 模型，而是 BIM 模型与实际项目的实时对比。以 BIM 模型为基础，参比实际项目施工进展，对整个项目实现海量工程数据的管理，实现动态模型和数据的实时共享，实现项目参与方的协同作业。由工程监理通过建设设计模型去对比现场采集的现状模型，进行实时协同对比，提供更科学的管理监督手段（图 5-2）。

图 5-2　虚实对比

（本图见书后彩图）

5.6　现场管理采集与 BIM 模型数据对比

基于 BIM 工程监理管理方式在共享和协同中能创造出更大的价值面：

（1）快速、全面集成信息、有机关联，形成 4D 关系数据库，避免或减少人工或以往信息化技术的信息孤岛问题。

（2）快速实时提供所需数据。具有强大查询分析统计功能，为规避现在工程现场大量存在的问题起到巨大作用。

（3）让数据信息实现同步共享。实现项目各条线协同作业，减少信息失真、丢失和延误等问题，提升沟通协同效率，降低协同成本。

BIM 的数据集成特性，可以轻松地为各条线提供管理所需数据，设定任何查询条件，让监督管理人员都能实时快速检索、整理、分析，最后提供准确结果数据。

将建筑模型与现场的设施、机械、设备、管线等信息加以整合，检查空间与空间、空间与时间之间是否冲突，以便于在施工开始之前就能够发现施工中可能出现的问题来提前处理，也能作为施工的可行性指导帮助确定合理的施工方案、人员设备配置方案等。

另外，BIM 使施工的协调管理更加便捷。信息数据共享和施工远程监控使项目各参与方建立了信息交流平台，同时督管理人员也是模型信息的协同管理主体之一，及时将监督现场状况形态及相应的工程监理管理指令注入协同模型，让建设过程中出现的问题能更迅捷的得以合理的处理。

5.7 基于 BIM 技术工程算量

工程量计算和造价预算是工程监理方最关心的事情。BIM 技术应用的算量、造价、全过程的造价管理都是在 BIM 数据和实际项目造价的动态对比之中进行。

BIM 数据显示该花多少钱，实际项目造价显示花了多少钱，实现短周期对资金风险以及盈利目标的控制。

BIM 数据库的创建通过建立关联数据库，可以准确快速计算工程量，提升施工预算的精度与效率。

由于 BIM 数据库的数据精度达到构件级，可以快速提供支撑项目各条线管理所需的数据信息，因而有效提升施工管理效率（图 5-3）。

图 5-3　实景测量与 BIM 模型数据校对

（本图见书后彩图）

BIM 模型能够自动生成材料和设备明细表，为工程量计算、造价、预算和决算提供了有力的依据。借助 BIM 技术，现场监督管理人员直接使用原有的建设模型进行现场建设状况的对比，提高了效率，判断准确性更为科学，管理的支撑是数据，工程监理的基础就是工程基础数据的管理，及时、准确地获取相关工程数据就是工程监理的核心竞争力。

BIM 数据库可以实现任一时点上工程基础信息的快速获取，通过合同、计划与实际施工的消耗量、分项单价、分项合价等数据的多算对比，可以有效了解项目运营是盈是亏，消耗量有无超标。

通过 BIM 模型与实际项目进展的虚实结合，可以进行计算造价与实际造价的动态对比，质量安全的实时监控，计划与实施对比调整，从而提升对于造价、质量、计划的总体管理水平。

6 项目深化设计和工厂制造的BIM应用——幕墙

作为项目实施阶段的后端环节，建筑幕墙的深化设计和工厂制造对建筑的最终品质及效果影响至关重要。本章重点论述了什么是工厂级幕墙BIM模型以及如何创建工厂级幕墙BIM模型，进而探讨了BIM模型在深化设计阶段，包括：方案确定、优化、细部分析以及出图等方面的应用。随着项目的深入，进一步分析了BIM模型在工厂阶段的用料指导，加工控制以及单元组装模拟等方面的作用。

6.1 工厂级幕墙BIM模型及创建

6.1.1 概述

幕墙作为现代建筑的外衣，一直备受关注。国内建筑幕墙从1982年开始起步，历经20多年的发展，我国已经成为世界第一的幕墙生产大国。2003年我国生产了约1000万m^2的新建幕墙，约占全世界当年用量的2/3左右，到2004年，我国已建成共计约1亿m^2各式建筑幕墙（包括采光屋面）工程，超过世界总量的一半。与传统的建筑相比，建筑幕墙已成为现代建筑文化、建筑个性、建筑艺术、建筑新科学的重要标志；而建筑幕墙也是融建筑技术、建筑艺术、建筑功能为一体的一种建筑外围护结构。建筑幕墙的设计、制造、安装作为建筑设计向建筑外围护实体转换的过程，其重要地位不言而喻。

近年来，我国幕墙行业发展尤其迅猛，但同时，其工业化水平却远远滞后于制造业内的其他领域，信息化水平也落后于建筑业的发展。由于幕墙行业属于跨专业、多学科的复杂的制造行业，本身实施难度较大，且随着幕墙的不断发展，对其制造、安装精度的要求也越来越高。

同时，国内的建筑设计行业正步入从二维向三维转换的轨道，而幕墙作为建筑的外围护结构，也是建筑的外衣，是建筑的形象表达及功能实现的重要载体。幕墙设计作为建筑设计的深化和细化，对建筑设计理念应能够充分的理解，同时更需要有与建筑设计匹配的实现工具，以保证设计的延续性，从而更好地保证所完成的建筑物是业主和建筑师想要的。

BIM这项新兴的技术的出现，可以有效地保证建筑设计向幕墙细部设计过渡时的建筑信息完整性和有效性，正确地、真实地、直观地传达建筑师的设计意图。尤其是面对一些大体量或复杂的现代建筑，信息的有效传递更是保证项目可实施性的关键因素。

随着建筑技术领域的不断发展，未来建筑正朝着个性化、集成化和智能化的方向发展，建筑形态也越来越艺术化、多元化。建筑师们往往需要通过一系列的定位原则，函数公式和计算方法来获取最终的建筑形态；这有别于传统建筑的直上直下的造型，而是复杂的曲面、双曲甚至多曲面的形态。通过理论计算方法生成的形态可以是无限扭曲且光滑的，但这同时也给建筑的幕墙设计带来了巨大的挑战。这里包括了建筑设计的可实施性以及幕墙细化设计后对建筑效果产生的影响是否能为业主和设计师所接受等。当然，在没有 BIM 之前，这些难道不能实现么？回答是：能，但非常有限，工作量庞大且极易出错。

建筑设计更偏重于概念化、理想化，而幕墙设计则是需要通过一系列的技术方法在现有生产、加工、制造和安装能力能够实现的基础上，基于相关标准和法律法规，结合成本因素，将业主和建筑师想要的艺术效果和性能要求实现出来。若没有一种有效的载体从建筑设计向幕墙设计传递准确的、直观的信息，那么，即使能实现复杂的建筑形态，其结果必然与业主和建筑师的目标相去甚远。传统的“二维设计＋效果图表达”的方法无法完整、可靠的传递复杂建筑的体态信息；更何况，越是复杂的建筑，往往存在更长的设计周期和变更次数，只有有效的存储、管理和运用这些信息，才能实现最终建造目标。BIM 技术正是这么一种有效的载体。

当然，建筑设计的 BIM 模型延续至幕墙设计时，其能直观的表达建筑效果，但其所存储的信息仅限于初步设计阶段，尤其是对于材料、细部尺寸以及幕墙和主体结构之间的关系的信息都很少。而这些信息和构件细部等，都是在幕墙深化设计、加工过程中进行完善的，这一过程所产生的结果，称为“工厂级幕墙 BIM 模型”。

6.1.2 工厂级幕墙 BIM 模型

根据幕墙与建筑设计及建造之间的关系，“工厂级幕墙 BIM 模型”的定义应有广义和狭义的区分。

广义的工厂级幕墙 BIM 模型是指运用幕墙细部设计的方法，在幕墙深化设计阶段将建筑设计阶段的 BIM 模型进行细化，尤其是对幕墙组成元素的细部设计，并录入幕墙细部信息，从而使 BIM 模型能为幕墙设计、制造及安装过程服务。

狭义的工厂级幕墙 BIM 模型是指将幕墙深化设计阶段创建的 BIM 模型直接或间接的运用于指导幕墙构件的生产加工，同时用生产加工过程中产生的新信息对 BIM 模型进行更新，从而创建包含幕墙构件加工制作信息的 BIM 模型。这时的工厂级幕墙 BIM 模型也可称之为幕墙数字化制造。

工厂级 BIM 模型是以建筑提供的 BIM 模型为依据，对幕墙部分进行深化和细化，并将幕墙深化设计信息更新至 BIM 模型中，同时进一步指导工厂加工制造及装配。在此过程中不断更新信息，并延续至下一阶段的仓储、运输及现场安装过程。

工厂级 BIM 模型并不等同于竣工阶段的 BIM 模型，因为在项目的施工过程中，仍会有根据现场实际情况的不同而产生的变更。但工厂级 BIM 模型所包含的细节信息会非常丰富，这些信息也能在将来为若干年后建筑幕墙系统的维护和改造所用。

运用工厂级幕墙 BIM 模型，我们可以做到：

1）更好的展现建筑设计理念及要求，尤其是形态复杂的建筑；能直观的为建筑设计师展示经过幕墙细化设计后的建筑效果是否与业主和建筑师的理想状态所一致。

2）更及时响应业主/建筑设计的调整要求，并迅速直观的展示，快速发现问题；可在施工之前解决各种碰撞冲突；同时，因为可视化，更使各方容易理解好的设计建议。

3）准确计算工程量，尤其是复杂形态/曲面建筑，使业主、设计方和施工方获得较低的成本和风险。

4）一个项目的幕墙深化设计，材料生产、材料加工经常分属不同的公司完成，运用工厂级 BIM 模型可以有效地帮助分析并组织不同材料之间的生产、运输、加工及装配周期，从而有效管理生产与施工之间的关系。

5）工厂级幕墙 BIM 模型可以直观和准确地界定不同专业之间的工作界面，通过细部设计和碰撞检测分析，进而协调交接位置节点的合理性。

6）全方位的模拟和控制，满足绿色建筑要求。

7）通过一系列的采光、热工模拟等进行性能优化和提升，提高建筑性价比。

8）清晰的表现与其他分包工程界面，接口做法，是否合理匹配。

9）进行 4D 施工模拟，直观的展现实际施工步骤，发现并解决幕墙施工过程中可能存在的问题；优化施工顺序，管理项目。

10）进行 5D 财务状况模拟，预估资金流；同时，利用模型的成本控制功能，可以对设计和施工进行评估。

总而言之，在工厂级幕墙 BIM 模型能为项目、为业主、建筑师以及项目参与各方提供更好的服务。

6.1.3 工厂级幕墙 BIM 模型的创建

工厂级 BIM 模型创建贯穿了幕墙设计、加工、装配等阶段。创建工厂级 BIM 模型首先需要依据建筑设计提供的 BIM 模型或根据建模原则自行创建建筑模型，同时对幕墙系统进行深化设计，进而对 BIM 模型中的构件进行细化，且随着构件的不同处理阶段，不断完善和调整模型。为了更清楚地描述工厂级 BIM 模型的创建过程，下面以上海中心大厦外幕墙为例，描述如何用 Revit Architecture 软件创建其工厂级的幕墙 BIM 模型。

上海中心大厦整个外幕墙包括了 A1～A5 五大系统，其中 A1 为中庭幕墙（除 A2 系统外），A2 系统为“V”口部分，A3 为设备层 M1 和 M2 层幕墙（除 A2 系统外）。三个系统幕墙细部节点形式均不相同，因此，在模型创建时需分别为三种系统创建嵌板族。同时，作为外幕墙支撑体系的钢结构部分，也被纳入到幕墙系统的范畴，因此，在设计时需一并考虑。

在创建上海中心大厦外幕墙 BIM 模型的过程中，需充分利用软件优点结合项目自身特点进行创建：

①模块化：由于Revit软件的模块化功能，可以将外幕墙不同类型单元做成不同的幕墙嵌板族，这样就可以根据单元类型创建族，同一种类型的单元应用同一个族，从而大大减少工作量。

②参数化：对于外幕墙中同一种类型的嵌板族（如A1系统），其各种构件的定位可以利用参照线及参照面定位，并为参照线和参照面设置定位参数，从而单元板块尺寸上的变化可以应用参数调节。

③类型参数与实例参数：根据参数形式的不同，将参数分为类型参数与实例参数，实例参数是单个族的参数，可以分别为每个族调整参数；而类型参数则是一个类型的所有族的参数，调节类型参数则所有该类型的板块自动跟着变化。

具体模型创建过程包括：

1. 外层幕墙模型创建

第一步：创建幕墙。首先创建楼层标高平面，导入在CAD中根据成型方法作出的外层幕墙定位线及目前定位点（导入时将定位设置为从原点到原点），并在外出幕墙的定位线上沿顺时针方向创建幕墙，如图6-1黑色箭头所示。由于过上下层之间有台阶，即幕墙在高度方向的不连续，只能各层分别创建幕墙。创建幕墙时，大小圆弧间分别是一段幕墙，由于一个板块跨过大小圆弧之间，因此无法通过给幕墙添加网格得到，将该板块单独建一段幕墙，如图6-1红线所示。

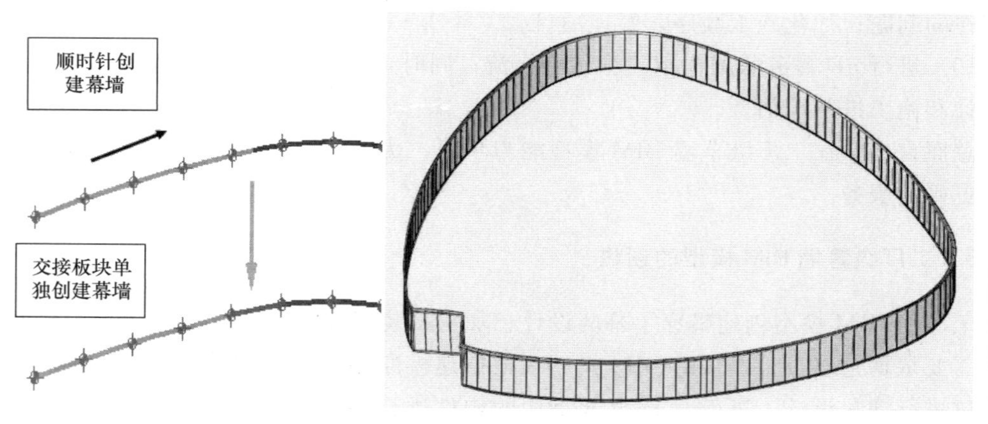

图6-1　创建外幕墙定位（本图见书后彩图）

第二步：创建A1和A3系统嵌板。如果按常规做法，在幕墙中嵌入系统嵌板，并给幕墙加上横向和竖向竖梃，这样得到的幕墙就会出现上下层之间的台阶部位无法封闭。所以采用幕墙嵌板族，将单元面板，台阶构造及竖梃做在嵌板族里，且台阶宽度的变化靠嵌板族中参数调节。相当于一个单元做成一个嵌板。嵌板中构件通过拉伸或放样得到，端部根据实际节点创建空心体剪切，如图6-2所示。

第三步：创建A2系统嵌板。由于A2系统比较复杂，创建幕墙时也将幕墙创建为直面，建筑的倾斜面则通过在嵌板中直接倾斜实现；嵌板的定位需要多个参数，主要有上下边偏移尺寸D，左右端偏移尺寸$D1$（外转角板块左右端偏移尺寸不同，设为$D1$和$D2$）。通过参数，可以精确定位比较复杂的A2系统板块位置。定位后，构件的

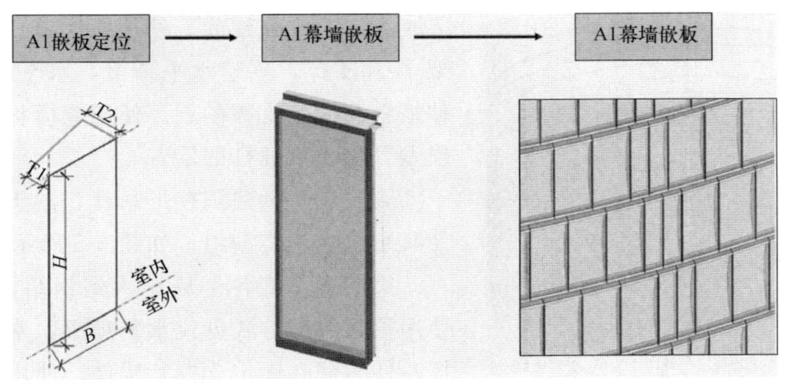

图 6-2　创建 A1/A3 系统（本图见书后彩图）

创建跟 A1 和 A3 系统相似，不过竖框只能通过放样得到，而不能拉伸得到，图 6-3 为 A2 凸台嵌板的定位参数示意。

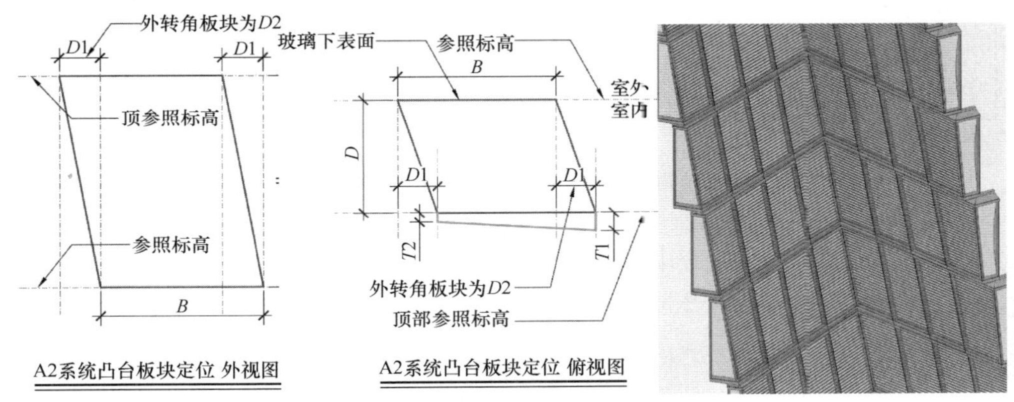

图 6-3　创建 A2 系统（本图见书后彩图）

第四步：将嵌板导入项目，并输入台阶参数，以获得模型中每区每层的幕墙板块台阶尺寸。

2. 外幕墙支撑钢结构模型创建

第一步：钢结构定位。首先在 CAD 中编辑钢结构平面定位图，对水平环梁分段位置（考虑到钢结构的吊装）、伸缩缝位置、吊杆位置以及每区首层钢插杆位置进行定位，再在平面定位图中画出吊杆的水平投影线。将钢结构平面定位图链接到 Revit 中，使其对应在各自的平面，并保证钢结构平面图的中心点与原点重合，如图 6-4 所示。

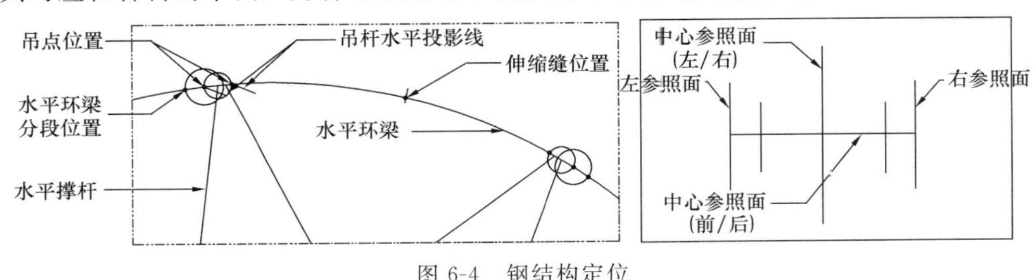

图 6-4　钢结构定位

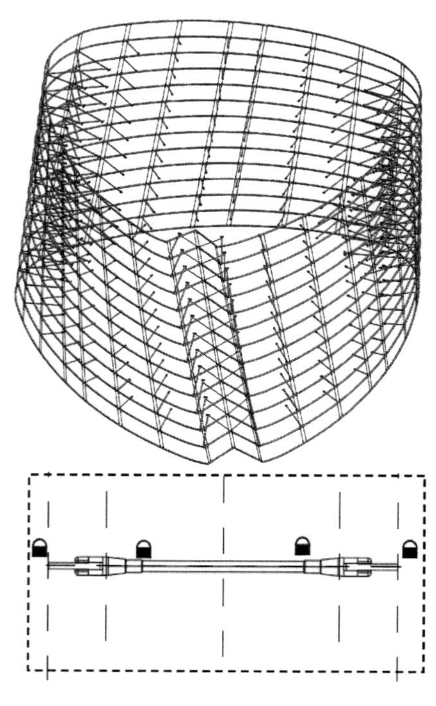

图 6-5　创建幕墙支撑钢结构

第二步：创建族。使用族模板“公制结构框架-梁和支撑”创建水平环梁，水平撑杆、吊杆、伸缩缝和固定支撑的族。使用族模板“公制常规模型”创建钢插杆的族。

第三步：创建圆柱形吊杆、索头和耳板，并使其组合成为模型组，如图 6-5 所示。

第四步：将各个族导入到钢结构的项目中，使用拾取线的方式创建水平环梁，水平撑杆、吊杆、伸缩缝和固定支撑等构件，使用拾取点的方式创建钢插杆。此时各构件被默认创建在楼层平面的标高上。通过调整水平环梁、水平撑杆、伸缩缝、固定支撑等构件的起点和终点相对于标高的偏移距离，使其定位到正确的标高。此时，钢插杆已在正确的位置，不需要调整。

通过以上步骤，我们已经使用 Revit 创建出了整个上海中心大厦的工厂级外幕墙 BIM 模型，如图 6-6 所示。接下来，在深化设计阶段以及生产加工装配阶段，则采用该模型进行设计和指导生产加工，并在具体实施过程中不断更新。

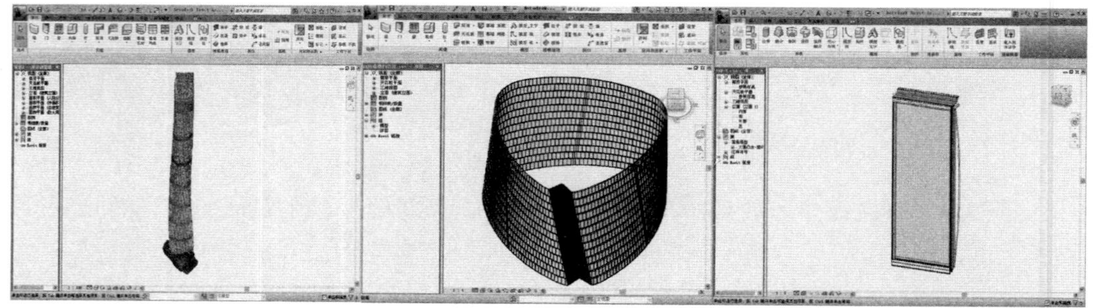

图 6-6　工厂级幕墙 BIM 模型

6.2　BIM 模型在幕墙深化设计阶段的应用

BIM 往往贯穿了整个建筑的从概念设计到竣工交付，甚至于运营维护乃至最后拆除。这中间又包括了各种分阶段的细节工作，这些工作在不同的分包商被确定之后展开，例如幕墙深化设计。每个阶段的深化工作都有可能对建筑设计产生或多或少的影响，有些影响是个体的局部的，有些影响则可能带来连锁效应，甚至有改变建筑命运的影响。因此，可以说，设计变更的调整风险不小。如何有效地控制这些风险，BIM 提供了解决思路。

本节重点探讨基于 BIM 模型的幕墙深化设计、细部构造设计方面的运用以及设计变更响应方面的优势所在。

6.2.1 基于 BIM 模型的幕墙深化设计

幕墙深化设计是基于建筑设计效果和功能要求，满足相关法律法规及现行规范的要求，运用幕墙构造原理和方法，综合考虑幕墙制造及加工技术，而进行的相关设计活动。BIM 对幕墙深化设计具有重要的影响，包括：建筑设计信息传达的可靠性大大提高，深化设计过程中更合理地选择和判定幕墙方案，深化设计出图等。

信息传递的准确性和有效性以及幕墙深化设计师对建筑师设计理念的理解，对幕墙深化设计的影响至关重要。传统的二维平面图纸作为抽象的设计语言，往往不容易被正确的理解，同时，建筑师在设计过程中的某些变更也容易被误解。幕墙深化设计阶段使用建筑设计提供的 BIM 模型，在招标投标阶段就能充分理解建筑设计意图，轻易地把握设计细节。当然，这也有利于提高项目招标投标的报价准确性。建筑师的设计变更能充分得到响应。同时，在设计过程中需要特别注意的事项，可以方便地在 BIM 模型中给予强调或说明，使幕墙设计师能充分理解建筑的每一处细节，如图 6-7 所示。理解是正确实施的前提，同时，幕墙设计师还能基于对建筑设计的充分理解并结合幕墙专业知识，对幕墙设计进行优化，并将优化的结果以 3D 的形式直观地表达出

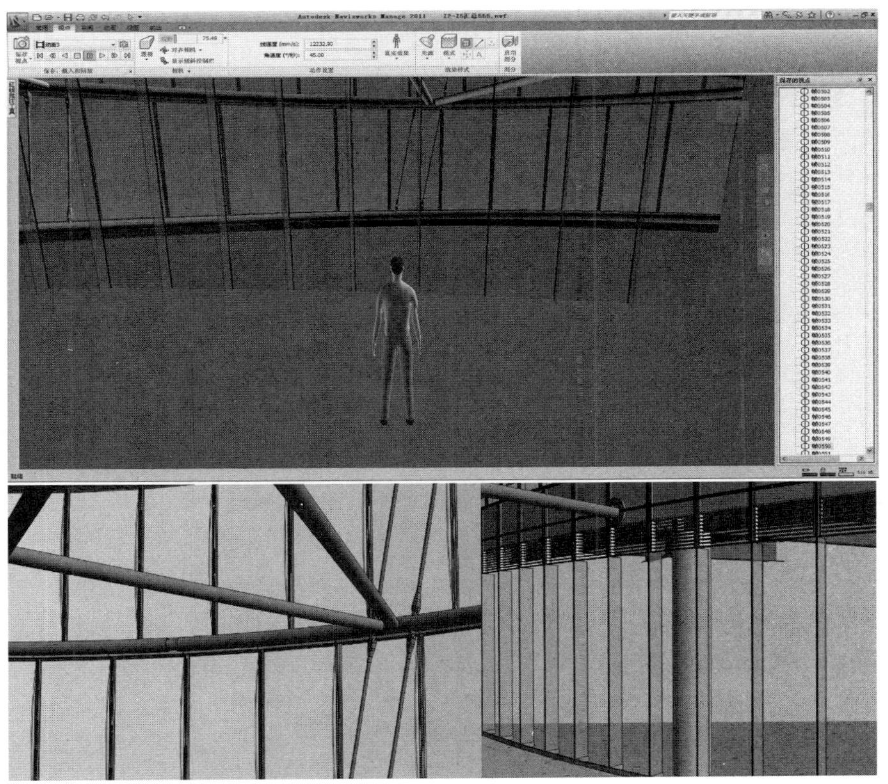

图 6-7 BIM 模型的 3D 漫游（本图见书后彩图）

来，供业主和建筑师参考实施。以上海中心大厦为例，如图 6-8 所示。

图 6-8　BIM 模型的渲染效果（本图见书后彩图）

上海中心大厦外幕墙单元板块共计 19759 块，依据建筑成形原则所产生幕墙从下至上是始终变化的；为了匹配这一建筑效果同时实现平滑过渡的原则，每层幕墙单元板块的尺寸都是变化的。同时，由于塔楼的旋转缩小，上下层交接位置的凹凸台尺寸也是逐渐变化的。因此，从理论上来说，优化前每个单元板块都不一样，整个塔楼有近两万种的板块种类，基本没有通用性，这就给实际施工带来巨大的挑战。

通过项目的 BIM 模型的数据导出功能，结合数据分析软件，基于建筑形态设计原则，对幕墙单元板块的种类进行优化。综合考虑建筑 120°对称的特性，同时结合工程上幕墙偏差允许的范围一般至少为 2mm，以及转接件可调节量等特点。最终将单元板块减少至约 7 千种，同时大大增加了同一种规格板块的数量。更重要的是，通过 BIM 模型的构件分析功能，可以快速准确的分析出同一种类型幕墙构件的数量，即使它们在不同的分区之内，如图 6-9 所示。

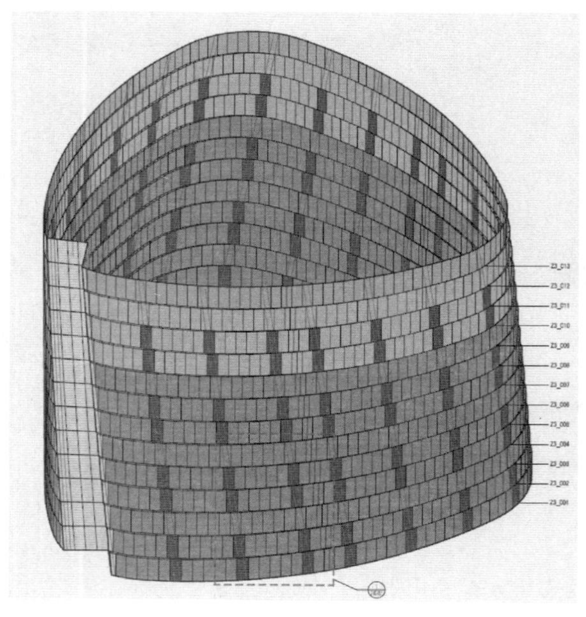

图 6-9　基于 BIM 幕墙优化（本图见书后彩图）

基于精确创建的工厂级 BIM 模型，可以任意输出所需的建筑楼层剖面、平面甚至细部构造节点（图 6-10），满足工程施工深化设计要求。

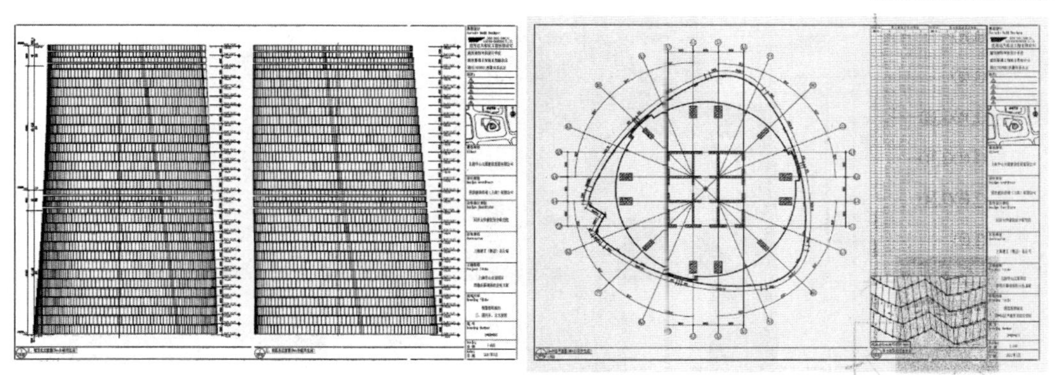

图 6-10　基于 BIM 模型的深化图纸

6.2.2　基于 BIM 模型的细部构造设计

建筑中包含的各专业很多，典型的如土建、钢结构、幕墙、机电等，这些不同专业之间的工厂级 BIM 模型应由各专业分包按照一定的规则结合本专业的特点自行制定。通过将各专业之间的 BIM 模型组织在一起，能有效的发现各专业之间模型的碰撞问题，同时，分析不同专业之间交接界面的设计等。通过 BIM 模型可以做到：

（1）精确界定各专业之间的工作界面划分。

通过 BIM 模型，可以直观的体现哪怕是连接螺钉属于哪一分包的工作范围。并且，不同的专业可以通过指定的颜色区别表示出来，因此，所有分包商都很清楚自己的工作范围，投标漏报的风险也降低了，如图 6-11 所示。

（2）判断深化设计对产品的最终选型是否合理。

由于不同专业的进场时间是不同的，因此，专业深化设计往往有着先后顺序。例如钢结构在进行深化设计时，机电专业可能还未确定分包商。此时，涉及可能与机电交接的工作界面，不可能等到机电分包商进场之后再行确定，因此，可由钢结构提出对机电的限制要求，例如空间尺寸等，并将其在 BIM 模型中体现出来，再由业主和建筑师依据通用的机电相关设计原则进行确认，并将其纳入到机电项目招标文件中，对后期机电深化设计进行限定，从而有效保证了项目的工期。

（3）分析不同专业之间的相互关系以及设计合理性。

例如幕墙与钢结构，某些部位的幕墙从 H 型钢结构上预焊接的钢转接件作为支撑点，传递重力荷载及风荷载。通过 BIM 模型，可以直观地判断这些工厂内预制的钢转接件是否能与幕墙正确的接口，同时更重要的是，原来作为楼面支撑体系的 H 型钢需要考虑幕墙风荷载产生的额外扭矩，而这一额外扭矩需要在 H 型钢上设置加强筋予以支撑，在以往二维平面设计中，这一问题往往并不容易被发现，但在 BIM 模型中，这

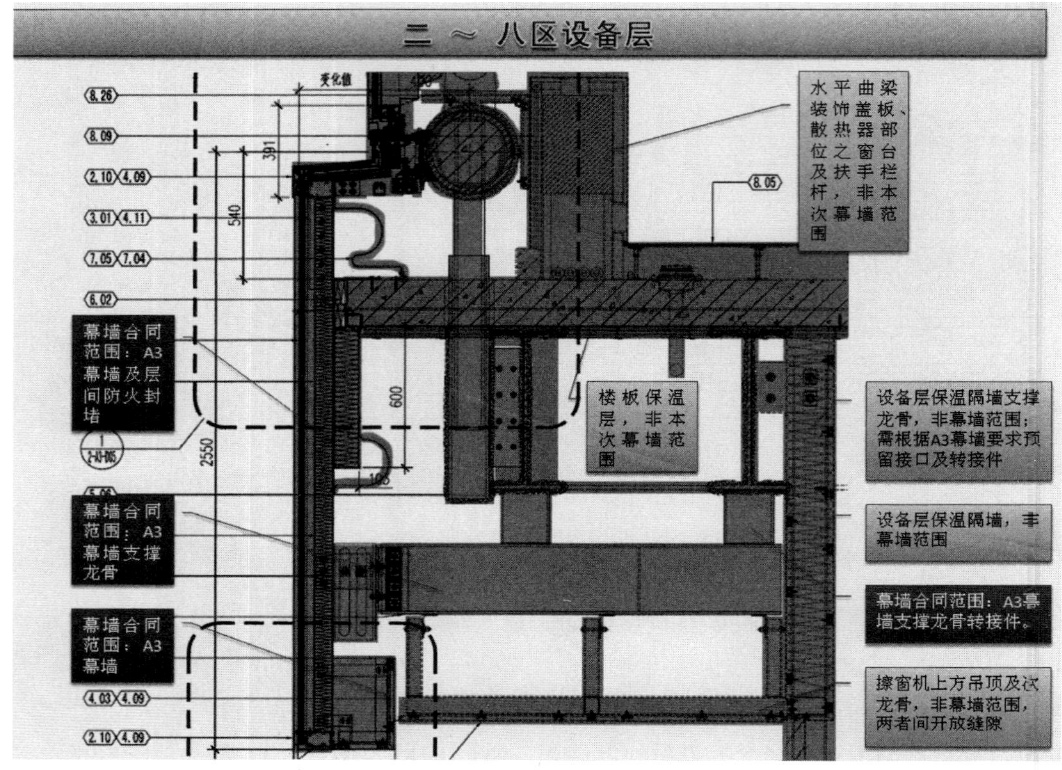

图 6-11 基于 BIM 的工作界面划分（本图见书后彩图）

一问题通过可视化的模型变得一览无余。

6.2.3 基于 BIM 模型的设计变更响应

这里所指的设计变更是双向的，伴随着建筑工程的不断深入，设计变更是一定存在的，无论是否采用了 BIM。一方面，业主和建筑师在工程进行过程中往往会基于工程的进展来判定是否需要调整设计以实现最初想要的效果，又或者基于新的表达效果的追求，这些变更可能是局部的也可能是整体的。最重要的是，某些通用细节的改变，可能会很大程度上产生连锁反应，并且有些连锁反应带来的影响可能是巨大的。通过 BIM，可以由多方组成的联合团队共同分析，对设计变更所即将产生的影响使用 BIM 直观地表达出来。幕墙系统与土建结构不同，其所允许的偏差很小，往往仅几个毫米；并且，一般情况下，设计为幕墙连接系统预留的空间都不会很大，当然这也是从经济性的角度出发。这就决定了细微的变化调整，往往对幕墙设计而言会产生难以逾越的鸿沟，最终导致建筑师调整效果，回到原点。

以上海中心大厦项目中外幕墙钢吊杆的锁头的修改为例，吊杆端部的造型变化极大程度上可能影响其与幕墙支撑构件之间的干涉，当然这些情况在项目的低区位置不会发生，因为低区分格尺寸较大，吊杆与幕墙之间的间隙也较大；但在项目的高区位置，由于分格尺寸的变化，上面所说的空间关系变得紧张了（图 6-12）。因此，碰撞问题就很可能发生了。但在设计的初期，这个问题可能很难被发现。

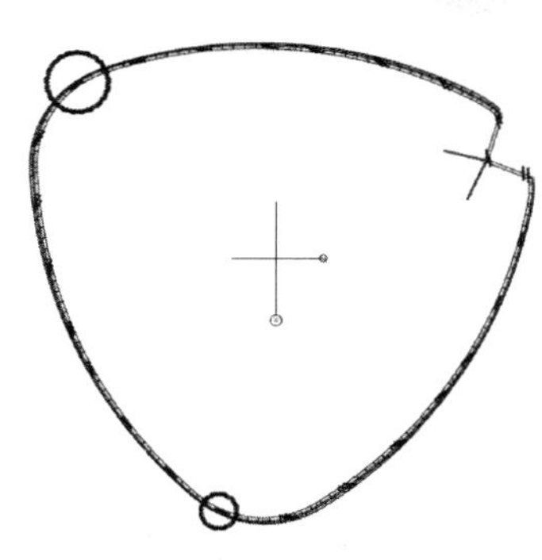

冲突报告

冲突报告项目文件: D:\我的文档\Z8-吊杆玻璃肋.rvt
创建时间: 2011年3月14日 星期一 10:03:24
上次更新时间:

	A	B
1	幕墙嵌板 : DM-T450b1 : DM-T450b1 - 标记 Z8C11N049 : ID 697278	结构框架 : 吊杆90 : 吊杆90 - 标记 Z8C11D16 : ID 580805
2	幕墙嵌板 : DM-T450b1 : DM-T450b1 - 标记 Z8C11N096 : ID 697372	结构框架 : 吊杆90 : 吊杆90 - 标记 Z8C11D32 : ID 580931
3	幕墙嵌板 : DM-T450b1 : DM-T450b1 - 标记 Z8C12N049 : ID 697566	结构框架 : 吊杆90 : 吊杆90 - 标记 Z8C12D16 : ID 581232
4	幕墙嵌板 : DM-T450b1 : DM-T450b1 - 标记 Z8C12N096 : ID 697660	结构框架 : 吊杆90 : 吊杆90 - 标记 Z8C12D32 : ID 581358
5	幕墙嵌板 : DM-T450b1 : DM-T450b1 - 标记 Z8C13N049 : ID 697854	结构框架 : 吊杆90 : 吊杆90 - 标记 Z8C13D16 : ID 581631
6	幕墙嵌板 : DM-T450b1 : DM-T450b1 - 标记 Z8C13N096 : ID 697948	结构框架 : 吊杆90 : 吊杆90 - 标记 Z8C13D32 : ID 581759
7	幕墙嵌板 : DM-T450b1 : DM-T450b1 - 标记 Z8C14N049 : ID 698142	结构框架 : 吊杆90 : 吊杆90 - 标记 Z8C14D16 : ID 582044
8	幕墙嵌板 : DM-T450b1 : DM-T450b1 - 标记 Z8C14N096 : ID 698236	结构框架 : 吊杆90 : 吊杆90 - 标记 Z8C14D32 : ID 582181
9	幕墙嵌板 : DM-T450b1 : DM-T450b1 - 标记 Z8C15N049 : ID 698430	结构框架 : 吊杆90 : 吊杆90 - 标记 Z8C15D16 : ID 582462
10	幕墙嵌板 : DM-T450b1 : DM-T450b1 - 标记 Z8C15N096 : ID 698524	结构框架 : 吊杆90 : 吊杆90 - 标记 Z8C15D32 : ID 582589

冲突报告结尾

图 6-12　碰撞检测及分析报告（本图见书后彩图）

由于吊杆的双向倾斜，与幕墙龙骨之间空间错位布置，因此，在二维平面图纸无法发现；通过传统的 CAD 三维建模，工作量巨大，同时，一档设计吊杆选型变化，很难响应设计变更要求。因为，在整个项目的三千多套吊杆中，要逐个去调整其三维模型，几乎是不现实的。同时，即使可以调整，调整后也只能通过肉眼去逐个检测不同构件之间是否会产生碰撞。采用了 BIM 模型，一切就变得完全不同了。以 Reivt 创建的模型为例，由于采用了参数化驱动引擎，在预先创建的“族文件”中设定一系列的可变参数；一档设计发生变更，通过调整对应的模型参数，即可方便直观的得到吊杆调整的结果。同时，BIM 模型还支持采用碰撞检测的手段，将所有存在的碰撞发现出来。将 Reivt 创建的模型导入至 Navisworks 中，通过设定碰撞形式的方法确定允许的偏差范围，而后对需要进行碰撞检测的构件进行碰撞分析。Navisworks 会按设定的要求自动进行分析，分析结果包括数字和模型变化，存在碰撞的部位会高亮并用特殊的颜色区别表示出来。

6.3 基于BIM的幕墙加工组装分析

国内的建筑幕墙产业与建筑钢结构产业类似，容易形成产业化格局，但幕墙产业使用BIM及数字化制造的能力则远远落后于后者。建筑钢结构尤其是轻钢结构，在短短十五年间，从欧美传入中国，实现了本地化的技术消化和吸收，取得了迅猛发展。但国内的幕墙产业却依然遵循传统的工作流程及二维平面模式。短期内不能奢求如美国及一些发达国家那样，真正做到无纸化，但至少可以运用BIM为更高的效率，更少的出错率，更合理的成本做些工作，为幕墙产业的数值化建造创造一些基础。

幕墙产业本身属于易流程化的行业，尤其是采用单元式幕墙的项目，从设计制图、工厂制造、运输存储、现场安装等各环节基本实现了流程化。引入BIM技术，能大大提高整个产业链的效率。下面从三个具有代表性的方面论述BIM技术在幕墙加工组装方面的具体应用。

6.3.1 幕墙用设备材料统计

任意一个建筑项目，组成幕墙的材料都很多，包括面板（如玻璃、铝板、石材等），支撑龙骨（如铝型材、轻钢龙骨等），配件附件（如胶条、结构胶、密封胶等）。而幕墙所用材料如期进厂，是幕墙正常生产的先决条件，影响这一点的因素主要有两个方面：1）幕墙设计对材料定额确定的速度和准确性；2）材料生产商的生产进度。当然这里包括了备料是否充足，对幕墙设计要求是否理解，生产组织是否合理等一系列因素。

传统的模式中，幕墙厂家往往依靠与材料厂家的合作关系进行控制，也会派质检员到供货厂进行现场调度控制，并在发货前进行检验，缩短不合格产品处理周期，为施工缩短进度争取时间。但这些控制手段并不能从根源上规避问题的产生，尤其是面对工程量大且难度高的项目。

基于BIM模型可以快速方便地计算出模型的面积，对于造型复杂的构造，特别是曲面工程量的精确计算效率更加凸显。这在幕墙投标及深化过程中都非常重要。同时，更进一步的基于工厂级的幕墙BIM模型，以板块模式建立的模型可以输出板块数据，可以方便地统计出不同种类的板块，每种规格板块的数量，板块内所有不同构件的数量等。可以方便地输出每个板块的细部数据，包括几何数据甚至物理信息数据等。这就使得幕墙设计不仅可以快速地统计所需材料的定额，而且准确度很高。同时，材料生产商可以基于BIM模型直接获取幕墙设计提供的信息，在与幕墙深化设计同阶段开展备料以及生产准备等工作，同时由于信息获取的直观和直接，减少了易出错的环节，准确率更高。也可以通过BIM模型直接转换成机器语言，进行数字化加工，效率和准确度更高。

运用上海中心大厦创建的幕墙BIM模型，可以方便快速地对项目中运用的不同构件的种类、材质进行统计，如图 6-13 所示。同时，对每一种同类型不同规格单元中所用的材料按要求自动生成定额表，可与 EXCEL 等数据处理软件链接使用，对数据进行更新，如图 6-14 所示。

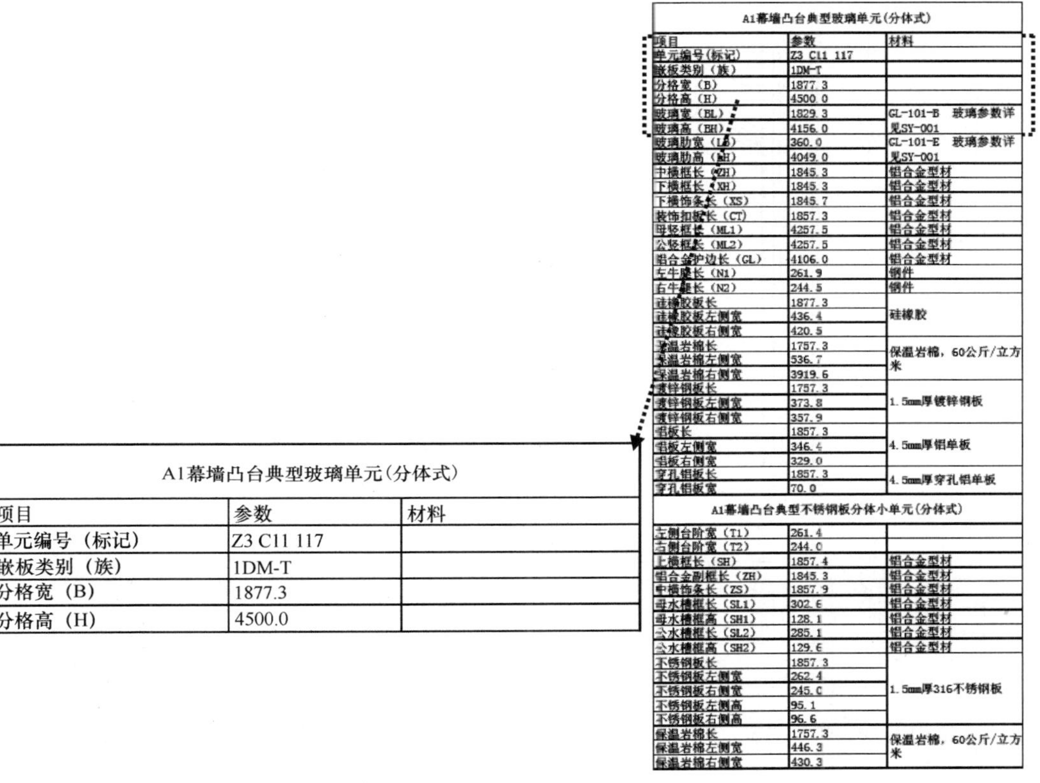

A1幕墙凸台典型玻璃单元(分体式)		
项目	参数	材料
单元编号(标记)	Z3 C11 117	
嵌板类别（族）	1DM-T	
分格宽（B）	1877.3	
分格高（H）	4500.0	
玻璃宽（BL）	1829.3	GL-101-B 玻璃参数详见SY-001
玻璃高（BH）	4156.0	
玻璃肋宽（LB）	360.0	GL-101-E 玻璃参数详见SY-001
玻璃肋高（LH）	4049.0	
中横框长（ZH）	1845.3	铝合金型材
下横框长（XH）	1845.3	铝合金型材
下横饰条长（XS）	1845.7	铝合金型材
装饰扣板长（CT）	1857.3	铝合金型材
母竖框长（ML1）	4257.5	铝合金型材
公竖框长（ML2）	4257.5	铝合金型材
铝合金护边长（GL）	4106.0	铝合金型材
左牛腿长（N1）	261.9	钢件
右牛腿长（N2）	244.5	钢件
硅橡胶板长	1877.3	硅橡胶
硅橡胶板左侧宽	436.4	
硅橡胶板右侧宽	420.5	
保温岩棉长	1757.3	保温岩棉，60公斤/立方米
保温岩棉左侧宽	536.7	
保温岩棉右侧宽	3919.6	
镀锌钢板长	1757.3	1.5mm厚镀锌钢板
镀锌钢板左侧宽	373.8	
镀锌钢板右侧宽	357.9	
铝板长	1857.3	4.5mm厚铝单板
铝板左侧宽	346.4	
铝板右侧宽	329.0	
穿孔铝板长	1857.3	4.5mm厚穿孔铝单板
穿孔铝板宽	70.0	
A1幕墙凸台典型不锈钢板分体小单元(分体式)		
左侧台阶宽（T1）	261.4	
右侧台阶宽（T2）	244.0	
上横框长（SH）	1857.4	铝合金型材
铝合金副框长（ZH）	1845.3	铝合金型材
中横饰条长（ZS）	1857.9	铝合金型材
母水槽框长（SL1）	302.6	铝合金型材
母水槽框高（SH1）	128.1	铝合金型材
公水槽框长（SL2）	285.1	铝合金型材
公水槽框高（SH2）	129.6	铝合金型材
不锈钢板长	1857.3	1.5mm厚316不锈钢板
不锈钢板左侧宽	262.4	
不锈钢板右侧宽	245.0	
不锈钢板左侧高	95.1	
不锈钢板右侧高	96.6	
保温岩棉长	1757.3	保温岩棉，60公斤/立方米
保温岩棉左侧宽	446.3	
保温岩棉右侧宽	430.3	

A1幕墙凸台典型玻璃单元(分体式)		
项目	参数	材料
单元编号（标记）	Z3 C11 117	
嵌板类别（族）	1DM-T	
分格宽（B）	1877.3	
分格高（H）	4500.0	

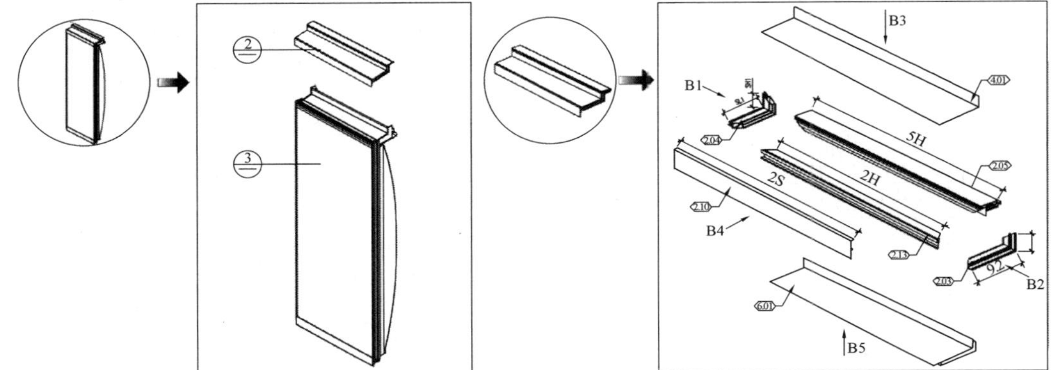

图 6-13　运用 BIM 模型进行构件统计

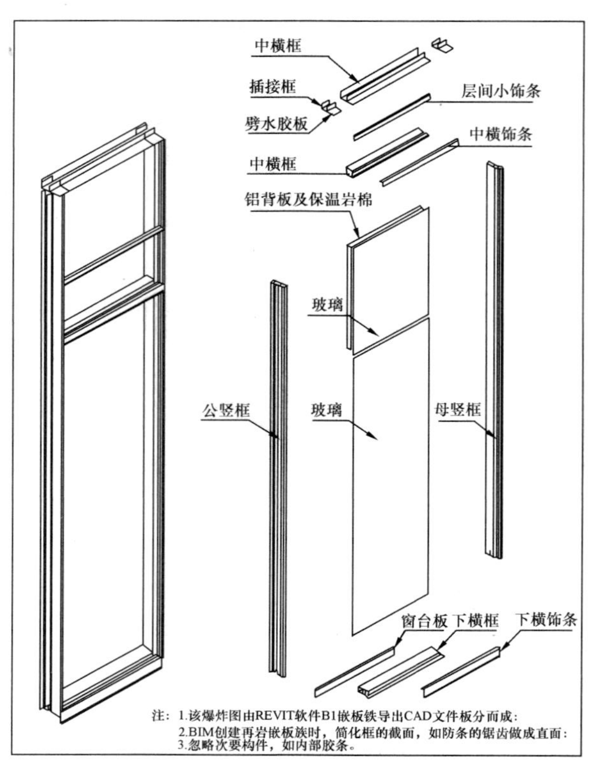

族	分格W	分格H	中横Y	大面玻璃W	大面玻璃H	层间玻璃W	层间玻璃H	上横框L	层间饰条L	中横框L	中横饰条L	下横框L	下横饰条L	公竖框L	母竖框L
B1切边角部	755	4500	1370	729	3168	135	1226	128	140	722	734	722	754	4466	4466
B1单元	522	4500	1370	498	3168	498	1226	491	503	491	503	491	503	4466	4466
B1单元	405	4500	1370	381	3168					374	386	574	386	4466	4466
B1单元	870	4500	1370	846	3168	846	1226	839	851	839	851	839	851	4466	4466
B1切边角部	1103	4500	1370	1079	3168	484	1226	477	489	1072	1084	1072	1084	4466	4466
B1单元	1220	4500	1370	1196	3168	1196	1226	1189	1201	1189	1201	1189	1201	4466	4466
B1单元	1047	4500	1370	1023	3168	1023	1226	1016	1028	1016	1028	1016	1028	4466	4466
B1单元	1047	4500	1370	1023	3168	1023	1226	1016	1028	1016	1028	1016	1028	4466	4466
B1单元	1047	4500	1370	1023	3168	1023	1226	1016	1028	1016	1028	1016	1028	4466	4466
B1单元	1047	4500	1370	1023	3168	1023	1226	1016	1028	1016	1028	1016	1028	4466	4466
B1单元	1047	4500	1370	1023	3168	1023	1226	1016	1028	1016	1028	1016	1028	4466	4466
B1单元	1047	4500	1370	1023	3168	1023	1226	1016	1028	1016	1028	1016	1028	4466	4466
B1单元	1047	4500	1370	1023	3168	1023	1226	1016	1028	1016	1028	1016	1028	4466	4466
B1单元	1047	4500	1370	1023	3168	1023	1226	1016	1028	1016	1028	1016	1028	4466	4466
B1单元	1047	4500	1370	1023	3168	1023	1226	1016	1028	1016	1028	1016	1028	4466	4466
B1单元	1047	4500	1370	1023	3168	1023	1226	1016	1028	1016	1028	1016	1028	4466	4466
B1切边角部	1047	4500	1370	1023	3168	883	1226	826	838	1016	1028	1016	1028	4466	4466
B1单元	1047	4500	1370	1023	3168	1023	1226	1016	1028	1016	1028	1016	1028	4466	4466
B1单元	1047	4500	1370	1023	3168	1023	1226	1016	1028	1016	1028	1016	1028	4466	4466
B1单元	1047	4500	1370	1023	3168	1023	1226	1016	1028	1016	1028	1016	1028	4466	4466
B1单元	1047	4500	1370	1023	3168	1023	1226	1016	1028	1016	1028	1016	1028	4466	4466
B1单元	1047	4500	1370	1023	3168	1023	1226	1016	1028	1016	1028	1016	1028	4466	4466
B1单元	1047	4500	1370	1023	3168	1023	1226	1016	1028	1016	1028	1016	1028	4466	4466
B1圆孔L	1047	4500	1370	1023	3168	1023	1226	1016	1028	1016	1028	1016	1028	4466	4466
B1单元	1047	4500	1370	1023	3168	1023	1226	1016	1028	1016	1028	1016	1028	4466	4466
B1单元	1047	4500	1370	1023	3168	1023	1226	1016	1028	1016	1028	1016	1028	4466	4466
B1单元	1047	4500	1370	1023	3168	1023	1226	1016	1028	1016	1028	1016	1028	4466	4466
B1单元	1047	4500	1370	1023	3168	1023	1226	1016	1028	1016	1028	1016	1028	4466	4466
B1单元	1047	4500	1370	1023	3168	1023	1226	1016	1028	1016	1028	1016	1028	4466	4466
B1单元	1047	4500	1370	1023	3168	1023	1226	1016	1028	1016	1028	1016	1028	4466	4466
B1单元	1047	4500	1370	1023	3168	1023	1226	1016	1028	1016	1028	1016	1028	4466	4466
B1单元	1047	4500	1370	1023	3168	1023	1226	1016	1028	1016	1028	1016	1028	4466	4466
B1单元	1047	4500	1370	1023	3168	1023	1226	1016	1028	1016	1028	1016	1028	4466	4466
B1单元	1047	4500	1370	1023	3168	1023	1226	1016	1028	1016	1028	1016	1028	4466	4466
B1单元	1047	4500	1370	1023	3168	1023	1226	1016	1028	1016	1028	1016	1028	4466	4466
B1单元	1047	4500	1370	1023	3168	1023	1226	1016	1028	1016	1028	1016	1028	4466	4466
B1单元	1047	4500	1370	1023	3168	1023	1226	1016	1028	1016	1028	1016	1028	4466	4466
B1单元	1047	4500	1370	1023	3168	1023	1226	1016	1028	1016	1028	1016	1028	4466	4466
B1单元	1047	4500	1370	1023	3168	1023	1226	1016	1028	1016	1028	1016	1028	4466	4466
B1单元	1047	4500	1370	1023	3168	1023	1226	1016	1028	1016	1028	1016	1028	4466	4466

图 6-14　运用 BIM 模型计算定额

6.3.2 幕墙构件加工

基于BIM模型的幕墙构件加工也可称为数字化建造，目前主要的实现途径包括直接运用和间接指导两种。直接运用需要有软件支持，例如DP、Digital Project软件，其有着强大的物件管理和良好的CAD接口，造型极其精准。提供了从建筑概念设计到最终工厂加工完成的完美解决方案。但过程相对复杂，实现难度较高。目前使用较多的基于BIM模型的生产加工还是从三维BIM模型中导出二维图纸，获取数据信息，从而进行指导。

如前所述，组成幕墙的材料很多，这些幕墙材料均由不同的专业材料生产厂家生产，根据要求经过一定的处理后运至幕墙加工厂进行二次加工或组装。在未使用BIM前，这些都需要有严格的管理组织流程，同时需要针对不同材料安排专门的协调员进行沟通、计划和监督，无形中增加了巨大的管理成本，同时容易产生质量隐患。采用BIM，则可以有效连通设计和制造环节，可以由业主、建筑师和总包组成跨职能的项目团队，有效监控设计、制造的每一个环节。原本需要按部就班的程序可以同时展开。设计模型和加工详图可以同时创建，大大缩短各环节之间的等待周期，最重要的是同时确保了信息的准确性。通过各不同生产厂家之间的协同设计，在幕墙设计阶段即行落实材料生产加工方面的问题，信息反馈及时，从而节约加工成本。

对于复杂体态的建筑幕墙，基于BIM模型的幕墙构件加工图设计有着非常重要的意义。目前，构件加工图是幕墙构件生产加工的指导性文件，其表达的准确性，对于幕墙产品的精度和性能保证，乃至最终建筑效果的好坏，都有着巨大的影响。前面提到，建筑幕墙的组成材料很多，一个建筑幕墙产品中往往包括数种到几十种的材料不等。这些材料组成幕墙是都按照一定的设计原则相互关联，例如幕墙分格尺寸的变化会对其对应的玻璃、铝合金型材、胶条等一系列的材料产生影响。对于复杂体态的建筑幕墙，即使在允许的条件下进行了优化，往往为了实现平滑过渡的建筑效果，还是会有很多种不同的幕墙分格尺寸。例如，上海中心大厦外幕墙上下层之间的凹凸台尺寸，虽然在每120°内可以近似的优化，但在每层的120°范围内仍然是个渐变的过程。而这就意味着，这一范围内的约48个单元板块所包含的凹凸台尺寸都是变化的。同时，由于建筑平面随着高度的缩小，其所带来的幕墙分格尺寸变化就更多了。通过一系列的对比论证方案最终发现，为了实现平滑过渡的效果，同时保证良好的幕墙性能和性价比，若为了保证通用性而强行将幕墙凹凸台尺寸统一是不合理的。但保持这种板块多样性所产生的影响因素就是单元局部位置尺寸种类的增加，进一步细化来看就是材料尺寸种类的增加。随着幕墙行业的发展，这些材料的加工对于具备相应加工能力的生产商不是问题。但这一过程中幕墙构件加工图设计、配套细目定额等工作必然会比一般项目增加很多，而这一过程中的各环节质量控制就成为了难题。采用BIM技术，能有效解决这个难题。

由于BIM与参数化设计有着紧密的联系，而很多复杂的项目都需要通过参数化的设计来保持完美的建筑体态，上海中心大厦也是如此。通过参数化建模软件创建的上海中心大厦 BIM 模型中的各组成元素都依据一系列的原则相互关联。因此，通过精细化建筑的 BIM 参数化模型，可以轻松地得到不同单元板块的尺寸数据。更重要的是，单元板块内的构件之间按照幕墙深化设计原则也会产生一个可以被公式定义出来的关系，而将这个关系植入单元板块内部，就可以方便地通过参数化引擎驱动单元板块内部所有关联构件随着某一个尺寸的变化而变化。这样，通过参数化创建出来的 BIM 模型，往往只需要将其中的 3D 单元构件摘取出来，在平面图中加以适当的标注即可使用。工作效率方便性大大增加，减少了错误概率。当然，通过直接与生产加工设备和检测仪器的结合，实现无纸化加工将是下一个目标。

6.3.3 幕墙单元组装模拟

提到幕墙单元，势必要说到建筑工业化。单元板块在工厂内加工制作，可以把玻璃、铝板或其他材料在加工厂内组装在一个单元上，促进了建筑业工业化程度。

建设项目本质上是工业化制造和现场施工安装相结合的产物，提高工业化制造在建设项目中的比例是建筑业工业化的发展方向和目标。而单元式幕墙的两大优点正是：工厂化和缩短工期。

其中，工厂化的理念是将组成建筑外围护的材料，包括面板、支撑龙骨及配件附件等，在工厂内统一加工并集成在一起，制造精度高。

工厂化建造对技术和管理的要求更高，其工作流程和环节也比传统的现场施工要复杂得多。并且，随着现代建筑的多元化和复杂化，传统的 CAD 设计工具和技术方法越来越难满足日益个性化的建筑需求，且设计、加工、运输、安装所产生的数据信息越来越庞大，各环节之间的信息传递的速度和正确性决定了工程项目的全部。

工厂化集成可以将极其复杂的幕墙简单化、模块化、流程化，在工厂内把各种材料，不同的复杂几何形态等集成在一个单元内，现场挂装即可；施工现场工作环节大量减少，出错风险小。

运用 BIM 可以有效地解决工厂化集成过程前、中、后的信息创建、管理和传递的问题。运用 BIM 模型、三维构件图纸、加工制造、组装模拟等手段，即可为幕墙工厂集成阶段的工作提供有效支持。同时，BIM 的应用还可将单元板块工厂集成过程中创建的信息传递至下一阶段的单元运输、板块存放等流程，并可进行全程跟踪和控制。

单元幕墙的另一大优势是可以大大缩短现场施工工期。20 个世纪 30 年代美国出现第一块单元板块的初衷，也是为了缩短现场工期。在这一方面，除了上面所描述的单元板块工厂化带来的现场工作量减少的因素外，另一方面就是可利用 BIM，结合时间因素进行现场施工模拟，有效的组织现场施工工作，提高效率。关于建造过程 4D 施工模拟方面的文章在前面章节已有论述，这里不再重复。

本节重点描述幕墙单元板块组装工艺流程以及对幕墙质量产生的影响，介绍 Autodesk Inventor 软件平台，及其在构件创建及组装模拟中的运用。

1. 幕墙单元板块组装流程

一般情况下，幕墙单元板块的组装流程如图 6-15 所示。

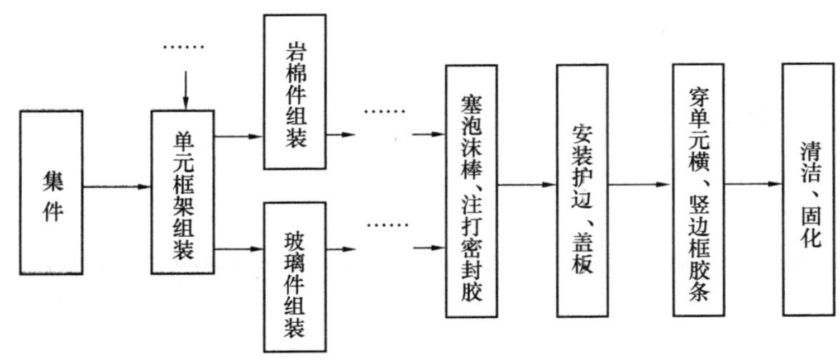

图 6-15　幕墙单元板块组装流程图

一般情况下，幕墙加工厂在工厂内设置单元板块组装流水作业线“单元式幕墙生产线”对单元板块进行组装。根据项目的需求不同，在幕墙深化设计阶段，应根据所设计的单元板块的特点，设计针对性的组装工艺流程。组装工艺流程的合理性对单元板块的品质往往有着决定性的影响。

2. Autodesk Inventor 软件平台

Autodesk Inventor 软件为工程师提供了一套全面灵活的三维机械设计、仿真、工装模具的可视化和文档编制工具集，能够帮助制造商超越三维设计，体验数字样机解决方案。借助 Inventor 软件，工程师可以将二维 AutoCAD 绘图和三维数据整合到单一数字模型中，并生成最终产品的虚拟数字模型，以便于在实际制造前，对产品的外形、结构和功能进行验证。通过基于 Inventor 软件的数字样机解决方案，客户能够以数字方式设计、可视化和仿真产品，进而提高产品质量，减少开发成本。

Autodesk Inventor 软件将数字化样机的解决方案带进了幕墙制造领域。采用 Inventor 软件可以方便地创建单元板块的可装配构件，并运用其仿真模拟工程创建单元板块的装配过程演示。

3. 运用 Inventor 模拟组装工艺

以上海中心大厦外幕墙 A1 系统标准单元板块为例，通过对不同方案的组装模拟，可以直观的分析方案合理性，如图 6-16 所示。同时，通过对不同组装流程的模拟，可以大大提升单元板块组装精度，同时缩短组装周期等。

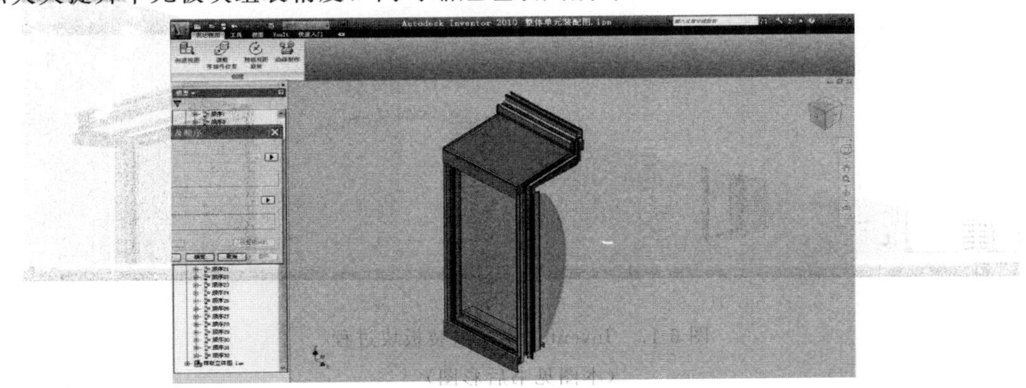

图 6-16　Inventor 模拟组装板块（本图见书后彩图）

通过 Inventor 对单元板块组装流程的仿真分析，最终将整个外幕墙单元板块组装流程从 121 步优化为 78 步。同时，根据仿真过程中存在的精度不高的隐患，针对性的设计了四种可调节特制安装平台，与流水线配套使用，确保组装精确到位，如图 6-17、图 6-18 所示。

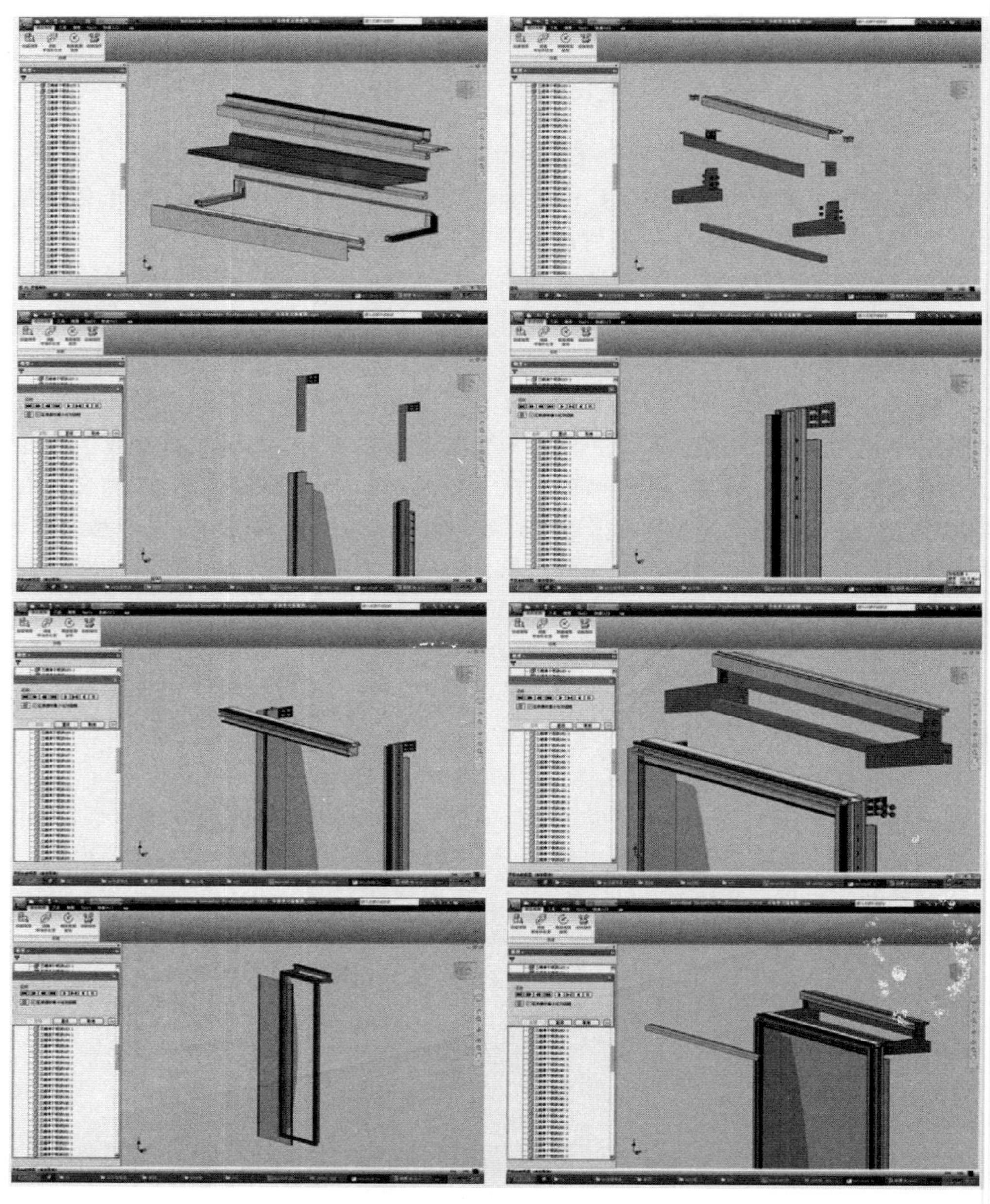

图 6-17　Inventor 模拟组装板块过程
（本图见书后彩图）

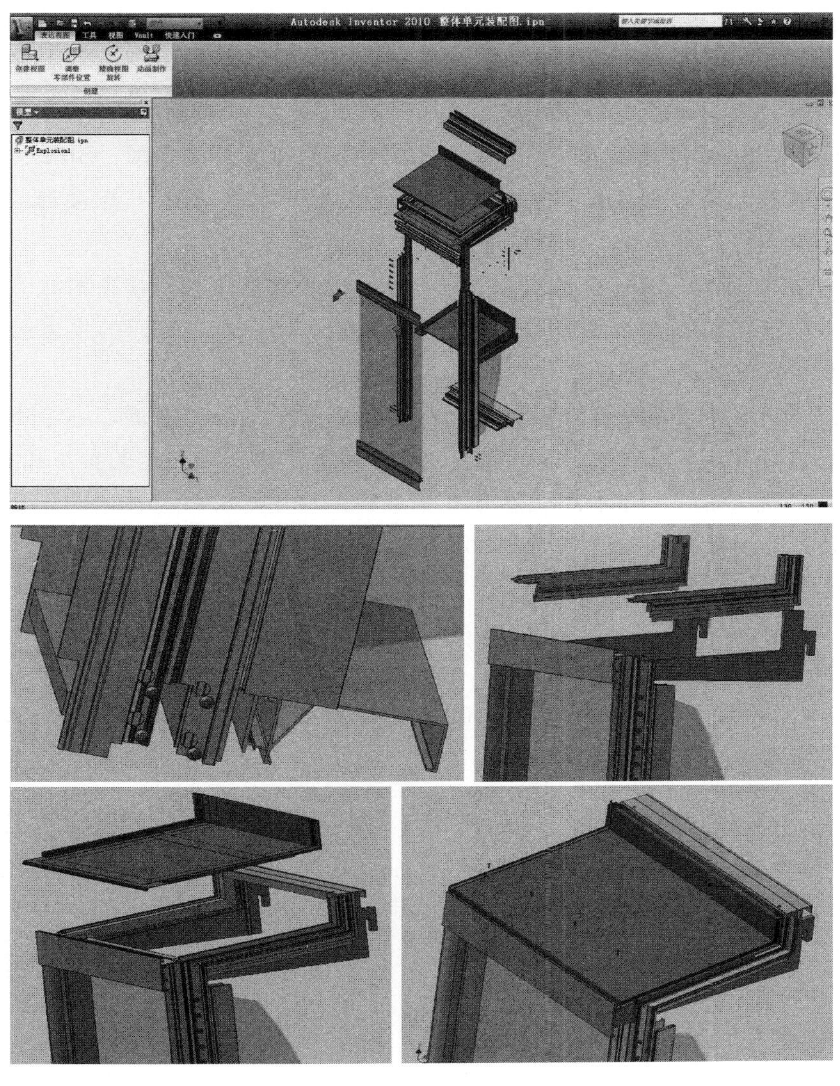

图 6-18 Inventor 模拟组装板块过程（本图见书后彩图）

6.4 目前的限制及未来的趋势预测

随着建筑技术的不断发展，复杂体形的建筑陆续出现。建筑外皮个性化逐渐成为主流导向。这促使越来越多的国内设计院开始转变设计方式，采用三维的设计手段以及技术平台。这对一直使用 CAD 为主要二维平面设计软件的幕墙深化设计带来了巨大的冲击，就目前的发展趋势而言，这一冲击的影响将越来越大。尤其是一些大体量的建筑，当建筑外皮不再是单一的完全相同的重复模块时，幕墙深化设计、加工、安装乃至将来的更换、维护等都变成了难题。

幕墙的深化设计需以建筑设计为基础，当建筑设计采用新的设计软件同时以设计模型为交付文件时，就会导致幕墙深化设计无从着手。往往只有将模型转换为 CAD 文件再进行设计，这很难保证建筑设计原则能很好地在细部设计中延续，尤其是一些多面或异形曲面的建筑效果。

幕墙的 BIM 技术在欧美等一些发达国家应用较为深入。在美国，BIM 技术从建筑设计到后端的幕墙深化设计延续性很好，还可与末端的 CNC 数控机床联动以加工幕墙构件，从而大大提升了效率，保证了准确性。

但纵观国内幕墙界 BIM 技术的发展，不难看出，其处于被动接受的状态。虽然国内建筑设计三维技术的应用已经日趋成熟，但幕墙行业在这一方面的发展已经明显滞后。这里有硬件的原因，当然也有软件的问题。

但相信随着幕墙以及建筑的其他细分区域 BIM 技术的不断发展，它给建筑业及幕墙界带来的效益将会不断增加，进而吸引越来越多的业内有识之士的参与和共同发展。因此，我们有理由相信，将来 BIM 技术在幕墙界的应用形势将会被扭转。而且，随着国内软件技术的不断成熟，硬件设施的完善，幕墙 BIM 的春天不会太远了。

参 考 文 献

[1] 中国勘察设计协会，欧特克软件(中国)有限公司. Autodesk BIM 实施计划实用的 BIM 实施框架. 北京：中国建筑工业出版社，2010.

[2] AIA. A Introduction to Building Information Modeling (BIM). Journal of Building Information Modeling (JBIM); NIBS; 2007.

[3] Chuck Eastman, Paul Teicholz, Rafael Sacks, and Kathleen Liston. BIM Handbook: A Guide to Building Information Modeling for Owners. Managers, Designers; 2008.

7 项目深化设计和工厂制造的BIM应用——钢结构

7.1 钢结构加工制造BIM应用概述

要想了解怎样利用BIM来实现钢结构制造中的应用，我们必须了解构成建筑框架的钢结构组件是怎样制成的（图7-1）。首先，钢厂利用热轧加工流程（通常情况下）制成钢结构原材料。钢结构制造厂商购入这些原材料，并按照加工详图（详细描述钢结构中每个部分应如何制造的说明书）将原材料切割并制成用于建筑施工的梁和柱。制成后的钢结构组件被运到施工现场，由钢结构安装工进行安装。

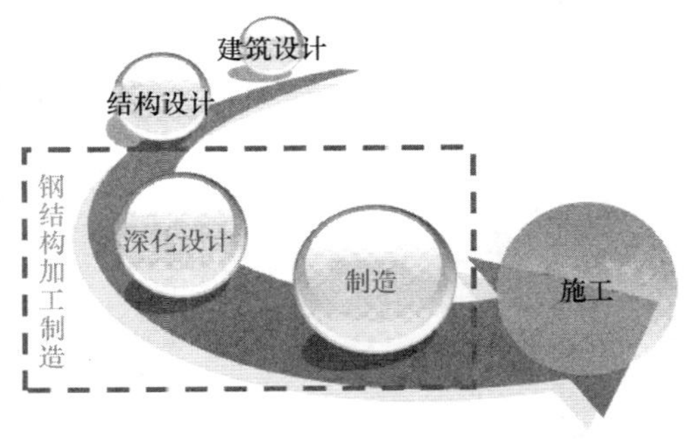

图7-1 钢结构加工制造过程
（本图见书后彩图）

在这个过程中，钢结构制造厂商的加工详图设计师的职责是根据施工图和总体的节点说明，使用三维深化设计软件来设计具体的钢结构组件和具体的几何形状，并创建加工详图，以便准确地指导钢结构制造商如何制造建筑中的每一个钢结构组件。加工详图中包含材料规格、大小、尺寸、焊接、螺栓连接、表面处理、涂装要求等详细信息。

目前国内外用得较多的三维深化设计软件有Tekla公司的Tekla Structure、AceCad公司的StruCad，以及AutoDesk公司的Revit Structure等。

钢结构制造厂商通常使用数控机床自动切割钢梁并制孔。有些制造商根据加工详图中的信息对数控机床进行手动编程。另外一些制造商则使用上面提到的数字化制造模型自动对数控机床进行编程。

本章主要从数字化制造模型的产生过程以及通过数字化制造模型自动对数控机床进行编程来描述钢结构制造BIM的应用。

7.2 钢结构详图BIM模型及创建

7.2.1 钢结构详图BIM模型

BIM三维实体建模出图进行深化设计的过程，其本质就是进行电脑预拼装，实现“所见即所得”的过程。首先，所有的杆件、节点连接、螺栓、焊缝、混凝土梁柱等信息都通过三维实体建模进入整体模型，该BIM三维实体模型与以后实际建造的建筑完全一致；其次，所有加工详图（包括布置图、构件图、零件图等）均是利用三视图原理投影生成，图纸中所有尺寸，包括杆件长度、断面尺寸、杆件相交角度等均是从三维实体模型上直接投影产生的。图 7-2 和图 7-3 是完全实现电脑预拼装的上海中心项目 BIM 三维实体模型。

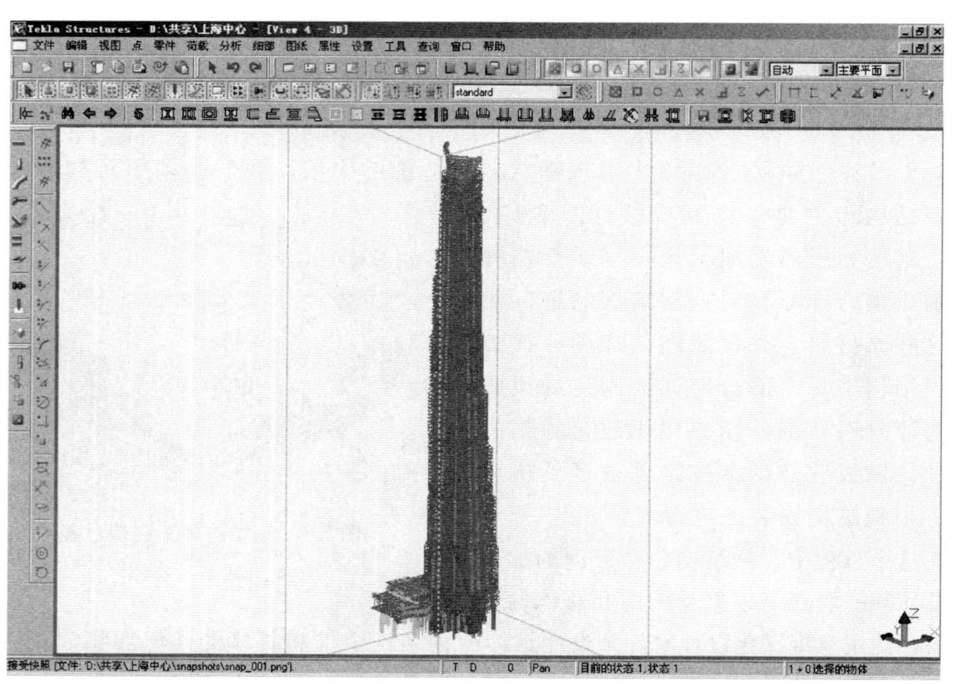

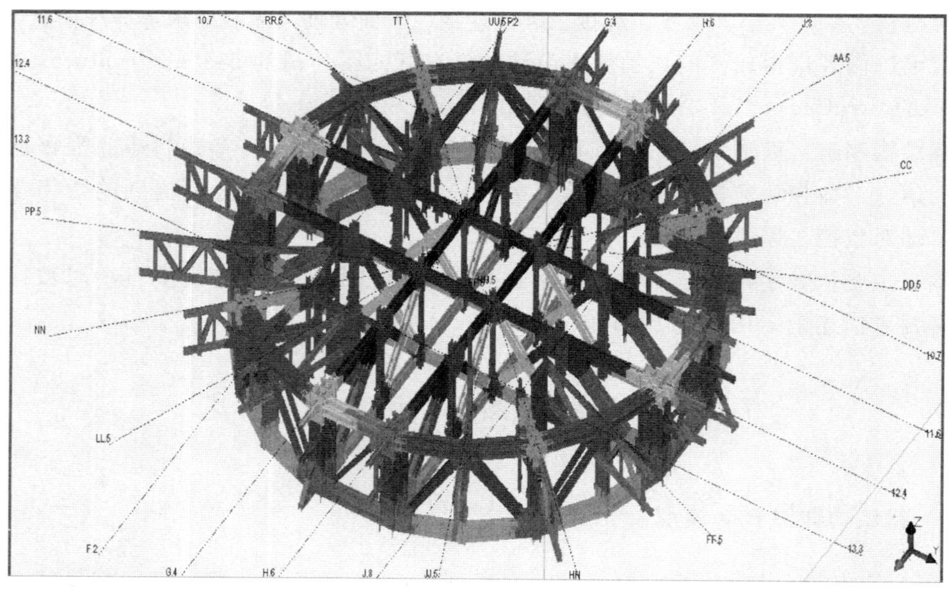

图 7-2　完全实现电脑预拼装的 BIM 三维实体模型局部

（本图见书后彩图）

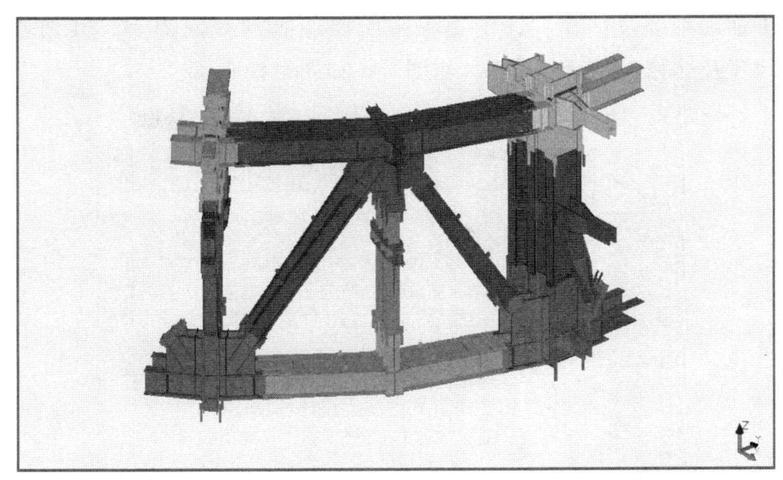

图 7-3　完全实现电脑预拼装的 BIM 三维实体模型节点
（本图见书后彩图）

7.2.2　钢结构详图 BIM 模型的创建

BIM 三维实体建模出图进行深化设计的过程，基本可分为以下三个阶段，每一个深化设计阶段都将有校对人员参与，实施过程控制，由校对人员审核通过后才能进行下一阶段的工作。

1. 根据结构施工图，建立轴线布置和搭建杆件实体模型

（1）导入 AutoCAD 中的单线布置，并进行相应的校核和检查，保证两套软件设计出来的构件数据理论上完全吻合，从而确保了构件定位和拼装的精度。对话框如图 7-4 所示。

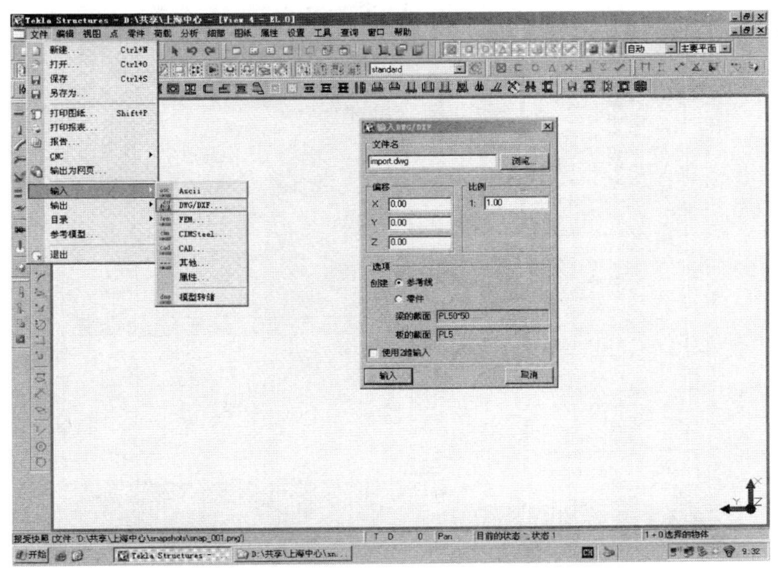

图 7-4　导入 CAD 对话框（本图见书后彩图）

（2）创建轴线系统及创建、选定工程中所要用到的截面类型、几何参数。操作命令“创建轴网”及“修改截面目录”，如图 7-5 和图 7-6 所示。

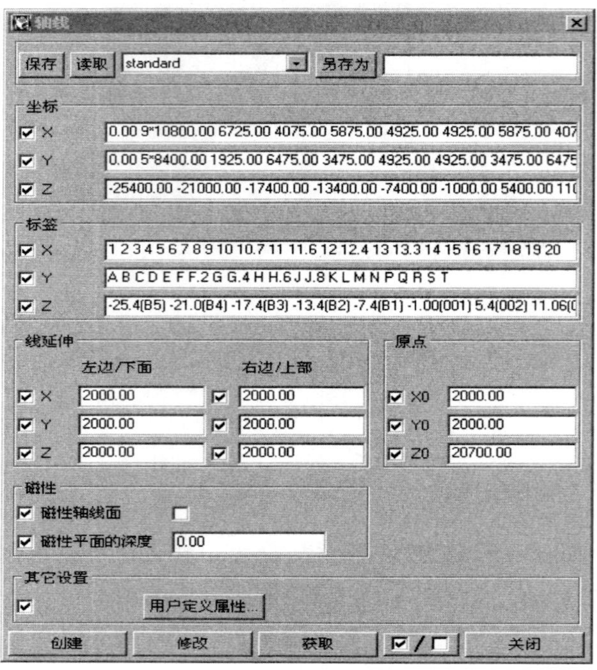

图 7-5 创建工程的轴网

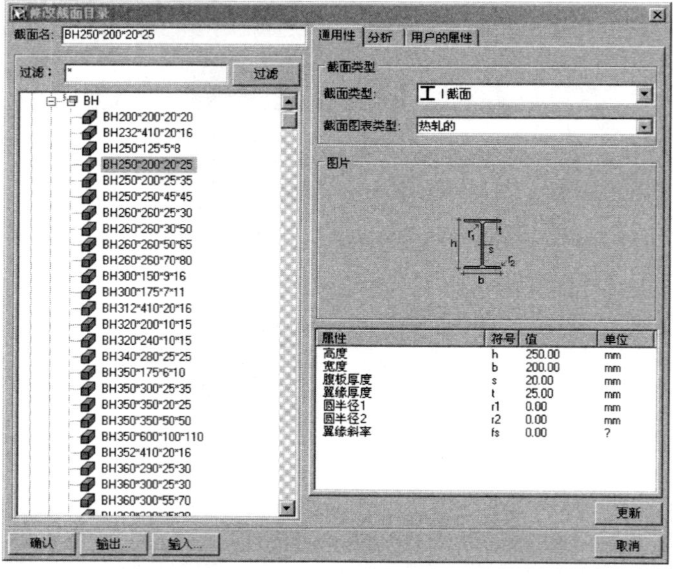

图 7-6 修改截面目录对话框

(3) 整体 BIM 三维实体模型的建立与编辑（图 7-7～图 7-9）。

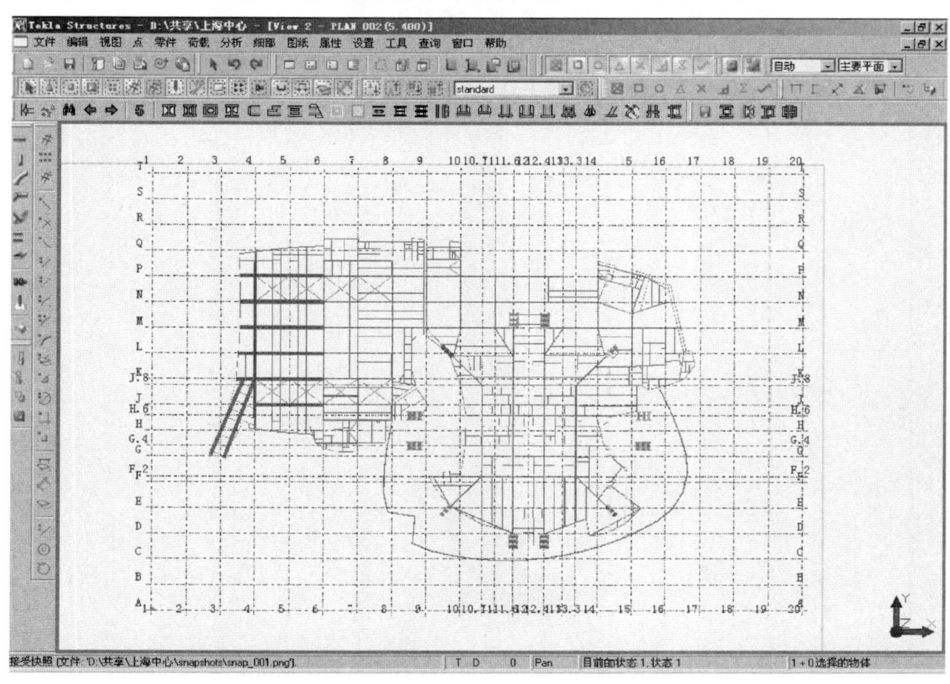

图 7-7 整体 BIM 三维实体模型平面构件的搭建

（本图见书后彩图）

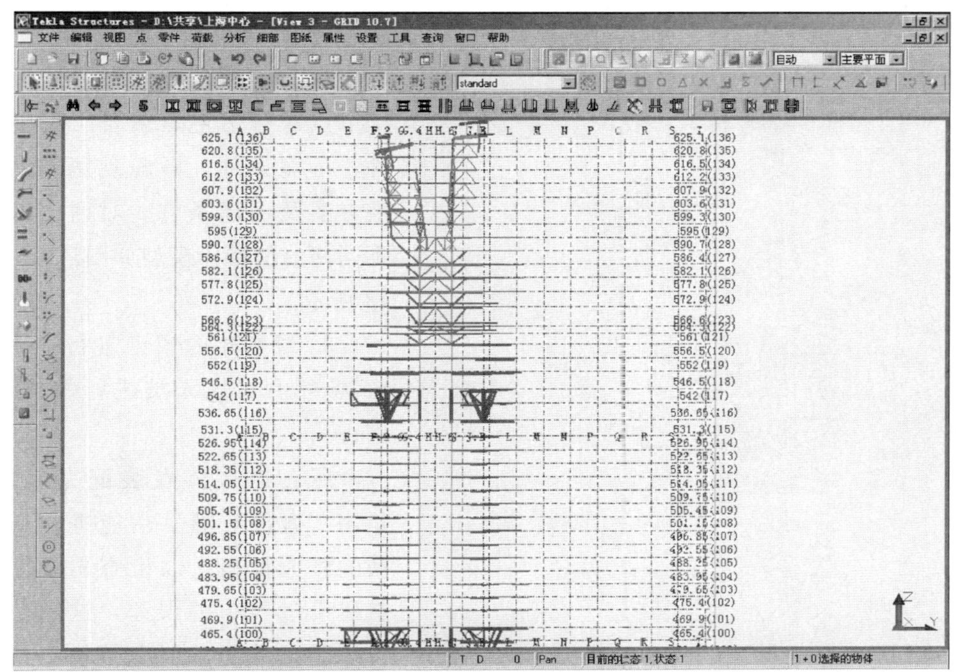

图 7-8 整体 BIM 三维实体模型立面构件的搭建

（本图见书后彩图）

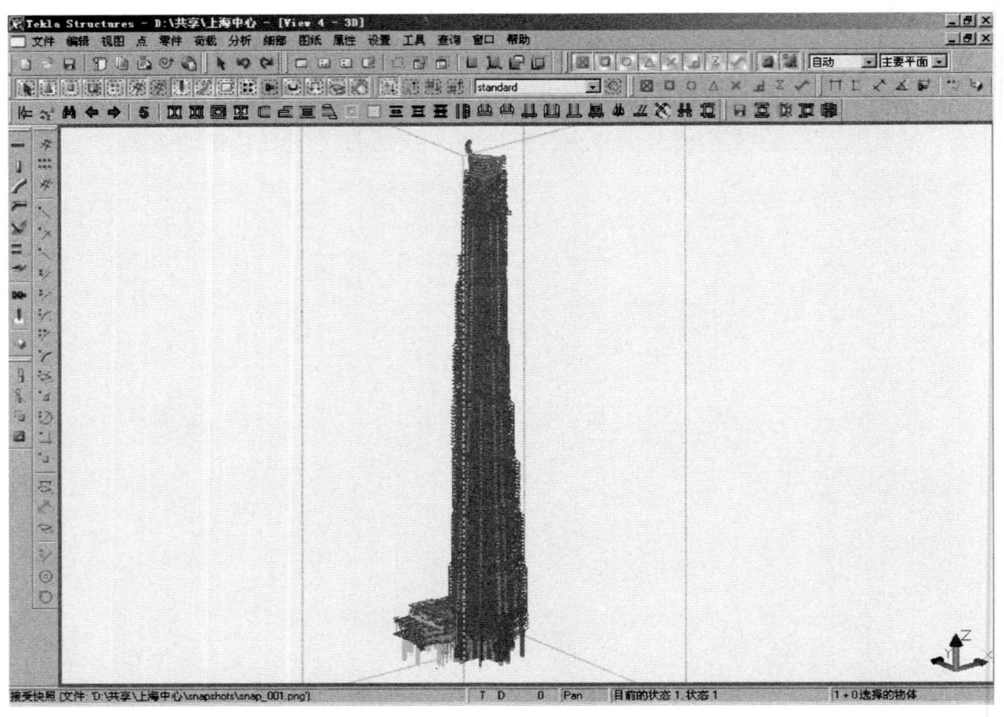

图 7-9 整体 BIM 三维实体模型的搭建（本图见书后彩图）

2. 根据设计院图纸，对模型中的杆件连接节点、构造、加工和安装工艺细节进行安装和处理

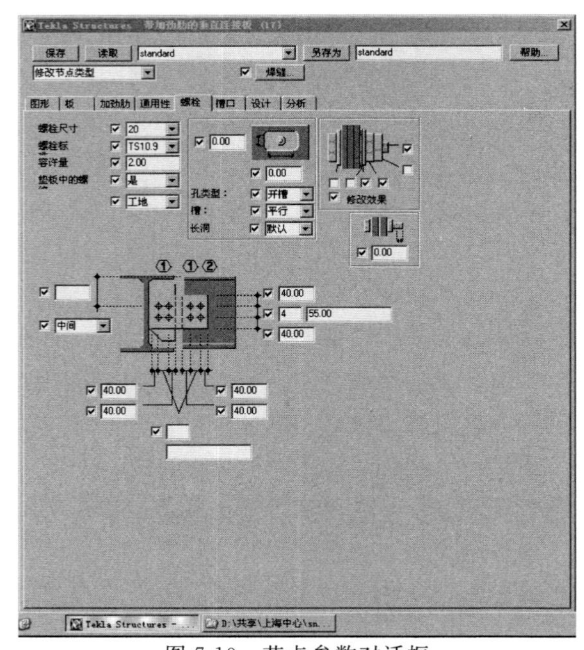

图 7-10 节点参数对话框（本图见书后彩图）

在整体模型建立后，需要对每个节点进行装配，结合工厂制作条件、运输条件，考虑现场拼装、安装方案及土建条件。对话框和结构不同部分的实体模型如图7-10～图 7-13 所示。

3. 对搭建的模型进行“碰撞校核”，并由审核人员进行整体校核、审查。

所有连接节点装配完成之后，运用“碰撞校核”功能进行所有细微的碰撞校核，以检查出设计人员在建模过程中的误差，这一功能执行后能自动列出所有结构上存在碰撞的情况，以便设计人员去核实更正，通过多次执行，最终消除一切

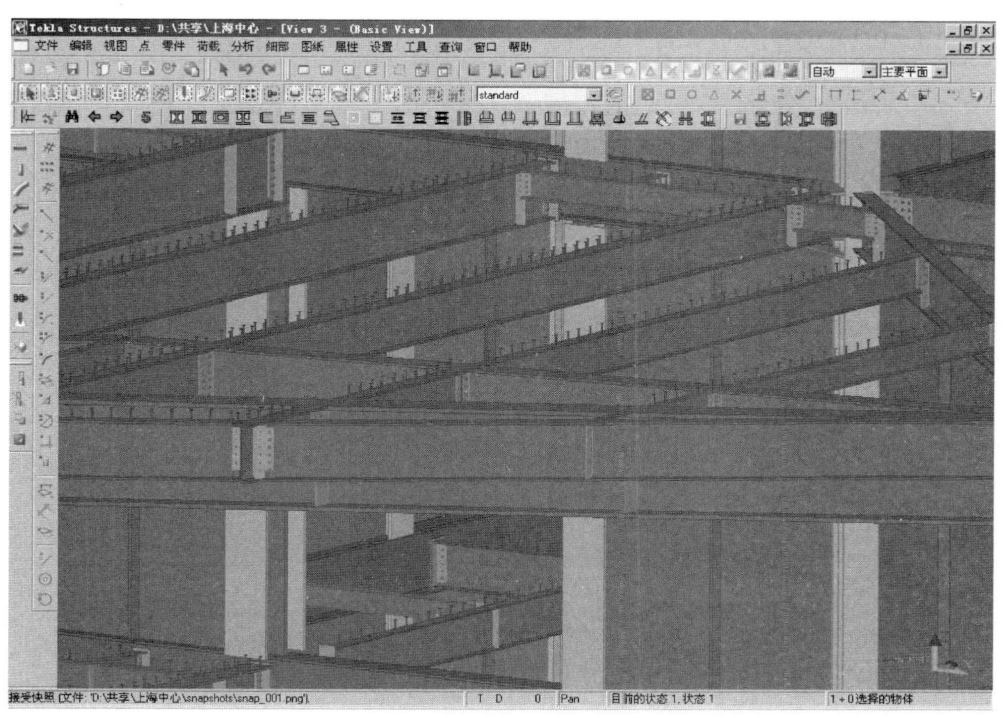

图 7-11 节点装配后的平面梁实体模型

（本图见书后彩图）

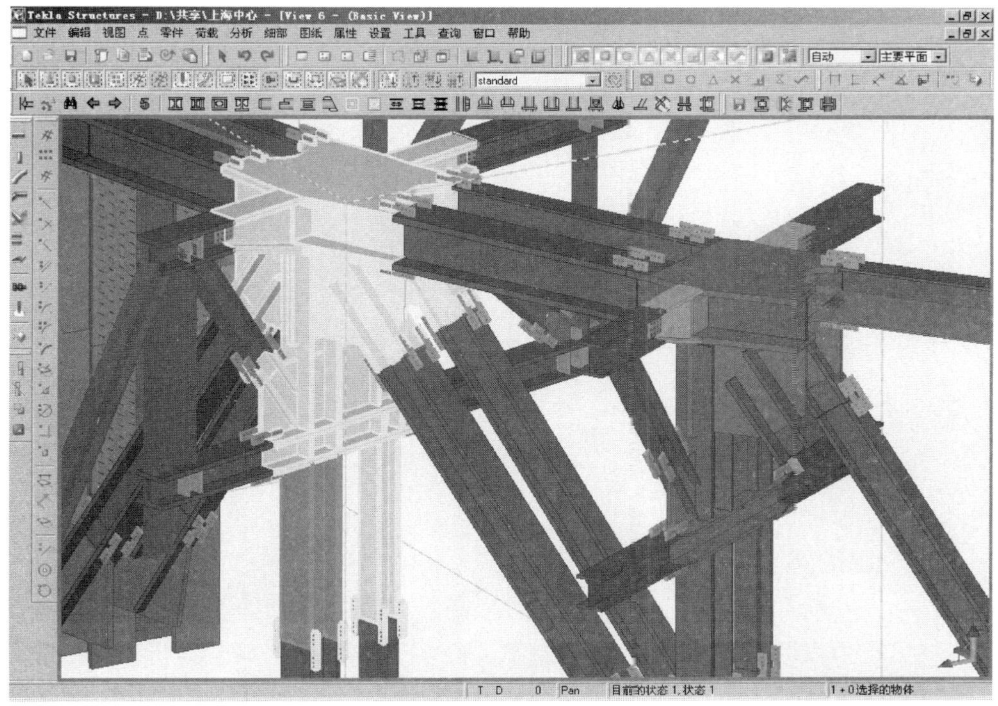

图 7-12 节点装配后的桁架实体模型

（本图见书后彩图）

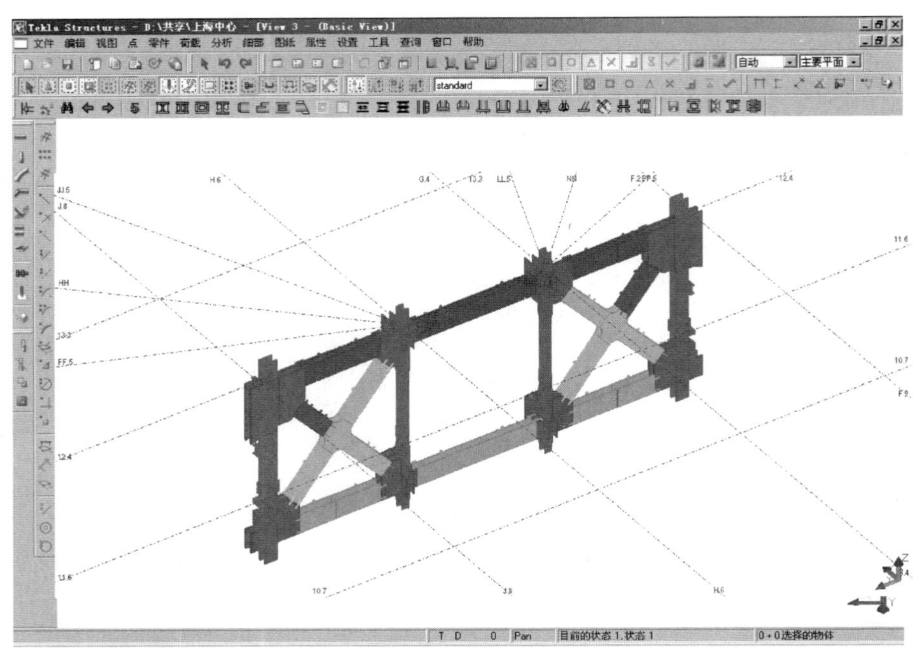

图 7-13　建好节点并按运输、起重量要求分好段的实体模型

（本图见书后彩图）

详图设计误差（图 7-14、图 7-15）。

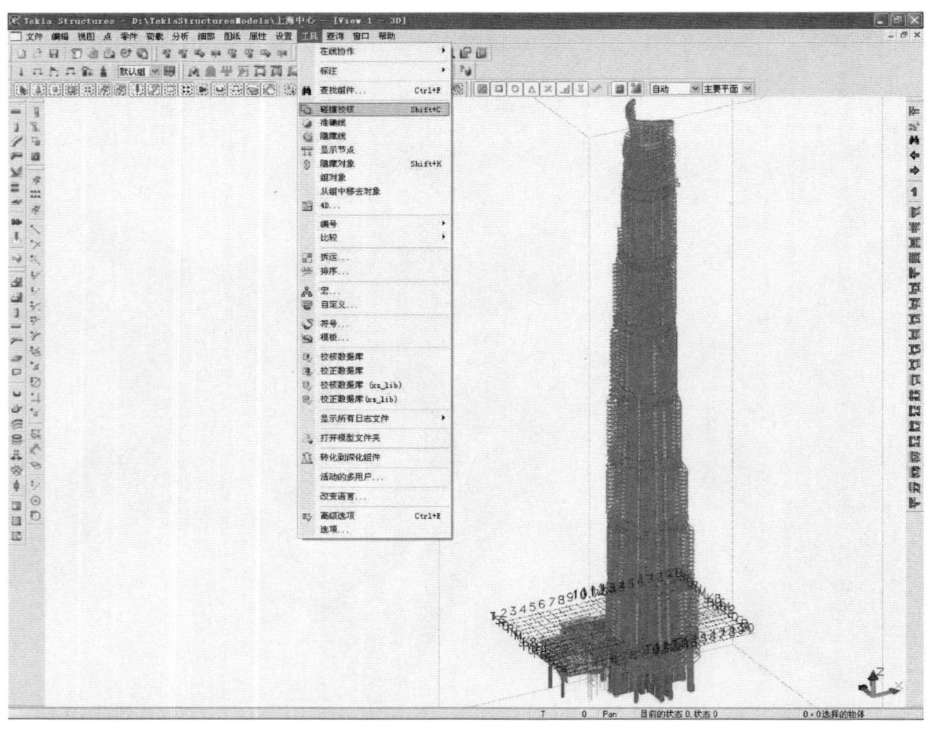

图 7-14　碰撞校核对话框

（本图见书后彩图）

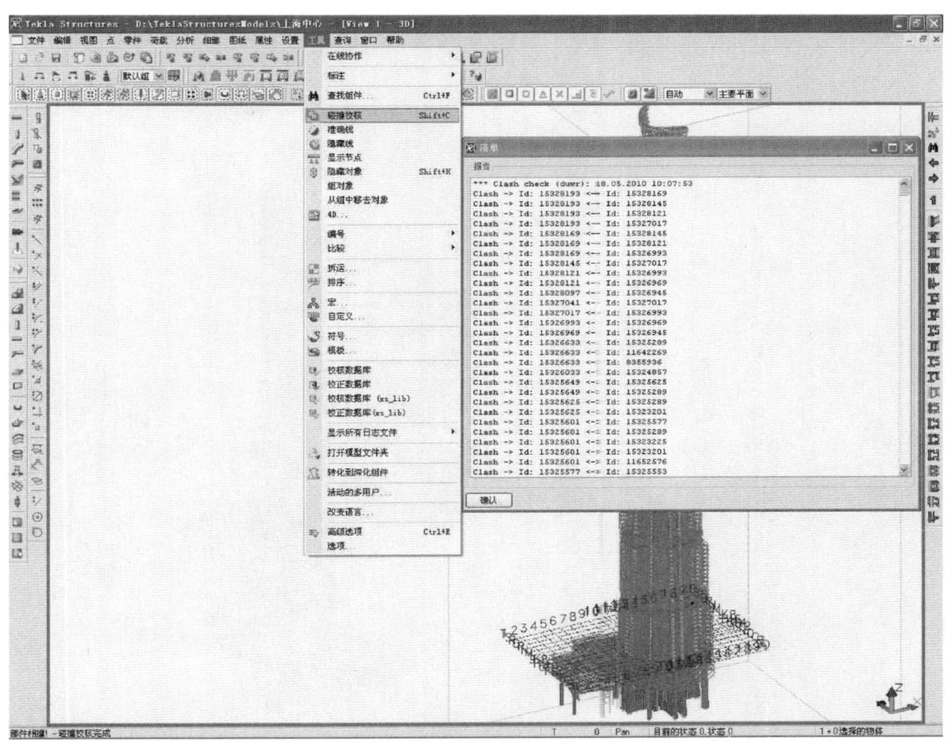

图 7-15 显示存在碰撞问题部件清单

（本图见书后彩图）

7.2.3 基于 BIM 模型的设计出图

运用软件的图纸功能自动产生图纸，并对图纸进行必要的调整，同时产生供加工和安装的辅助数据（如材料清单、构件清单、油漆面积等）。

（1）节点装配完成之后，根据设计准则中编号原则对构件及节点进行编号，编号设置对话框如图 7-16 所示。

（2）编号后就可以产生布置图、构件图、零件图等，图纸列表对话框见图 7-17，在该对话框中根据设计准则修改图纸类别、图幅大小、出图比例等。

（3）所有加工详图（包括布置图、构件图、零件图等）均是利用三视图原理投影、剖面生成深化图纸，图纸上的所有尺寸，包括杆件长度、断面尺寸、杆件相交角度均是在杆件模型上直接投影产生的。因此，由此完成的钢结构深化图在理论上是没有误差的，可以保证钢构件精度达到理想状态（图 7-18～图 7-20）。

（4）用钢量等资料统计。统计选定构件的用钢量，并按照构件类别、材质、构件长度进行归并和排序，同时还输出构件数量、单重、总重及表面积等统计信息（图 7-21、图 7-22）。

（5）基于建筑信息模型（BIM）理念，深入挖掘钢结构深化设计软件的功能，充分体现 BIM 软件的特性，使钢结构深化设计向建筑设计信息化的方向发展。依托 PDM 平台，实现深化设计与上游结构设计的集成，以及与下游工艺、制造信息的传递与集

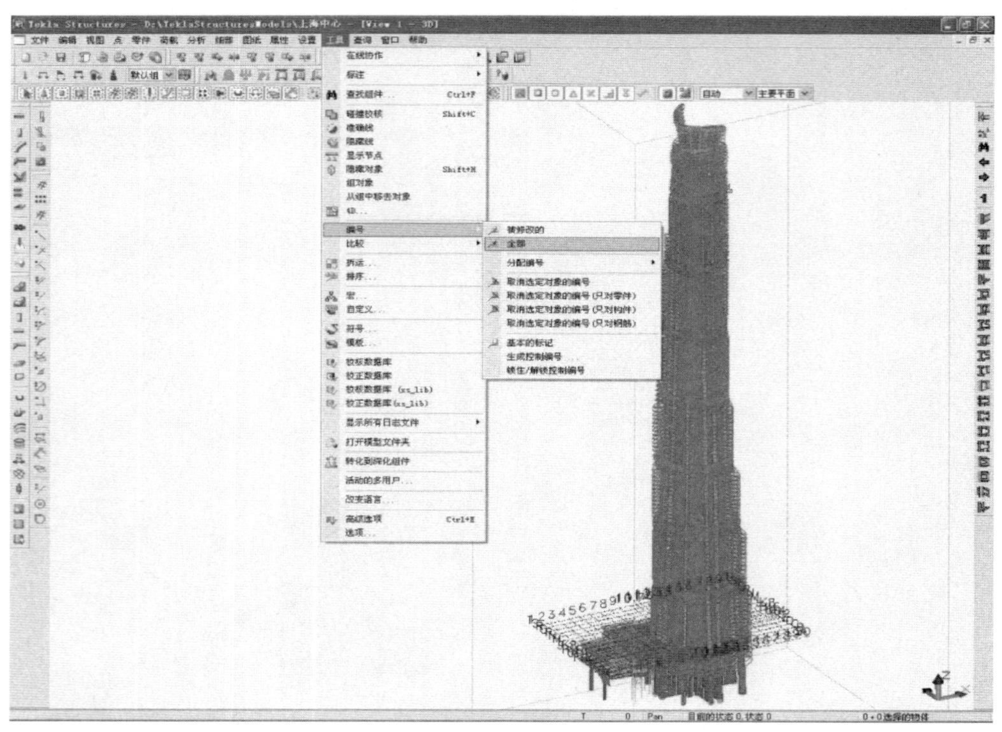

图 7-16　构件编号对话框

（本图见书后彩图）

图 7-17　图纸列表对话框

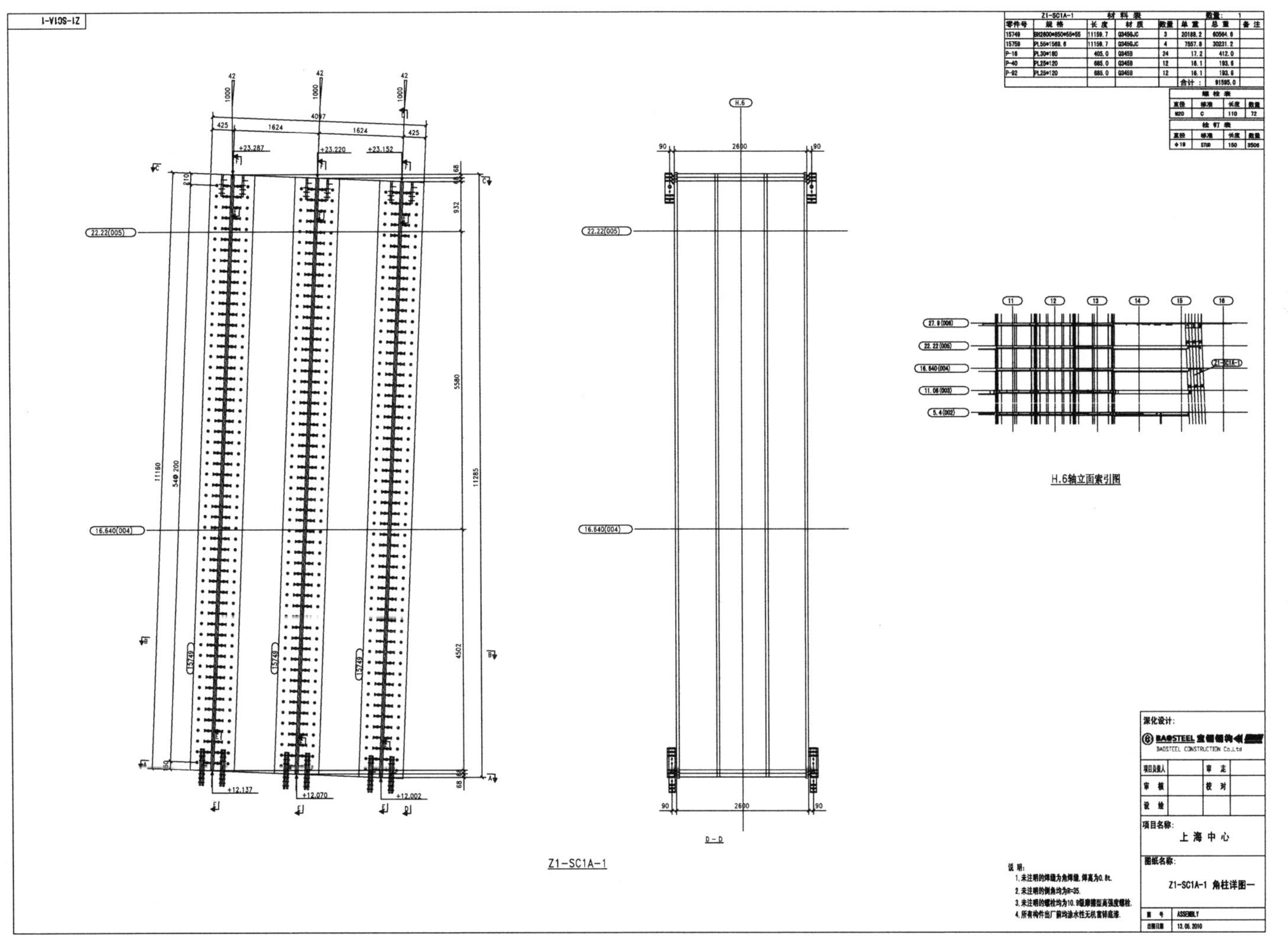

图 7-18　自动生成的柱构件加工详图

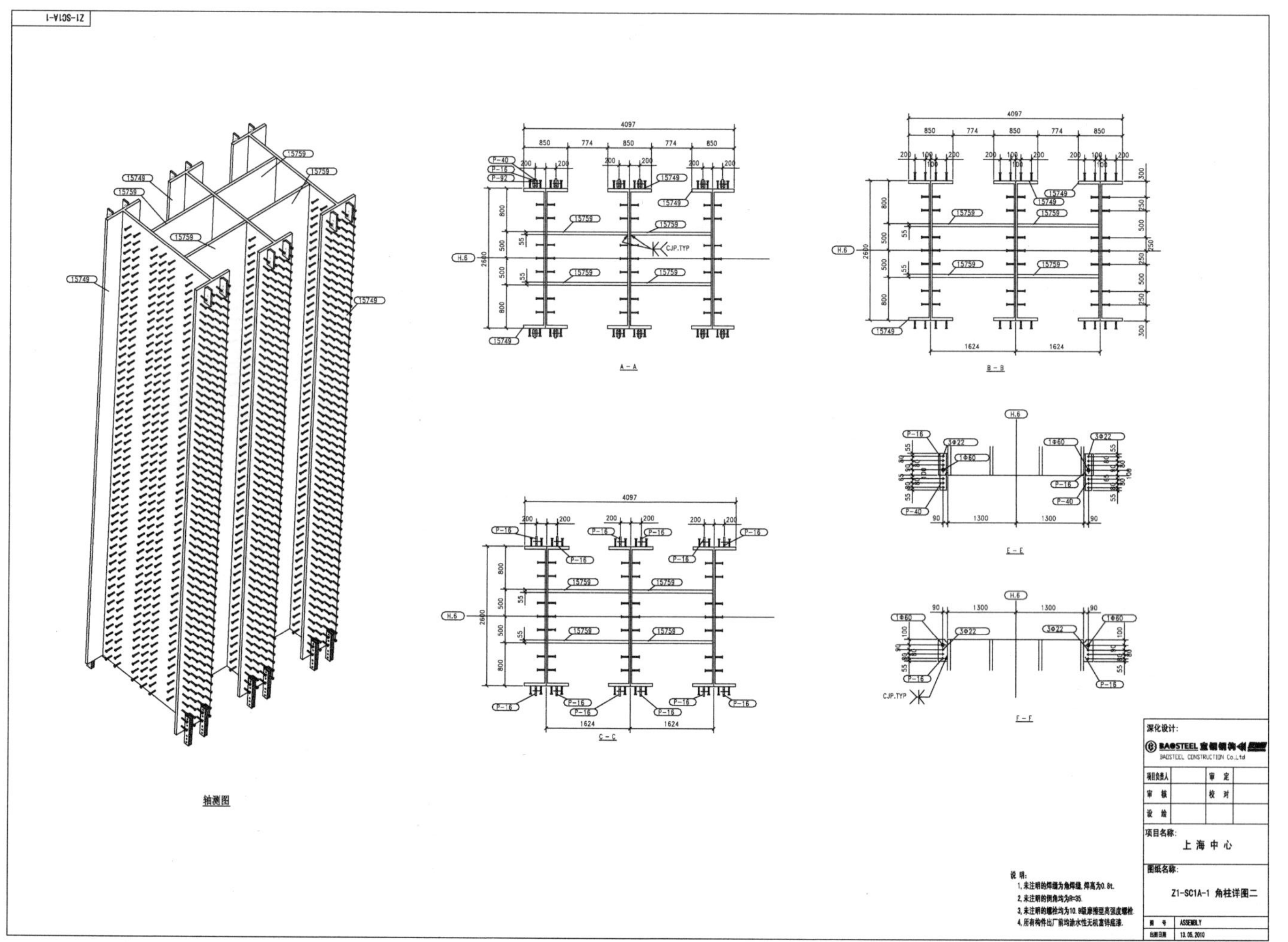

图 7-19　自动生成的柱构件加工详图

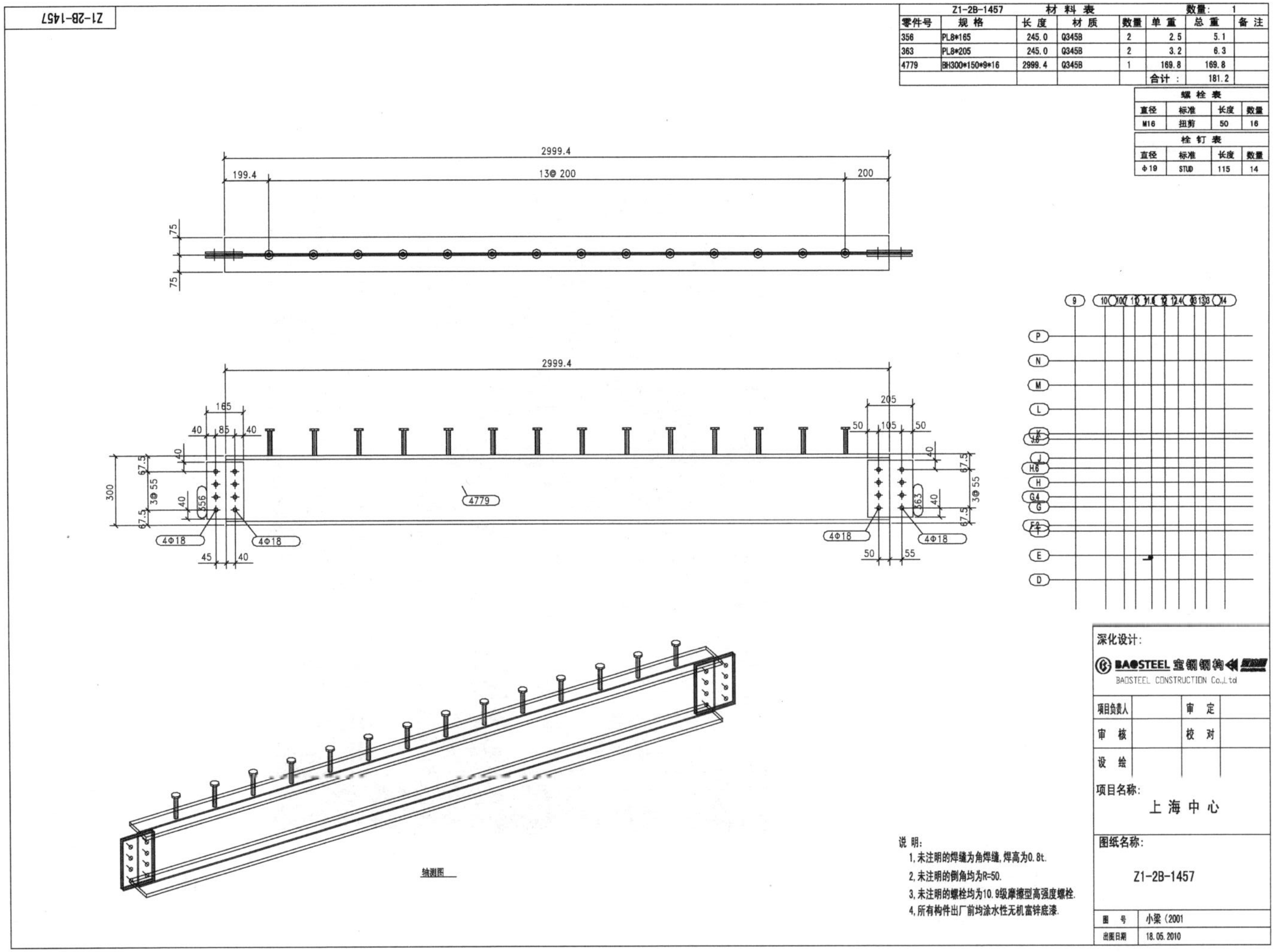

Z1-2B-1457		材 料 表		数量: 1			
零件号	规 格	长 度	材 质	数量	单 重	总 重	备 注
356	PL8*165	245.0	Q345B	2	2.5	5.1	
363	PL8*205	245.0	Q345B	2	3.2	6.3	
4779	BH300*150*9*16	2999.4	Q345B	1	169.8	169.8	
					合计:	181.2	

螺 栓 表

直径	标准	长度	数量
M16	扭剪	50	16

栓 钉 表

直径	标准	长度	数量
Φ19	STUD	115	14

Z1-2B-1457

轴测图

说 明:

1. 未注明的焊缝为角焊缝，焊高为0.8t.
2. 未注明的倒角均为R=50.
3. 未注明的螺栓均为10.9级摩擦型高强度螺栓.
4. 所有构件出厂前均涂水性无机富锌底漆.

深化设计:

BAOSTEEL 宝钢钢构

BAOSTEEL CONSTRUCTION Co.,Ltd

项目负责人		审 定	
审 核		校 对	
设 绘			

项目名称:

上 海 中 心

图纸名称:

Z1-2B-1457

图 号	小梁(2001
出图日期	18.05.2010

图 7-20 自动生成的梁构件加工详图

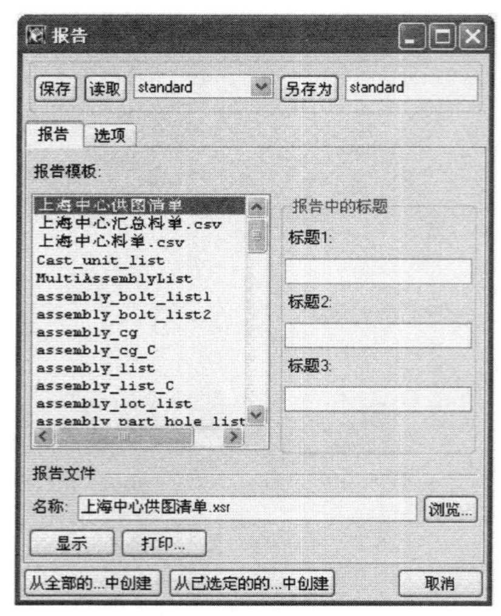

图 7-21 用钢量及其他统计报表对话框

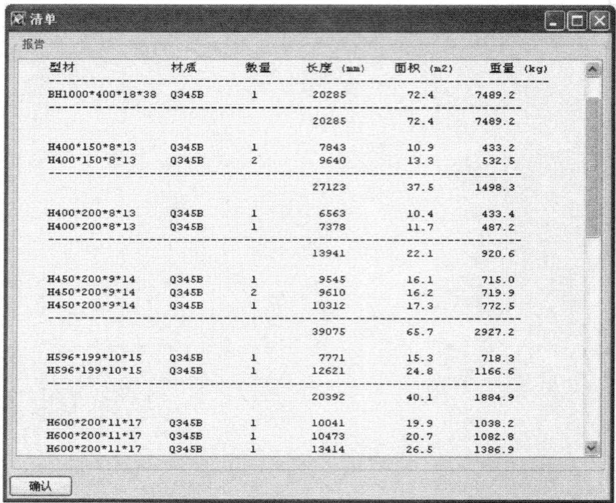

图 7-22 材料统计清单

成，最终达到提高生产效率，节省项目成本的目的。将设计信息（如 3D 模型、2D 图纸、构件、零件、文档）抽象为不同类的对象实例，所有设计信息存储在统一的数据库中，且始终保持对象之间的关联关系（图 7-23）。

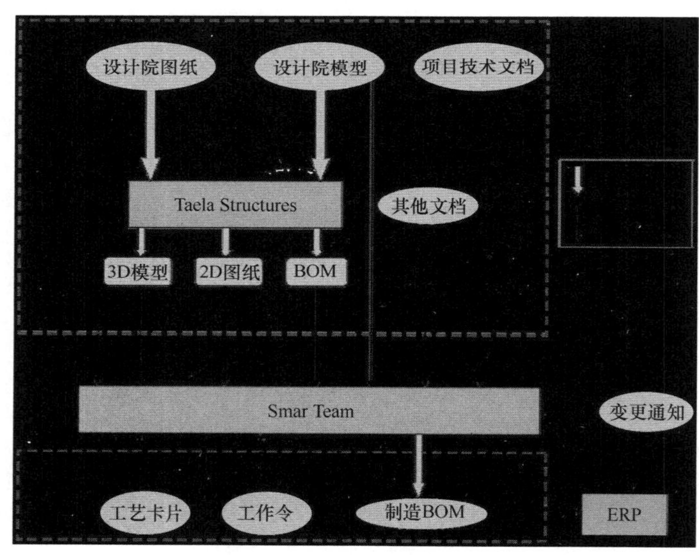

图 7-23 设计信息流程

7.2.4 钢结构详图 BIM 模型与其他专业 BIM 模型的响应

1. 与现场安装 BIM 模型的衔接

（1）深化设计除了考虑工厂的焊接和装配工艺外，还必须兼顾到工地安装过程中的工地特性：安装的顺序，安装空间的预留，基本分段，构件设计重量和重心位置，吊耳及手孔，劲性钢柱和劲性钢梁必然会涉及钢筋的穿孔和连接等一系列问题，通过三维 BIM 模型可完全给予实体体现。

（2）为保证安装测量精度，充分利用详图设计 BIM 模型的优势，在 BIM 模型中快速提取复杂节点中各连接接口控制点的准确定位坐标，然后绘制成图表供现场安装使用。

2. 与幕墙、擦窗机及机电设备等 BIM 模型的相应

在大型工程的实施过程中一般都会碰到幕墙、擦窗机、机电设备等问题。而这些设施的设计通常是各自为营进行设计，采用传统设计软件进行协作是非常困难的，尤其是在各项设计交叉问题的处理上，但 BIM 技术为此提供了极大的方便，明显地提高了工作效率，并且使得设计方与施工方、业主的沟通变得更加直观与快捷。利用 BIM 三维软件进行碰撞检测，使得协同工作的效率大大提升，并且能够直接用于指导施工。碰撞检测的目标是避免碰撞、解决冲突、明确各设施位置标高以及辅助确定施工工艺等。以往各设施综合的过程往往是在头脑中想象，再通过画图表示，现在利用 BIM 能够更直观的反映这些问题，提高此过程的效率，还可以实现空间优化。在深化设计 BIM 模型的搭建过程中也可通过导入各项设施的 BIM 模型，实现碰撞检测，直观地发现零件或构件之间的碰撞，及时配合设计院、幕墙及擦窗机厂家等修改节点或调整构件的位置，确保其准确性，避免施工过程中现场开孔洞、受力构件的现场补焊、增补埋件等不利影响（图 7-24～图 7-27）。

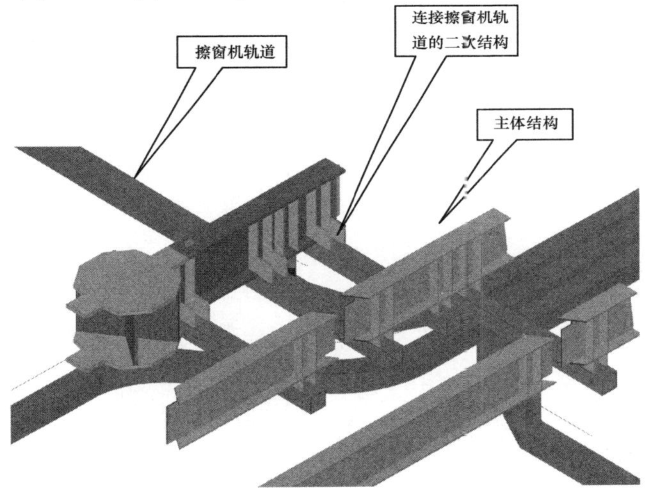

图 7-24　深化设计 BIM 三维模型中擦窗机与主体结构示例
（本图见书后彩图）

图 7-25　深化设计 BIM 三维模型中设备管道与主体结构碰撞示例（一）
（本图见书后彩图）

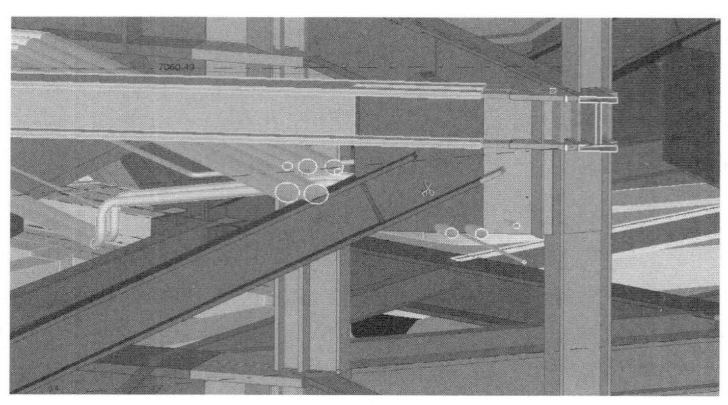

图 7-26　深化设计 BIM 三维模型中设备管道与主体结构碰撞示例（二）
（本图见书后彩图）

图 7-27　深化设计 BIM 三维模型中设备管道与主体结构碰撞示例（三）
（本图见书后彩图）

7.3　基于钢结构 BIM 模型的数字建造

几十年来，制造行业一直使用机械 CAD 系统制造数字模型。这些模型不仅能够说明产品的设计，还可以用到其他应用中，如应力分析、现场支持，当然还有制造。CAD 模型可以用来生成控制 CNC（计算机数字控制）机床，提高机械加工流程的自动化程度。

建筑行业也可以采用类似的方法来实现建筑施工流程的自动化。尽管建筑不能像汽车一样在“加工”好整体后发送给业主，但建筑中的许多构件可以异地加工，然后运到建筑施工现场，装配到建筑中，例如钢结构、门窗、预制混凝土结构等构件。

在信息技术和自动化程度日益发展的今天，手工加工技术已日显疲态，逐步被甩在了 20 世纪，取而代之的是数字化加工技术。对钢结构加工企业而言，通过对先进软件的应用，配之以自动化的设备和先进的终端采集工具，加之先进的分析统计工具，充分应用数字化技术，籍此以降低加工和管理成本，提高生产效率，加强产品的精度和质量，使企业在这个充斥着竞争和危机的环境中立于不败之地。

正如第 6 章节所述，BIM 技术在钢结构深化设计应用中的应用起到了直观、便捷、高效、准确的作用，但是BIM模型的应用远不止这些，其在3D模型建立过程中所产生的信息，对后续加工、工程项目管理乃至企业管理过程中的作用更为显现，通过对这些信息的采集、加工、快速推送和应用，可确保信息流转的高效、有序、精细和可控。

我们发现，在我国大多数钢结构加工企业对于钢结构BIM模型的应用仅仅局限于解决深化中详图设计的工作，而对整个项目的其他流程并没有充分发挥信息数据的作用以及其他工具和管理软件的参与，仍然通过原始的人工方法途径来实现。而欧美先进国家已经实现了在工程项目的各个流程中使用软件来帮助其解决问题。以下将通过生产制造环节来说明如何使BIM模型在这个环节中发挥更大的优势。

1. 传统的制造加工流程

钢结构产品形成的流程由三个关键阶段组成，即深化设计、工艺设计和加工制造。

(1) 深化设计阶段：深化设计BIM模型由设计人员通过专业三维建模软件（如Tekla Structures、StruCad、Revit等）来完成，继而由建模软件自动生成构件图和零件图，并转换成AutoCAD格式图纸后流转到下一阶段—工艺编制阶段。

(2) 工艺设计阶段：工艺设计是组织生产的重要依据，编制先进的、合理的工艺规程有利于组织均衡生产。工艺人员在接到图纸和材料清单后，进行设计图纸的分析，拟定工艺方案，其中包括：

①研究材料的可焊性，选择焊接方法、确定合适的制造工艺及工艺装备；

②拟定工序、工步；

③草拟各工序的具体操作方法和技术要求及工序间的交接要领；对于大型钢结构构件制作或大型项目，需要设计编制工艺路线卡、工艺规范以及工艺过程卡等，其中工艺过程卡是以单个零部件制作为对象，详细说明整个工艺过程，是用来指导操作方法的工艺文件，也是与加工人员联系最为直接的指导性文件。卡中通常包括零件的工艺特性（材料、形状和特性)、工艺基准的选择、工艺步骤的操作方法、所应用的工艺装备、工时定额等。

在编制工艺过程卡中，会由一系列的数字和图形组成，常采用如下步骤：对零件图进行二次修改，去掉不需要的尺寸线、文字标注、材料表等，一般只剩下零件图形和零件编号，标注孔位尺寸、坡口位置等；接下来工艺人员将所有的零件图形按特性的不同进行分类，通过手工或者随设备配套的加工软件的排版功能排出下料切割的排版图形。

(3) 加工阶段：加工人员根据工艺人员编制并下发的一系列工艺文件（一般包括工艺路线卡、下料清单、工艺过程卡、排版图、装配图等）进行下料切割和焊接拼装。目前焊接拼装过程一般是通过手工完成，而下料切割过程除一部分通过手工完成外，很多制造厂商根据加工详图中的信息对数控机床进行手动编程。

通过上面三个阶段形成的加工过程，尤其是下料切割部分，我们可以清晰地看到，作为加工环节仅仅从BIM模型中提取出了零件的图形信息和编号信息，而且这些信息也是间接提取的。生产制造的环节并没有直接有效的利用BIM模型中输出的信息，以致深化设计后一系列的环节回到手工操作的状态，这可能导致整个生产制造环节中影响流程效率，甚至出现生产组织难以控制的状态，我们称为粗放型管理。

2. BIM 模型与信息化软件技术结合形成数字化制造技术的生产流程

钢结构详图设计和制造软件中使用的信息是基于高度精确、协调、一致的建筑信息模型的数字设计数据，这些数据完全值得在相关的建筑活动中共享。

引入 BIM 技术，使钢结构加工制造流程变得简单。尤其是 BIM 模型产生的各类信息对于工艺环节、套料环节及数控自动化的作用显得尤为显著。同时，BIM 技术的应用，使工程项目管理的数字化管理也变成可能。模型产生的各类数据格式信息，包括 CIS/2 、CNC 、DSTV 格式信息、DXF、DGN 和 DWG 图形文件等。设计单位通过网络将模型、图纸文件、清单和 NC 信息传递到制作厂商，厂商将这些数据信息和文件导入到生产管理软件系统中，对这些数据信息、图形文件进行分类处理，形成可加工的数字信息，并纳入到已经固化的生产流程模板，进入加工环节。

在整个构件加工流程中，作为加工阶段自动化设备的前端，自动套料排版环节的地位无可比拟。自动套料排版软件前端与深化设计环节 BIM 模型输出的 NC 数据衔接，后端与自动化设备（各类数控切割机）形成接口，形成 CAM 数据。

那么 BIM 模型产生的数据信息是否能够自动输入到套料排样的环节中？是否可以快速准确地得到材料利用率最高的排样结果？是否能够有效的对余料进行管理和再利用？通过以下分析可以看到，这些问题可以通过套料排版软件与 BIM 模型的协同工作来解决。

（1）将 BIM 模型产生的 NC 文件输入套料排版软件

套料排版软件区别于其他加工软件输入的格式，不仅可以集成 CAD 软件而且可以集成 CNC 软件。

从图 7-28 可以看到，普通加工软件只能输入 AutoCAD 格式的文件，但 AutoCAD 格式文件仅是图形文件，无法提取包含零件等其他特性信息，如板材规格，材质、数

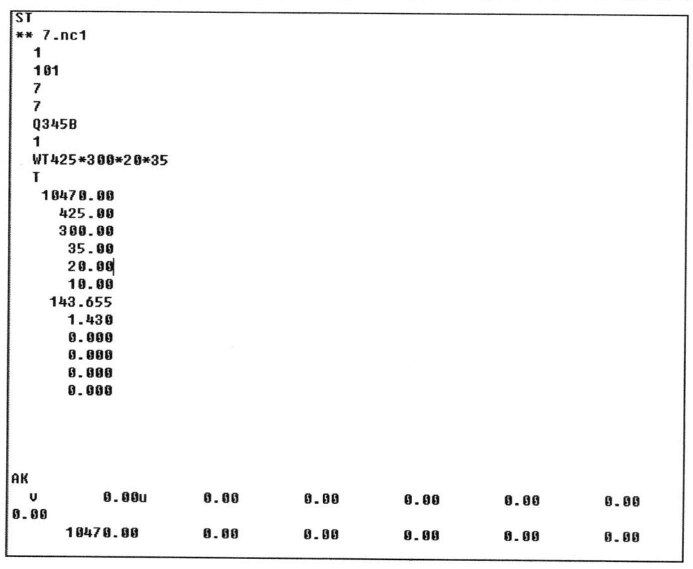

```
ST
** 7.nc1
  1
  101
  7
  7
  Q345B
  1
  WT425*300*20*35
  T
    10470.00
      425.00
      300.00
       35.00
       20.00
       10.00
     143.655
       1.430
       0.000
       0.000
       0.000
       0.000
AK
  v       0.00u      0.00      0.00      0.00      0.00      0.00
0.00
      10470.00      0.00      0.00      0.00      0.00      0.00
```

图 7-28　NC 文件格式

量、尺寸、零件编号等。但BIM模型输出的NC文件包含了所有关于这个零件的形状、尺寸以及特性信息，通过这个文件接口，套料排版软件可以自动将零件的形状、尺寸以及特性信息进行批量转入（图7-29），这将为前期的数据输入节省大量的时间，并保证所有输入数据的准确性。

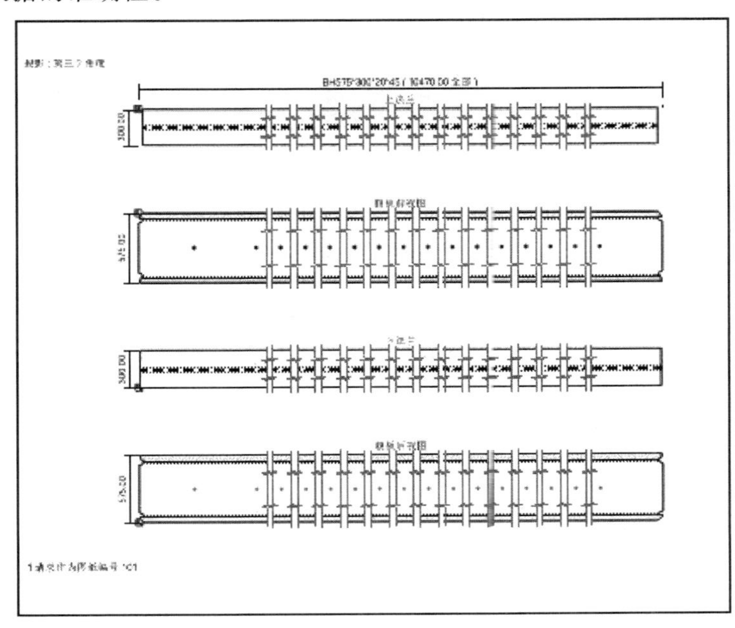

图7-29 数控数据预览

（2）自动区分板厚和材质进行套料分组

套料排版软件获取NC文件的零件的形状、尺寸以及特性信息后，可将输入的所有零件按板材规格（厚度）不同、材质不同的零件自动进行套料分组，完成每组零件的套料任务，这就减少了人为区分板材规格（厚度）和材质进行分组的工作，实现了多种板材规格（厚度）、多种材质的零件同时批量进行套料的功能，从而提高自动化程度，提升工作的效率。

（3）实现快速灵活的套料进程

套料排版软件具有用户直观的套料过程界面，套料过程的浏览器可以帮助用户选择零件，并方便按照一定规则进行快速检查。为了增加控制，套料控制系统可对包括套料起点、排列方向、套料优先级、单一零件套料控制以及共边等进行多种设置和考虑。套料排版软件不但支持规则板而且还支持不规则料板排样、嵌套排样以及余料。

套料排版软件采用智能化的组合优化算法，无论对于简单的或者复杂的项目都可以在短短数秒之内快速得到最优的结果（图7-30）。对于工程中任意修改套料选项（如零件数量、原料板的板幅等），重新运算后自动得到最新的排样结果。

（4）自动套料软件的后置程序

目前，钢结构加工厂商往往使用一些数控设备进行切割、钻孔等工序，主要使用数控设备本身的编程软件在机床上进行编程，也有一些加工厂商利用设备厂商提供的

图 7-30 套料结果输出

（本图见书后彩图）

设备自带的套料软件进行套料和编程，最后用 U 盘、软盘等介质将程序拷贝到机床上进行切割。但面对多种品牌数控设备提供的编程软件时，往往一筹莫展。

因此，可选用一个集成性较强的自动套料软件解决方案，使其高级数控编程（后置程序）功能能够支持多种类复杂的数控组合机床，就能解决大部分问题。

排版人员使用自动套料排版软件产生的套料结果传输给后置程序，后置程序可将编译成数控设备（切割、钻孔等）的 CAM 程序通过网络发送到相应的设备完成工作。

（5）实现项目多零件套料和板材库存管理

对于项目的排版结果输出，套料排版软件是自动进行的，除可以自动生成 Excel 格式的项目排版零件统计，以及 AutoCAD 格式或 DXF 格式的排版图形和排版结果报表外，输出零件的信息包括图形、面积、数量和切割距离等详细统计数据，自动报告每个原料板的材料利用率和废料的百分比以及重量信息，从而实现套料项目的卡片式管理，对每一个项目材料使用情况进行跟踪和存档，使加工流程具有科学的下料依据并对加工中存在的消耗和浪费进行控制。

自动生成的余料会被优先使用在当前项目中，而未能被使用的余料图形会自动保存在余料库中，用于下一个项目使用。原料管理系统将使余料始终处于可控和可利用的状态，避免余料最终成为废料。由于当前大多数企业对库存中的余料没有管理，造成余料上的利用率很低，造成企业的直接经济损失，而套料排版软件则可以解决这个难题。

综上所述，我们看到，通过套料排版软件的应用，可以满足原材料精细化管理的需求，如材料定尺采购、对材料的快速估算以及车间切割工艺计划等功能。其强大灵活的自动化套料功能将大幅减少人工操作时间，并在不同制造条件下最大化材料的使用，可对零件、板料、重量和切割工艺报告等信息详细输出，同时集成于任何 NC 软件和 CAD 软件。

如果企业可以从深化设计到加工制造中的生产管理中，充分发挥 BIM 模型产生的数据信息与套料排版软件以及高级数控编程的协作，那么初步实现深化设计到加工制造的自动化已并非不可能。

8 项目运营阶段的 BIM 应用

美国 buildingSMART 联盟（bSa-buildingSMART alliance）的“BIM Project Execution Planning Guide Version 2.0”在对目前美国 AEC 领域的 BIM 使用情况进行调查研究的基础上，总结了目前 BIM 的 25 种不同应用，其中对于运营阶段提出了五大应用，包括 Maintenace scheduling（维护计划）、Building System Analysis（建筑系统分析）、Asset Management（资产管理）、Space Mgmt/Tracking（空间管理/追踪）、Disaster Planning（灾害计划），其中前两个为主要 BIM 应用，后三个为次要 BIM 应用，如图 8-1 所示。

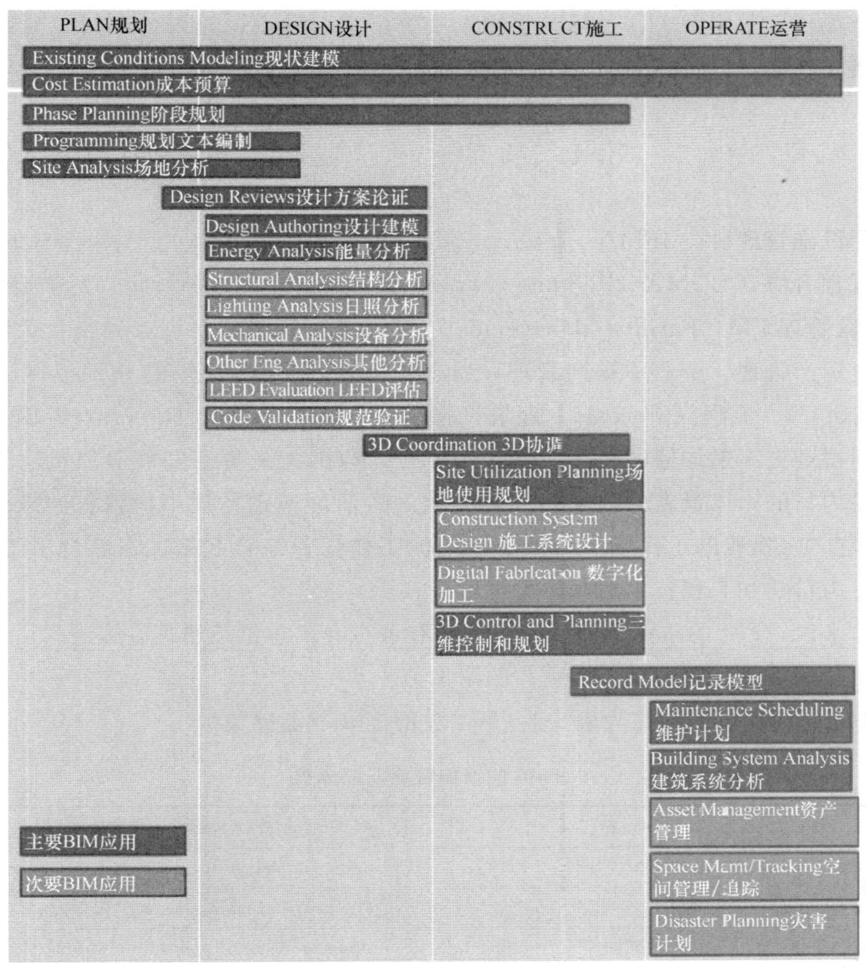

图 8-1　建筑生命周期中的 BIM 应用

（本图见书后彩图）

在图 8-1 中，读者们不仅需要关心运营阶段的 5 大应用，更特别需要关注三个处于其他建筑生命阶段却和运营有充分关系的应用，分别是：规划设计阶段（PLAN）中的 Existing Conditions Modeling（建筑物周边环境模型）和 Cost Estimation（价值评估），以及建造阶段（CONSTRUCT）中的 Record Model（档案（竣工）模型），这是代表 BIM 应用在建筑不同阶段的信息延续。

诚然，《BIM Project Execution Planning Guide》一书是基于大量美国国内建筑调研情况制定的，不一定全部符合国内实际情况，但是此书说明了项目运营阶段的 BIM 应用的基础是不同建筑生命阶段的 BIM 模型，脱离了规划、设计、建造等阶段的独立的项目运营阶段 BIM 应用是不可取或者说是不存在的。

在 BIM 技术应用丛书中，《BIM 总论》第七章中足够多地阐述了现代运营管理的概念、理论、体系以及 BIM 在运营阶段的关系及价值，本章中不再赘述，有兴趣的读者可以查阅此书。本章将会基于当前建筑业的信息技术理论体系、技术基础和应用经验，结合项目运营的需求、目标、手段方法等要素，重点讨论国外项目运营阶段 BIM 应用总结和综述，以及国内 BIM 应用的展望。

8.1 项目运营阶段职能

国际设施管理协会 IFMA（International Facility Management Association）和建筑业主及管理者协会 BOMA（Building Owners and Managers Association）中把项目运营（或者运营管理 FM，Facility Management）定义为整合设施管理，或整合工作空间管理、物业资产管理、企业不动产管理，属于一门管理学科。FM 是将地点（location）、人员（people）、流程（process）、建筑设施（facilities）、资产（assets）等因素整合起来，从而得到更高附加值的一个管理过程。是“以保持业务空间高品质的生活和提高投资效益为目的，以最新的技术对人类有效的生活环境进行规划、整备和维护管理的工作”。它“将物质的工作场所与人和机构的工作任务结合起来。它综合了工商管理、建筑、行为科学和工程技术的基本原理”。

简单来说，FM 的主体是建筑设施的持有者自身，对象是建筑设施进入运营阶段之后所有相关的活动，目的是得到更高的附加值。

FM 的职能就可以归类为表 8-1（IFMA 的 FM 职能分类）。

IFMA 的设施管理职能分类 **表 8-1**

Maintenance Operations 维护和运作	Architectural/Engineering Services 设计/工程服务
Furniture maintenance 家具维护	Code compliance 建筑规范合规审核
Finishes maintenance 装饰维护	Construction management 工程管理
Preventive maintenance 预防性维护	Building systems 大楼系统（机电设备系统）
Breakdown maintenance 设备宕机维护	Architectural design 建筑设计
Exterior maintenance 建筑物外部维护	

续表

Custodial/housekeeping 保管/家政服务	Real Estate 房地产经营
Landscape maintenance 景观维护	Building leases 大楼出租
Site selection 选址	
Administrative Services 行政服务	Acquisition/disposal 并购/转让
Corporate artwork 企业艺术品管理	Building purchases 买楼
Mail services 邮件服务	Property appraisals 房地产评估
Shipping/receiving 收发快递	Subleasing 转租
Records retention 档案保管	
Security 安保	Facility Planning 设施规划
Telecommunications 通讯	Operational plans 运营规划
Copy services 复印服务	Emergency plans 紧急预案
Strategic plans 战略规划	
Space Management 空间管理	Energy planning 能源规划
Space inventory 空间库存（房间清单）	
Space policies 空间政策	Financial Planning 财务规划
Space allocation 空间分配	Operational budgets 运营预算
Forecasting needs 面积需求预测	Capital budgets 资本预算
Furniture purchase 家具采购	Major financing 重大项目融资
Furniture specifications 家具规范化	
Furniture inventory 家具库存	Health and Safety 健康与安全
Interior plans 室内空间规划	Ergonomics 人体工程
Furniture moves 家具搬迁	Energy management 能源管理
Major redesign 重大项目再设计	Indoor air quality 室内空气质量
Trash/solid waste 废弃物处理	Recycling program 循环利用流程
Hazardous materials 危险品	Emissions 排出污染物

Source：Facility Management Practices，Research Report ＃16，International Facility Management Association，copyright 1996. BOMI© 1997，2nd qtr. pp. 1-9.

分析其国内应用情况如下：某些分类在国内现阶段的项目运营中并不合适，比如 **Administrative Services** 行政服务大类中的 **Corporate artwork** 企业艺术品管理、**Mail services** 邮件服务、**Copy services** 复印服务、**Strategic plans** 战略规划；**Ergonomics** 人体工程、**Financial Planning** 财务规划等；某些分类可以挖掘很大的潜力，比如 **Security** 安保、**Telecommunications** 通信、**Major redesign** 重大项目再设计、**Real Estate** 房地产经营、**Facility Planning** 设施规划、**Energy management** 能源管理；甚至于某些分类只要有 **BIM** 基础的项目马上就能在项目运营中实现，比如：**Space Management** 空间管理、**Architectural /Engineering Services** 设计/工程服务等；还有些是此表中没有提到，但是对于国内情况来说是合适的，比如物业管理优化工作流程演练，在不同业态下的应急疏散演练，优化能源供应演练等。

最终，项目运营阶段 BIM 的应用分类主要和 3 个因素密切有关：一是项目运营阶段的管理需求，需求越细致透彻 BIM 应用则越明晰；二是项目 BIM 的深度和广度基础，信息越全越有针对性则 BIM 应用越丰富；三是项目运营阶段使用方的信心和决心，前瞻性应用往往会遇到或大或小的困难，决策者最容易受到挫折而半途而废，坚持才能推进国内 BIM 的应用市场。三者缺一不可，相互影响相互制约。

8.1.1 项目运营阶段相关概念

国内的建筑业与运营管理的整合程度，正在逐渐加深。并且这个速度也越来越快，这是推动 BIM 应用的一个原因，当然 BIM 作为信息化工具也在反作用于这个整合过程。这个过程的驱动力，是来自于建筑设施的使用者（特别是在持有型物业/非住宅地产）对于建筑绩效的要求越来越高。简单来说，就是人们对于建筑的品质而不是数量的要求提高了，而且这个提高的速度越来越快。

BIM 是作为设计师的观念变革一样，这次整合变革也正在国内中的运营项目领域发生。相比于 CAD 只是设计作业的电子化改革，BIM 则是观念的变革，两者的背后都有来自于产业界的巨大驱动力。

8.1.2 项目运营期与项目建设期关系

BIM 的技术核心是一个由计算机三维模型所形成的数据库，包含了贯穿于设计、施工和运营管理等整个项目全生命周期的各个阶段，并且各种信息始终是建立在一个三维模型数据库中。BIM 可以持续即时地提供项目设计范围、进度以及成本信息，这些信息完整可靠并且完全协调，即 BIM 能够在综合数字环境中保持信息不断更新并可提供访问，使建筑师、工程师、施工人员以及业主可以清楚、全面地了解项目：建筑设计专业可以直接生成三维实体模型；结构专业则可取其中墙材料强度及墙上孔洞大小进行计算；设备专业可以据此进行建筑能量分析、声学分析、光学分析等；施工单位则可取其墙上混凝土类型、配筋等信息进行水泥等材料的备料及下料；开发商则可取其中的造价、门窗类型、工程量等信息进行工程造价总预算、产品订货等；而物业单位也可以用之进行可视化物业管理。所以说，BIM 完善了整个建筑行业从上游到下游的各个企业间的沟通和交流环节，实现了项目全生命周期的信息化管理。BIM 在项目策划、设计、施工、运营过程中的应用举例如下。

（1）精确的成本控制和管理：从概念到完工过程任何阶段的实时成本计算。

（2）进度管理：4D/5D 模拟（BIM 模型和进度计划及造价信息集成）优化施工方案，提高工厂化比例，快速解决施工现场的突发问题。

（3）建设环境管理：集成 BIM 模型支持对组织、金融、法律、规范的自动检查。

（4）可持续建筑：利用 BIM 模型进行多种可持续分析、模拟。

（5）克服劳动力技术力量短缺、教育和语言障碍：精益施工、帮助项目团队培训和沟通。

（6）设计协调和评估：多专业协调、碰撞检查、空间分析、多方案比较、运营模拟。

（7）物业和信息资产管理：完整一致的竣工模型，快速生成物业管理数据库，快速评估维修、重建、改建对物业的影响。

借助 BIM，设计方能够轻而易举地解决复杂曲面幕墙在平面定位的问题，并且可以非常清晰地把握自己的设计意图，从而保证设计的准确性和合理性，同时，项目其他的参与方包括业主、总包，通过 BIM 模型也能够非常清晰了解到项目的设计理念；在管线综合方面，通过搭建建筑结构和机电各专业的模型，设计方能够非常方便地查看各个构件之间的空间关系以及碰撞的问题，并及时加以解决，从而大大提高在管线综合方面的设计能力以及工作效率；此后物业运营和设施管理还会借助 BIM 模型对施工现场所有设施进行校核，检查施工信息是否一致，从而避免以次充好的现象发生，进行更好地控制成本。可以说，BIM 是将业主、设计方、施工方紧密地结合在了一起，有效的搭建了一个良好的沟通平台，避免了信息孤岛的存在，有效地提升项目管理的水平，降低管理成本，实现绿色科技与建筑融合的目标。

8.1.3 建设期 BIM 与项目运营

BIM 可以理解为建设项目的一个完整的信息承载器，而且这些信息具有协调性（Coordinated）、一致性（Consistent）和可计算性（Computable），除几何信息以外，还可以存储材料、造价、工法、使用等各类信息。BIM 将逐步使建筑业的生产和运营管理方式转变为“三维构思（BIM 概念模型）—三维设计（BIM 设计模型）—三维建造（BIM 施工/竣工模型）—三维运营（BIM 运营管理模型）”。

BIM 既不仅仅是比 CAD 更先进的另外一种软件，也不仅仅是建筑物的一个数字模型（那只是 BIM 的其中一个结果）。BIM 是一种技术、一种方法、一种过程，BIM 把建筑业业务流程和表达建筑物本身的信息更好地集成起来，从而提高整个行业的效率。美国联邦政府统计说明，在目前的情况下合适地使用 BIM，可以让建设项目节省 5%～12%的投资。

8.2 项目运营阶段 BIM 应用基础

有一段文字和一幅图片（图 8-2）很容易说明项目运营阶段 BIM 应用基础在哪里。

“一个建筑项目，在建成之后交付给运营阶段，这是一般意义上的运营管理的开始，但是这在建筑的全生命周期内，只是狭义时间段上的运营管理，尽管它占据着最长的一段建筑寿命（也消耗着 70%的建筑总拥有成本）。现代运营管理体系不仅是指建成后运营管理（post-construction），它还包括常规设计前的针对业主需求的项目策划（Planning and Programming，项目规划和建筑策划；这个阶段也称为“前设计”，Pre-design）。两个运营管理虽然在时间上是先后发生的，但是在专业上和理念上是一致的，都属于业主方的企业运营管理工作，都是作为业主方的业务需求与建筑业专业之间的桥梁而发挥作用。理解这一点，不仅对于理解运营管理，还对理解 BIM 在建筑全生命周期内的价值也很重要。”——摘自《BIM 总论》

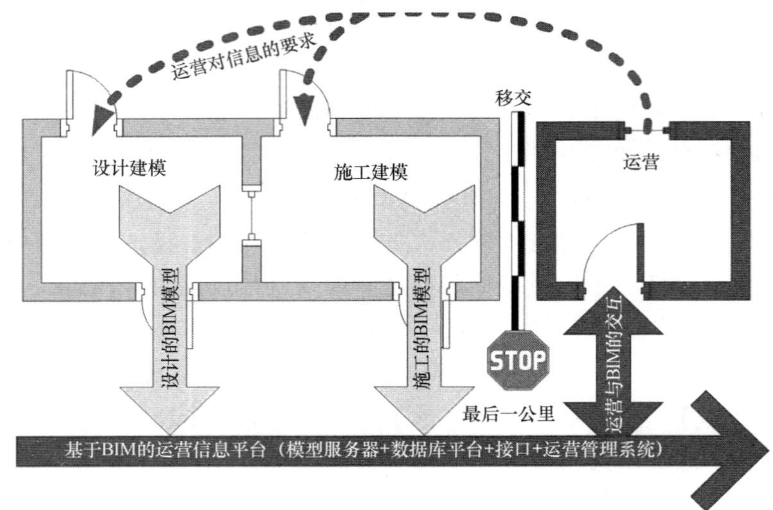

图 8-2　一个基于 BIM 的建设—运营一体化信息平台解决方案

（本图见书后彩图）

总结一下：

（1）任何错误的信息、不全的信息、遗失的信息以及矛盾的信息，都是导致运营管理无法正常开展的罪魁祸首。

（2）现在工程界普遍发生的资料不全、信息丢失、图纸错误，都是在图中“最后一公里”发生的。运营阶段的 BIM 来自于竣工模型，但是其内容或者要求都是运营需要所提出的。

（3）运营管理要求是在项目策划（Planning and Programming）阶段需要落实清晰的，而不是项目建设阶段边做边考虑的。

（4）BIM 应用离不开信息化工具的使用，而信息化工具最基本操作对象本质是其复杂的数据库，数据库的完善度决定了 BIM 应用范围的广度。

举几个例子：

（1）若要在运营阶段实现空间管理中租户区域管理，那么就要把某个建筑空间相关的所有 BIM 构件信息整合在一起，如地板、天花板、门、窗、家具、设施设备、管道等。而且需要达到能够作为一个 BIM 构件选取，具备相应的参数信息。假设，设计阶段对于以上某个小构件（暂且如此称呼）诸如管道、地板，是贯穿大空间整体设计及构件标识的话，那么无法打散或者无法组合就是运营阶段 BIM 应用首先要解决的问题。若不解决，那么“空间”就仅是一个物理数字“平方米”了。

（2）若要在运营阶段实现设施设备管理中的关联性查找功能，如水泵、阀门和管路，那么就需要把相关的垂直管道、水平管道组成大的构件，赋予更多的构件关联信息。如果在设计阶段采用按楼层逐步逐段设计管路的话，关联性就只能在本层查找了。

（3）若要在运营阶段实现能源管理分析相关功能，那么除了几何模型、气候条件、空调系统和模拟参数外，似乎运营策略和计划必不可少，但是不是足够了呢？相关设施设备的运行效率、运行参数、可承受的运行时间是不是也要考虑在内？那么如果在设计或者竣工的BIM模型中没有这些信息呢？

这样的话，结论就明显了，项目运营阶段如果要实现BIM应用，那么最晚起步阶段在于项目设计阶段进行应用规划及需求提出，在项目竣工阶段对BIM模型进行检查，在运营阶段再叠加应用。

我们看看美国是怎么做的。

美国政府各种机构管理着庞大的空间资产，一直都是空间管理实践的重要推动者（特别是美国总务署GSA）：

① GSA管理着约3000万m^2的政府建筑。

② GSA正在利用激光扫描－BIM建模技术，建立既存建筑设施的信息库。

③ GSA推动政府各部门建立空间管理政策和标准。

④ 国会的总审计局GAO对GSA的空间管理进行严格的审计。

GSA对基于BIM的空间管理作出了较大贡献，它在2003年发起的3D－4D－BIM项目中，将空间需求写入到联邦政府采购的BIM项目中（2007年开始强制实施），这一举措迫使主流的BIM设计软件都加入了空间功能。

美国海岸警卫队（USCG）在全美也拥有8000个自有的和租赁的建筑设施，它部署了一套覆盖全美的基于BIM的设施资产管理平台，并制定了一个项目路线图。为了将现有建筑设施全部放进平台中，项目制定了BIM建模由粗到细的3个等级：

① 利用平面、简单体量来描述一个建筑设施。

② 各种功能性空间划分。

③ 增加墙体、门窗洞口和各种构件的详细模型。

这几种等级适用于不同的空间需求。第1级可以用于在全国电子地图上（USCG使用的是Google Earth谷歌地球软件）查看所有设施的位置；第2级可以用于计算空间利用率、核查是否符合GSA空间标准，以及可以指导新建军用设施的快速设计；第3级则可以进行更多细节的管理。

图8-3是一个典型的空间管理系统界面：一个按照部门属性分类的图形报表。此报表是使用CAD的多义线（Poly-line）功能绘制的图形，链接到数据库中的空间库存属性信息，经过数据库的筛选查询功能及图形显示技术，最终展现在图形报表中。这里值得注意的是：在BIM软件的空间性能提升之后，设计阶段就可以将这些原先要在运营阶段才录入的房间属性信息就放进BIM模型了，这个模型连同空间信息一直被带到运营管理系统中，这就为运营管理系统的初始数据建立节约了大量时间，这也是GSA推动BIM软件加入空间功能的一个原因。

由此我们了解到：

1）BIM在运营阶段的应用做了早期规划，也就是使用需求的细分，可以提高工作效率。

2）BIM在运营阶段的充分应用可以极大地提高工作效率；

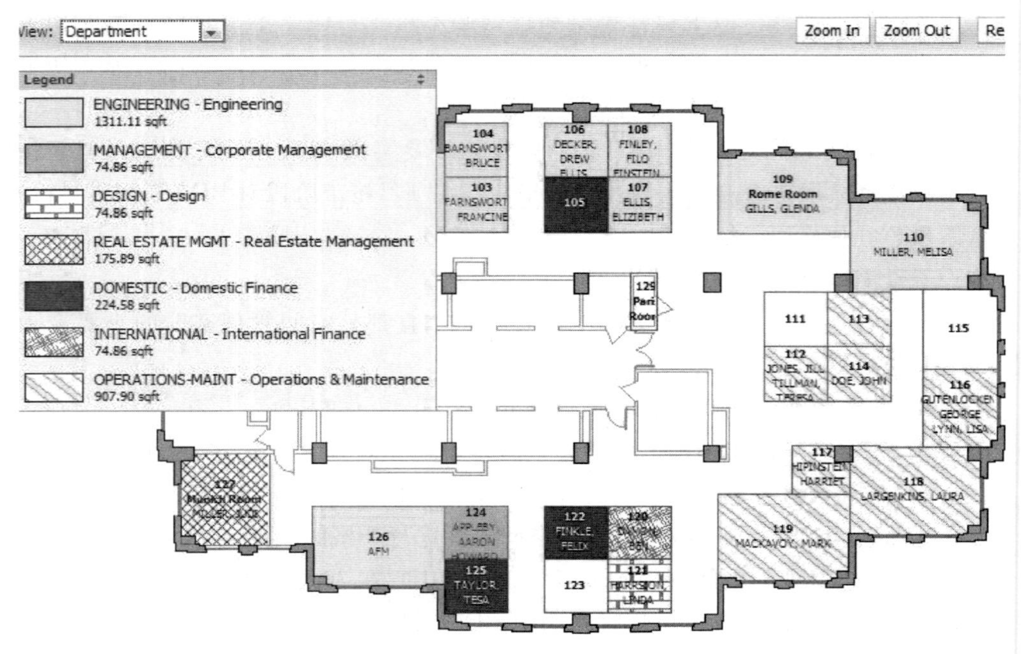

图 8-3 空间管理系统界面（ARCHIBUS/FM）

（本图见书后彩图）

3）BIM 在运营阶段的应用，如果在设计阶段就进行相关属性信息的规划和实施，则可以极大地提高工作效率。

8.2.1 项目运营阶段 BIM 模型的建立

建筑信息模型设施运营的 BIM 建立需要从建设单位、管理单位、运营单位等各个层面上有专门的机构对其进行研究和管理，以协调各单位和部门的数据收集、录入、使用权限设置研究、第一时间里将增减的数据进行适时更新，保证其正确和精确、不断推出带有编号的新版本以及正在更新版本时的信息公告等；需要建立一个适时更新制度和管理流程，因为所涉及的有建设方面的内容，也涉及软件使用、服务器维护等的信息建设方面的内容。各个运营管理单位和部门所需的数据各不相同，但针对的往往是一个共同的对象，只要提出需求，都将通过 BIM 的建立，将所需要的海量数据完整地标示出来，为各个单位和部门所共享。

运营基础设施乃至其他各类管理需要的数据是以实物量为根本，工程构件纵横交错，必须要计算出实物量才有意义，体积、面积、长度均如此。因此，首先 BIM 的数据应是可运算的系统，能像人脑一样知晓各构件之间空间关系；其次要用大规模布尔算法，因工程规模越来越大，布尔算法对 CPU、内存资源需求十分惊人，研发高效率算法、增量计算技术十分重要。

8.2.2 建设期 BIM 与运营阶段 BIM 的结合

以三维数字技术为基础，集成了建筑工程项目各种相关信息的建筑数据模型，它将连接建筑项目生命期不同阶段的数据、过程和资源，可被建设项目各参与方普遍使用。建筑信息模型具有单一工程数据源，可解决分布式、异构工程数据之间的一致性和全局共享问题，支持建设项目生命期中动态的工程信息创建、管理和共享。建筑信息模型的应用具有非常大的价值，尤其是解决了当前建设领域信息化的瓶颈问题。如为项目参与各方建立单一工程数据源，确保信息的准确性和一致性；实现项目的信息交流和共享；全面支持数字化、自动化设计技术等。建筑信息模型与CAD施工图最大的区别在于三维模型的建立，通过三维模型可以剖切出建筑剖面、立面，可以查看设计细节，进行各种细微设计和检测。同时在建设期建筑信息模型已经帮助建筑管理者解决了以下的工序：

（1）三维设计：能够根据3D模型自动生成各种图形和文档，而且始终与模型逻辑相关；当模型发生变化时，与之关联的图形和文档将自动更新。

（2）信息共享：各专业CAD系统可从信息模型中获取所需的设计参数和相关信息，减少数据重复、冗余、歧义和错误。

（3）协同设计：某个专业设计的对象被修改，其他专业设计中的该对象都会随之更新。

（4）虚拟设计和智能设计：实现设计碰撞检测、能耗分析、成本预测等。

8.2.3 项目运营管理工具与全寿命BIM的结合

作为建筑本身，由设计直到施工成型已经是个复杂的生产过程，再涉及之后的运营，其流程将更为复杂，信息的整合往往扮演着很重要的角色。从开始进入建筑设计的前身—开发规划阶段来说，需要不同专业的信息收集整合，如土地使用计划、市场经济需求、投资资金应用、开发可行性等不同的知识介入，这是属于信息的发展式整合。在设计阶段中是属于虚拟信息的创造式整合，将项目的需求、环境的特色、各顾问意见的考量融入设计者的创造概念里。在施工阶段中是属于由虚拟信息变成实质产品的转换式整合，必须拆解设计信息再透过能执行的施工方法建构出实体。在运营管理阶段，将更多的直接或间接模式获取建筑信息，从而为建筑运营服务，这则属于应用性整合。在这些过程中信息整合的方式，参与团队及目标着眼点皆不同，必须了解各阶段目标本身的特殊性，也需要有不同的辅助工具配合架构出不同的互动环境平台。

建筑生命周期管理要求实现在项目生命周期内项目参与各方之间的建设工程信息共享，即逐渐积累起来的建设工程信息能根据需要对不同阶段参与项目的设计方、施工方、材料设备供应方、运营方等保持较高度的透明性和可操作性。这一方面需要项目参与各方改变传统的工作方式，改善相互之间的工作协调和信息交流；另一方面需要应用最新的IT方法和手段为信息的交流和利用提供有力的技术支持。建筑信息模型集成了建筑工程项目各种相关信息的工程数据模型，是对该工程项目相关信息的详尽表达。建筑信息模型是数字技术在建筑工程中的直接应用，以解决建筑工程在软件中的描述问题，使设计人员和工程技术人员能够对各种建筑信息作出正确的应对，并为协同工作提供坚实的基础。

8.3 项目运营阶段 BIM 应用软件

谈到应用必然谈到工具，而且大家均清楚工具最终将会影响使用的效果，那么运营阶段 BIM 应用的工具现状如何呢?

(1) 参考何关培谈 BIM 博客上总结的 BIM 应用软件汇总图（图 8-4)。

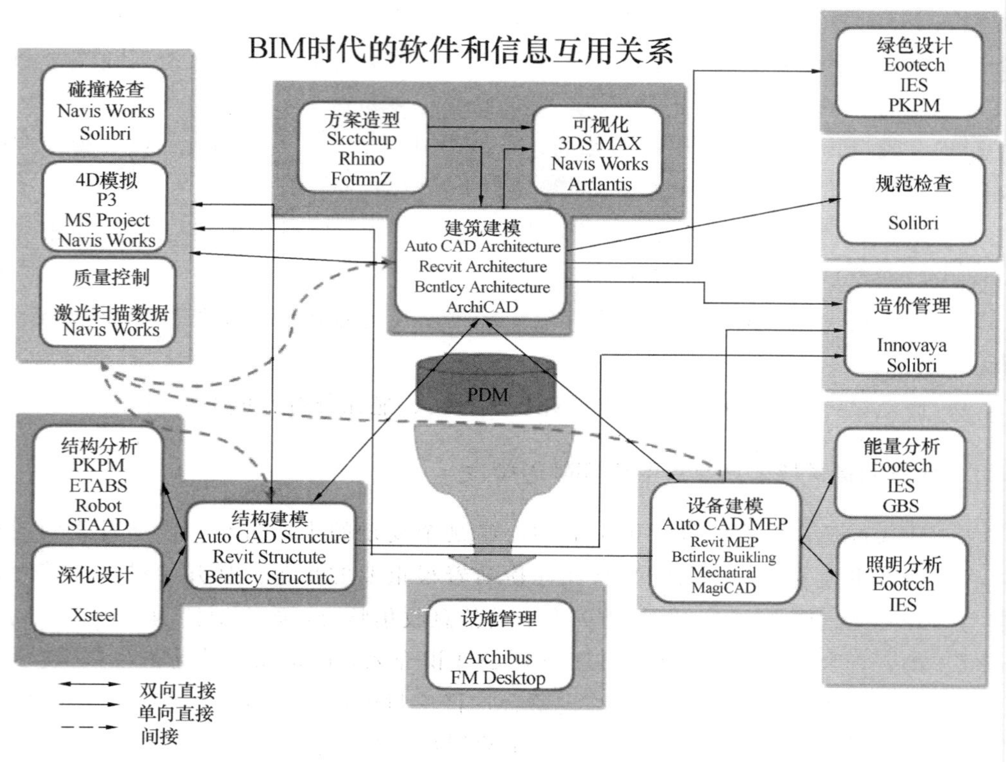

图 8-4 BIM 应用软件汇总图

（本图见书后彩图）

(2) 参考美国 AGC (Associated General Contractors of American—美国总承包商协会)，对 BIM 以及 BIM 相关软件分成八个类型情况:

第一类：概念设计和可行性研究（Preliminary Design and Feasibility Tools)。

第二类：BIM 核心建模软件（BIM Authoring Tools)。

第三类：BIM 分析软件（BIM Analysis Tools)。

第四类：加工图和预制加工软件（Shop Drawing and Fabrication Tools)。

第五类：施工管理软件（Construction Management Tools)。

第六类：算量和预算软件（Quantity Takeoff and Estimating Tools)。

第七类：计划软件（Scheduling Tools)。

第八类：文件共享和协同软件（File Sharing and Collaboration Tools)。

具体内容可参见何关培谈 BIM 博客《BIM 软件知多少－AGC（美国总承包商协

会）的版本》。

（3）参考IBC（加拿大BIM学会）的版本，IBC（Institute for BIM in Canada－加拿大BIM学会）2011年4月对BIM和BIM相关软件按照产品字母顺序做了一次应该算是比较完整的统计。按产品字母顺序排列以外，这个资料的另外一个特点是在把项目生命周期简单地划分为设计、施工、运营三个大阶段的基础上，介绍了每个产品主要应用在前述的哪一个或几个阶段。

统计表见表8-2。

各阶段工作量汇总图 表8-2

软件分部	软件数量	设计可用	施工可用	运营可用
A	11	8	6	3
B	4	4	1	0
C	3	3	0	0
D	5	4	2	1
E	6	6	2	0
F	3	3	1	0
G	2	1	0	1
I	3	3	1	0
M	3	2	0	1
N	2	2	1	0
O	3	3	2	0
P	4	2	3	1
Q	1	1	1	0
R	4	4	1	0
S	16	14	3	0
T	3	3	2	0
V	6	6	1	0
合计	79	62	25	7
比例	100%	78%	32%	9%

从表8-2我们可以看到，在79个IBC统计的BIM和BIM相关软件中，可以在设计阶段使用的软件有62个，占总数的八成左右；约三分之一左右可以在施工阶段使用，而运营阶段的软件数量不足9%。

具体内容可参见何关培谈BIM博客《BIM软件知多少－IBC（加拿大BIM学会）的版本》。

（4）参考现阶段全球领先的FM阶段应用系统——ARCHIBUS的主要功能（表8-3）。

Archibus 主要功能表　　表 8-3

1	不动产与租赁管理	Real Property & Lease Management
2	资金预算管理	Capital Budgeting
3	项目管理	Project Management
4	战略总体规划	Strategic Master Planning
5	空间管理	Space Management
6	与 AutoCAD 与 Revit 接口的设计管理	Overlay with Design Management for Autocad &Revit
7	搬移管理	Move management
8	预定管理	Reservations
9	酒店管理	Hoteling
10	家具和设备管理	Furniture & Equipment Management
11	电信与有线电视管理	Telecomunications & Cable Management
12	服务台管理	Service Desk
13	工作计划管理	On Demand Work
14	操作管理	Building Operation Management
15	工作提醒管理	Work Wizard
16	应急准备管理	Emergency Preparedness
17	状态评估	Condition Assessment
18	环境可持续评估	Environmentals Sustainability Assessment
19	租车管理	Fleet Management
20	基于 ESRI 的地理空间扩展	Geospatial Extensions for ESRI
*	另外最新版本新增绿色建筑板块（Green Building），资产 Asset Portal，能源管理 Energy Management 等	

总结如下：

（1）项目运营阶段的应用工具不多，能与 BIM 设计、施工阶段应用软件兼容的更少。

（2）应用工具所提供的功能需要 BIM 支持，或者说通过 BIM 支持能够发挥更大效率的应用功能不多。

（3）各种可持续或者绿色分析软件可对项目进行日照、风环境、热工、景观可视度、噪声等方面的分析功能的（诸如国外的 Echotect、IES、Green Building Studio 以及国内的 PKPM 等）均是在设计阶段进行成熟应用，项目运营阶段中，汇集了竣工模型如此多信息情况下的分析成熟度待验证。

（4）项目运营是个动态的过程，其中实现设施设备性态实时管理的应用功能几乎没有。

8.4 项目运营阶段 BIM 应用需求

理论上，本节最合理的位置应该是本章第 8.1 节，但是放在第 8.2 节应用基础分析及第 8.3 节应用软件分析之后，其实也是不得已而为之。因为 BIM 的应用发展有一定的阶段性，在起步阶段的应用不能也不可以太前瞻或者太理想化，因为这样对于项目运营阶段的 BIM 应用发展是会起阻碍作用的。

BIM 的应用需求业界一直在热烈讨论，而且不断和新的技术进行结合，比如 BIM 与物联网、BIM 与云计算、虚拟现实 VR 等。

以下一系列思考的角度，可以有助于我们仔细分析项目运营阶段 BIM 应用的需求点：

角度一：您的项目是不是已经开工，是不是已经在项目设计、施工阶段运用了 BIM?

角度二：您的项目在现阶段 BIM 应用程度如何？最重要的阻碍在哪里？

角度三：您的 BIM 协同工作平台是否已经建立，数据库是否统一管理？再细一点，模型每个构件的标识是否统一，相关构件的勾连是否完成？模型信息的深度广度在哪个程度？

角度四：您的项目预计什么时候完工？3 年，还是 5 年？届时，我们的 BIM 应用工具会怎么发展？届时信息化、物联网、RFID、云计算会如何发展？

角度五：您的运营管理团队是否已经或者准备组建？您对他们在运营管理过程中的任务或者目标是否已经想明白？

角度六：您是代表物业管理还是业主方？

如果上述一系列问题清楚了，就可以一起来看看表 8-4 的内容了。

项目运营阶段 BIM 应用需求 **表 8-4**

<table>
<tr><th rowspan="2">序号</th><th colspan="2">项目运营阶段应用功能</th><th colspan="2">使用方</th><th>应用目标</th><th colspan="2">应用基础</th></tr>
<tr><th>大类</th><th>小类</th><th>物业</th><th>业主</th><th>明确定义</th><th>应用软件基础</th><th>BIM 模型基础</th></tr>
<tr><td rowspan="5">1</td><td rowspan="5">空间管理</td><td>新建项目</td><td>√</td><td>√</td><td></td><td rowspan="5">可视化表达；
构件表达；
空间定位；
更新信息维护；
分析比较</td><td rowspan="5">固定资产构件信息的广度和深度；关联度；
BIM 信息与客户管理系信息整合；
BIM 与企业成本相关信息整合</td></tr>
<tr><td>空间改造</td><td>√</td><td>√</td><td></td></tr>
<tr><td>建筑翻新</td><td>√</td><td>√</td><td></td></tr>
<tr><td>大型搬迁</td><td>√</td><td>√</td><td></td></tr>
<tr><td>公共空间维护</td><td>√</td><td>√</td><td></td></tr>
<tr><td rowspan="5">2</td><td rowspan="5">房地产和租赁</td><td>销售</td><td></td><td>√</td><td></td><td rowspan="5">可视化表达；
构件表达；
空间定位；
更新信息维护；
固定资产管理；
资源信息统计（水/电/气/暖通等）</td><td rowspan="5">BIM 与租售成本要素信息整合；
空间构件信息；
设施设备构件信息；
设施设备运行统计信息</td></tr>
<tr><td>成本分析</td><td></td><td>√</td><td></td></tr>
<tr><td>租售组合管理</td><td></td><td>√</td><td></td></tr>
<tr><td>收费管理</td><td></td><td>√</td><td></td></tr>
<tr><td>客户信息管理</td><td></td><td>√</td><td></td></tr>
</table>

续表

序号	项目运营阶段应用功能		使用方		应用目标	应用基础	
	大类	小类	物业	业主	明确定义	应用软件基础	BIM 模型基础
3	设施运行维护	日常维护	√			可视化表达； 构件表达； 列表表达； 空间定位； 设备信息维护； 设备关联性分析； 设备或系统模拟运行表达； 统计报表表达	BIM 与物业管理流程的信息整合； BIM 与设施设备运行监控系统的信息整合； BIM 与设备设施标识信息的整合； 设备设施 BIM 模型的深度要求； 设备设施关联性要求
		应急维修	√				
		优化运行	√				
		人员培训	√				
		运行状态监控	√				
		备品备件管理	√				
4	运营管理战略规划	空间、时间、员工队伍、成本综合管理		√		BIM 与 ERP 等管理软件结合，数学分析模型	需要整合除 BIM 外的其他资源信息
5	建筑物优化管理	能耗分析	√	√		可视化表达； 构件表达； 列表表达； 空间信息； 设备信息表达； 设备或系统模拟运行表达； 周边环境信息表达； 运行策略及计划表达： 分析工具，分析模块，优化算法等	BIM 与设施设备运行监控系统的信息整合； BIM 与设备设施标识信息的整合； 设备设施 BIM 模型的深度要求； 设备设施关联性要求： BIM 信息表达与分析工具数据输入的信息整合
		室内环境优化管理	√	√			
		照明优化管理	√	√			
		能源优化运行管理	√	√			
		负荷预测	√	√			
		设施设备优化运行策略	√	√			
		结构安全性态监测	√	√			
6	建筑物综合指挥及管理	公共安全监控	√	√		可视化表达； 构件表达； 空间定位； 实时人数统计： 人流模型	BIM 与设施设备运行监控系统的信息整合； BIM 信息表达与分析工具数据输入的信息整合
		设施设备安全监控	√	√			
		应急预案管理	√	√			
		应急疏散拟真	√	√			
		应急综合指挥	√	√			

表 8-4 列举了一些常见的运营管理 BIM 应用需求，涵盖的并不是项目运营阶段 BIM 的全部应用，它的意义在于指导开展 BIM 应用前的思路整理，可以根据需要在横向和纵向进行扩展。不过，其中应用目标（明确定义）一列是每个项目运营管理 BIM 应用的关键内容，最好是定量化的表达。

8.4.1 空间管理

BIM 将建筑的非几何属性与实体模型元素产生一致性关联（图 8-5），具有设计参数化、数据可视化、统计自动化、工作协同化等技术特点，解决传统数据库之间的“信息孤岛”和信息管理环节中的“信息断流”问题，为建筑空间管理提供新的发展方向。

建筑空间管理的信息不仅包括对其当前的状态进行记录、测绘、勘察、评估而形

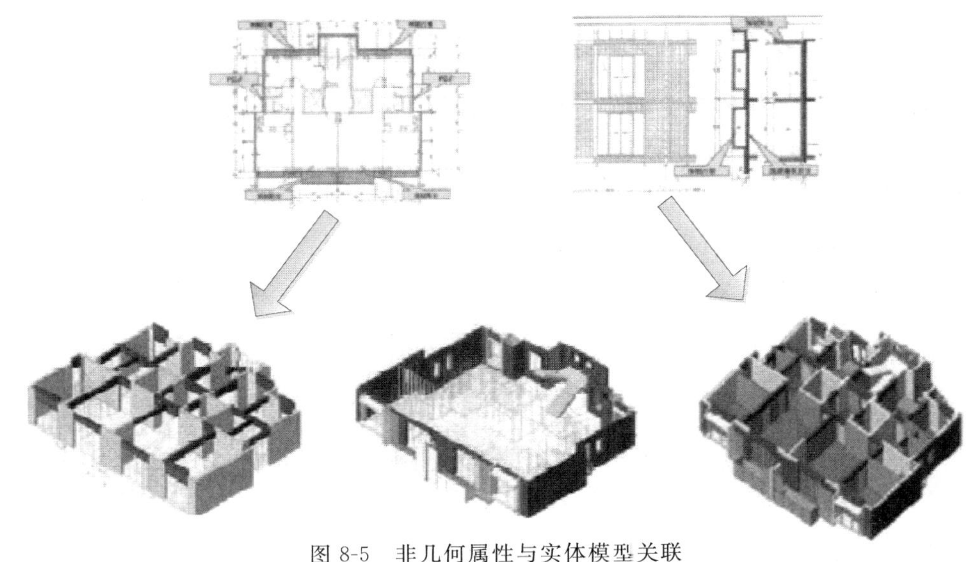

图 8-5 非几何属性与实体模型关联
（本图见书后彩图）

成的“现状信息”，对其过往的各种状态进行追溯，对其未来的管理、利用进行整体规划的“计划信息”，且涵盖了对建筑常态及受干预状态进行实时跟踪监测和记录的“监测与干预信息”。通过专业的 BIM 管理构想的引入，能够建立起包含相互关联信息的逻辑模型，借助协同、检索和展示平台的设立，完成建筑空间各阶段的记录、维修、改造、监测、管理行为的数据集成、共享和更新，可主导空间管理信息的快速更新，协助建筑资产的风险防范，形成信息管理的通畅途径。与目前的主流空间信息管理系统相比，BIM 技术在建筑资产本体与相关行为信息的管理方面具备以下特点：

（1）与 GIS 技术相比，管理范围各有侧重

GIS 技术是空间数据处理、集成和可视化最成功的技术之一。其优势在于大范围、大区域的地理分布数据的采集、储存、管理、运算、分析、显示和描述，其在建筑空间信息管理领域常用于建筑周边环境信息的宏观管理。而对于建筑本体而言，无论是采用 CAD 数据建立盒状模型，利用航空遥感图像建立逼真表面模型，利用激光扫描技术获取的 3d 点群数据建立几何表面模型，还是应用 3dmax 软件虚拟建筑模型，GIS 始终停留在建筑外部空间数据的获取和管理，而无法真正从建筑构件入手全面地管理建筑的内部信息。而 BIM 技术的特长在于从建筑本体的模型建构入手，将各类信息植入构件属性之中，建立起一套完整的建筑内外空间数据关系体系，可全面地获取、管理、展示和分析建筑的各类空间和构造特征。GIS 是管理建筑外部空间的恰当手段，BIM 则适合管理建筑内部空间数据。

（2）改进了传统数据库的管理功能

基于关系型数据库的传统建筑空间信息管理平台主要收录二维图纸、文字与照片。同一数据库的各类数据之间、不同的空间管理层级数据库之间、物业信息管理流程与数据库之间、建筑修缮更新设计与数据库之间均存在着严重的“信息孤岛”现象（指

相互之间在功能上不关联互助、信息不共享互换以及信息与业务流程和应用相互脱节的计算机应用系统)。这种二维、静态、孤立的数据系统从根本上无法实现建筑资产全生命周期管理所需的建筑工程的网上审批、建筑结构的监测与风险防范、建筑管理信息的时时更新等功能。

BIM 技术通过统一的三维数据模型，为相关数据建立了丰富的关系数据表，将如上三类信息有机整合在几何模型与构件属性之中，为比对数据、生成明细表、提取构件等查询分析活动建立有效的方式，同时，借助用户的人性化参数实时输入和更新功能，真正实现数据管理及成果表达向三维、动态、交互式的转变。

8.4.2 运营管理

现有的运营管理模式多分为专业分控系统（如楼宇自控系统 BA、火灾自动报警系统 FA、安全防范系统 SA 等），结合中央集控系统、物业管理系统等进行设备（设施）、使用空间、人流、车流等各种楼宇相关信息层面的管理。随着楼宇智能化管理模型的日益普及和深化，BIM 在设计和施工阶段所累积的建筑构件信息源，在运维管理中的建筑运营期的作用也日益增大，通过建立基于 IFC 标准的建筑物业信息模型、IFC 解析器以及数据接口，实现了建筑设计、施工与物业管理信息的共享和交换。同时应用中间件技术建立楼宇自控、楼宇安防、楼宇消防等智能子系统汇集的信息集成平台，实现了建筑设备的监控和集成管理，其系统结构如图 8-6 所示。

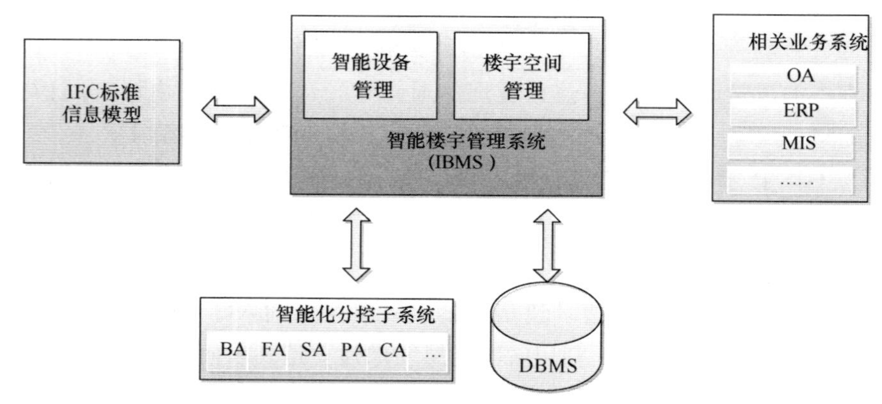

图 8-6　BIM 和 IBMS 集成

（本图见书后彩图）

所构建的系统建立 IFC 解析器，可实现对 IFC 数据文件的读取，并在系统中生成基于 IFC 标准信息模型的数据类实体，为运营提供主体管理对象。同时还可以将信息模型的数据类实体保存为 IFC 数据文件，其他系统通过读取并识别该文件内容，提取出相关的数据信息，从而实现不同系统之间的数据交换，在运营过程中实现设备、空间信息的“上传下达”，实现运营管理过程中的信息交互通路，在系统中也将以更为形象的图文视角将其合理的予以展示（图 8-7）。

根据建筑信息模型基于 IFC 标准信息模型所建的智能楼宇管理系统，将帮助楼宇运营者完成系统管理、日常维护、服务管理等运营过程，系统也将更好结合智能化设

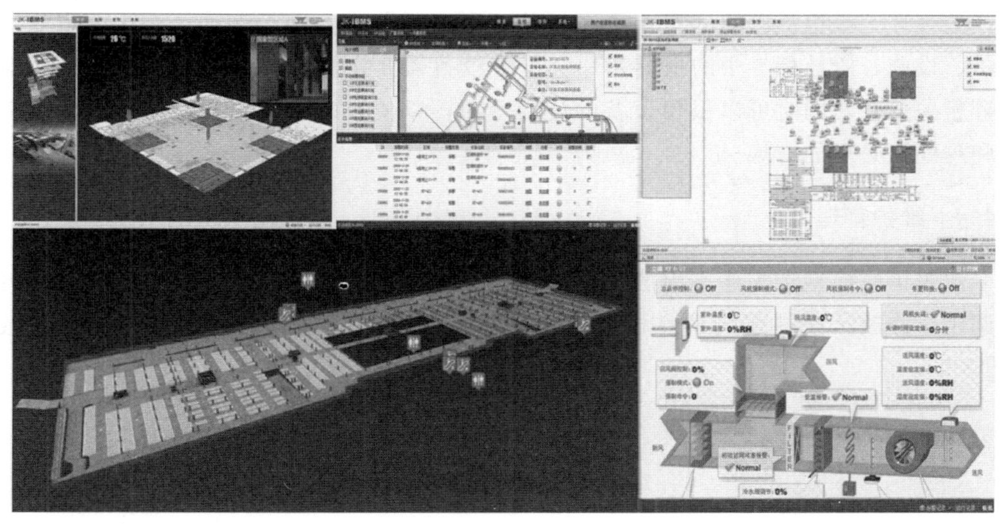

图 8-7　不同系统之间信息共享（本图见书后彩图）

备信息及建筑信息模型中对应的空间、设施信息实现设备管理及维护、设备数据实时显示、设备控制策略配置、设备任务管理、设备监控振警、日志管理、历史数据记录、设备故障预警预报、专家知识库更为具体的运营管理工作。

8.4.3　资产管理

当前的资产信息整理录入主要是由档案室的资料管理人员或录入员采取纸媒质的方式进行管理，这样既不容易保存，更不容易查阅，一旦人员调整或周期较长会出现遗失或记录不可查询等问题，造成工作效率降低和成本提高。

由于上述原因，公司、企业或个人对固定资产信息的管理正在逐渐从传统的纸质方式中脱离，不再需要传统的档案室和资料管理人员。信息技术的发展使基于 BIM 的物联网资产管理系统（图 8-8）可以通过在 RFID 的资产标签芯片中注入依用户需要的详细参数信息和定期提醒设置，同时结合三维虚拟实体的 BIM 技术使资产在智慧建筑物中的定位和相关参数信息一目了然，可以精确定位，快速查阅。

新技术的产生使二维的、抽象的、纸媒质的传统资产信息管理方式变得鲜活生动。

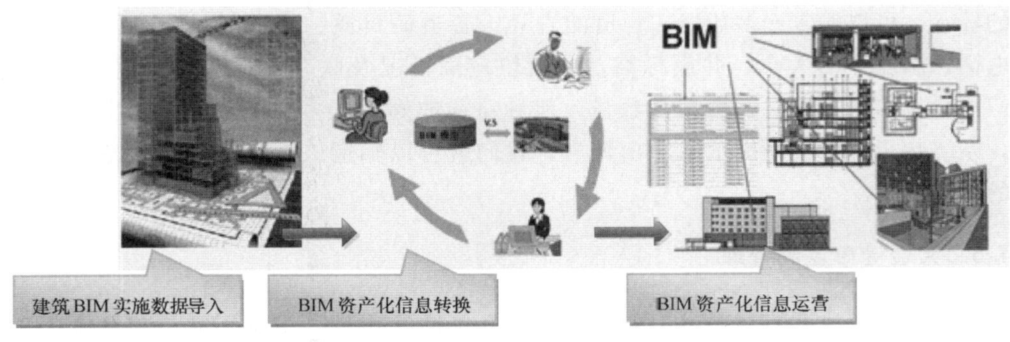

图 8-8　基于 BIM 的资产管理（本图见书后彩图）

资产的管理范围也从以前的重点资产延伸到资产的各个方面。例如，对于机电安装的设备、设施，资产标签中的报警芯片会提醒设备需要定期维修的时间以及设备维修厂家等相关信息，同时可以报警设备的使用寿命，以便及时进行更换，避免发生伤害事故和一些不必要的麻烦。

8.4.4 维护管理

建筑信息模型将为建筑内的设备（设施）维护创造一个更便捷的环境，管理者通过调用、修改、增补建筑信息模型中实体构件记录下实施过程几乎所有的关联数据（图 8-9）。

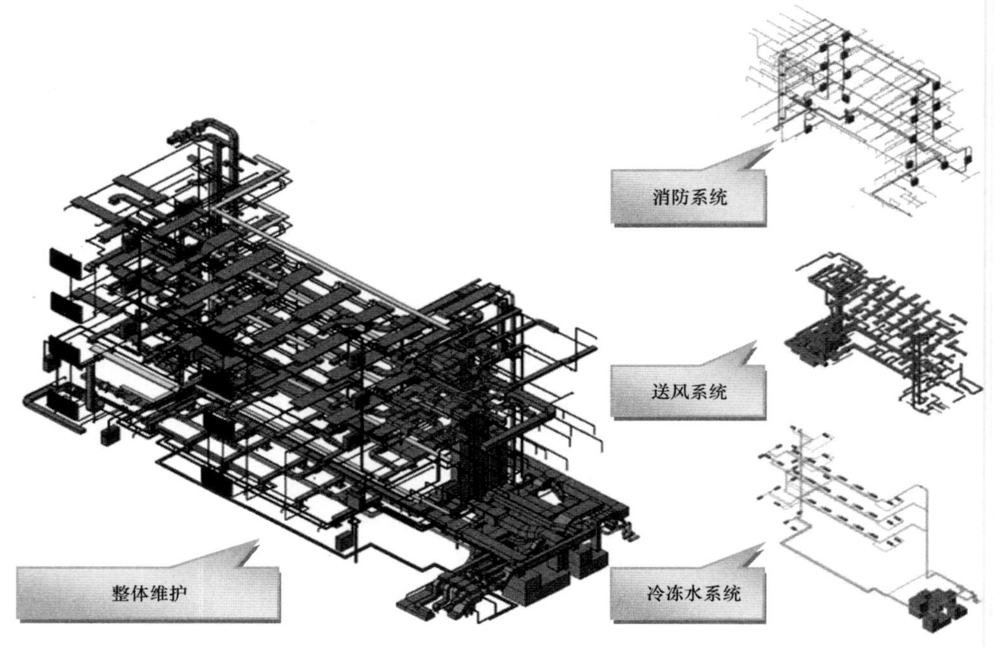

图 8-9 集成一体的 BIM 模型（本图见书后彩图）

作为一个运营管理部门对于项目设施海量数据的存储和调用有着很高的要求，同时还需要这些数据与工程信息模型构件相关联，达到创建以后可以被实时调用、统计分析、管理与共享，将给我们的管理工作带来巨大价值。简单举个例子，比如一段管道的标示，可以输入许多数据：管道的直径、管道的材质、管道的供应商情况以及联系电话，两端井的大小、井底标高，井盖供应商情况及联系电话等。通过统计分析，我们可以得出何种管材，有多少数量，何种口径的阀门有多少个，一旦其生命周期到了，系统甚至可以自动提示和发出警告，我们就可以知道该在什么时候准备多少个这样的阀门了。

8.4.5 大楼健康监测管理

在满足使用功能的前提下，如何让人们在空间使用过程中感到舒适和健康，是建筑环境领域研究的主要内容。其中，寻找室内舒适性、建筑能耗、环境保护之间的矛盾平衡点是亟待解决的问题。我们可根据空间应用方向的不同，结合已存的BIM信息内容进行建筑健康型体系的模型测算研究，在建筑全生命周期不同阶段的调整均以性能分析的结果为依据，从真正意义上构建可持续的健康型建筑。

通过建筑信息模型信息的提取，结合现有楼宇健康模型，可对建筑所在地的气象数据、舒适度与被动技术应用、采光、声环境、热环境、烟气模拟和人流聚集模拟等进行空间影响面的分析。

1. 建筑所在地气象分析

建筑信息模型中建筑物的间距、外形、高度和围护结构热工参数以及可利用的节能技术等与其所在地的气候条件关系密切。利用气象数据，通过天气分析等工具进行建筑所在地的气象分析，给予建筑运营提供执行参考数据（图8-10）。

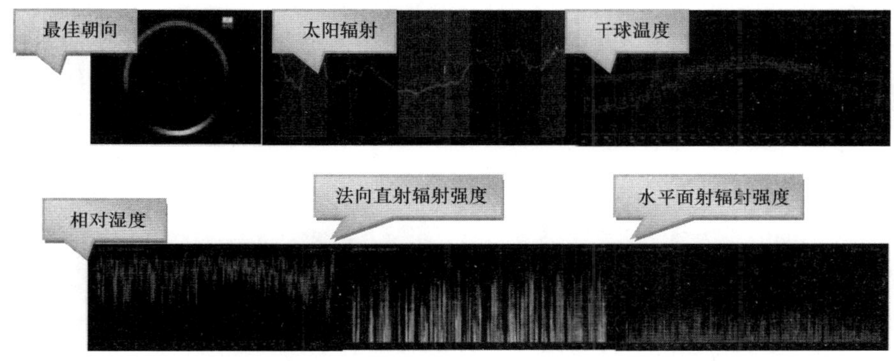

图8-10 建筑所在地气象分析

（本图见书后彩图）

2. 舒适度分析与被动技术应用分析

利用焓湿图进行室内舒适度和被动技术应用分析，结合建筑信息模型中区域空间、尺寸等信息，分析所在区域中的热舒适区间及逐日频率，根据所分析对建筑内热舒适的影响，采取相应的运营技术，对环境进行调整，以减少人员个体对空间舒适度调整的误差率（图8-11）。

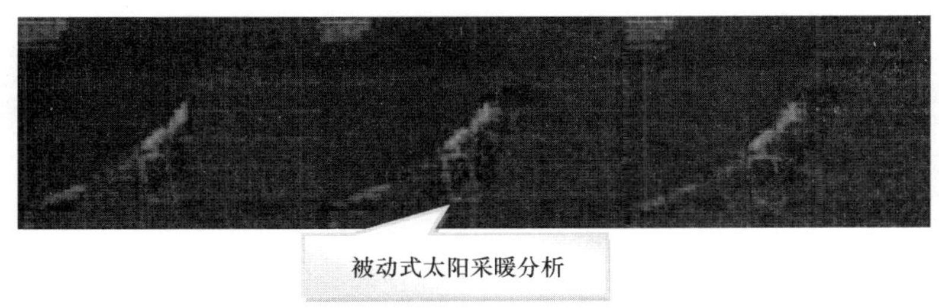

图8-11 舒适度分析

（本图见书后彩图）

3. 采光分析

根据建筑信息模型空间位置及采光构件的信息，可分析某一空间所在位置的采光条件，周边房间墙壁、窗户等对空间采光的影响等，为运营过程中提供维护光源的依据（图 8-12）。

图 8-12　采光分析（本图见书后彩图）

4. 声环境分析

根据建筑信息模型提供的空间属性信息及空间构件布置，对空间内一些对声源有严格要求的区域空间（如会议室等）在运营过程中及时对某些布局进行合理化的动态声波模拟，以避免声波发出的死角，更好地进行声场所摆设布局（图 8-13）。

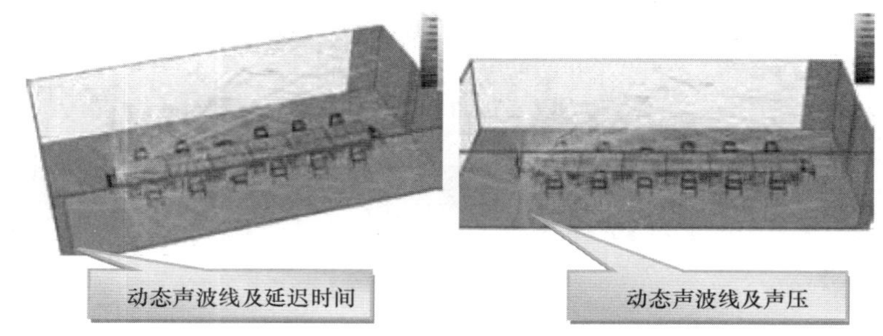

图 8-13　声环境分析（本图见书后彩图）

5. 热环境模拟

依据空间属性及设施构件构成、空间位置，对空间内的冷、热源进行在空间气流分析、二氧化碳浓度等相关布局的模拟，为特定空间内的极端热环境提供模拟预演，可协助制定运营过程中极端状况的处置预案，同时也为改善空间热环境提供依据（图 8-14）。

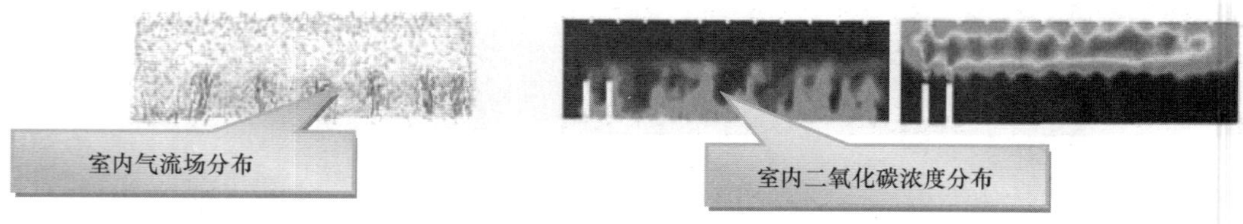

图 8-14　热环境模拟（本图见书后彩图）

6. 烟气模拟分析

结合运营应急预案，建筑信息模型将更好的协助运营管理人员完成紧急情况下的演练，火灾无疑是影响建筑内人员安全及健康的重要因素，面对火灾后引发的烟雾，以往只能通过实景的演习完成对烟雾弥漫作防范估算，目前通过建筑信息模型将更真实的虚拟出烟雾扩散及人员疏散的正确路线，以保证环境安全、人员安全

(图 8-15)。

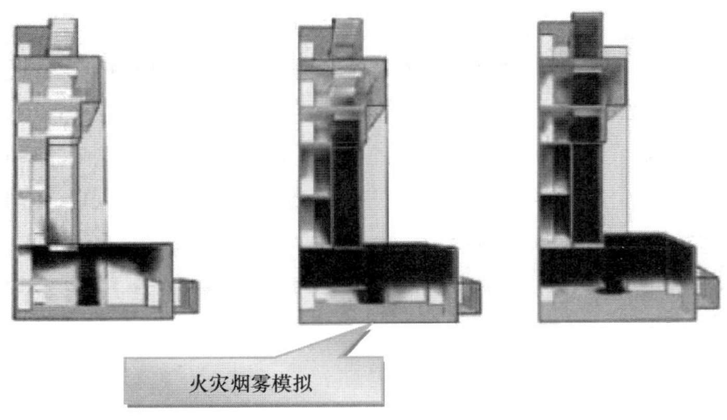

图 8-15 烟气模拟分析
(本图见书后彩图)

8.5 基于BIM的项目优化运营

8.5.1 节能优化运营

建筑节能水平低下;建筑规模大、增速快;人们对生活质量的要求不断提高,导致空调、取暖设施的广泛使用。由于后两项因素具有必然性,解决建筑能耗问题主要依靠提高建筑节能水平。

建筑信息模型将更好地协同能耗测算软件进行建筑节能化运营的计算,用来模拟建筑及系统的实际运行状况,从而预测年运行能耗,找到重要的耗能点,为节能寻找依据。一般来说,建筑能耗模拟软件主要有 4 种功能:

(1) 负荷模拟。模拟计算建筑在一定的时间段中的冷热负荷,反映建筑围护结构和外部环境、内部使用状况之间在能量方面的相互影响。

(2) 系统模拟。模拟空调系统的空气输送设备、风机盘管及控制装置等功能设备。

(3) 设备模拟。模拟为系统提供能源的锅炉、制冷机、发电设备等设备。

(4) 经济模拟。评估建筑在一定时间段为满足建筑负荷所需要的能源费用。

建筑信息模型正是用对象化的方式将建筑信息各组成部分及其相互关系按照一定的标准进行描述的数据模型,它使得建筑信息在各建筑专业间实现真正的共享成为可能。由国际协同工作联盟(IAI)开发制定的 IFC 是 BIM 的主流标准,其 2x platform 版本已被 ISO 组织接纳为 ISO 标准讨论稿(ISO/PAS 16739)。IFC 提供了一个描述建筑各方面信息的完整体系,它可以全面地描述建筑的组成和层次、建筑构件间的拓扑关系、构件的几何形状、类型定义、材料属性等全方位的信息。由于这些信息完全采用面向对象的方式进行描述和组织,所以通过相应的面向对象的程序设计,可以较为容易地萃取 IFC 标准数据(即满足 IFC 标准的数据)中的各种信息,包括能源建筑模型所需的信息。

8.5.2 优化安全模式运营

建筑信息模型数据将大大优化运营模式安全模式的调优性，在建筑本体运营的各阶段都是运营模式调优的便捷、安全的工具。运营管理过程中能直观对比各设施、各步骤的方式、方法和成效，增加运营环节的便捷性和易用性，减少各种意外因素的发生，在BIM模型中演算各种常态及临界状态下的运营模式，可以较直观地将实际操作环节中的瑕疵暴露在虚拟运行结果之中，这样既有利于运营过程各环节的规范化管理，又可以对原有模式中存在的风险有适当的估算，从而指出不合理的步骤进行修改，达到优化安全运营模式。

建筑本体运营方案的选择有一定的局限性，它主要取决于决策者的运营管理经验和知识水平，而且运营过程又都没有可模性，决定了建筑运营过程的各异性，运营管理方式在BIM信息框架下进行虚拟仿真可以直观、科学地展示不同运营方法和组织措施的效果，可以定量地完成运营工作成效的对比，真正实现运营优化；通过BIM框架还可以模拟新技术、新材料、新工艺应用后的效果，有助于管理运营全工程，能够提前发现运营管理中质量、安全等方面存在的隐患。管理人员可以采取有效的预防、加强措施，提高工程运营质量和管理效果。其效果可体现在以下几个方面：

（1）评价运营安全情况。在运营过程中出现危险事故的原因主要有人的不安全行为、物的不安全状态、环境隐患和组织管理不力等。可以根据这四个因素的重要程度进行各个方面的安全价值分析，制定不同的安全方案，达到资金与安全程度的最大优化。

（2）各种运营过程中设施的操作训练。尤其是某些重要部分中要采用先进的特种设备，而这些设备是不允许出现失误且需要不断反复的操作训练。采集BIM中相应设备（设施）的构件信息开发相应的设备模型，用户通过各种传感器及输入装置与虚拟场景的交互，使之通过虚拟的设备得到“真实”地训练。还可以观察操作过程中存在哪些不规范的操作，可以提前改正，还可以观察一些设备的操作隐患，并以此采取相应的措施预防和加强。

（3）进行按事故过程模拟。有经验的运营管理人员了解运营过程中哪些部位容易出现隐患，哪些部位容易发生事故，比如爆炸、坍塌、坠落等。利用BIM信息可协助建立安全事故发生过程三维动态仿真模型，为以后类似的事故的分析、运营管理者安全教育提供有力的工具支撑。

（4）模拟紧急逃生演练。BIM建筑信息模型体系中信息使用户和系统之间可以交换信息。通过建立建筑物的事故模型，可以训练现场人员在事故发生时的自救、逃生路线的选择和应急行动的实施，以此来降低事故发生时的损失。

（5）进行安全教育。由于基层运营工作者的文化素质参差不齐，进行书本安全知识讲解是比较困难的，应该采用各种真实的或者能引起人们兴趣的手段来保证学习的效果，如安全事故过程的仿真、设备操作的虚拟等。这样，BIM信息体和现场实时获取的工况组态就提供了很好的现场信息支撑。

建筑信息模型为安全运营提供了良好的建筑原始信息的供给，也给运营模式的调整与优化提供了完备的技术支撑，通过更广领域建筑关联信息的链接，它将帮助运营管理者更优地对建筑实施安全运营管理。

8.5.3 应急管理

基于建筑信息模型技术的优势是在于管理没有任何盲区。作为人流聚集区域，突发事件的响应能力非常重要。传统的突发事件处理仅仅关注响应和救援，而全信息化运维对突发事件管理包括：预防、警报和处理。

以消防事件为例，基于BIM的运营管理系统可以通过喷淋感应器感应信息；如果发生着火事故，在建筑的信息模型界面中，就会自动进行火警警报；着火的三维位置和房间立即进行定位显示；控制中心可以及时查询相应的周围情况和设备情况，为及时疏散和处理提供信息支撑。类似的还有水管、气管爆裂等突发事件，通过BIM系统我们可以迅速定位控制阀门的位置。避免了在一屋子图纸中寻找资料，甚至还找不到资料。如果不及时处理，将酿成灾难性事故。

8.6 项目运营、BIM与物联网

物联网在楼宇智能管理、物业管理和建筑物的运行维护方面将发挥更大的作用。仅从建筑物外表我们不可能了解其真面目，因为有许多管线都是隐蔽在楼板和墙体中，众多开关阀门遍布于建筑物的各个角落，如果没有图纸你要找到某个阀门几乎是不可能的，特别是一些复杂结构的建筑，而图纸一般都保存在档案馆内，要去查阅，手续是极为麻烦的，那么我们有什么好的办法实现对楼宇内相关物体的即时查找和定位呢？只有把建筑物数字化，建立整个建筑信息模型，才能实现更有效的管理。BIM是物联网应用的基础数据模型，是物联网的核心和灵魂，正如BIM是ERP基础数据一样，物联网应用不能脱离BIM。没有BIM，物联网的应用就会受到限制，就无法深入到建筑物的内核，因为许多构件和物体是隐蔽的，存在于肉眼看不见的深处，只有通过BIM模型才能一览无遗，展示构件的每一个细节。这个模型是三维可视和动态的，涵盖了整个建筑物中所有信息，然后与楼宇控制中心集成关联。在整个建筑物生命周期中，建筑物运行维护的时间段最长，所以建立建筑信息模型显得尤为重要和迫切。建筑信息模型目前在设计阶段应用较多，但还没进入建造和运维阶段的应用。一旦在建造和运维阶段得到应用将产生极大的价值。

BIM与物联网二者的结合，将智能建筑提升到智慧建筑新高度，开创智慧建筑新时代，是建筑业下一个重要发展方向。

“物联网”概念的问世，将彻底颠覆之前的传统思维方式。过去的思路一直是将物理基础设施和IT基础设施分开：一方面是建筑物、公路等，而另一方面是数据中心、网络等。而在“物联网”时代，把感应器等芯片嵌入和装备到铁路、桥梁、隧道、公路、建筑、供水系统、电网、大坝、油气管道、钢筋混凝土、管线等各种物体中，然后将“物联网”与现有的互联网整合为统一的基础设施，实现人类社会与物理系统的整合，达到对整合网络内的人员、机器、设备和基础设施实施实时的管理和控制的目的。物联网就是把物体数字化，在此意义上，基础设施更像是一块新的地球工地，世界的运转就在它上面进行，其中包括经济管理、生产运行、社会管理乃至个人生活等方方面面。

参 考 文 献

[1] 宾夕法尼亚州州立大学，美国 buildingSMART 联盟（bSa-buildingSMART alliance）．“BIM Project Execution Planning Guide Version 2.0”．

[2] 何关培，等．BIM 总论［M］．北京：中国建筑工业出版社．

[3] 何关培谈 BIM 博客：http：//blog. sina. com. cn/heguanpei

[4] website：www. facilityone. com

[5] http：//www. wbdg. org/resources/cobie. php

[6] http：//www. buildingsmartalliance. org/index. php/projects/cobie

[7] http：//www. buildingsmartalliance. org/index. php/projects/activeprojects/25

[8] http：//www. agc. org/cs/industry _ topics/technology/agc _ xml

9 BIM 工具与应用环境

9.1 BIM 工 具

BIM 可以在项目生命周期的全过程进行应用，也可以在项目的某个或某些阶段进行应用，甚至是在某些阶段的某些单项任务或功能进行应用。因此，需要根据项目的具体情况，选择合适的 BIM 工具。

由于目前 BIM 工具比较多，不同的软件公司开发的 BIM 软件工具，其数据格式不尽相同，即使是同一个软件公司开发的不同 BIM 工具，其数据格式也有可能不相同。

因此，当项目在不同阶段或相同阶段的不同任务应用时，由于采用工具的不同导致数据格式不统一时，需要考虑数据之间的传递和转换，以确保应用的协调和延续。

9.1.1 项目阶段与常用 BIM 工具

工程建设项目的全生命周期各阶段，相关的软件工具很多，除了 BIM 建模、可视化和模型应用部分的软件外，相关的计算、分析软件出现和应用时间普遍早于 BIM 建模软件，所以，在没有 BIM 建模软件工具出现之前，这类计算、分析软件基本都是自带建模功能或借助 3D 建模软件来完成，随着 BIM 技术的发展和普及应用，以往的计算、分析软件也开始逐步提供与 BIM 软件的接口，实现 BIM 模型到计算、分析软件的链接。表 9-1 列举的是常用的 BIM 建模、可视化和模型应用软件，表 9-2 列举的是常用的计算、分析软件。

常用 BIM 建模、可视化和应用软件 **表 9-1**

软件工具			设计阶段			施工阶段				运维阶段		
公司	软件	专业功能	方案设计	初步设计	施工图	施二投标	施工组织	深化设计	项目管理	设施维护	空间管理	设备应急
Trimble	SketchUp	造型	●	●								
Robert McNeel	Rhino	造型	●	●				○				
AutoDesSys	Bonzai3D	造型	●	●				○				
Autodesk	Revit	建筑 结构 机电	●	●	●	●	●	●				
	Showcase	可视化	●	●								
	NavisWorks	协调管理		●	●	●	●	●	●	○	○	○
	Civil 3D	地形 场地 道路		●	●	●	●					

续表

软件工具			设计阶段			施工阶段				运维阶段		
公司	软件	专业功能	方案设计	初步设计	施工图	施工投标	施工组织	深化设计	项目管理	设施维护	空间管理	设备应急
Graphisoft	ArchiCAD	建筑	●	●	●	●	●	●				
Progman Oy	MagiCAD	机电		●	●	●	●	●				
Bentley	AECOsim Building Designer	建筑结构机电	●	●	●	●	●	●				
	ProSteel	钢构			●			●				
	Navigator	协调管理		●	●	●	●	●	●			
	ConstructSim	建造				●	●					
	Facility Manager	运维								●	●	
Trimble	Tekla Structure	钢构		●	●	●	●	●				
FORUM 8	UC-win/Road	仿真	●	●		●	●			●		●
Nemetschek	VectorWorks Architect	建筑	●	●	●							
Gehry Technologies	Digital Project	建筑结构机电	●	●	●	●	●	●				
Solibri	Model Checker	检查	●	●	●						○	
	Model Viewer	浏览	●	●	●	●	●		●	○	○	
	IFC Optimizer	IFC优化	●	●	●	●	●	●	●	○	○	
	Issue Locator	审阅	●	●	●	●	●	●				
ArchiBus	ArchiBus	运维								●	●	●

注：表中"●"为主要或直接应用，"○"为次要应用或需要定制、二次开发。

常用的计算、分析软件 **表 9-2**

软件工具			设计阶段			施工阶段				运维阶段		
公司	软件	专业功能	方案设计	初步设计	施工图	施工投标	施工组织	深化设计	项目管理	设施维护	空间管理	设备应急
Autodesk	Ecotect Analysis	性能	●	●								
	Robot Structural Analysis	结构	●	●	●		●	●				
CSI	ETABS	结构	●	●	●		●	●				
	SAP2000	结构										
MIDAS IT	MIDAS	结构	●	●	●		●	●				

续表

软件工具			设计阶段			施工阶段				运维阶段		
公司	软件	专业功能	方案设计	初步设计	施工图	施工投标	施工组织	深化设计	项目管理	设施维护	空间管理	设备应急
Bentley	AECOsim Energy simulator	能耗	●	●	●							
	Hevacomp	水力 风力 光学	●	●	●							
	STAAD. Pro	结构	●	●	●							
ANSYS	Fluent	风力	●	●	●							
Mentor Graphics	FloVENT	风力	●	●	●							
Brüel & Kjær	Odeon	声学	●	●	●							
AFMG	EASE	声学	●	●	●							
LBNL	Radiance	光学	●	●	●							
IES	ApacheLoads	冷热负载	●	●	●							
	ApacheHVAC	暖通	●	●	●							
	ApacheSim	能耗	●	●	●							
	SunCast	日照	●	●	●							
	RadianceIES	照明	●	●	●							
	MacroFlo	通风	●	●	●							

9.1.2 BIM 软件数据交换

BIM 建模和相关的计算、分析软件很多，即使在一个项目里也可能需要多个 BIM 建模软件进行建模，涉及的计算、分析软件和 BIM 模型应用软件就更多了，如何实现图 9-1 所示的三大类软件数据间的交换，是目前 BIM 应用必须解决的问题。

目前主要的数据交换有几下几种：

（1）计算、分析软件开发相应的 BIM 建模软件的数据转换插件，在建模环境中读取模型信息直接生成计算、分析软件自己的数据格式进行计算（图 9-2），有些软件还可以把计算结果直接返回到 BIM 模型里，对模型进行自动的更新，实现双向的交互（图 9-2 中虚线箭头）；

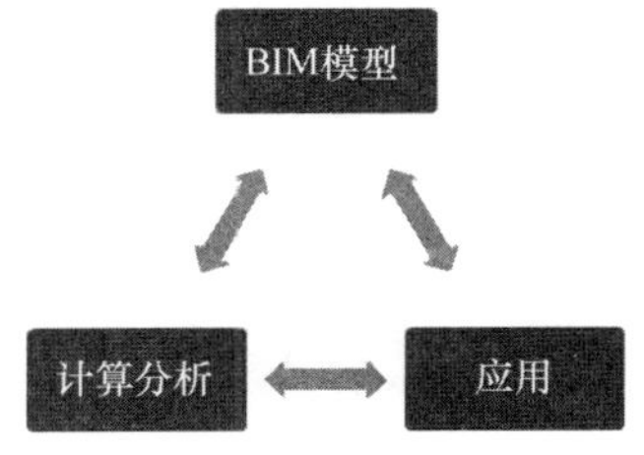

图 9-1　三类软件数据交换

（2）BIM 建模软件输出为国际标准数据格式 IFC 文件或一些软件厂商联盟标准格式文件（gbXML），计算、分析软件读取 IFC 文件后转换为计算、分析软件自己的数据格式进行计算（图 9-3），这种方式数据流基本上是单向的，如果计算、分析后需要模型的更新，通常需要手工对模型进行更新。

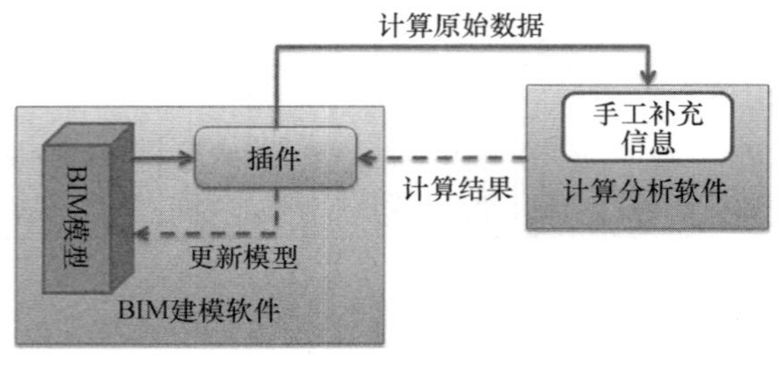

图 9-2　BIM 建模软件计算
（本图见书后彩图）

（3）有些计算、分析软件没有针对 BIM 模型进行模型数据的转换开发，只能通过 BIM 建模软件输出为流行的图形格式，例如 DWG、DXF、DGN、SAT、3DS 等传统的三维模型格式，计算、分析软件读取这类数据是纯三维模型，并不包含工程信息，还需要通过手工方式在计算、分析软件里添加相应的工程信息才能满足计算、分析软件的要求（图 9-4）。

（4）应用软件，主要是利用 BIM 模型和计算、分析软件的结果进行相应的应用，除了 BIM 的模型和一些相关的计算分析结果，通常还需要结合传统的数据库，组成一个应用管理系统（图 9-5）。

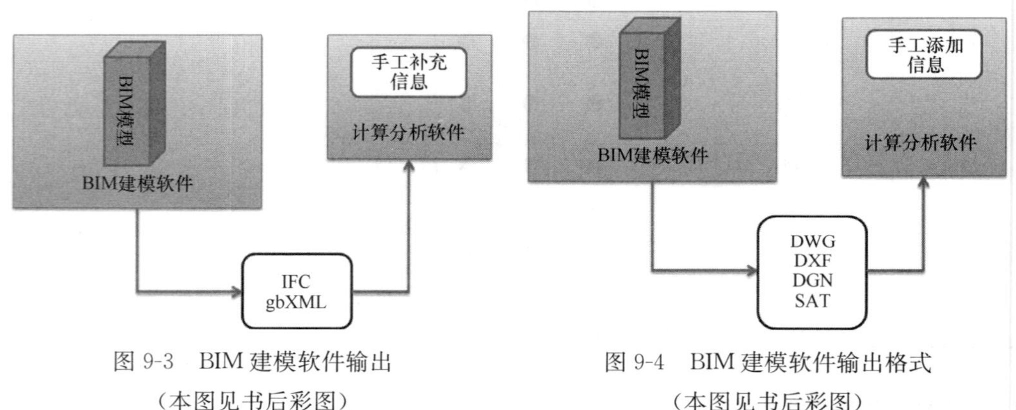

图 9-3　BIM 建模软件输出
（本图见书后彩图）

图 9-4　BIM 建模软件输出格式
（本图见书后彩图）

也有一些应用管理程序开发相应的 BIM 建模软件的数据转换插件，可以把需要的信息提取到应用管理系统中，以减少手工信息的补充工作量（图 9-6）。

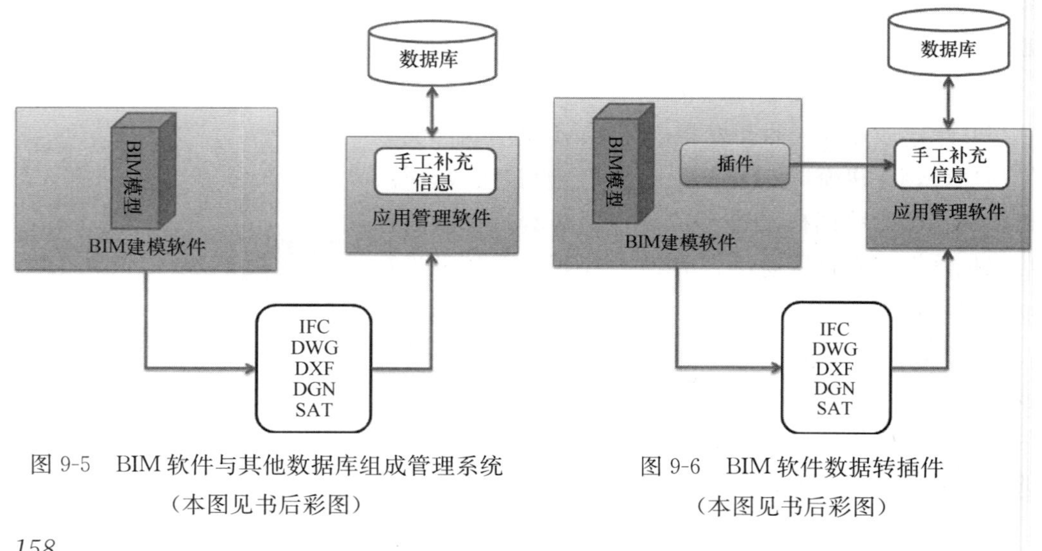

图 9-5　BIM 软件与其他数据库组成管理系统
（本图见书后彩图）

图 9-6　BIM 软件数据转插件
（本图见书后彩图）

9.1.3 常用 BIM 工具

本节介绍国内比较常用的几款 BIM 软件。

1. Revit

Autodesk Revit 最早是一家名为 Revit Technology 公司于 1997 年开发的三维参数化建筑设计软件。Revit 的原意为：Revise immediately，意为“所见即所得”。2002 年，美国 Autodesk 公司以 2 亿美元收购了 Revit Technology，从此 Revit 正式成为 Autodesk 三维解决方案产品线中的一部分。经过数年的开发和发展，已经成为全球知名的三维参数化 BIM 设计平台。

(1) 基本术语和概念

Revit 是三维参数化建筑设计 CAD 工具，不同于大家熟悉的 AutoCAD 绘图系统。用于标识 Revit 中的对象的大多数术语或者概念都是常见的行业标准术语。但是，一些术语对 Revit 来讲是唯一的，了解这些术语或者基本概念非常重要。

①参数化。

参数化设计是 Revit 的一个重要特征，它分为两个部分：参数化图元和参数化修改引擎。Revit 中的图元都是以构件的形式出现，这些构件是通过一系列参数定义的。参数保存了图元作为数字化建筑构件的所有信息。举个例子来说明 Revit 中参数化的作用：当建筑师需要指定墙与门之间的距离为 200mm 的墙垛时，可以通过参数关系来“锁定”门与墙的间隔。

参数化修改引擎则允许用户对建筑设计时任何部分的任何改动都可以自动修改其他相关联的部分。例如，在立面视图中修改了窗的高度，Revit 将自动修改与该窗相关联的剖面视图中窗的高度。任一视图下所发生的变更都能参数化的、双向的传播到所有视图，以保证所有图纸的一致性，无须逐一对所有视图进行修改，从而提高了工作效率和工作质量。

②项目与项目样板。

Revit 中，所有的设计信息都被存储在一个后缀名为“.rvt”的 Revit“项目”文件中。在 Revit 中，项目就是单个设计信息数据库—建筑信息模型。项目文件包含了建筑的所有设计信息（从几何图形到构造数据），包括建筑的三维模型，平、立、剖面图及节点视图、各种明细表、施工图纸以及其他相关信息。这些信息包括用于设计模型的构件、项目视图和设计图纸。通过使用单个项目文件，Revit 令您不仅可以轻松地修改设计，还可以使修改反映在所有关联区域（平面视图、立面视图、剖面视图、明细表等）中。仅需跟踪一个文件同样还方便了项目管理。

当在 Revit 中新建项目时，Revit 会自动以一个后缀名为“.rte”的文件作为项目的初始条件，这个“.rte”格式的文件称为“样板文件”。Revit 的样板文件功能同 AutoCAD 的 .dwt 相同。样板文件中定义了新建的项目中默认的初始参数。例如，项目默认的度量单位、默认的楼层数量的设置、层高信息、线型设置、显示设置等。Revit 允许用户自定义自己的样板文件的内容，并保存为新的 .rte 文件。

③标高。

标高是无限水平平面，用作屋顶、楼板和天花板等以层为主体的图元的参照。标高大多用于定义建筑内的垂直高度或楼层。您可为每个已知楼层或建筑的其他必需参照（如第二层、墙顶或基础底端）创建标高。要放置标高，必须处于剖面或立面视图中。图 9-7 显示了贯穿三维视图切割的“标高 2”工作平面，及其旁边相应的楼层平面。

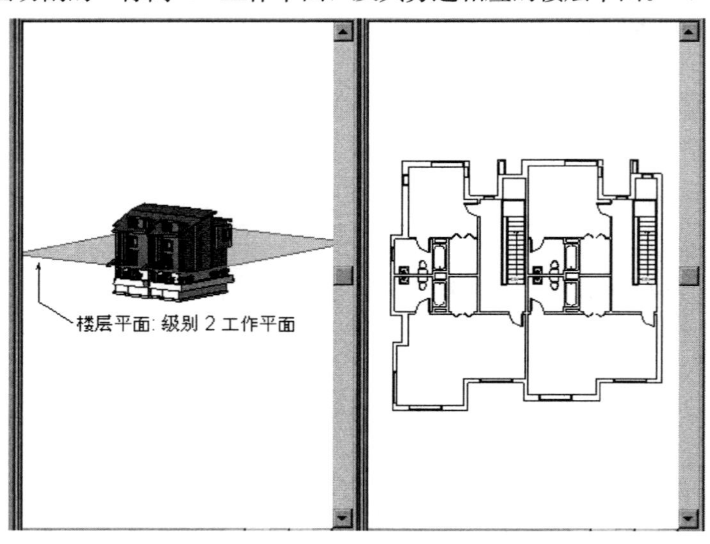

图 9-7 “标高 2”工作平面

（本图见书后彩图）

④图元

在创建项目时，可以向设计中添加参数化建筑图元。Revit 按照类别、族和类型对图元进行分类（图 9-8）。

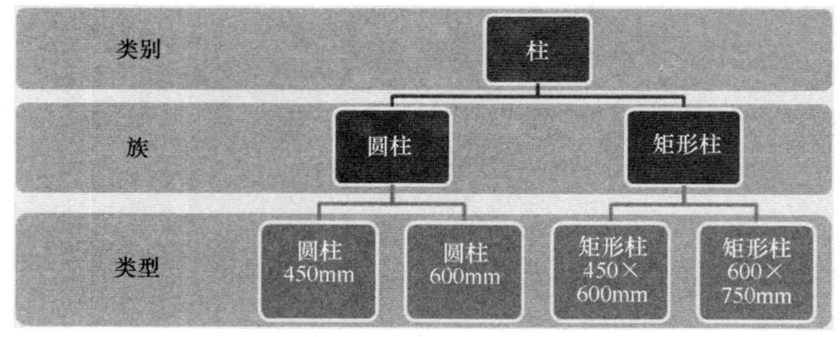

图 9-8 图元分类

（本图见书后彩图）

⑤族

Revit 中进行设计时，基本的图形单元被称为图元，例如在项目中建立的墙、门、窗、文字、尺寸标注等都被称为图元。所有这些图元都是使用“族”（Family）来创建的。可以说族是 Revit 的设计基础。“族”中包括许多可以自由调节的参数，这些参数记录着图元在项目中的尺寸、材质、安装位置等信息。修改这些参数可以改变图元的尺寸、位置等。

Revit 使用以下类型的族：

可载入的族可以载入到项目中，并根据族样板创建。可以确定族的属性设置和族的图形化表示方法。

系统族不能作为单个文件载入或创建。Revit 预定义了系统族的属性设置及图形表示。

可以在项目内使用预定义类型生成属于此族的新类型。例如，标高的行为在系统中已经预定义。但您可以使用不同的组合来创建其他类型的标高。系统族可以在项目之间传递。

内建族用于定义在项目的上下文中创建的自定义图元。如果您的项目需要不希望重用的独特几何图形，或者您的项目需要的几何图形必须与其他项目几何图形保持众多关系之一，请创建内建图元。由于内建图元在项目中的使用受到限制，因此每个内建族都只包含一种类型。您可以在项目中创建多个内建族，并且可以将同一内建图元的多个副本放置在项目中。与系统和标准构件族不同，您不能通过复制内建族类型来创建多种类型。

(2) 软件界面

Revit 采用了全新的工作界面（图 9-9），该界面被称为 Ribbon（功能区）界面，它最早被微软应用在 Office 2007 系列产品中。Ribbon 界面不再使用传统的 Windows 应用程序的菜单和工具栏，它将按工作任务和流程，将软件的各功能按任务组织在不同的选项卡和面板之中。鼠标单击选项卡的名称，可以在各选项卡中进行切换，每个选项卡中都包括一个或多个由各种工具组成的面板，每个面板都会在下方显示该面板的名称。单击面板上的工具，可以执行该工具。

(3) 基本操作

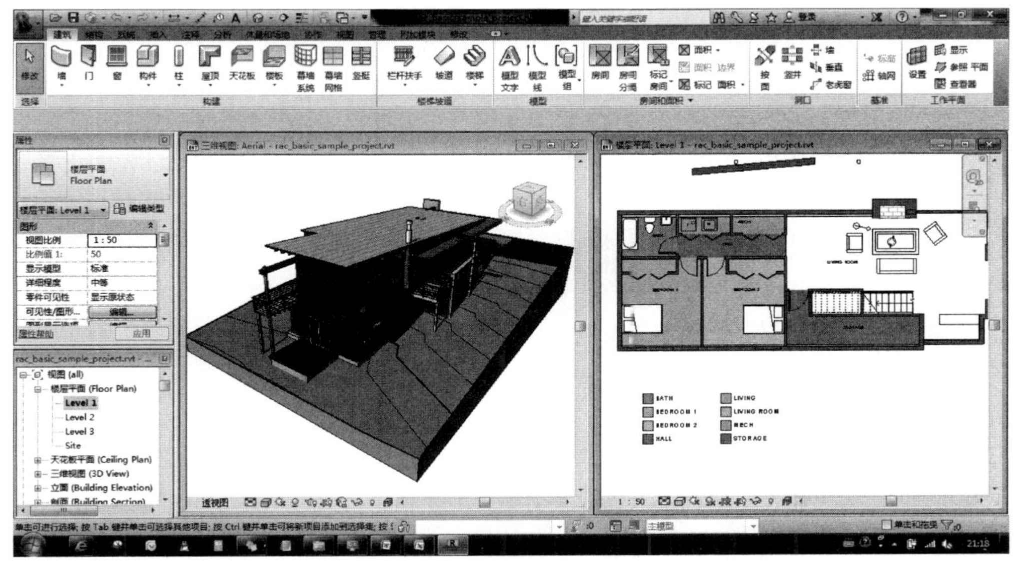

图 9-9 Revit 软件界面

（本图见书后彩图）

Revit 在操作流程上有它特定的一些方式，Revit 建立的 BIM 模型是以工程对象为基本单元，所以对象之间还存在一定的逻辑关系，例如门窗要放置在墙体内，柱放置在轴网上后，可以随轴网的移动进行联动等。图 9-10 是 Revit 的基本操作流程。

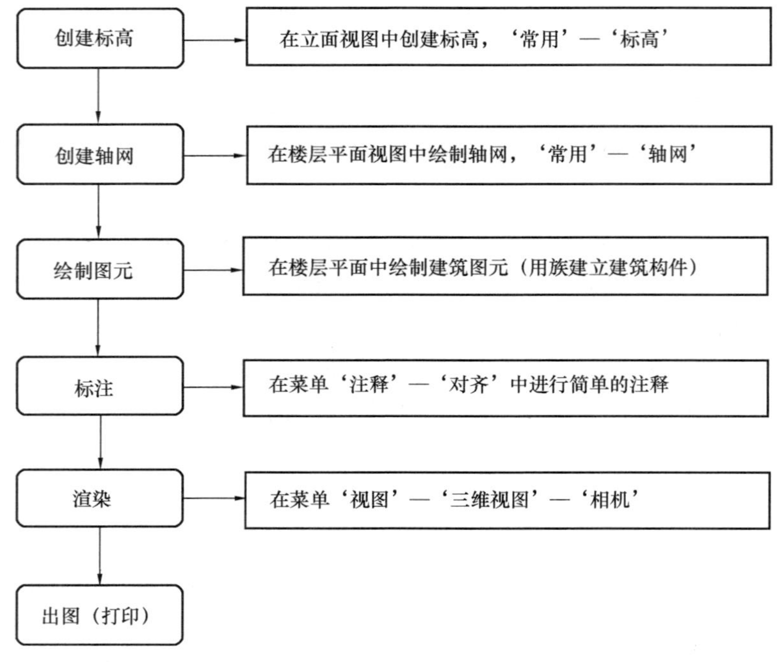

图 9-10　Revit 操作流程

（4）Revit 之建筑专业

Revit Architecture 是 Revit 系列软件中针对广大建筑设计师和工程师开发的三维参数化建筑设计软件。利用 Revit Architecture，可以让建筑师在三维设计模式下，方便的推敲设计方案、快速表达设计意图、创建三维 BIM 模型，并以 BIM 模型为基础，自动生成所需的建筑施工图档，完成概念到方案，最终完成整个建筑设计过程。由于 Revit Architecture 功能强大，且易学易用，目前已经成为国内使用最多的三维参数化建筑设计软件（图 9-11）。

Revit Architecture 适用于各行业的建筑设计专业。例如，在民用建筑设计中，可以利用 Revit Architecture 完成建筑专业从方案、扩初至施工图阶段的全部设计内容。除民用建行业外，Revit Architecture 系列软件已经深入应用在石油石化、水利电力、冶金等多个行业，完成各行业内的土建专业各阶段设计内容。

（5）Revit 之结构专业

Revit Structure 是面向结构工程师的建筑信息模型应用程序。它可以帮助结构工程师创建更加协调、可靠的模型，增强各团队间的协作。并可与流行的结构分析软件（如 Robot Structural Analysis Professional、Etabs、Midas 等）双向关联。强大的参数化管理技术有助于协调模型和文档中的修改和更新。它具备 Revit 系列软件的自动生成平、立、剖面图档、自动统计构件明细表、各图档间动态关联等所有特性。除此之外，

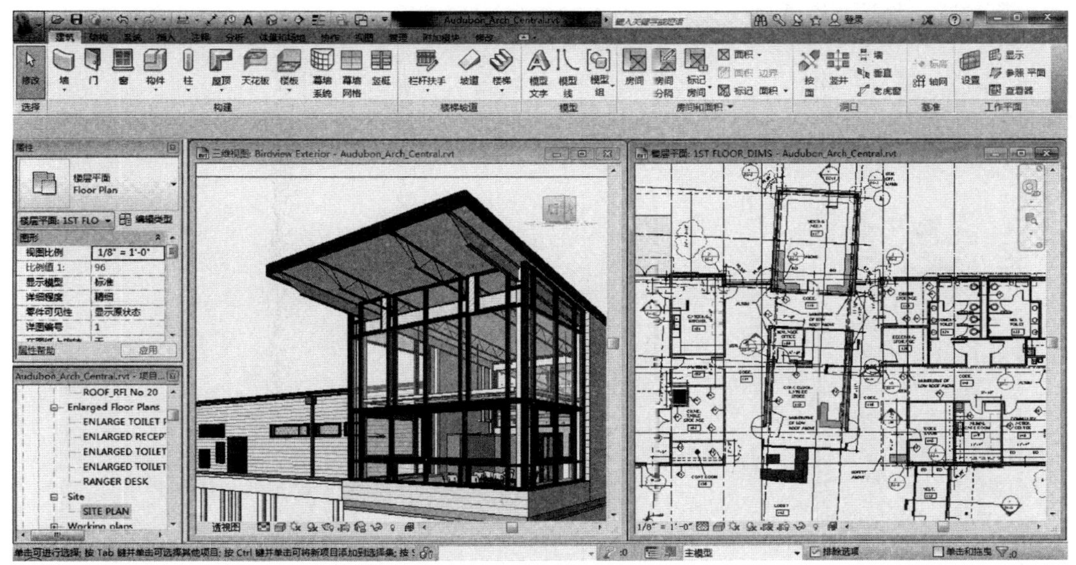

图 9-11 Revit 用于建筑设计

（本图见书后彩图）

还具有专为结构设计师专用的特性。

除 BIM 模型外，Revit Strcuture 还为结构工程师提供了分析模型及结构受力分析工具，允许结构工程师灵活处理各结构构件受力关系、受力类型等。Revit Structure 结构分析模型中包含有荷载、荷载组合、构件大小，以及约束条件等信息，以便在其他行业领先的第三方的结构计算分析应用程序当中使用。Autodesk 公司已与世界领先的建筑结构计算和分析软件厂商达成战略合作，Revit Structure 中的结构模型，可以直接导入到其他结构计算软件中，并且可以读取计算程序的计算结果，修正 Revit Structure 模型（图 9-12）。

Revit Structure 为结构工程师提供了非常方便的钢筋绘制工具。可以绘制平面钢筋、截面钢筋以及处理各种钢筋折弯、统计等信息。在 2010 版本之后，提供了快速生成梁、柱、板等结构构件的钢筋生成插件（图 9-13），高效建立构件的钢筋信息模型。

（6）Revit 之机电专业

Revit MEP（MEP：Mechanical Electrical Plumbing）是面向机电工程师的建筑信息模型应用程序。Revit MEP 以 Revit 为基础平台，针对机设备、电工和给水排水设计的特点，提供了专业的设备及管道三维建模及二维制图工具。它通过数据驱动的系统建模和设计来优化设备与管道专业工程，能够让机电工程师以机电设计过程的思维方式展开设计工作。

Revit MEP 提供了暖通、通风设备和管道系统建模、给水排水设备和管道系统建模、电力电路及照明计算等一系列专业工具并提供智能的管道系统分析和计算工具，可以让机电工程师快速完成机电 BIM 三维模型，并可将系统模型导入 Ecotect Analysis、IES 等能耗分析和计算工具中进行模拟和分析（图 9-14）。

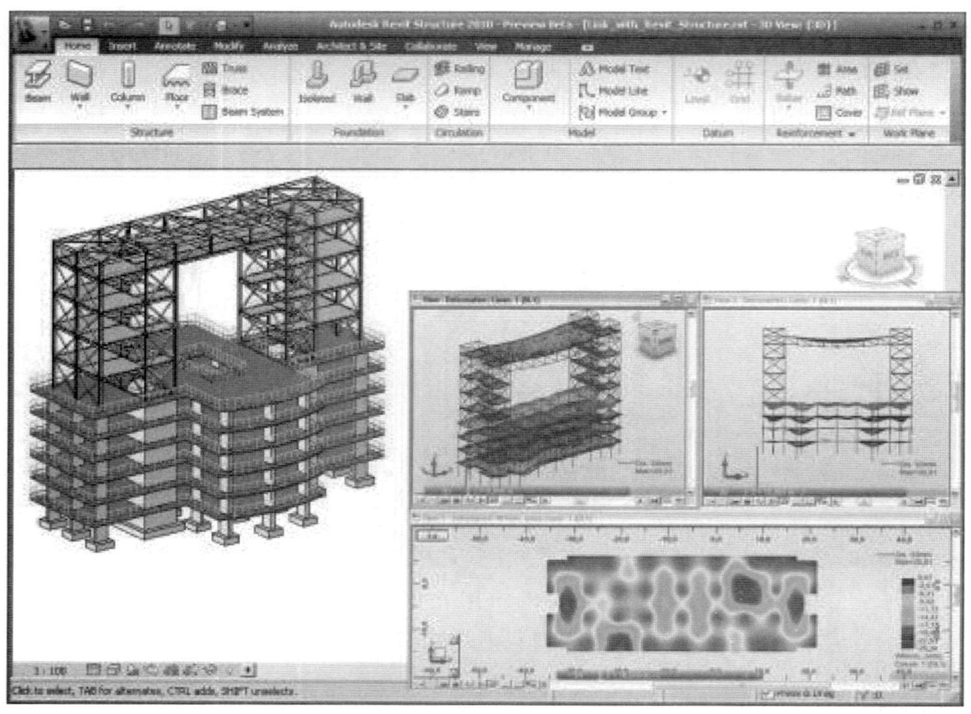

图 9-12　Revit 用于结构设计

（本图见书后彩图）

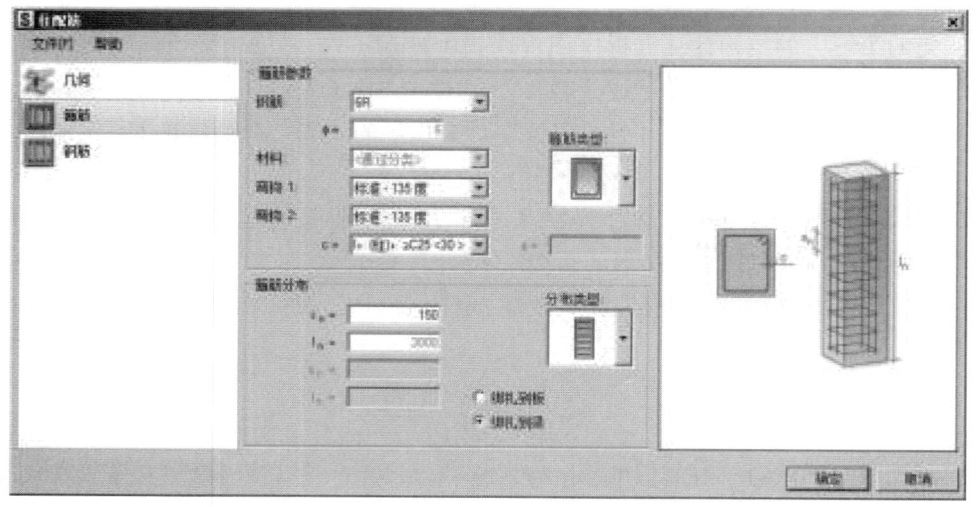

图 9-13　Revit 钢筋建模

（本图见书后彩图）

2. NavisWorks

NavisWorks 是由 Tim Wiegand 博士于 20 世纪 90 年代中期在剑桥大学开发的，当初开发的目的在于让用户能浏览各种 3D 文件格式和 3D 模型。Autodesk 于 2007 年收购 NavisWorks，此前 NavisWorks 在 AEC 和工厂设计的三维协同、校审领域占有绝对领先的地位。

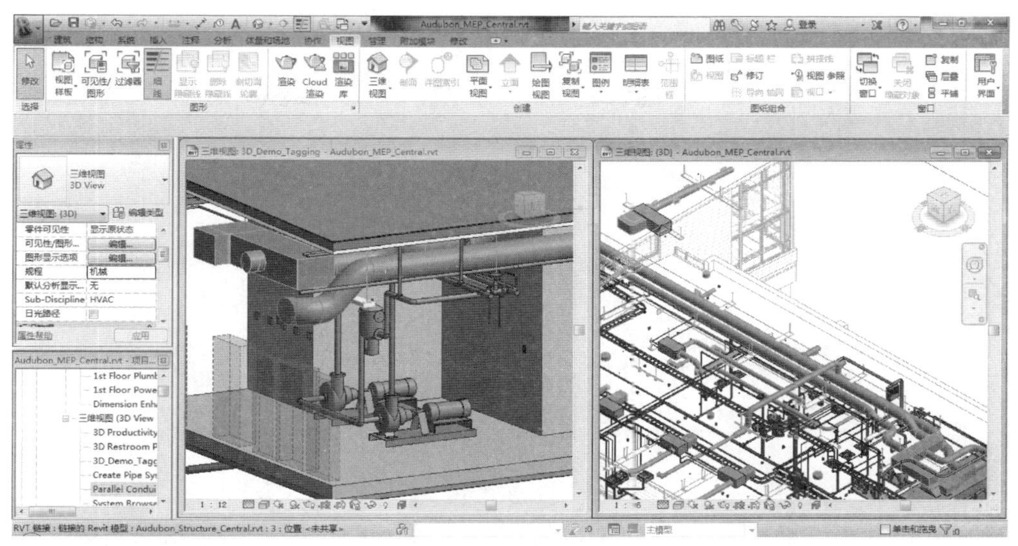

图 9-14　Revit 机电建模（本图见书后彩图）

Autodesk NavisWorks 产品能够实时提供整体项目视图，以支持高效三维协作、四维规划、照片级可视化、动态仿真与精确分析。NavisWorks 能够将各类模型的可视化、精确的设计复用、四维施工进度表与强大的碰撞检测等工作在项目中无缝结合，确保所有项目相关人员在创建、查看与审阅三维模型时使用一致的数据（图 9-15）。

图 9-15　Navis Works 提供的整体视图（本图见书后彩图）

（1）模型整合（见图 9-16）

① 将设计、施工和其他项目数据组合到单个集成项目模型中。

② 支持众多主要的二维和三维设计或激光扫描文件格式。

③ 可以集成所有项目模型，甚至是最大的数据集。

④ 从原设计文件中读取智能数据，并随模型一同查看。

⑤ 从外部数据库实时导入数据并在模型中展示。

（2）模型可视化与实时漫游

Navisworks 可以制作逼真的三维动画和图像，用于项目展示。自定义和配置每个渲染环节，包括材质、照明、背景和渲染样式（图 9-17）。使用环境背景来添加真实场

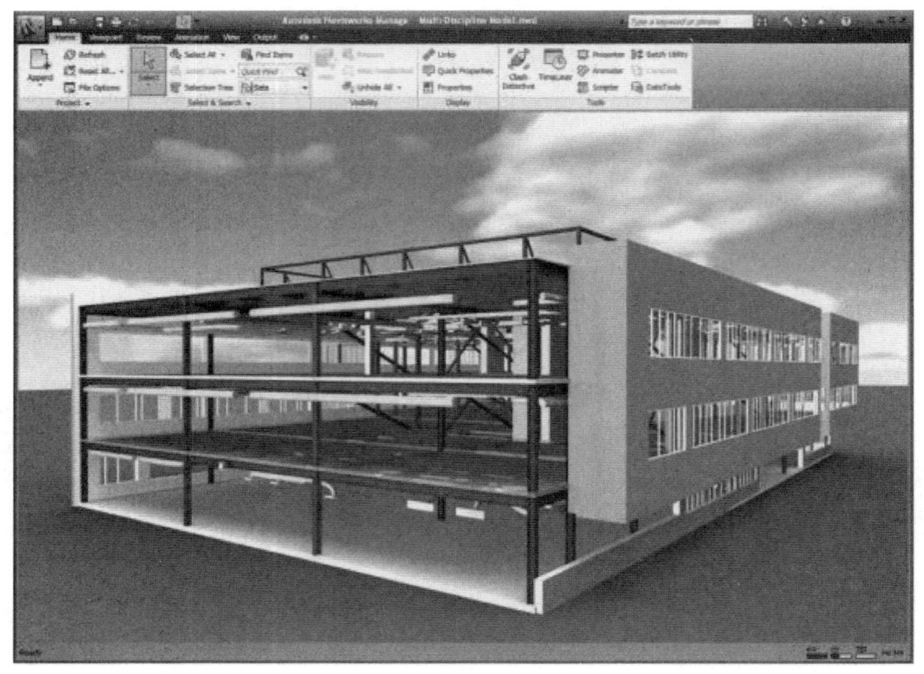

图 9-16　各专业模型整合（本图见书后彩图）

图 9-17　实时漫游（本图见书后彩图）

景。从超过 1000 个内置材质中来挑选创建照片级效果。在场景中添加丰富的照片级内容（RPC），如人物和树。借助 HDRI 光线功能，添加平滑的阴影和自然光照效果。实时着色器支持 OpenGL 2.0 着色语言，支持您能制作实时的光线和阴影效果。散光功能可以创建出逼真的夜景图像。支持您使用含有透明度的 PNG 文件创建自己的透明材质。

（3）审核工具

审核工具（图 9-18）包含一组工具，能够优化整体项目的审核。测量距离、面积和角度。保存、组织和共享设计方案的相机视图，并将其导入图像或报告中。添加截面图和剖面图，以此近距离地检查细节。

（4）NWD 和 DWF 发布（图 9-19）

为完整项目视图发布整个项目。以单一的可发布 NWD 或 DWF™文件发布并共享

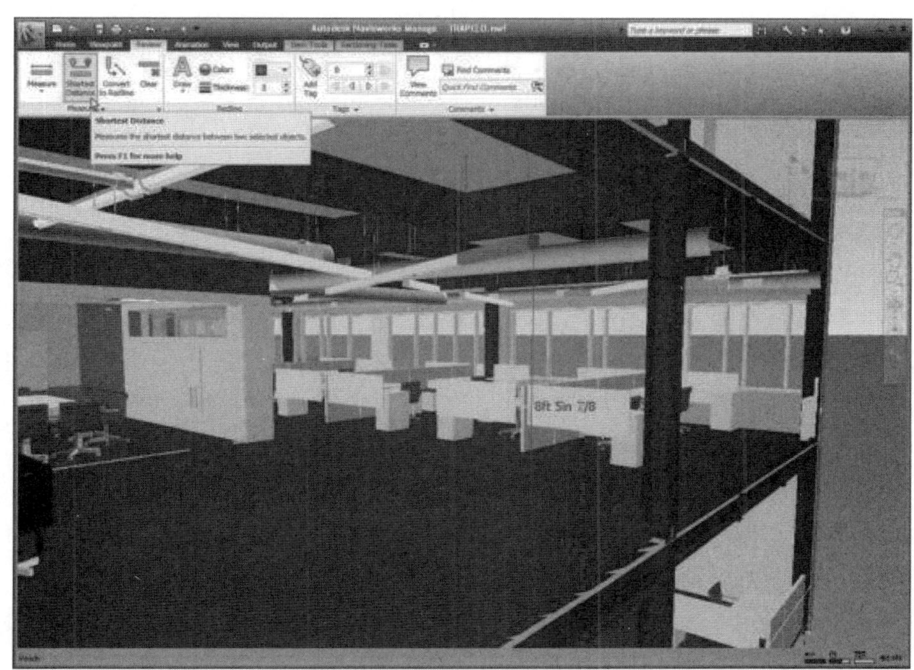

图 9-18　审核工具
（本图见书后彩图）

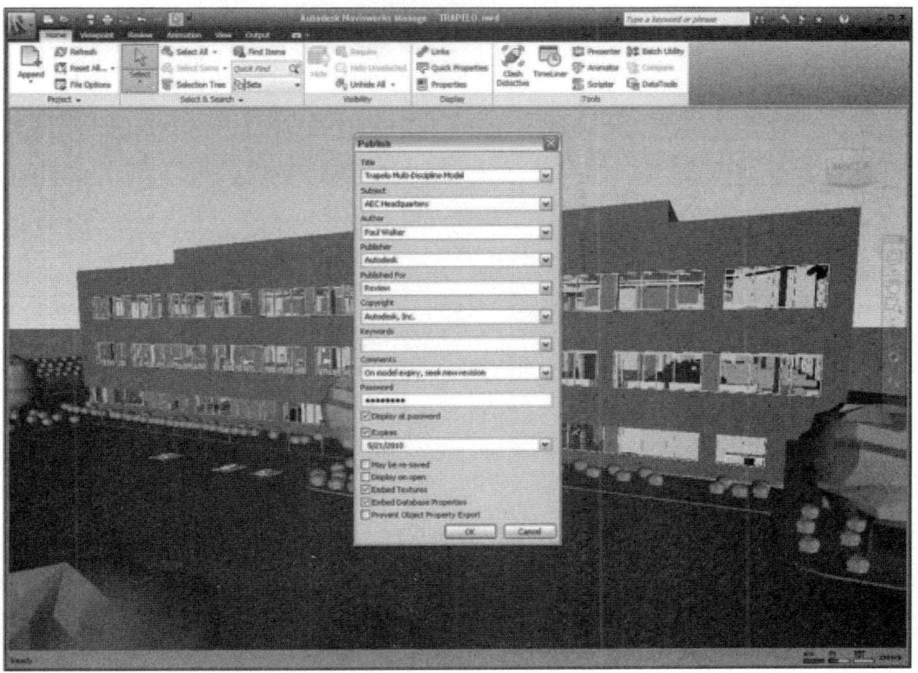

图 9-19　发布 NWD 或 DWF 文件
（本图见书后彩图）

整体项目模型。添加或去除对象属性。将原设计文件的大小压缩 90%。借助密码加密、超时与只读格式，帮助保护文件安全。在文件中包含所有作者与版权详细信息。将所有评审数据与模型保存在一起。支持通过 ActiveX 控件在互联网网页或 Microsoft® Office 文档中查看 .NWD 模型。使用免费的 Navisworks Freedom 浏览器打开任何 NWD 模型。

（5）协作工具

将项目设计师和建筑专家的工作成果整合进单一、同步、富含信息的建筑模型。通过来自协作工作包的帮助，传达设计意图，鼓励团队精神。markups 借助高级的红线标示工具在视点上添加标记（图 9-20）。Comment 利用完全可搜索的注释（包括标有日期的审计跟踪）在视点上添加备注。Animated 录制漫游动画，以备实时回放或作为 .AVI文件导出。从硬盘或互联网中智能传输大型模型或内容，支持在模型加载过程中对整个设计进行导航。

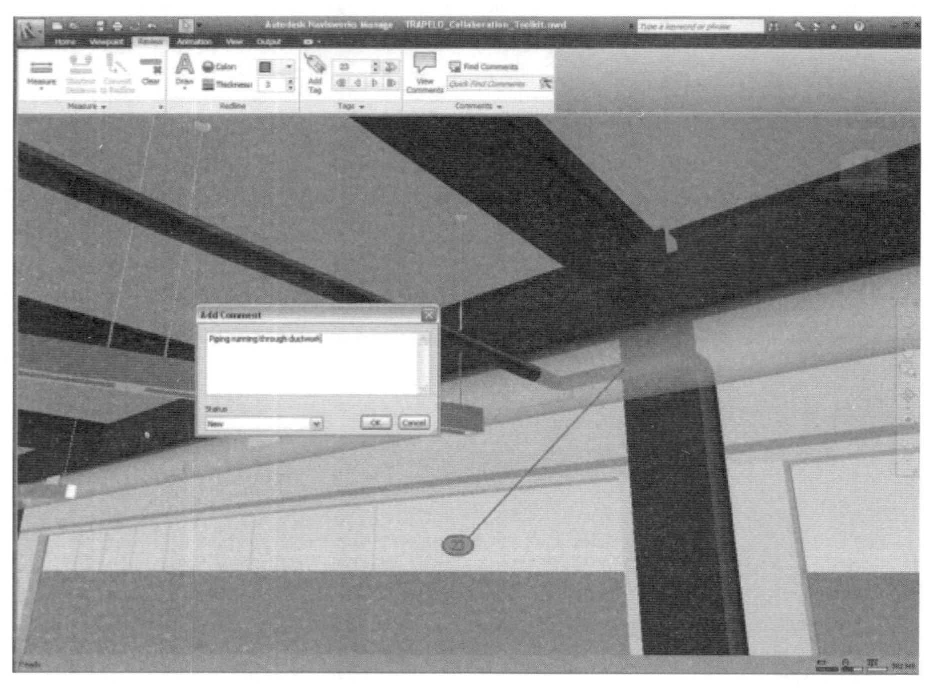

图 9-20　注释

（本图见书后彩图）

（6）对象动画

制作模型动画并与模型交互，从而更好地进行设计仿真。创建动画来展示对象移动、操作、装配与拆卸。您可以创建交互式脚本，将动画链接至特定的事件、触发器或重要命令。将对像动画与五维进度表中的任务相关联。将动画对象导入碰撞检测和冲突分析流程（图 9-21）。

（7）四维、五维项目进度模拟

在五维中对施工进度表和物流进行仿真，以帮助通过可视化方式交流和分析项目

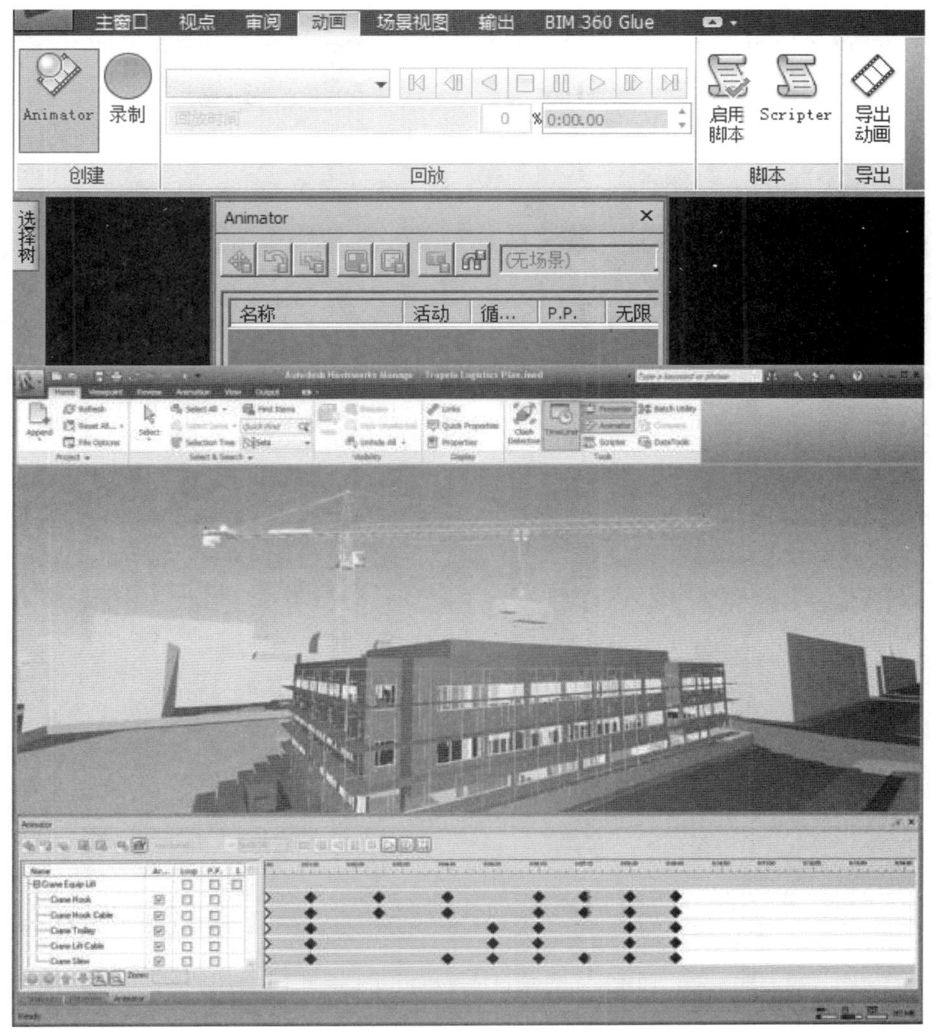

图 9-21　对象动画（本图见书后彩图）

活动（图 9-22），并最大限度地减少延误和施工排序问题。

通过将模型几何图形与时间和日期相关联来制定施工或拆除顺序，从而支持您验证建造流程或拆除流程的可行性。

从项目管理软件导入时间、日期、成本和其他任务数据，以此在明细表和项目模型之间创建动态链接。

①设定计划时间和实际时间，观察与实际项目进度上的偏差。

②将五维仿真作为 AVI 动画或序列图像导出。

③自定义仿真行为与覆盖文本。

④使用 CSV 导入/导出，与其他应用进行双向互操作。

⑤从电子表格与专业规划工具中复制与粘贴日期。

⑥使用工具来快速、轻松地关联几何体与任务。

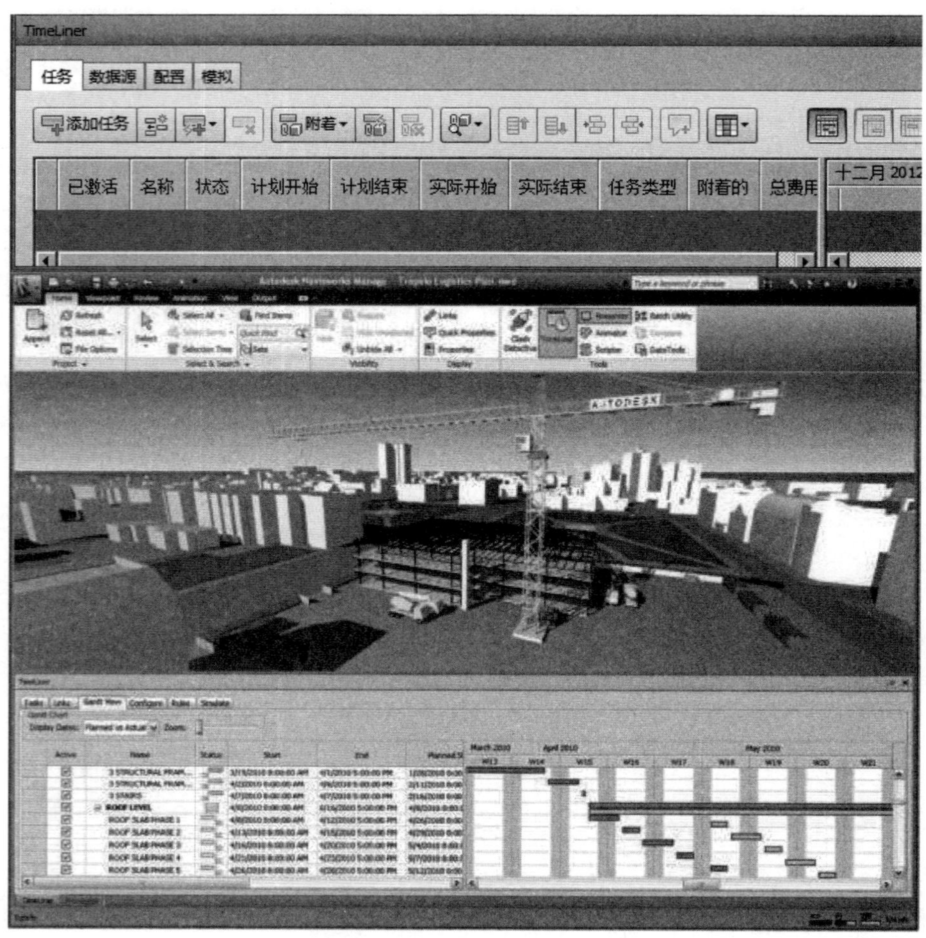

图 9-22　四维、五维项目进度模拟（本图见书后彩图）

（8）项目协同

Navisworks 的一个基本功能就是支持打开不同软件的设计成果，并通过“附加到主模型”功能将不同的部分整合到一个模型内。基于 3D 交互的可视化的浏览、漫游等操作，可模拟第一人称或第三人称视角下的真实视觉体验，并可以比较直观的在浏览中发现设计中不合理之处。此外，对于大型、负责的项目或隐蔽工程，有时不同的设计成果之间存在不协调或有碰撞地方。Navisworks 提供了自动化的侦测及汇报手段，即常用的“冲突检测（Clash Detective）”功能。工程上常用此功能对不同的设计专业或不同的部分进行施工图综合检查，提前解决施工图中的错、碰问题，降低施工过程中的浪费（图 9-23）。

3. ArchiCAD

ArchiCAD 是由匈牙利的 Graphisoft 公司推出的三维建筑设计软件（图 9-24），发展至今已有 20 多年历史，是应用范围最广的 BIM 软件之一，当前最新版本为 ArchiCAD 16 版。其基于全三维的模型设计，参数化的建筑构件，整合 2D、3D 同步表达，

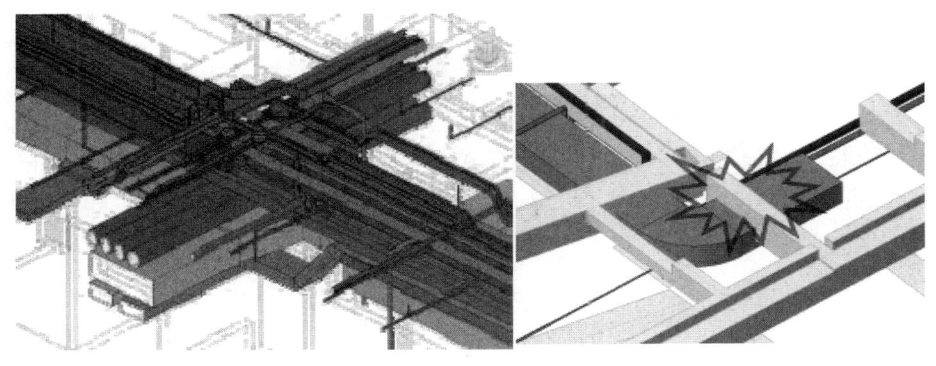

图 9-23　模型碰撞（本图见书后彩图）

图 9-24　ArchiCAD 软件（本图见书后彩图）

拥有快速的图档生成、参数统计等功能，领先的协同设计技术，以及便捷的方案演示和图形渲染，为建筑师提供了一个无与伦比的“所见即所得”的图形设计工具。

ArchiCAD 一直致力于实现“虚拟建筑（Virtual Building）”的设计理念，虽然从字面上没有强调“信息（Information）”，但其参数化的构件正是组成“虚拟建筑”的重要元素，对于建筑信息的创建和管理则是 ArchiCAD 设计流程的重点，因此其理念的实质与 BIM 的概念不谋而合，可以说早在 BIM 的概念提出以前，ArchiCAD 已经在践行 BIM 的思路。近年来，ArchiCAD 结合自身的特点，进一步提出“Open BIM”的理念，强调基于共同标准的多种软件工具一起发挥各自优势，共同协作。

(1) ArchiCAD 的特点

ArchiCAD 是最早三维一体化的建筑设计软件，历经十多个版本的进化，已经形成了鲜明的软件风格，在当前的同类软件中独树一帜。总结起来，ArchiCAD 有以下几方面的特点：

1）ArchiCAD是典型的BIM软件，其对象均直接使用建筑的构件语言（如墙、柱、门、窗等），并且带有建筑构件的特点（如门窗必须附着在墙体上、柱遇墙体自动剪切等），这是ArchiCAD区别于纯3D建模软件（如3Ds Max等）的特点，也是建筑信息得以正确分类保存的基本条件。后者是ArchiCAD能够参与到OpenBIM流程中的基础。

2）ArchiCAD是建筑师设计的、供建筑师使用的BIM软件，有一些针对性很强的工具，如“描绘参照”功能，跟建筑师用硫酸纸蒙在草图上面的效果非常相似，建筑师会感觉很顺手。又如“魔术棒”、“吸管”，使用过Photoshop的用户应该很熟悉，在画建筑图的过程中也是非常好用的。这些独特的工具是形成ArchiCAD软件风格的重要因素，将在下一节作集中介绍。

3）ArchiCAD是相对轻巧的BIM软件。由于要处理大量的3D数据，通常BIM软件对电脑硬件要求都比较高，但ArchiCAD采取了一些轻量化的措施，使得硬件方面的要求有所降低。这些措施包括支持多核CPU、优化算法，还有一些灵活的处理办法，如立剖面可以设置为“手动更新”，避免了动辄重新生成带来的迟滞感，从而可以胜任较大型的项目。

4）ArchiCAD通过一些固定的规则，辅以“图层相交组合数”与“3D交叉优先级”等技术手段来确定建筑构件（主要指墙、柱、梁、板）之间是否自动连接、扣减，比如墙体会自动扣减与柱、梁的重叠部分，楼板会自动扣减与梁的重叠部分。这样不但图面表达正确、模型正确，更重要的是算量也是正确的，因此兼具了灵活性与自动化，可以说非常方便，真正实现BIM软件的精确建模与算量。

5）ArchiCAD通过一种叫做GDL（Geometric Description Language，几何描述语言）的参数化编程语言来定义图库对象。其作用跟AutoCAD的“图块”、Revit的“族”等类似，但并非采用可视化的定义界面，而是直接用程序代码的方式来定义。虽然在直观程度上有所不及，但在灵活度上却略胜一筹，可实现更多参数化定义的功能。GDL对象的2D表达跟3D定义是分开的，因此非常有利于参数化构件同时满足这两方面的要求。图9-25展示了一个GDL制作的窗对象，复杂细致的3D形体与清晰简洁的2D表达统一在一起，并同时接受参数化的控制。

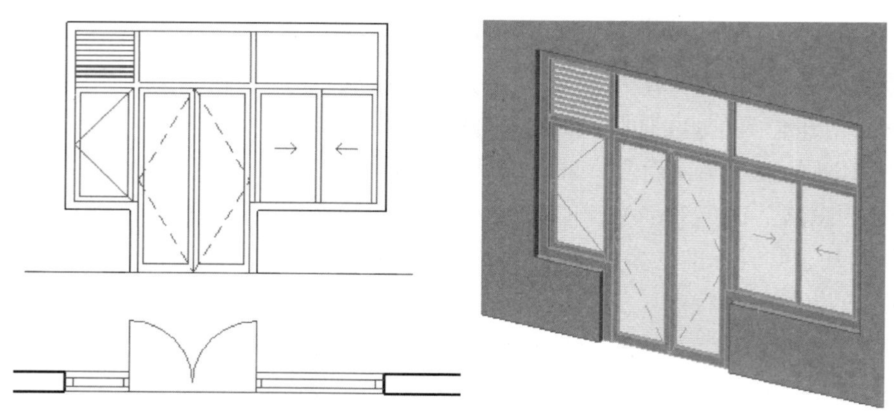

图9-25　GDL软件制作窗（本图见书后彩图）

6）ArchiCAD在二十多年的发展历程中，积累了大量的插件，这些插件可以实现各种各样的功能，如楼梯建模、门窗造型、幕墙、3D旋转、2D编辑、施工模拟、导入导出、墙体造型、能量分析等。有的插件设计得非常精巧，如StairMaker制作楼梯、DWB制作门窗、Archiglazing制作幕墙等。此外，ArchiCAD的MEP模块也是通过插件的形式提供的。

7）ArchiCAD与各种软件的兼容性相当好，尤其是对dwg格式的转换，提供了非常细腻的选项来满足用户的需要，免除了专业配合及电子文件提交等方面的"后顾之忧"。此外，在OpenBIM理念的指导下，ArchiCAD对IFC格式的支持也做得相当好，可通过此格式与其他BIM软件进行数据的交换或协同设计。

8）创新的团队工作模式（Teamwork），可使多个团队成员在同一个模型文件上协同工作，各自划定范围、权限，并随时观察其余成员的最新工作成果。新版本的Teamwork 2.0更是采用专利技术，大大减少协同过程中的数据交换，从而使得通过互联网协作成为可能。

（2）MEP Modeler模块

MEP Modeler是ArchiCAD 13版开始推出的一个机电设备专业（MEP）建模的插件，它提供了管道、风管、桥架及其相应的末端、连接件等配套的图库，采用符合ArchiCAD习惯的工具进行MEP建模，将MEP模型跟土建模型结合在一起，完成全专业的模型。该模块还提供了碰撞检测的功能，以帮助建筑师减少专业之间的冲突。

该模块还提供了跟Revit MEP、AutoCAD MEP等软件的MEP模型转换接口，如果设备工程师采用了这些软件设计，建筑师就可直接导入这些MEP模型到ArchiCAD中，与建筑模型进行整合。

MEP Modeler模块仅提供建模功能，不包含机电设备专业的设计、计算功能。

（3）BIMx交互演示工具

BIMx在ArchiCAD 14版以前叫做VBE（Grphisoft Virtual Building Explorer），从15版开始改名为BIMx，它是一款跟ArchiCAD配合效果良好的交互式3D演示工具，带有多种模式的立体视图、重力响应、图层控制、飞行模式、出口识别和预存的行进模式等功能，加载完之后的操作极其流畅，几乎没有任何迟滞，为设计的展示带来了全新的体验。值得一提的是，BIMx在IPAD、IPHONE平台上也提供了浏览模型的应用程序，为演示、交流提供了极大的便利。

BIMx包含两个模块：

1）ArchiCAD的BIMx导出插件，可将ArchiCAD模型无缝导出到BIM Explorer。

2）GRAPHISOFT BIM Explorer，是一个将导入的ArchiCAD模型制作成动态可视化的场景，并把它们另存为独立运行的可执行文件（EXE文件）。

要将ArchiCAD模型导出到BIMx，首先要进入3D视图，这时多出一个菜单命令【文件→为BIM Explorer导出】，点击即开始导出，如图9-26所示。

导出完成后**导出**按钮变成**加载**按钮，单击即调出BIM Explorer，是一个全屏的

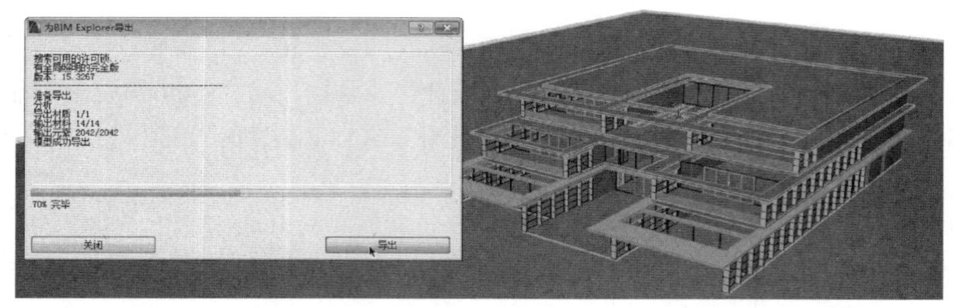

图 9-26　BIM Explorer 导出（本图见书后彩图）

浏览界面，通过鼠标与键盘控制。按 Escape 键调出控制菜单，如图 9-27 所示。

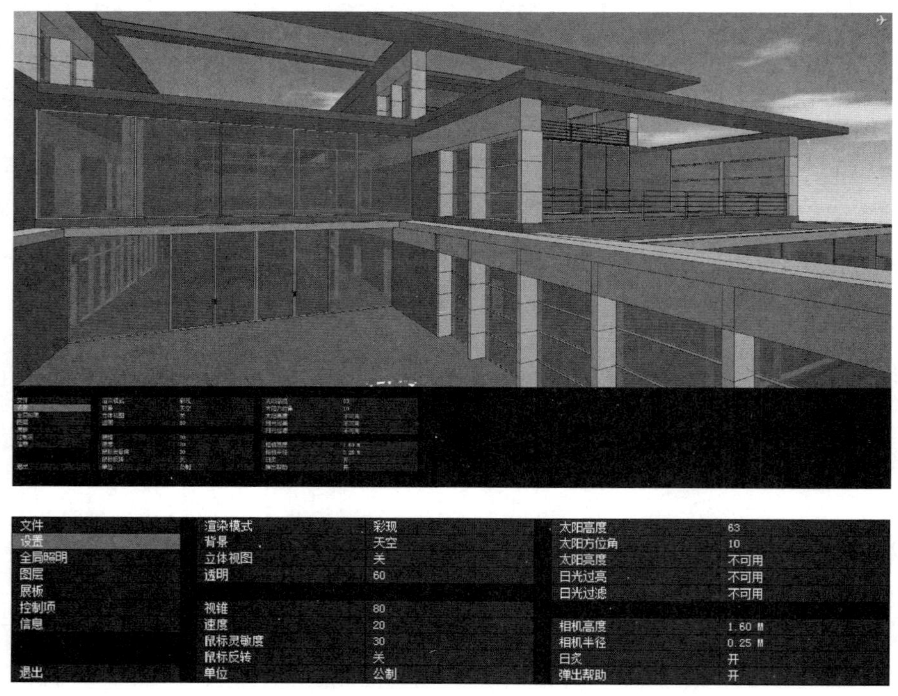

图 9-27　BIM Explorer 界面（本图见书后彩图）

通过菜单可以调节视图的渲染模式、行进速度、图层开关等，其中“展板”菜单可以将设定好的视点保存下来。在“控制”菜单里则列出了键盘控制的快捷键（图 9-28），大部分跟常见的第一人称射击游戏的操控方式是一样的，因此很容易上手。

需注意“录制帧模式”的快捷键并没有显示在菜单中，该模式是记录您的浏览路径，并且可以回放出来。通过 Shift＋R 进入/退出该模式，通过鼠标点击来开始/停止录制，通过 P 键回放。在演示前预先记录好浏览路径，在演示时可做到有条不紊。

在渲染模式中有一个“全局照明”的选项，该选项需先经过渲染才能应用。通过“全局照明”菜单进行渲染。

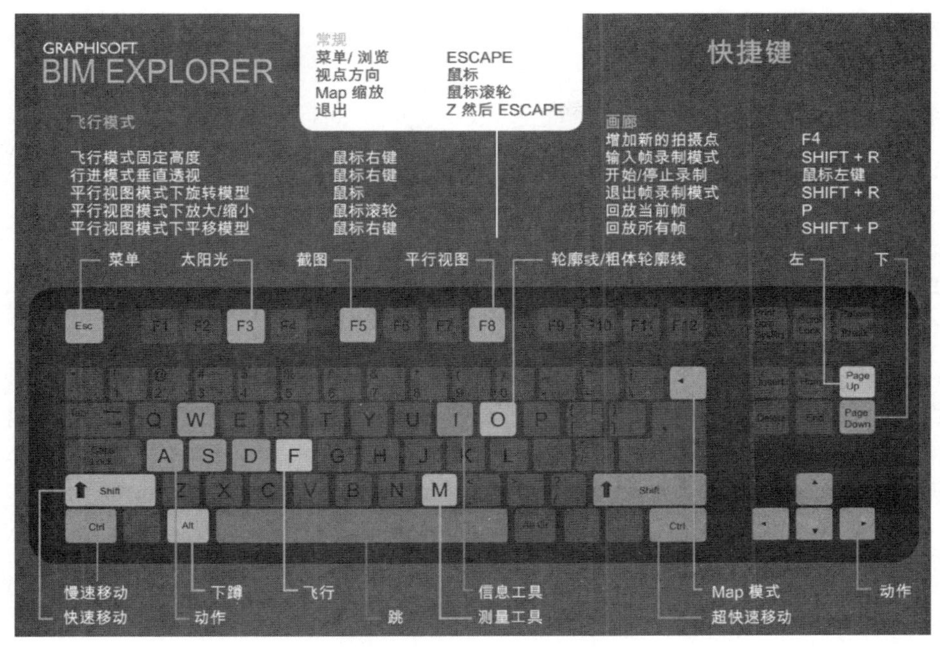

图 9-28 键盘控制的快捷键（本图见书后彩图）

BIMx 还提供了非常有用的两个工具——“信息”（I）与“测量”（M），前者可以显示每个构件的信息，后者可测量任意两点的距离，如图 9-29 所示。

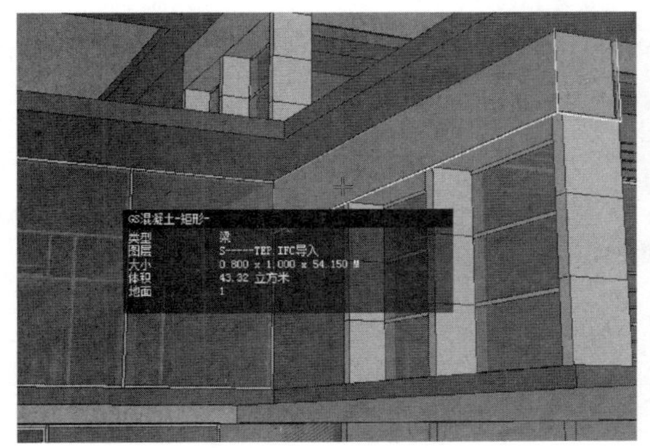

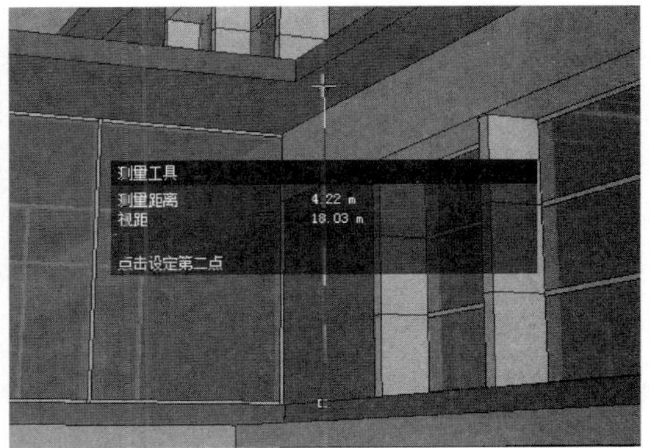

图 9-29 测量工具（本图见书后彩图）

设置好的 BIMx 模型场景可以通过文件菜单保存项目，或导出为一个单独运行的 EXE 文件。该文件可在硬件条件具备的电脑上直接运行，无需 ArchiCAD 或 BIMx Explorer 支持。

Ipad、Iphone 等平台可下载免费的 BIMx 应用程序打开模型，并通过触摸屏用手指操控浏览。但不同的硬件设备支持的模型大小各不相同，具体在导出时可点击查看相关技术指标。

（4）Teamwork 2.0 团队协作模式

自 1997 年以来，“团队工作”概念一直是 ArchiCAD 在团队成员之间进行 BIM 数据共享及协作的解决方案。其实质是指团队成员通过局域网，共同参与设计同一个项目文件，并随时将各自的设计成果与中心文件及所有成员之间进行同步。

随着文件的尺寸不断增大、项目的复杂性不断增强、以互联网为基础的通信应用扩大，建筑业的协同需要已发生了显著的变化。为适应现代协同设计的需要，ArchiCAD 设计了新的团队协作模式“Teamwork 2.0”，这项突破性的技术以客户端—服务器架构为基础，使团队、甚至是分布在全世界的团队都能够在大型项目的协同工作中获得足够的灵活性、速度和数据安全。

图 9-30 是 ArchiCAD 的团队模式示意图。由于 ArchiCAD 采用了革命性的“DELTA—服务器”专利技术，在客户端和服务器之间只交换修改过的元素，因此传送的数据量大大减小，可以通过互联网开展工作。从图中可以看到，ArchiCAD 用户既可在办公室通过局域网进行协同，也可以在家中通过互联网进行协同（需有互联网域名支持，并正确配置网络和防火墙）。

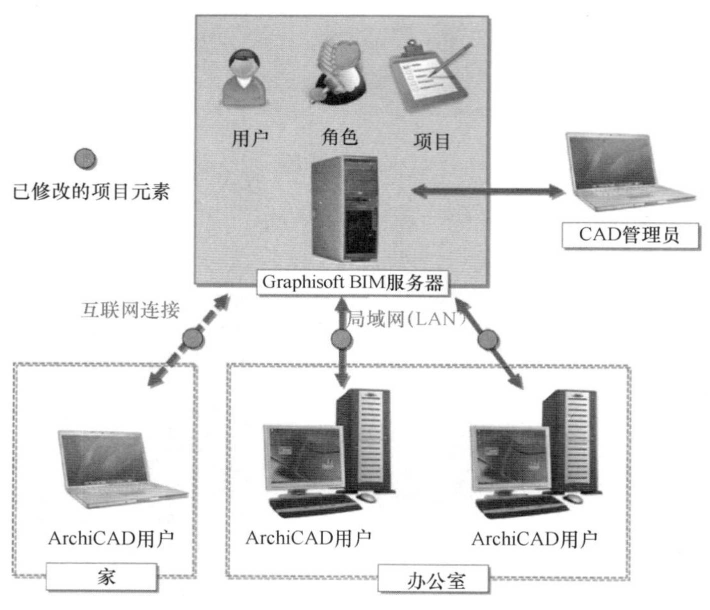

图 9-30　ArcdiCAD 团队模式（本图见书后彩图）

ArchiCAD 的 Teamwork 2.0 需要一台作为服务器的电脑，并在其中安装 BIM Server 应用程序（随 ArchiCAD 安装光盘提供），这是一个服务器的管理程序，管理员在此进行团队成员、项目管理等设置，其界面如图 9-31 所示。ArchiCAD 的项目需通过菜单【团队工作→项目→共享】设置为协作项目，才可在服务器管理器进行管理。

团队成员及其角色的设置和权限有关。这是 ArchiCAD 的团队模式的特色之一，可对不同的角色设置不同级别的权限，如图 9-32 所示。各成员还可设定不同颜色以便区分。

各成员在各自的 ArchiCAD 中通过菜单【团队工作→项目→打开/加入团队工作项目…】登录进入项目中，打开团队工作面板，在此显示在线的成员及进行相关的操作。下方还有一个消息对话框（图 9-33），可以跟特定或所有的团队成员进行即时通信。

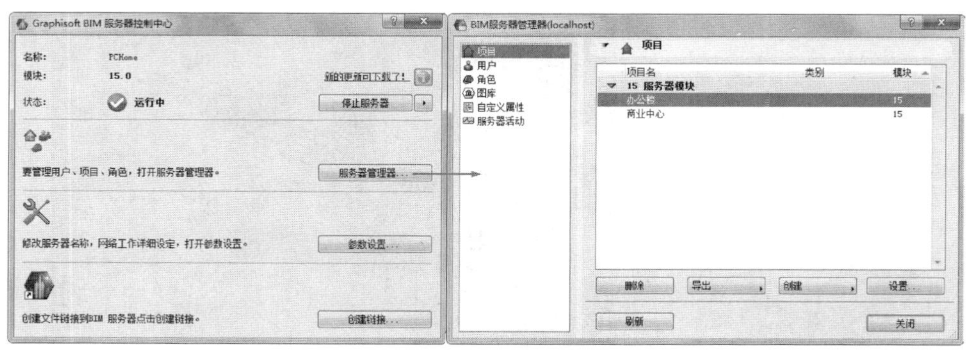

图 9-31 服务界面（本图见书后彩图）

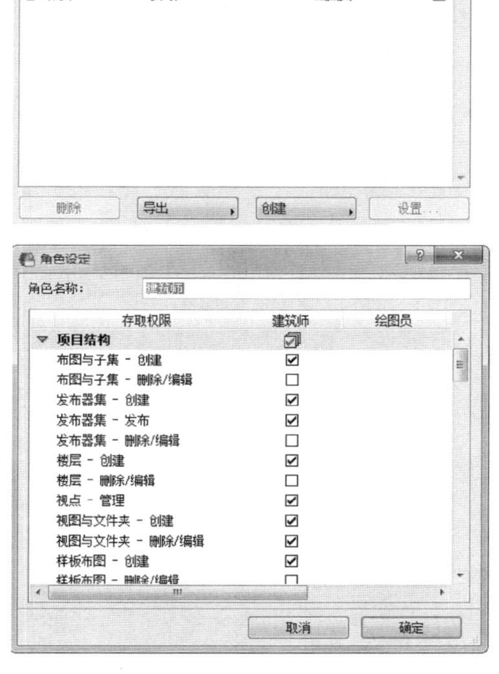

图 9-32 团队权限设置

（本图见书后彩图）

图 9-33 对话框

（本图见书后彩图）

在“彩色工作空间”里可以选择按成员设定颜色来显示各自的工作范围，如图9-34所示。

成员可“保留”或“释放”对象、视图或项目属性等项目数据，其他成员无法编辑您保留的对象，当您释放该对象后，您自己也将无法编辑它，直至您再次将其保留。一般建议将不使用的元素和数据全部释放，以便其他团队成员可以轻松对它们进行访问。

如果您想编辑的元素被其他成员所保留，可以使用“请求”，软件自动将请求发给

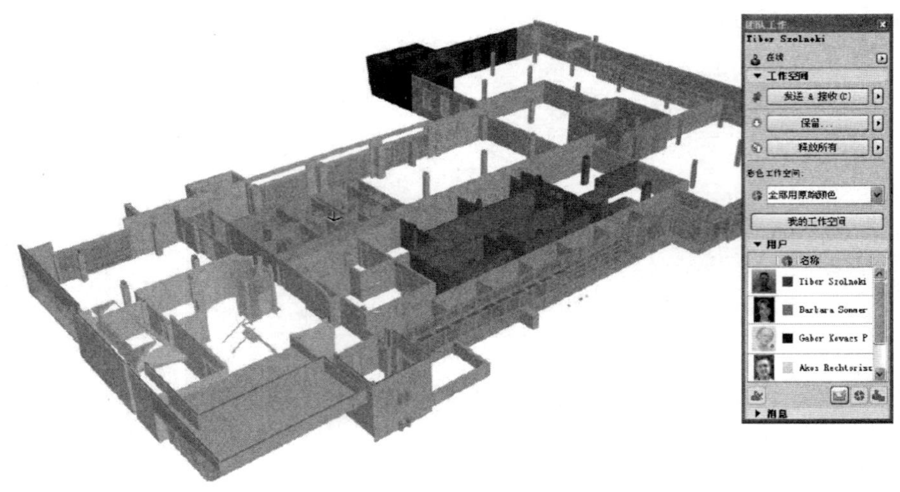

图 9-34 用颜色显示工作范围（本图见书后彩图）

元素所属成员，收到“同意”的回复后才可编辑（图 9-35）。

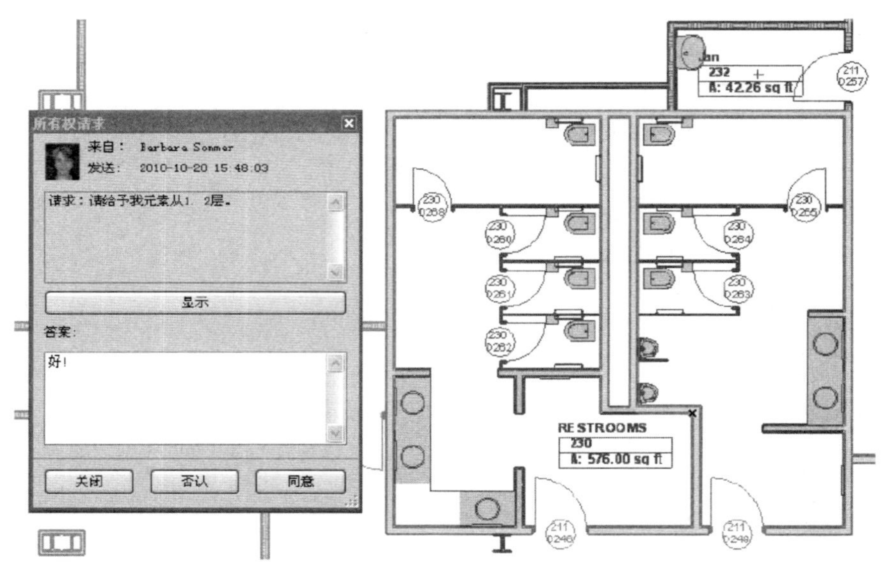

图 9-35 使用请求（本图见书后彩图）

4. Tekla Structure

1966 年，Teknillinen laskenta（technical computing）在芬兰赫尔辛基成立。同年更名为 Tekla。

1970 年，Tekla 与 Nokia 等公司计算中心建立远程连接。成为芬兰第一家提供软件服务并收取软件租赁费用的公司。

1972 年，Tekla 与斯德哥尔摩 Control Data Corporation 计算中心建立固定的远程连接并赢得首位斯堪的纳维亚客户。

1973 年，Tekla 开始采用 FEM 算法，赢得了机械工程设计行业的客户。

1990 年，Tekla 推出首款 X 产品，用于道路规划的 Xroad，随后又推出了用于城市规划的 Xcity。

1993 年，钢结构工程设计软件 Xsteel 的商业版本完成。

2000 年，Tekla 在赫尔辛基证券交易所上市。

2004 年，Tekla Structures 系列软件（基于 X 产品）正式发布。

Tekla 为钢结构细部设计和建造人员提供行业领先的软件已有近 20 年历史。Tekla Structures 是市场上最先进的建筑信息建模（BIM）软件。它简化了从销售、投标、成本估算和概念设计到细部设计、建造、吊装和后续工作的整个工作流程，如图 9-36 所示。Tekla Structures 不仅能提高各个阶段的生产效率，而且还能提升整个建筑价值链。

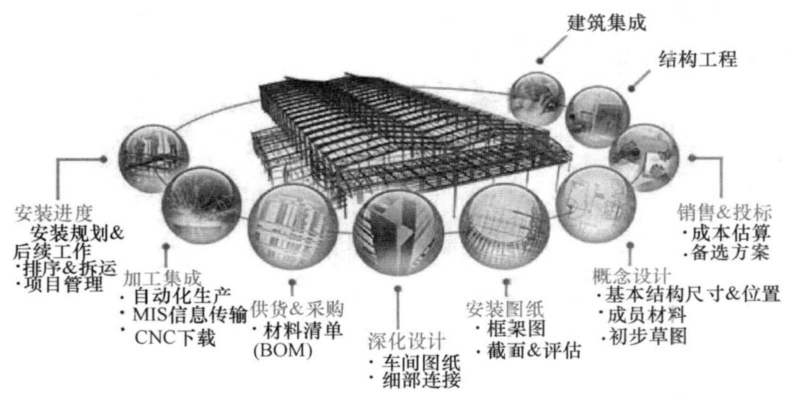

图 9-36　Tekla Structures 软件（本图见书后彩图）

（1）概念设计与总体设计

Tekla Structures 软件提供了适合所有建筑材料的有效工作方式，对时间紧迫和信息丰富的项目尤为如此。结构工程师可以创建数据量丰富且易于施工的三维模型，并且能根据下面的流程的需要继续使用分化的模型（图 9-37），为每个设计流程创造附加值。

Tekla Structures 可用于：

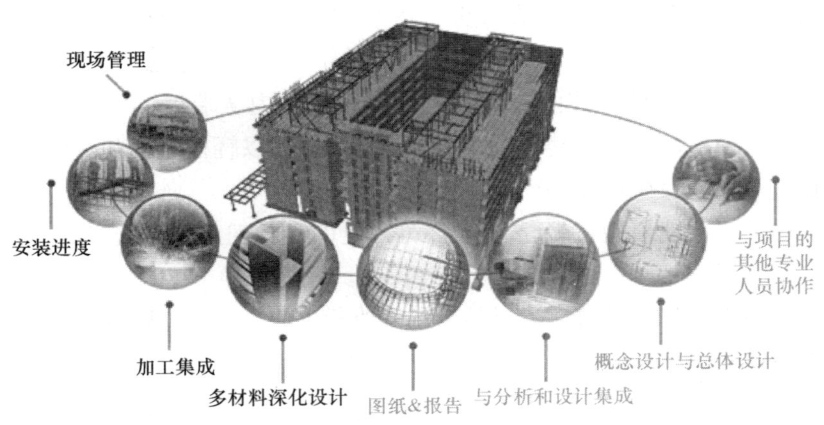

图 9-37　分化模型（本图见书后彩图）

①使用多个设计选项快速创建模型。

②与分析和设计软件集成，优化结构系统。

③与建筑/工厂设计模型协调，防止项目冲突。

④创建设计图纸和材料数量报表。

（2）与分析和设计集成

Tekla Structures 软件包括用于创建模型的物理图形和解析几何图形的用户界面（图 9-38）。

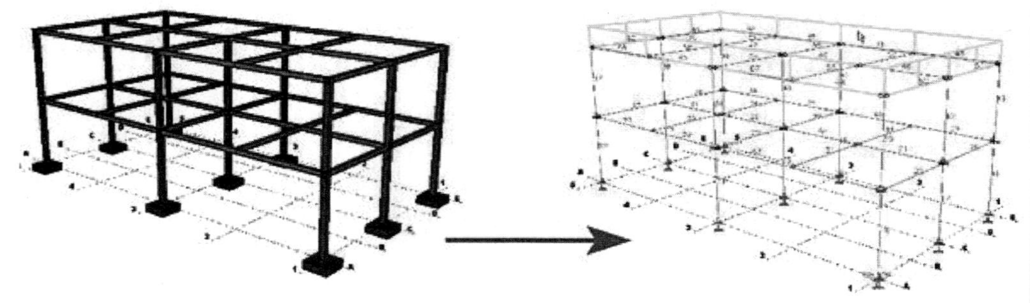

图 9-38 创建模型图形（本图见书后彩图）

①将分析模型与其他分析和设计应用程序集成。

②分析后将数据结果（截面更改）传回模型中。

③随时重新分析模型。

Tekla Structures 可以通过开放式应用编程接口 Tekla Open API 连接到多种分析和设计（A&D）软件包。

①支持的格式：SDNF、CIS/2、IFC 结构和 ASCII。

②支持的系统：SAP2000、Staad. Pro、S-FRAME、GTStrudl、Robot、Dlubal RFEM 和 RSTAB。

（3）详图设计

使用 Tekla Structures 对三维环境进行细部设计能确保建造和架设阶段的无差错协作。精细的 Tekla 模型显示了钢结构的“完工”效果，如果屏幕上结构合理，则在现场也肯定合理。

Tekla Structures 提供全面的智能组件库。组件范围从端板、角钢夹板和钢管支撑到自动适应运用位置的扶手和楼梯，一应俱全。用户可以轻松建模和存储公司特定的设置，以备在将来的项目中使用。

而且，用户只需建模即可轻松创建公司特定的参数对象和自定义组件，无需任何编程工作（图 9-39）。

所需全部图纸和报告都可以通过精细的三维模型自动生成。图纸与模型相关联，因此，对模型所做的任何更改都会自动反映在输出中。

（4）钢结构制造

Tekla Structures 软件能确保所有项目经理、生产经理和采购部门在建造过程中获

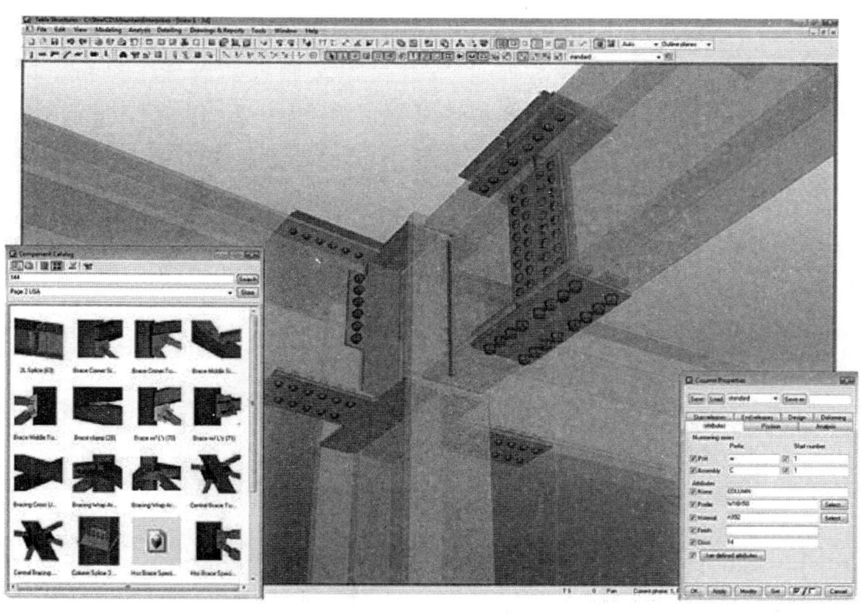

图 9-39 自创参数对象（本图见书后彩图）

得可靠的项目信息。

生产所需的信息都可以通过 Tekla 模型自动生成（图 9-40）。信息生成后可传输到生产规划系统和自动化系统，减少手工操作和重复输入数据的工作量，同时降低出错的风险。

Tekla Structures 支持 DSTV 格式的计算机数控（CNC）机器集成。

图 9-40 生产信息生成（本图见书后彩图）

5. MagiCAD

MagiCAD 是芬兰普罗格曼有限公司的软件产品，公司成立于 1983，致力于专业建筑设备领域 BIM 软件，主要包含采暖、通风、空调、给水排水、喷洒和电气等专业模块的推广工作，并同时提供相关服务。

(1) MagiCAD 简介

①业内知名厂商的真实产品，可直接插入到您的设计中。

②边绘图、边计算，及时确保设计数据合理、有效。

③可同时绘制二维平面图、三维立体图。

④自动设备、建筑碰撞检测，及时发现、及时解决。

⑤经验源于多年技术沉淀、上千个项目。

⑥MagiCAD 插件让产品选型更快、更准确。

(2) 业内知名厂商的设备产品模型

MagiCAD 软件本身携带了欧洲最大的建筑设备行业各类产品的数据库，其中囊括了来自国际领先制造商的几十万个产品。这些产品具有正确的尺寸以及相关的技术数据。这就意味着您的计算是准确的，并且安装可以按照您的设计来进行。这样，承建商就可以按照计划工作，节省时间，提高质量。新的产品和制造商会不断地加入到MagiCAD中。而且，MagiCAD中的所有设备产品模型都是免费的，无论是基于AutoCAD还是Revit的MagiCAD用户都可以使用这些产品模型（图9-41）。

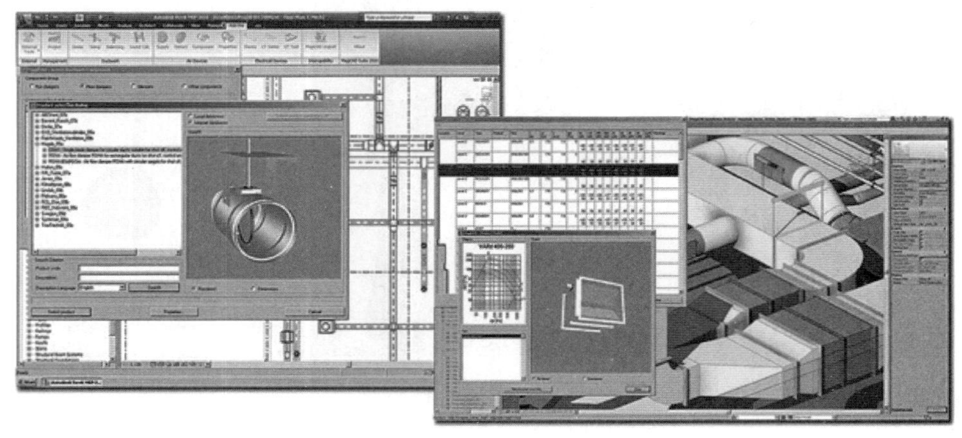

图9-41 直接使用设备产品（本图见书后彩图）

（3）整合绘图和计算，及时确保设计数据合理、有效

MagiCAD提供了自动选型、系统平衡计算、流体路线校验、不同噪声等级、热损失计算和自动创建材料清单的功能（图9-42）。如果全部采用了这些优势，您将会大幅提高工作效率。例如，设计一个通风系统，您可以用一个管道尺寸绘制所有的部件，然后让MagiCAD进行自动选择尺寸。这样做非常快速有效。MagiCAD中另一个基本功能是自动噪声计算。您将会得到完全、详细的噪声衰减、噪声源和噪声等级计算报告。

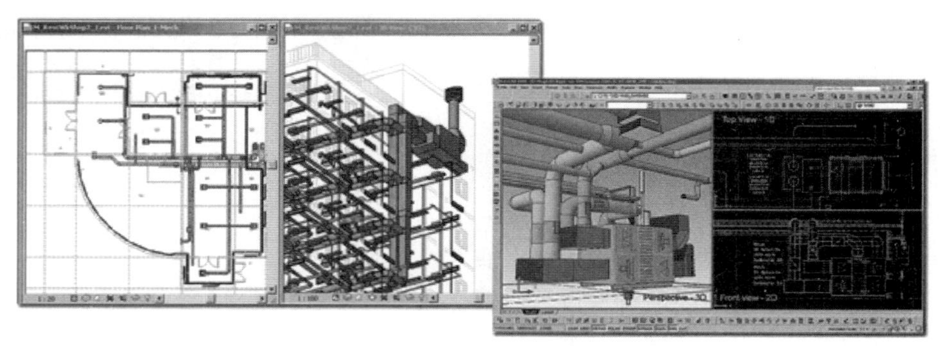

图9-42 绘图和计算（本图见书后彩图）

（4）同时满足二维、三维设计需求

可以以二维模式工作，在界面后台您甚至不会看到MagiCAD产生的三维模型。相反，如果您只想三维设计，可将二维视窗放至后台，以不影响您的工作习惯和需要。三维模型一旦创建，您完全可以自动生成、打印所需的二维图纸。当然，您也可以同

时打开二维和三维视图。在任一视图中所做的任何更改会在另外视图中自动更新。

（5）碰撞检测

碰撞检测功能包含了所有的电气和暖通空调系统（图 9-43）。甚至可以使用该功能直接检测 MagiCAD 对象和外部参照的建筑结构对象之间的碰撞。碰撞检测可以节省大量时间，方便与其他项目成员之间的共同协作。这样一来，我们就可以大大降低现场安装时产生问题的风险。

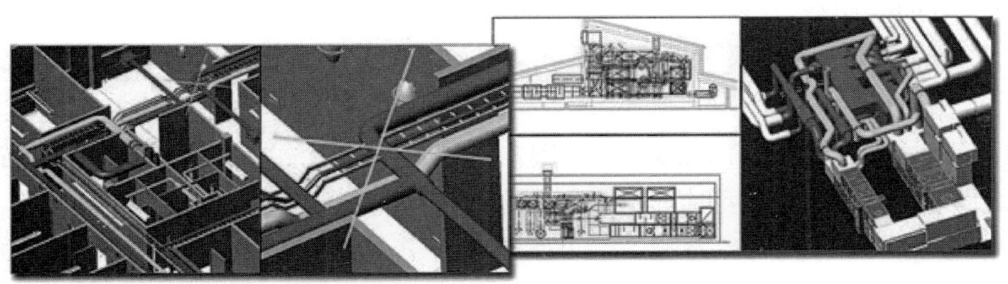

图 9-43　碰撞检查（本图见书后彩图）

9.2　BIM 应 用 环 境

不论在项目的哪个阶段，也不论是在哪个阶段的哪项应用，都需要一些基本的、共通的环境和流程，本章将叙述 BIM 应用软件、硬件的基本要求和通用的流程。

9.2.1　硬件环境

1. 协同工作网络环境

BIM 应用与传统 CAD 应用，其中一个很大的区别是数据的唯一性，所以数据不再是可以割裂和分别存放，而必须是集中存放和管理，从而实现项目成员协同工作的最基本的，也是最重核心应用要求。所以，不论项目大小，都需要一个协同工作的网络环境。图 9-44 是一个组成 BIM 应用的典型网络示意图。

首先，需要至少 1 台服务器来存放项目数据，由于目前 BIM 软件的模型数据都是

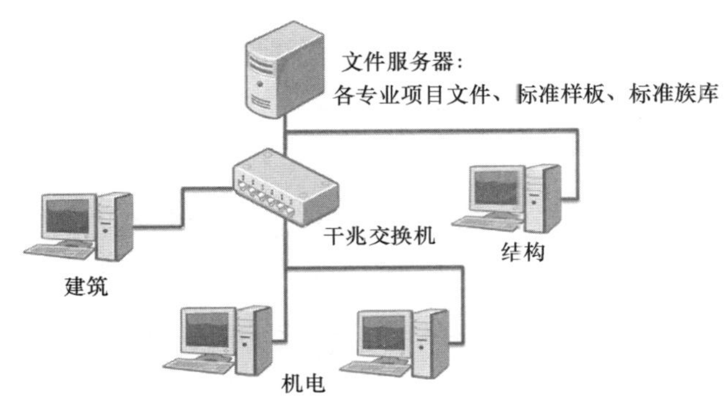

图 9-44　典型网络示意图（本图见书后彩图）

以文件形式组成的，所以，通常以文件服务器的要求去配置，主要以存放和管理文件数据为核心进行相关的硬件和软件的配置，下一节将详细叙述。

其次，通过交换机和网线把项目成员的电脑连接起来，项目成员的电脑通常只安装 BIM 应用软件，不存放项目数据文件，所有的项目数据文件都集中存放在文件服务器（或称数据中心）上。

由于 BIM 数据比传统 CAD 的数据要多，而且数据都集中存放在服务器上，在工作过程中项目成员的电脑进行读写数据时都要通过网络访问文件服务器，所以，网络的数据传送量比较大，建议全部采用千兆级的交换机、网线和网卡，以满足大量的数据传输。

图 9-43 仅仅是一个基本的网络示意图，实际企业的网络情况也许要更为复杂，所以，在组成 BIM 的工作环境时，应与企业的 IT 部门充分沟通，设置一个切实可行的、性能良好的 BIM 工作网络环境。

2. 数据中心

文件服务器也即数据中心主要是存放项目数据，一般不会涉及太多的运算，所以对 CUP、内存和显卡要求不高，主要是考虑数据的存储性能和数据安全。

（1）数据存储

使用两个或更多的硬盘，利用 RAID 方式组成冗余存储（也称磁盘阵列）。通常专业的服务器都具备磁盘阵列的功能，插入两个或更多的硬盘即可。

磁盘阵列也可以是独立的设备，通常有三种方式：直接存储（DAS）、网络直连存储（NAS）和区存储区域网络（SAN）。这三种方式各有优缺点，磁盘阵列技术主要是 IT 技术，所以在本书将不再展开叙述。

具备了磁盘阵列的硬件，还需要选择 RAID 方式才能组成冗余存储，RAID 主要包含 RAID 0～RAID 50 等数种方式，常用的有如下两种：

RAID 1：两组以上的 N 个磁盘相互作镜像，速度快，但硬盘的空间利用率低。Size=min（S1，S2），见图 9-45（a）；

RAID 5：至少需要三块硬盘，把数据和相对应的奇偶校验信息分别存储于不同的磁盘上，磁盘空间利用率要比 RAID 1 高，但速度稍慢。Size=（N−1）min(S1，S2，…，Sn)。是目前采用较多、性价比较好的技术，见图 9-45（b）。例如，使用了 5 块每

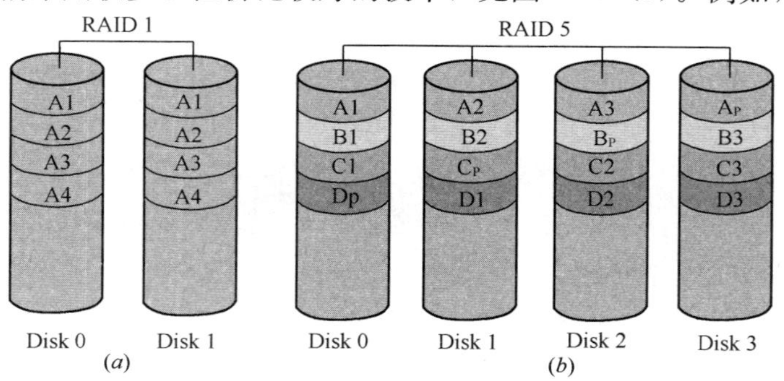

(a) (b)

图 9-45　RALD 方式

块 1TB 容量的硬盘，可用硬盘空间为：Size=(5−1)×1 TB = 4TB。

（2）共享文件权限控制

文件服务器主要是通过共享文件夹的方式为项目成员提供可访问的空间，为了有序、安全地管理共享文件，需要设定相应的数据访问权限。可根据实际需要，按项目、岗位和工作性质进行访问权限的设置。权限设置与 BIM 项目管理和 IT 管理密切相关的，需要双方共同就项目情况、项目成员情况等具体商定，以确定什么角色的项目成员可以访问哪些数据，从 BIM 应用管理角度，通常控制如下：

（1）共享文件夹：一般情况下只需要控制到哪些文件夹成为可共享，除非特别的要求，不建议控制到具体的某个文件，已减少管理的工作量。

（2）共享文件夹访问权限：根据项目要求，为共享的文件夹添加成员以及该成员的访问权限，通常访问权限可设为："读写"或"只读"两种。需要建立、编辑数据的当然需要"读写"的权限，如果只是浏览数据，不需要修改数据的成员则设置为"只读"权限。

（3）数据安全

BIM 的核心就是数据，与传统 CAD 应用的最大区别是主要成果也是纯粹的数据，一旦数据损坏，损失就不可估量了。因此，数据安全是 BIM 应用中不可疏忽的、非常重要的环节。上述提到的冗余存储（磁盘阵列设备）是从硬件的角度为数据安全提供了基本的保障，但这还远远不够，数据安全还需要在此基础上，从数据的应用层面考虑数据安全。

上述的文件访问权限是对项目成员访问数据做了一些限制和约束，但数据安全还要从以下几个方面保障数据的安全：

①数据备份：冗余存储从物理上解决了数据的安全，但无法解决软件发生错误时导致的数据问题，也无法避免项目成员的操作失误，所以，建立和严格执行数据的备份是非常重要的。比较简单的做法就是在存储设备上进行项目文件夹的复制，一旦正在使用的数据内容出现故障，可以通过备份的数据得以恢复。

②异地容灾：上述数据备份解决了本地的数据安全。但如果万一存放服务器和数据存储设备的房间出现意外，诸如火灾、水淹、房屋坍塌等情况，数据可能就被彻底损坏。所以，异地容灾是应该考虑的。数据量小可以通过移动存储设备进行备份后存放到异地，对于大型数据可以使用磁带机进行备份后存放到异地。有条件的话还可以通过异地服务器进行数据备份和同步。

3. 图形工作站

BIM 模型是集成了建筑三维几何信息、建筑属性信息等的多维信息模型。首先三维几何信息就比通常的二维图形信息量大，再加上其他的工程属性信息，同样一个项目，二维 CAD 图与 BIM 模型相比，BIM 模型的信息量要大很多，通常是二维 CAD 图的 5～10 倍以上，随着 BIM 模型的应用增多，这个数量还会增大。

此外，BIM 模型在用软件打开和运行时，所占用的计算机资源还远大于上述所说的 5～10 倍的信息静态存储量。因为三维的表现要比二维的表现需要占用的资源也大许多。当 BIM 还有多维的应用时，对计算机的资源需求就变得非常大了。

由于项目数据都集中存放在数据中心（文件服务器）上，项目成员桌面电脑（也称为客户端）负责数据的处理，所以，对电脑的要求主要是数据的运算和显示，所以对 CUP 的运算速度要求比较高。由于 BIM 的数据量比较大，电脑内存容量也有一定的要求。可视化是 BIM 的基本要求，所以，三维显示、实时漫游和渲染对电脑的图形图像视频显示都提出比较高的要求。为了有别于普通的电脑，对于这类图形图像应用要求所配置的高性能电脑，也称为图形工作站。以下是图形工作站的主要配置建议：

① 四核英特尔 ®至强 ®处理器，主频 3.0GHz 或以上 / 同等的 AMD 处理器。

② 8-16GB 或更大内存。

③ 1280×1024 真彩色显示器（强烈建议配置 2 台显示器，BIM 应用信息量大，实践证明多屏幕多窗口可极大提高工作效率）。

④ 1GB（或更大）支持 DirectX ®9 与 Shader Model 3 的独立显卡。

9.2.2 软件环境

BIM 信息量大，需要电脑的物理内存较多，目前大部分电脑操作系统都是使用微软公司的 Windows，主流的是 Windows XP 和 Windows 7，也分别都提供 32 位和 64 位版。但 32 位的 Windows 操作系统的寻址能力是 2 的 32 次方，就是约 4GB。从目前的实际情况看，BIM 的许多应用都会超出这个限制。Windows 的 64 位操作系统的寻址能力是 2 的 64 次方，理论上可以使用的内存是 17179869184GB，当然实际可使用的内存与操作系统和硬件有关，目前主流的电脑可以支持 16GB 的内存和 64 位的 CUP。

除了选择 64 位 Windows 操作系统和大于 4GB 的内存，还需要选择相应也是 64 位的 BIM 软件，才能发挥真正的 64 位操作系统和应用软件的作用。

9.2.3 BIM 工作流程

要完成 BIM 的应用，首先要建立 BIM 模型，由于 BIM 是一个集项目信息大成的数据集合体，与传统的 CAD 应用相比，数据量要大得多。就目前的电脑硬件和软件能力，还不能像 CAD 那样可以应付自如，需要采取一些方法，确保 BIM 模型的建立。

1. 模型组织

BIM 模型的建立和传统的 CAD 设计相似，也需要分专业协同分工完成，但模型的拆分方法要综合考虑如下因素：

1）各专业的协同。

2）多项目成员的同时访问。

3）大型模型的操作效率。

基于上述原则，通常先按专业进行如图 9-45 的方式组织。

图 9-46 模型组织示意图中的“构件”为基本模型单元，由“构件”组成“集合”，而“容器”则是为了把多个模型（集合）进行组装的一个文件，该“容器”文件可以是一个没有任何“构件”和“集合”的“空”文件，它的作用仅仅是把多个模型进行链接。

使用“容器”文件这种方式的好处是可以灵活地组装模型，便于模型的管理。

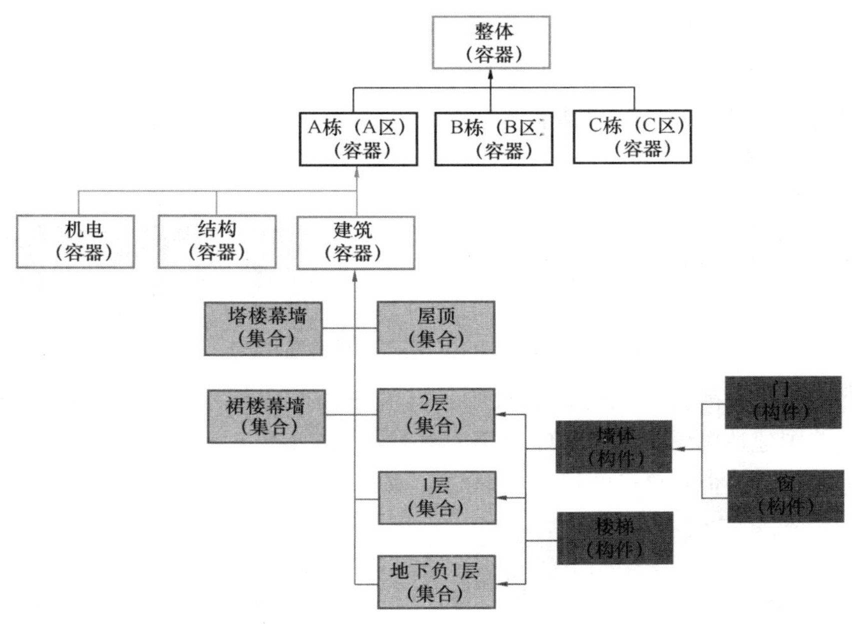

图 9-46　模型组织示意图（本图见书后彩图）

在建立 BIM 模型过程中，还应考虑项目成员的工作分配情况，模型尽可能细分的好处是可以方便项目成员的灵活分工，另外“集合”文件越小，模型操作效率越高。

不同的软件对于一个模型的最大值是不一样的，需要查阅软件的具体说明作为参考，因为这个“最大值”也只是个参考值，并没有很明确的界限，随着软件版本升级和优化、硬件性能的提高，这个值也会相应变化。

2. 目录结构

通过模型的拆分，将产生很多模型文件，从几十到几百个文件不等，而这些文件是有一定的关联关系，为了有效地进行管理，必须进行文件目录组织。

文件目录组织要根据项目的类型、造型规模而定，但基本的原则是按照模型拆分的方式进行组织。由于项目从设计到施工的过程中是在不断地变化中，所以，在此过程中还需要考虑：“工作过程中”“对外共享”“发布”和“存档”等状态，只有到了项目竣工交付，才给业主提交一个稳定的文件目录组织状态。

BIM 的应用目标是项目全生命周期管理，BIM 模型从设计、施工到竣工后的运维管理都可以发挥作用。结构清晰易于理解的文件目录结构，不但在模型创建期间易于管理，更重要的是在后续的使用中可以继续发挥其作用。

图 9-47 是目录组织示意图。

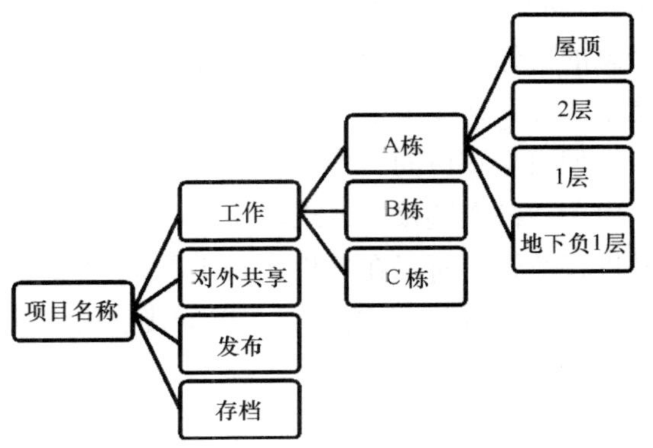

图 9-47　目录组织示意图（本图见书后彩图）

一般情况下相同楼层（区域）的

各专业模型应放在相同位置，避免各专业模型整合时跨目录链接。

3. 模型文件命名

清晰的文件命名可以让项目成员更容易理解模型文件，提高效率。一般建议包含图 9-48 所示的内容。

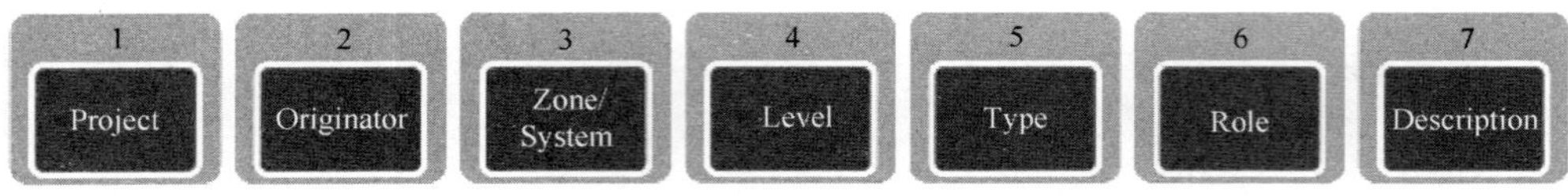

图 9-48　AEC（UK）模型文件命名标准

企业或机构一般都会有文件命名规则，有的参照欧美标准或直接使用欧美标准，例如 AIA（美国建造师学会）、AEC（UK）等标准。

采用中文命名的企业自己的标准如图 9-49 所示。

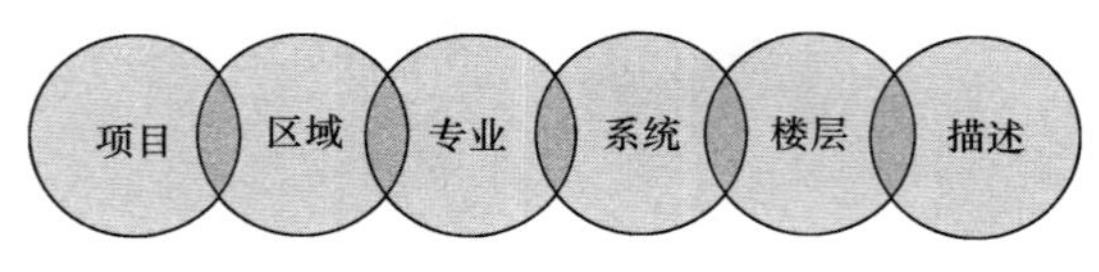

图 9-49　文件命名

例如：

项目简称-1 区-建筑-1 层。

项目简称-1 区-结构-1 层。

项目简称-1 区-空调-风管-1 层。

项目简称-1 区-消防-喷淋-1 层。

项目简称-1 区-消防-消火栓-1 层。

大多数国内企业在没有对外业务和交流的情况下，采用以中文为主的命名方式更便于沟通。

4. 协同方法

当项目模型量比较大时，需要按区域和专业进行划分，再分别进行模型的建立。协同建模通常有两种工作模式：工作共享和模型链接，或者两种方式的混合。这两种方式各有优缺点，但最根本的区别是："工作共享"允许多人同时编辑相同模型，而"模型链接"是独享模型，当某个模型被打开时，其他人只能"读"而不能"改"。

理论上讲，"工作共享"是更理想的工作方式，既解决了一个大型模型多人同时分区域建模的问题，又解决了同一模型可被多人同时编辑的问题。而"模型链接"只解决了多人同时分区域建模的问题，无法实现多人同时编辑同一模型。虽然"工作共享"是理想的工作方式，但由于"工作共享"方式在软件实现上比较复杂，目前的软件在性能稳定性和速度上还存在一些问题，而"模型链接"技术成熟、性能稳定，尤其是对于大型模型在协同工作时，性能表现优异，特别是在软件的操作响应上。

由于"模型链接"方式对于链接模型只是作为可视化和空间定位参考，不用考虑对其进行编辑，所以在软件实现上就简单得多，占有硬件和软件资源都少，性能相对较高。"模型链接"方式主要有以下几点优势：

1）性能稳定；

2）响应速度快；

3）数据迁移方便，对应项目数据的地点可能发生变化时，通过复制共享文件夹就可以实现数据迁移；

4）项目成员进出方便，只需要设置成员的访问服务器权限即可，没有“工作共享”方式经常发生的权限问题。

9.2.4 模型标准

1. 模型坐标

对于一个项目，所有的BIM模型坐标必须是唯一的，只要坐标原点唯一，各个项目BIM模型才能精确整合。通常，一个项目在开始以前需要先建立一个唯一的轴网文件作为该项目坐标的基准，在模型拆分方法确定后，项目成员都要以这个轴网文件为参照进行模型的建立。

2. 模型详细程度

BIM模型的详细程度，既要满足项目应用的要求，又要充分评估模型的详细度对计算机软硬的承受能力，尤其是大型项目，BIM模型规模较大时，如果模型详细程度过细，会带来计算机负荷过大，反应速度和稳定性都会下降，最终可能增加成本，延误项目交付。所以，在BIM模型创建之前，应根据项目的应用要求，界定比较明确的模型详细程度。美国建筑师学会（AIA）定义了5个级别来界定BIM模型的详细程度——LOD（Level of Detail 或 Level of Development）：

LOD 100：概念（Conceptual）

LOD 200：粗模（Approximate geometry）

LOD 300：精模（Precise geometry）

LOD 400：加工制造（Fabrication）

LOD 500：建成竣工（As—built）

模型详细程度需要根据实际项目的应用目标而定，表9-3是在项目各阶段的应用所对应使用的模型详细程度参考。

模型详细程度 表9-3

应用	对应2D图纸比例	说明	图　例
构思、方案	1∶200～1∶1000	体量推敲、面积、体积、位置和朝向等基本数据	
初步设计	1∶200	主要的尺寸，形状，位置，朝向，可统计数据。可以包含建筑属性	

续表

应用	对应 2D 图纸比例	说明	图　例
施工图	1∶50～1∶100	精确的尺寸，形状，位置，朝向，统计数据。应包含建筑属性	
深化设计、加工	1∶5～1∶100	满足制造和装配要求的细节程度	
竣工交付、运维	1∶100	施工图详细程度，但经过施工阶段的变化和更新	

注：本表见书后彩图。

3. 模型质量控制

为保障模型的正确性，除了通过常规的校审制度进行质量控制这一必经流程外，还需要通过一些建模的方法和原则来保障模型的正确性，以下是一些建模时采用的方法和原则：

1）使用高质量的元素和组件控制。

2）使用参数控制。

3）不使用无关联的 2D 文件，所有图纸视图都从模型中提取。

4）使用正确的对象定义建模，例如，使用结构柱对象建立柱子 ，而不是用墙体来代替。虽然它可能看起来造型是对的，但对于与之配合的其他软件将无法进行正确的分析、统计或交互操作。

5）进行准确的建模，例如，消除对象重叠，正确地闭合墙体等。模型需要不论是看上去是对的，而且还应该实际就是对的。不准确的模型对象可能导致问题的出现。

6）建立和执行企业自己内部的标准。

7）使用业界公认的命名对象和空间。

8）使用适当的和可互操作的视图、检查和输出文件格式。

由于 BIM 模型已经具备了比较丰富的属性信息，还可以通过使用软件工具来检测模型的合理性和准确性，例如，Solibri 公司的 Model Checker，Autodesk Revit Model Review 等。

Solibri 公司的 Model Checker 是目前为数不多的 BIM 模型检查工具，可以通过自定义规则，对 BIM 模型进行规则检查，例如安全疏散距离（图 9-50*a*）、疏散宽度、未定义空间（图 9-50*b*）等。

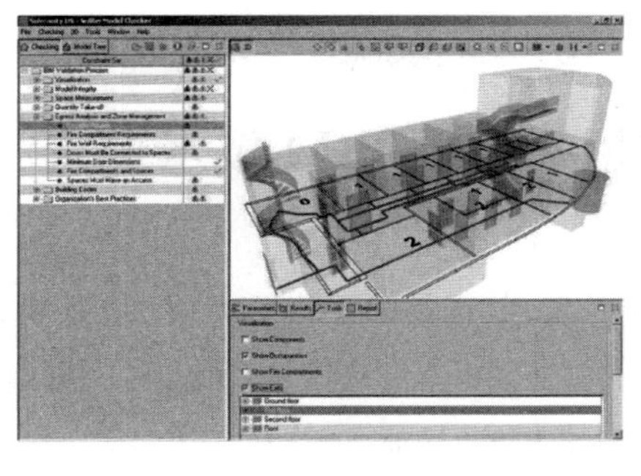

(*a*)

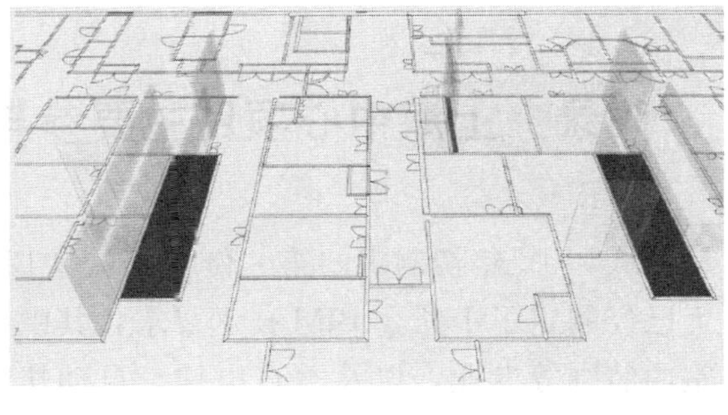

(*b*)

图 9-50 BIM 模型检查

（本图见书后彩图）

（*a*）安全疏散距离检查；（*b*）未定义空间检查

9.2.5 BIM 团队成员结构

BIM 成员结构和传统的 CAD 应用没有太大的区别（图 9-51）。

（1）BIM 工程师：主要是用 BIM 技术完成相应岗位的工作，提高工作质量和效率。

（2）BIM 项目经理：对 BIM 项目进行规划、管理和执行，保质保量实现 BIM 应用的效益。

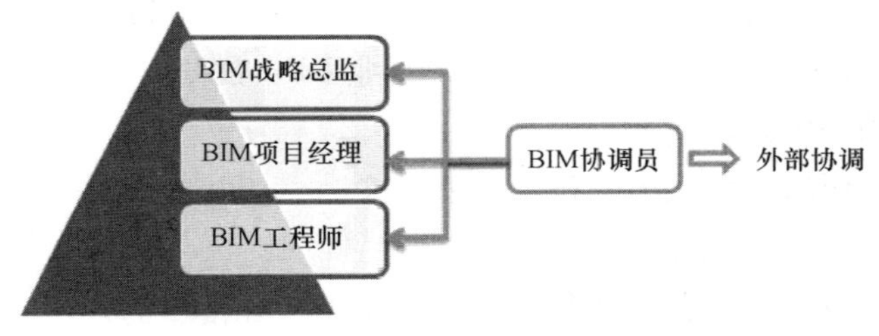

图 9-51 成员构成

（本图见书后彩图）

（3）BIM 战略总监：负责企业、部门或专业的 BIM 总体发展战略，包括组建团队、确定技术路线、研究 BIM 对施工企业的质量效益和经济效益。

由于 BIM 技术的复杂度相对较高，当项目规模达到一定程度时，则需要一名或多名的 BIM 协调员担任对内和对外的协调和沟通。协调员的主要工作是通过 BIM 技术手段，为对内和对外的沟通提供技术保障。

参 考 文 献

何波，罗海涛，杨远丰，赵顺耐，郑颐，王颖. 研究生 BIM 教学参考书《BIM 工具与方法》.

附录　上海中心项目主要参与方招标文件 BIM 技术要求

从 2010 年初制定的第一份施工总包 BIM 技术要求至今，在上海中心大厦项目上已经制定了十几个 BIM 技术要求，其中包含了施工总包、钢结构、机电、幕墙、室内装饰等专业，以及垂直电梯、自动扶梯、擦窗机等专业设备技术要求。在统一的 BIM 技术要求模板的基础上，针对不同专业分包的情况，对 BIM 要求进行微调。而在制定 BIM 技术要求的过程中，对于工作范围、工作界面、模型标准等方面依然有很多值得商榷和探讨的地方。本附录将部分 BIM 技术要求提供出来，供读者参考。

A.1　施工总包 BIM 技术要求

总包商应负责在其服务期内为上海中心项目创建并维护所有主要专业的施工阶段的 BIM 模型，并协调和集成各专业 BIM 数据，确保 BIM 模型与各方提供的施工图纸文档一致。

BIM 工作内容应符合以下要求：

1. 基本要求

（1）总包商应负责在服务期内的 BIM 模型的创建和维护工作。BIM 模型必须包括建筑、结构和机电等所有相关专业。对于设计方提供的设计阶段的 BIM 模型，总包商负责在此基础上深化和更新。

（2）总包商应指派专业的 BIM 总监负责 BIM 工作的沟通及协调，定期参加 BIM 工作会议。BIM 总监需建筑类本科毕业，有 10 年以上施工和工程经验及 BIM 管理经验。

（3）总包商应建立完整的可以胜任服务期内所有 BIM 工作的专业团队，并在开始 BIM 模型的创建和深化工作之前，提交业主审核及批准 BIM 组织架构表和执行计划书。

（4）总包商应在服务期内按业主所要求的时间节点向业主提交与施工进度相一致的 BIM 模型，供业主审核。

（5）总包商应督促各施工分包商在施工过程中应用 BIM 模型，并按要求深化 BIM 模型。

（6）总包商应负责集成和验证最终的 BIM 竣工模型，在项目结束时，向业主提交真实准确的竣工 BIM 模型、BIM 应用资料和设备信息等，确保业主和物主管理公司在运营阶段具备充足的信息。

（7）BIM 模型应使用 Autodesk Revit Architecture、Autodesk Revit Structure 和 Autodesk Revit MEP 软件创建。总包商应确保采用足够数量的正版软件，并根据产品新版本的发布及时升级，确保提供最新版本的 BIM 模型。

（8）总包商应确保提供满足软件操作和模型应用要求的足够数量的硬件设备，具体配置要求不可低于附表 2 中的要求。

2. 基于 BIM 模型的应用

总包商应在服务期内提供基于 BIM 模型的以下应用：

（1）根据施工进度和深化设计，及时更新和集成 BIM 模型，进行碰撞检测，提供包括具体碰撞位置的检测报告，并提供相应的解决方案，及时协调解决碰撞问题。

（2）基于 BIM 模型探讨短期及中期的施工方案。

（3）基于 BIM 模型准备机电综合管道图（CSD）及综合结构留洞图（CBWD）等施工深化图纸。

（4）基于 BIM 模型提供能快速浏览的 Navisworks、DWF 等格式的模型和图片，以便各方查看和审阅。

（5）基于 BIM 模型及施工方的施工进度表进行 4D 施工模拟，提供图片和动画视频等文件，协调施工各方优化时间安排。

（6）应用 Autodesk Buzzsaw 网上文件管理协同平台，确保项目信息及时有效地传递。

（7）将视频监视系统与 Autodesk Buzzsaw 平台整合，实现施工现场的实时监控和管理。

3. BIM 模型要求

（1）BIM 模型应能用于定义各方工作界面。

（2）BIM 模型需合理组织和规划，确保能被各方不断深化和应用。

（3）BIM 模型应包含必要的施工数据，如对于建筑设备，应包括基本的名称/描述、尺寸、制造商、序列编号、重量和电压等。

（4）BIM 模型的详细程度应能达到冲突检测、施工深化图出图、4D 施工模拟、物业运营管理的要求，在整个施工阶段帮助各方发现问题并提供解决方案。

4. BIM 数据的所有权和权力

所有 BIM 模型以及所有其他项目过程中产生的数据都归属于业主所有。

所有 3D、4D 和与 BIM 有关的信息均为保密信息。总包商在发布这些消息之前，应确保得到业主的同意和授权，并做好相关的数据传递/交接记录。

5. BIM 工作计划

总包商应提供 BIM 模型的创建、维护和应用计划，以及 BIM 人力资源计划，作为投标文件的组成部分。其中应至少包括附表 1 中几个时间节点的说明。

BIM 工 作 计 划 **附表 1**

成 果 描 述	完 成 时 间
BIM 组织架构表	合同签订后的 30 天内
BIM 执行计划书	合同签订后的 45 天内
最初的 BIM 模型	合同签订后的 120 天内
CSD、CBWD 等施工深化图纸	与图纸一起递交 BIM 模型
施工变更引起的模型修改	在收到变更单后的 14 天内
碰撞检测报告及解决碰撞	在相应部位施工前的 1 个月内
4D 施工模拟及进度优化	在相应部位施工前的 1 个月内
BIM 竣工模型	在出具完工证明以前

硬 件 配 置 要 求 **附表 2**

适用范围	操作工作站	移动工作站	协同工作站	服务器
CPU	英特尔® 酷睿™ 2 双核处理器	英特尔® 酷睿™ 2 双核处理器	英特尔® 至强 ® 5500 系列四核处理器/8MB 二级缓存/6.4GT/s	PowerEdge（TM）2950，Quad-Core Intel® Xenon® X5460，2×6MB Cache 2CPU
内存	8GB（8×1GB）1066MHz DDR3 ECC	16GB（4×4GB）1066MHz 双通道 DDR3	24GB（6×4GB）1066MHz DDR3 ECC	16GB（4×4096）DDR-2 667MHz ECC 2R Fully-Buffered Memory
显卡	NVIDIA® Quadro™ FX 3700M 1GB	NVIDIA® Quadro™ FX 3700M 1GB	NVIDIA® Quadro™ FX4800M，DVI 1.5GB PCIe x16	
硬盘	200GB 硬盘空间 SATA 硬盘	500GB 硬盘 SATA 硬盘	500GB 硬盘空间 SATA 硬盘	4X300GB 2.5-inch，10K RPM SAS Hard Drive
操作系统	Genuine Windows Vista® Business 64 位 SP1（SCHI）	Genuine Windows Vista® Business 64 位 SP1（SCHI）	Genuine Windows Vista® Business 64 位 SP1（SCHI）	Microsoft® Windows® Server 2008 X64 Enterprise Ed. Eng（25 CALs），FI
网卡	集成千兆网卡	集成千兆网卡	集成千兆网卡	集成千兆网卡

A.2 机电分包 BIM 技术要求

机电分包商应负责在其服务期内为上海中心项目创建并维护机电部分的 BIM 模型，并按业主及总包商要求及时提交 BIM 数据，确保 BIM 集成工作的顺利进行。

1. 基本要求

(1) 分包商应负责在服务期内的机电部分的BIM模型创建和维护工作，并从自身三维技术应用角度出发，最大限度地加以使用。

(2) 分包商应建立完整的可以胜任服务期内所有BIM工作的专业团队，并在开始BIM模型的创建和深化工作之前，提交业主及总包商审核及批准BIM组织架构表和执行计划书。

(3) 分包商应指派专业的BIM经理负责BIM工作的沟通及协调，定期参加BIM工作会议，以保证与各方之间的协调一致。

(4) 分包商应确保软硬件配置满足项目BIM应用的要求。

(5) 分包商在服务期内应按总包商所要求的时间节点向总包商提交与施工进度相一致的BIM模型，并有义务根据业主和总包的需要随时调整BIM模型，同时向总包商提供必要的协助和支持，以确保总包商能将机电部分的BIM模型集成到整个项目中。

(6) 分包商提供的BIM模型的信息参数和资料必须经业主、总包、设计院和相关顾问公司的审核和书面确认后，方认定为合格。

(7) 分包商应提供所有设备的设备手册、使用说明书、运行维护说明书等随机文件的电子版。

(8) 在项目结束时，分包商应负责向总包商提交真实准确的竣工BIM模型，BIM应用资料和相关数据等，供业主及总包商审核和集成。

2. BIM技术应用要求

(1) 通过BIM三维可视化技术，与项目各相关方进行有效地协调，提前发现问题并及时处理。

(2) 根据施工进度及时更新和集成BIM模型，进行碰撞检测，提供包括具体碰撞位置的检测报告，并提供相应的解决方案，及时协调解决碰撞问题。

(3) 基于BIM模型进行机电施工深化图设计。

(4) 基于BIM模型及施工方的施工进度表进行4D施工模拟，提供图片和动画视频等文件，协调施工各方优化时间安排。

(5) 基于BIM模型对大型机电设备进行设备吊装模拟，并提供图片和动画视频等文件。

(6) 基于BIM模型，统计机电部分的工程量。

(7) 基于BIM模型，与现场照片和视频进行比对，进行施工现场的远程可视化监控与实时管理。

(8) 基于BIM模型提供能快速浏览的图片和浏览动画，以便各方查看和审阅。

(9) 应用Autodesk网上文件管理协同平台，确保项目信息及时有效地传递。

3. BIM模型要求

(1) BIM模型应能用于定义各方工作界面，满足上海中心项目对模型文件的划分要求。

(2) BIM模型文件应按项目要求合理命名。

（3）BIM 模型应包含机电工程中必要的构件，满足上海中心项目对模型构件的建模范围和详细程度的要求，并与项目实际情况保持一致。

（4）BIM 模型构件都应按专业附着不同的颜色，以便有效识别和区分。

（5）BIM 模型中的构件应能存成独立的参数化族文件，便于管理和各参与方的重复应用。

（6）分包商应按照总包要求的模型格式来提交满足要求的 3D 模型。经过挑选的模型将会被整合，分包商将会在后继工作中被要求维护此模型的 BIM 完整属性。

（7）BIM 模型需合理组织和规划，确保能被各方应用。

（8）BIM 模型的构件信息应能满足后期运营维护阶段的数据管理应用。可参考《机电分包 BIM 模型运维信息要求》。业主和总包有权要求分包商根据项目实际情况随时增加相关信息。

4. BIM 数据的所有权和权利

所有 BIM 模型以及所有其他项目过程中产生的数据都归属于业主所有。

所有 3D，4D 和与 BIM 有关的信息均为保密信息。分包商在发布这些信息之前，应确保得到业主的同意和授权，并做好相关的数据传递/交接纪录。

5. BIM 工作计划

分包商应提供 BIM 模型的创建、维护和应用计划，以及 BIM 人力资源计划，作为投标文件的组成部分。其中应至少包括附表 3 中几个时间节点的说明。

机电 BIM 工作计划 **附表 3**

成果描述	完工时间
BIM 组织架构表	合同签订后的 10 天内
BIM 执行计划书	合同签订后的 20 天内
最初的 BIM 模型	合同签订后的 60 天内
施工深化图纸	与图纸一起递交 BIM 模型
施工变更引起的模型修改	在收到变更单后的 14 天内
碰撞检测报告及解决碰撞	在相应部位施工前的 1 个月内
4D 施工模拟及进度优化	在相应部位施工前的 1 个月内
BIM 竣工模型	在出具完工证明以前

6. 资质/能力

为了评估贵公司在 BIM 建模方向的专业能力和经验，确保贵公司能成功完成上述工作任务，请提供以下信息，作为投标文件的组成部分。

（1）必备项

① 请描述贵公司 BIM 实施团队的工作人员名单，职责及相关经验或背景。如果贵公司计划依靠外包团队进行建模，请描述此外包团队提供的服务及人员状况。

② 描述贵公司已拥有或有采购预算的 BIM 技术系统，并评估贵公司的模型与其他供应商的模型相整合的技术可行性。

③ 阐述贵公司完成上述工作任务的技术方案。

（2）可选项

① 描述贵公司在类似项目中建立相关模型的经验，见附表 4 模板。

② 提供机电的 3D 模型。提交的模型应该能够被 Autodesk NavisWorks 读取。

③ 以 3D 方式展示类似项目的施工方案。

上海中心项目团队并不需要从提交的模型或成果中查阅有关专利权/所有权的信息，而是希望从该模型或成果中评估投标方以下能力：基于工作面交汇点的实际物理位置，查找可能的冲突并解决的能力；各供应商能够更好地处理预组装，安装工序及最终定型的能力。

类似项目经验模板 **附表 4**

项目名称	
项目实施地点	
项目描述	
合同额，包括初次合同额	
施工阶段 — 开始与结束日期	
项目主要参与人员	
业主 — 名称，公司，联系电话	
实施具体工作之相应人员的职位：例如总承包商，项目经理，设计/建造者，分包（供应）商	
该项目中是否涉及 3D 建模，如果是，请描述相应的技术系统，并描述项目中如何应用 3D 模型	
其他的熟悉贵公司在此项目工作的证明人：姓名，公司，联系电话，与此项目的工作关系	

A.3 钢结构分包的 BIM 技术要求

分包商应负责在其服务期内为上海中心项目创建并维护钢结构部分的施工阶段的 BIM 模型，并按总包商要求及时提交 BIM 数据，确保 BIM 集成工作的顺利进行。

BIM 工作内容应符合以下要求：

1. 基本要求

（1）分包商自身应具有利用电子、计算机技术、通信技术等一系列现代化技术，通过对信息资源的深度开发和广泛利用能力。

（2）分包商应负责在服务期内进行钢结构部分 BIM 模型的创建和维护工作。对于设计方提供的设计阶段的 BIM 模型，分包商应从自身三维技术应用角度出发，最大限度地加以使用。

（3）分包商应指派专业的 BIM 经理负责 BIM 工作的沟通及协调，定期参加 BIM 工作会议。

（4）分包商应建立完整的可以胜任服务期内所有 BIM 工作的专业团队，并在开始 BIM 模型的创建和深化工作之前，提交总包商审核及批准 BIM 组织架构表和执行计划书。

（5）分包商应在服务期内按总包商所要求的时间节点向总包商提交与施工进度相一致的 BIM 模型，供总包商审核和集成。

（6）在项目结束时，分包商应负责向总包商提交真实准确的竣工 BIM 模型，BIM 应用资料和相关数据等，供总包商审核和集成。

2. 基于 BIM 模型的应用

分包商应在服务期内提供基于 BIM 模型的以下应用：

（1）实现设计 BIM 模型和施工 BIM 模型的互通，以利于实时评估设计变更对项目的综合影响。

（2）基于 BIM 模型探讨短期及中期之施工方案。

（3）基于 BIM 模型准备钢结构施工深化图纸。

（4）基于 BIM 模型提供能快速浏览的图片和动画，以便各方查看和审阅。

（5）应用 Autodesk Buzzsaw 网上文件管理协同平台，确保项目信息及时有效地传递。

3. BIM 模型要求

（1）BIM 模型应能用于定义各方工作界面。

（2）BIM 模型需合理组织和规划，确保能被各方应用。

（3）BIM 模型应与项目实际一致，包含必要的钢结构构件数据，比如名称，构件编号，几何尺寸，材料规格，材质，横截面，节点类型等。

（4）BIM 模型之详细程度应能满足总包商进行冲突检测、4D 施工模拟的要求。

4. BIM 数据的所有权和权利

所有 BIM 模型以及所有其他项目过程中产生的数据都归属于业主所有。

所有 3D，4D 和与 BIM 有关的信息均为保密信息。分包商在发布这些信息之前，应确保得到业主的同意和授权，并做好相关的数据传递/交接纪录。

5. BIM 工作计划

分包商应提供 BIM 模型的创建、维护和应用计划，以及 BIM 人力资源计划，作为投标文件的组成部分。其中应至少包括附表 5 中几个时间节点的说明。

钢结构 BIM 工作计划 **附表 5**

成果描述	完工时间
BIM 组织架构表	合同签订后的 30 天内
BIM 执行计划书	合同签订后的 45 天内
最初的 BIM 模型	合同签订后的 60 天内
施工深化图纸	与图纸一起递交 BIM 模型
施工变更引起的模型修改	在收到变更单后的 14 天内
BIM 竣工模型	在出具完工证明以前

A.4 幕墙分包BIM技术要求

分包商应负责在其服务期内为上海中心项目创建并维护B幕墙（主楼）部分的BIM模型，并按业主及总包商要求及时提交BIM数据，确保BIM集成工作的顺利进行。

1. 基本要求

（1）分包商应负责在服务期内的幕墙部分的BIM模型创建和维护工作，并从自身三维技术应用角度出发，最大限度地加以使用。

（2）分包商应建立完整的可以胜任服务期内所有BIM工作的专业团队，并在开始BIM模型的创建和深化工作之前，提交业主及总包商审核及批准BIM组织架构表和执行计划书。

（3）分包商应指派专业的BIM经理负责BIM工作的沟通及协调，定期参加BIM工作会议，以保证与各方之间的协调一致。

（4）分包商应确保BIM模型与幕墙工程施工图设计内容保持一致，在服务期内按总包商所要求的时间节点向总包商提交与施工进度相一致的BIM模型，并有义务根据业主和总包商的需要随时调整BIM模型，同时向总包商提供必要的协助和支持，以确保总包商能将幕墙部分的BIM模型集成到整个项目。

（5）在项目结束时，分包商应负责向总包商提交真实准确的竣工BIM模型，BIM应用资料和相关数据等，供业主和总包商审核和集成。

2. BIM技术应用要求

（1）通过BIM三维可视化技术，与项目各相关方进行有效地协调，提前发现问题并及时处理。

（2）基于BIM模型准备幕墙施工深化图纸。

（3）基于BIM模型，以三维可视化方式探讨及展示幕墙施工安装方案。

（4）基于BIM模型，进行施工现场监控与管理，以准确把握幕墙安装进度。

（5）基于BIM模型提供能快速浏览的图片和浏览动画，以便各方查看和审阅。

（6）应用Autodesk网上文件管理协同平台，确保项目信息及时有效地传递。

3. BIM模型要求

（1）BIM模型应能用于定义各方工作界面。

（2）BIM模型应包含幕墙工程中必要的构件，如玻璃、金属边框、幕墙支撑及连接件等，并与项目实际情况保持一致。

（3）模型构件信息应包含必要的幕墙构件数据，比如名称，构件编号，几何尺寸，材料规格，材质等，以满足后期运营维护阶段的数据管理应用。

（4）分包商应按照业主及总包要求的模型格式来提交满足要求的3D模型。经过挑选的模型将会被整合，分包商将会在后继工作中被要求维护此模型的BIM完整属性。

（5）BIM模型需合理组织和规划，确保能被各方应用。

4. BIM 数据的所有权和权利

所有 BIM 模型以及所有其他项目过程中产生的数据都归属于业主所有。

所有 3D，4D 和与 BIM 有关的信息均为保密信息。分包商在发布这些信息之前，应确保得到业主的同意和授权，并做好相关的数据传递/交接纪录。

5. BIM 工作计划

分包商应提供 BIM 模型的创建、维护和应用计划，以及 BIM 人力资源计划，作为投标文件的组成部分。其中应至少包括附表 6 中几个时间节点的说明：

幕墙 BIM 工作计划 **附表 6**

成果描述	完工时间
BIM 组织架构表	合同签订后的 10 天内
BIM 执行计划书	合同签订后的 20 天内
最初的 BIM 模型	合同签订后的 60 天内
施工深化图纸	与图纸一起递交 BIM 模型
施工变更引起的模型修改	在收到变更单后的 14 天内
BIM 竣工模型	在出具完工证明以前

6. 资质/能力

为了评估贵公司在 BIM 建模方向的专业能力和经验，确保贵公司能成功完成上述工作任务，请提供以下信息，作为投标文件的组成部分。

（1）必备项

①请描述贵公司 BIM 实施团队的工作人员名单，职责及相关经验或背景。如果贵公司计划依靠外包团队进行建模，请描述此外包团队提供的服务及人员状况。

②描述贵公司已拥有或有采购预算的 BIM 技术系统，并评估贵公司的模型与其他供应商的模型相整合的技术可行性。

③阐述贵公司完成上述工作任务的技术方案。

（2）可选项

①描述贵公司在类似项目中建立相关模型的经验，见附表 7 经验模板。

②提供幕墙的 3D 模型。提交的模型应该能够被 Autodesk NavisWorks 读取。

③以 3D 方式展示类似项目的施工方案。

上海中心业主及总包商并不需要从提交的模型或成果中查阅有关专利权/所有权的信息，而是希望从该模型或成果中评估投标方以下能力：基于工作面交汇点的实际物理位置，查找可能的冲突并解决的能力；各供应商能够更好地处理预组装，安装工序及最终定型的能力。

类似项目经验模板 **附表 7**

项目名称	
项目实施地点	
项目描述	
合同额，包括初次合同额	
施工阶段 — 开始与结束日期	
项目主要参与人员	
业主 — 名称，公司，联系电话	
实施具体工作之相应人员的职位：例如总承包商，项目经理，设计/建造者，分包（供应）商	
该项目中是否涉及 3D 建模，如果是，请描述相应的技术系统，并描述项目中如何应用 3D 模型	
其他的熟悉贵公司在此项目工作的证明人：姓名，公司，联系电话，与此项目的工作关系	

A.5 裙房幕墙分包 BIM 技术要求

分包商应负责在其服务期内为上海中心项目创建并维护裙房幕墙部分的 BIM 模型，并按业主及总包商要求及时提交 BIM 数据，确保 BIM 集成工作的顺利进行。

1. 基本要求

（1）分包商应负责在服务期内的裙房幕墙部分的 BIM 模型创建和维护工作，并从自身三维技术应用角度出发，最大限度地加以使用。

（2）分包商应在开始 BIM 模型的创建和深化工作之前，提交业主及总包商审核及批准 BIM 组织架构表和执行计划书。

（3）分包商应指派专业负责人负责 BIM 工作的沟通及协调，定期参加 BIM 工作会议，以保证与各方之间的协调一致。

（4）分包商应确保 BIM 模型与幕墙工程施工图设计及深化设计内容保持一致，在服务期内按总包商所要求的时间节点向总包商提交与施工进度相一致的 BIM 模型，并有义务根据业主和总包商的需要随时调整 BIM 模型，同时向总包商提供必要的协助和支持，以确保总包商能将裙房幕墙部分的 BIM 模型集成到整个项目。

（5）分包商应制定裙房幕墙更换安装手册，用于后期维护阶段的维修。

（6）在项目结束时，分包商应负责向总包商提交真实准确的竣工 BIM 模型，BIM 应用资料和相关数据等，供业主和总包商审核和集成。

2. BIM 技术应用要求

（1）通过 BIM 三维可视化技术，与项目各相关方进行有效地协调，提前发现问题并及时处理。

（2）在设计方案可调整范围内，优化幕墙类型，从而降低幕墙成本。

(3) 根据施工进度及时更新和集成 BIM 模型，进行碰撞检测，提供包括具体碰撞位置的检测报告，并提供相应的解决方案，及时协调解决碰撞问题。

(4) 基于 BIM 模型进行幕墙施工深化图设计。

(5) 通过 BIM 模型来优化复杂高阶曲面幕墙分割，避免出现影响建造效果、影响曲面光滑度、次结构无法生产及安装的情况发生。

(6) 基于 BIM 模型快速生成幕墙嵌板、空间杆件等主要体系的空间定位点表格。

(7) 基于 BIM 模型，以三维可视化方式探讨及展示幕墙的生产加工可行性、安装空间预留、及施工可行性方案。

(8) 基于 BIM 模型，进行施工现场监控与管理，以准确把握幕墙安装进度。

(9) 基于 BIM 模型提供能快速浏览的图片和浏览动画，以便各方查看和审阅。

(10) 应用 Autodesk 网上文件管理协同平台，确保项目信息及时有效地传递。

3. BIM 模型要求

(1) BIM 模型应能用于定义各方工作界面。

(2) BIM 模型应包含幕墙工程中必要的构件，如玻璃、金属边框、幕墙支撑及连接件等，并与项目实际情况保持一致。

(3) 模型构件信息应包含必要的幕墙构件数据，比如名称，构件编号，几何尺寸，材料规格，材质等，以满足后期运营维护阶段的数据管理应用。业主和总包有权要求分包商根据项目实际情况随时增加相关信息。

(4) 分包商应按照业主及总包要求的模型格式来提交满足要求的 3D 模型。经过挑选的模型将会被整合，分包商将会在后继工作中被要求维护此模型的 BIM 完整属性。

(5) BIM 模型需合理组织和规划，确保能被各方应用。

4. BIM 数据的所有权和权利

所有 BIM 模型以及所有其他项目过程中产生的数据都归属于业主所有。

所有 3D，4D 和与 BIM 有关的信息均为保密信息。分包商在发布这些信息之前，应确保得到业主的同意和授权，并做好相关的数据传递/交接纪录。

5. BIM 工作计划

分包商应提供 BIM 模型的创建、维护和应用计划，以及 BIM 人力资源计划，作为投标文件的组成部分。其中应至少包括附表 8 中几个时间节点的说明。

裙房幕墙 BIM 工作计划 **附表 8**

成果描述	完工时间
BIM 组织架构表	合同签订后的 10 天内
BIM 执行计划书	合同签订后的 20 天内
最初的 BIM 模型	合同签订后的 60 天内
施工深化图纸	与图纸一起递交 BIM 模型
施工变更引起的模型修改	在收到变更单后的 14 天内
碰撞检测报告及解决碰撞	在相应部位施工前的 1 个月内
4D 施工模拟及进度优化	在相应部位施工前的 1 个月内
BIM 竣工模型	在出具完工证明以前

6. 资质/能力

为了评估贵公司在BIM建模方向的专业能力和经验，确保贵公司能成功完成上述工作任务，请提供以下信息，作为投标文件的组成部分。

（1）必备项

①请描述贵公司BIM实施团队的工作人员名单，职责及相关经验或背景。如果贵公司计划依靠外包团队进行建模，请描述此外包团队提供的服务及人员状况。

②阐述贵公司完成上述工作任务的技术方案。

（2）可选项

①描述贵公司在类似项目中建立相关模型的经验，见附表9经验模板。

②提供幕墙的3D模型。提交的模型应该能够被Autodesk NavisWorks读取。

③以3D方式展示类似项目的施工方案。

上海中心业主及总包商并不需要从提交的模型或成果中查阅有关专利权/所有权的信息，而是希望从该模型或成果中评估投标方以下能力：基于工作面交汇点的实际物理位置，查找可能的冲突并解决的能力；各供应商能够更好地处理预组装，安装工序及最终定型的能力。

类似项目经验模板 **附表9**

项目名称	
项目实施地点	
项目描述	
合同额，包括初次合同额	
施工阶段-开始与结束日期	
项目主要参与人员	
业主-名称，公司，联系电话	
实施具体工作之相应人员的职位：例如总承包商，项目经理，设计/建造者，分包（供应）商	
该项目中是否涉及3D建模，如果是，请描述相应的技术系统，并描述项目中如何应用3D模型	
其他的熟悉贵公司在此项目工作的证明人：姓名，公司，联系电话，与此项目的工作关系	

A.6 自动扶梯分包BIM技术要求

分包商应负责在其服务期内为上海中心项目创建并维护自动扶梯部分的BIM模型，并按业主及总包商的要求及时提交BIM数据，确保BIM集成工作的顺利进行。

1. 基本要求

(1) 分包商应负责在服务期内的自动扶梯部分的 BIM 模型创建和维护工作，并从自身三维技术应用角度出发，最大限度地加以使用。

(2) 分包商应建立完整的可以胜任服务期内所有 BIM 工作的专业团队，并在开始 BIM 模型的创建和深化工作之前，提交业主及总包商审核及批准 BIM 组织架构表和执行计划书。

(3) 分包商应指派专业的 BIM 经理负责 BIM 工作的沟通及协调，定期参加 BIM 工作会议，以保证与各方之间的协调一致。

(4) 分包商应确保 BIM 模型与自动扶梯工程施工图设计内容保持一致，在服务期内按总包商所要求的时间节点向总包商提交与施工进度相一致的 BIM 模型，并有义务根据业主和总包的需要随时调整 BIM 模型，同时向总包商提供必要的协助和支持，以确保总包商能将自动扶梯部分的 BIM 模型集成到整个项目。

(5) 在项目结束时，分包商应负责向总包商提交真实准确的竣工 BIM 模型，BIM 应用资料和相关数据等，供业主及总包商审核和集成。

2. BIM 技术应用要求

(1) 通过 BIM 三维可视化技术，与土建、机电等各相关方进行有效地协调，提前发现问题并及时处理。

(2) 基于 BIM 模型，以三维可视化方式探讨及展现自动扶梯施工安装方案。

(3) 基于 BIM 模型，进行施工现场监控与管理，以准确把握自动扶梯安装进度。

(4) 基于 BIM 模型提供图片、动画或其他可视化成果，以便各方查看和审阅。

(5) 应用 Autodesk 网上文件管理协同平台，确保项目信息及时有效地传递。

3. BIM 模型要求

(1) BIM 模型应能用于定义各方工作界面。

(2) BIM 模型应包含自动扶梯工程中必要的构件，如电动机、主传动链条、梯级等，并与项目实际情况保持一致。

(3) 模型构件的信息应包含必要的自动扶梯相关数据，比如设备型号、编号、几何尺寸、材料规格、空间坐标等，以满足后期运营维护阶段的数据管理应用。

(4) 分包商应按照业主及总包要求的模型格式来提交满足要求的 3D 模型。经过挑选的模型将会被整合，分包商将会在后继工作中被要求维护此模型的 BIM 完整属性。

(5) BIM 模型需合理组织和规划，确保能被总包商用于项目整合。

4. BIM 数据的所有权和权利

所有 BIM 模型以及所有其他项目过程中产生的数据都归属于业主所有。

所有 3D，4D 和与 BIM 有关的信息均为保密信息。分包商在发布这些信息之前，应确保得到业主的同意和授权，并做好相关的数据传递/交接纪录。

5. BIM 工作计划

分包商应按照附表 10 中几个时间节点提供各阶段的工作成果。

自动扶梯 BIM 工作计划　　附表 10

成果描述	完工时间
BIM 组织架构表	合同签订后的 10 天内
BIM 执行计划书	合同签订后的 20 天内
最初的 BIM 模型	合同签订后的 60 天内
施工变更引起的模型修改	在收到变更单后的 14 天内
BIM 竣工模型	在出具完工证明以前

6. 资质/能力

为了评估贵公司在 BIM 建模方向的专业能力和经验，确保贵公司能成功完成上述工作任务，请提供以下信息，作为投标文件的组成部分。

(1) 必备项

①请描述贵公司 BIM 实施团队的工作人员名单，职责及相关经验或背景。如果贵公司计划依靠外包团队进行建模，请描述此外包团队提供的服务及人员状况。

②描述贵公司已拥有或有采购预算的 BIM 技术系统，并评估贵公司的模型与其他供应商的模型相整合的技术可行性。

③阐述贵公司完成上述工作任务的技术方案。

(2) 可选项

①描述贵公司在类似项目中建立相关模型的经验，见附表 11 经验模板。

②提供自动扶梯的 3D 模型。提交的模型应该能够被 Autodesk NavisWorks 读取。

③以 3D 方式展示类似项目的施工方案。

上海中心业主及总包商并不需要从提交的模型或成果中查阅有关专利权/所有权的信息，而是希望从该模型或成果中评估投标方以下能力：基于工作面交汇点的实际物理位置，查找可能的冲突并解决的能力；各供应商能够更好地处理预组装，安装工序及最终定型的能力。

类似项目经验模板　　附表 11

项目名称	
项目实施地点	
项目描述	
合同额，包括初次合同额	
施工阶段 — 开始与结束日期	
项目主要参与人员	
业主 — 名称，公司，联系电话	
实施具体工作之相应人员的职位：例如总承包商，项目经理，设计/建造者，分包（供应）商	
该项目中是否涉及 3D 建模，如果是，请描述相应的技术系统，并描述项目中如何应用 3D 模型	
其他的熟悉贵公司在此项目工作的证明人：姓名，公司，联系电话，与此项目的工作关系	

A.7 擦窗机分包 BIM 技术要求

分包商应负责在其服务期内为上海中心项目创建并维护 擦窗机部分的 BIM 模型，并按业主及总包商的要求及时提交 BIM 数据，确保 BIM 集成工作的顺利进行。

1. 基本要求

(1) 分包商应负责在服务期内的擦窗机部分的 BIM 模型创建和维护工作，并从自身三维技术应用角度出发，最大限度地加以使用。

(2) 分包商应建立完整的可以胜任服务期内所有 BIM 工作的专业团队，并在开始 BIM 模型的创建和深化工作之前，提交业主及总包商审核及批准 BIM 组织架构表和执行计划书。

(3) 分包商应指派专业的 BIM 经理负责 BIM 工作的沟通及协调，定期参加 BIM 工作会议，以保证与各方之间的协调一致。

(4) 分包商应确保软硬件配置满足项目 BIM 应用的要求。

(5) 分包商应确保 BIM 模型与擦窗机产品设计图纸内容保持一致，在服务期内按总包商所要求的时间节点向总包商提交与施工进度相一致的 BIM 模型，并有义务根据业主和总包的需要随时调整 BIM 模型，同时向总包商提供必要的协助和支持，以确保总包商能将擦窗机部分的 BIM 模型集成到整个项目中。

(6) 分包商提供的 BIM 模型的信息参数和资料必须经业主、总包、设计院和相关顾问公司的审核和书面确认后，方认定为合格。

(7) 分包商应提供相关的设备手册、使用说明书、运行维护说明书等随机文件的电子版。

(8) 在项目结束时，分包商应负责向总包商提交真实准确的竣工 BIM 模型，BIM 应用资料和相关数据等，供业主及总包商审核和集成。

2. BIM 技术应用要求

(1) 通过 BIM 三维可视化技术，与项目各相关方进行有效地协调，提前发现问题并及时处理。

(2) 基于 BIM 模型，以三维可视化方式探讨及展现擦窗机施工安装方案，并模拟演示擦窗机的实际工作过程。

(3) 基于 BIM 模型，与现场照片和视频进行比对，进行施工现场监控与管理，以准确把握擦窗机安装进度。

(4) 基于 BIM 模型提供图片、动画或其他可视化成果，以便各方查看和审阅。

(5) 应用 Autodesk 网上文件管理协同平台，确保项目信息及时有效地传递。

3. BIM 模型要求

(1) BIM 模型应能用于定义各方工作界面，满足上海中心项目对模型文件的划分要求。

(2) BIM 模型应包含擦窗机工程中必要的构件，满足上海中心项目对模型构件的建模范围和详细程度的要求。如预埋件、吊臂、轨道、吊船等，并与项目实际情况保持一致。

（3）分包商应按照总包要求的模型格式来提交满足要求的3D模型。经过挑选的模型将会被整合，分包商将会在后继工作中被要求维护此模型的BIM完整属性。

（4）模型构件的信息应包含必要的擦窗机相关数据，比如构件编号、几何尺寸、材料规格、空间坐标等，以满足后期运营维护阶段的数据管理应用。业主和总包有权要求分包商根据项目实际情况随时增加相关信息。

（5）BIM模型需合理组织和规划，确保能被总包商用于项目整合。

4. BIM数据的所有权和权利

所有BIM模型以及所有其他项目过程中产生的数据都归属于业主所有。

所有3D，4D和与BIM有关的信息均为保密信息。分包商在发布这些信息之前，应确保得到业主的同意和授权，并做好相关的数据传递/交接纪录。

5. BIM工作计划

分包商应提供BIM模型的创建、维护和应用计划，以及BIM人力资源计划，作为投标文件的组成部分。其中应至少包括附表12中几个时间节点的说明。

擦窗机BIM工作计划 **附表12**

成果描述	完工时间
BIM组织架构表	合同签订后的10天内
BIM执行计划书	合同签订后的20天内
最初的BIM模型	合同签订后的60天内
设计、施工变更引起的模型修改	在收到变更通知后的14天内
4D施工安装模拟及进度优化	在相应部位施工前的1个月内
BIM竣工模型	在出具完工证明以前

6. 资质/能力

为了评估贵公司在BIM应用的专业能力和经验，确保贵公司能成功完成上述工作任务，请提供以下信息，作为投标文件的组成部分。

（1）必备项

①请描述贵公司BIM实施团队的工作人员名单，职责及相关经验或背景。如果贵公司计划依靠外包团队进行建模，请描述此外包团队提供的服务及人员状况。

②描述贵公司已拥有或有采购预算的BIM技术系统，并评估贵公司的模型与其他供应商的模型相整合的技术可行性。

③阐述贵公司完成上述工作任务的技术方案。

（2）可选项

①描述贵公司在类似项目中建立相关模型的经验，见附表13经验模板。

②提供擦窗机的3D模型。提交的模型应该能够被Autodesk NavisWorks读取。

③以3D方式展示类似项目的施工方案。

上海中心团队并不需要从提交的模型或成果中查阅有关专利权/所有权的信息，而是希望从该模型或成果中评估投标方以下能力：基于工作面交汇点的实际物理位置，查找可能的冲突并解决的能力；各供应商能够更好地处理预组装，安装工序及最终定型的能力。

类似项目经验模板 **附表 13**

项目名称	
项目实施地点	
项目描述	
合同额，包括初次合同额	
施工阶段 — 开始与结束日期	
项目主要参与人员	
业主 — 名称，公司，联系电话	
实施具体工作之相应人员的职位：例如总承包商，项目经理，设计/建造者，分包（供应）商	
该项目中是否涉及 3D 建模，如果是，请描述相应的技术系统，并描述项目中如何应用 3D 模型	
其他的熟悉贵公司在此项目工作的证明人：姓名，公司，联系电话，与此项目的工作关系	

A.8 泛光照明 BIM 技术要求

分包商应负责在其服务期内为上海中心项目创建并维护泛光照明部分的 BIM 模型，并按业主及总包商的要求及时提交 BIM 数据，确保 BIM 集成工作的顺利进行。

1. 基本要求

(1) 分包商应负责在服务期内的泛光照明部分的 BIM 模型创建和维护工作，并从自身三维技术应用角度出发，最大限度地加以使用。

(2) 分包商应在开始 BIM 模型的创建和深化工作之前，提交业主及总包商审核及批准 BIM 组织架构表和执行计划书。

(3) 分包商应指派专业负责人负责 BIM 工作的沟通及协调，定期参加 BIM 工作会议，以保证与各方之间的协调一致。

(4) 分包商应确保软硬件配置满足项目 BIM 应用的要求。

(5) 分包商应确保 BIM 模型与施工图设计及深化设计内容保持一致，在服务期内按总包商所要求的时间节点向总包商提交与施工进度相一致的 BIM 模型，并有义务根据业主和总包商的需要随时调整 BIM 模型，同时向总包商提供必要的协助和支持，以确保总包商能将泛光照明部分的 BIM 模型集成到整个项目。

(6) 分包商提供的 BIM 模型的信息参数和资料必须经业主、总包、设计院和相关顾问公司的审核和书面确认后，方认定为合格。

（7）分包商应提供相关的设备手册、使用说明书、运行维护说明书等随机文件的电子版。

（8）在项目结束时，分包商应负责向总包商提交真实准确的竣工 BIM 模型，BIM 应用资料和相关数据等，供业主及总包商审核和集成。

2. BIM 技术应用要求

（1）通过 BIM 三维可视化技术，与项目各相关方进行有效地协调，提前发现问题并及时处理。

（2）在设计方案可调整范围内，优化光源类型，降低建造和后期照明成本。

（3）利用 BIM 模型来精确定位工件和工件组件，确保正确的校准和标高，并校验空间要求和实际尺寸。

（4）基于 BIM 模型，以三维可视化方式探讨及展示照明设备施工安装方案。

（5）基于 BIM 模型，与现场照片和视频进行比对，进行施工现场监控与管理，以准确把握照明设备的安装进度。

（6）基于 BIM 模型提供图片、动画或其他可视化成果，供各方查看和审阅。

（7）应用 Autodesk 网上文件管理协同平台，确保项目信息及时有效地传递。

3. BIM 模型要求

（1）BIM 模型应能用于定义各方工作界面，满足上海中心项目对模型文件的划分要求。

（2）BIM 模型应包含泛光照明工程中必要的构件，满足上海中心项目对模型构件的建模范围和详细程度的要求。如照明导轨、照明控制系统、电路开关、荷载控制器、灯具等，并与项目实际情况保持一致。

（3）分包商应按照业主和总包要求的模型格式来提交满足要求的 3D 模型。经过挑选的模型将会被整合，分包商将会在后继工作中被要求维护此模型的 BIM 完整属性。

（4）模型构件的信息应包含必要的泛光照明相关数据，比如灯具位置/ID 号码、制造商、型号、几何尺寸、材料规格、材质、电压、功率、流明、灯具寿命、累积实际运转时间、最近一次更换灯具的日期等，以满足后期运营维护阶段的数据管理应用。业主和总包有权要求分包商根据项目实际情况随时增加相关信息。

（5）BIM 模型需合理组织和规划，确保能被总包商用于项目整合。

（6）分包商需提供照明灯具光域网文件。

4. BIM 数据的所有权和权利

所有 BIM 模型以及所有其他项目过程中产生的数据都归属于业主所有。

所有 3D，4D 和与 BIM 有关的信息均为保密信息。分包商在发布这些信息之前，应确保得到业主的同意和授权，并做好相关的数据传递/交接纪录。

5. BIM 工作计划

分包商应提供 BIM 模型的创建、维护和应用计划，以及 BIM 人力资源计划，作为投标文件的组成部分。其中应至少包括附表 14 中几个时间节点的说明。

泛光照明 BIM 工作计划 **附表 14**

成果描述	完工时间
BIM 组织架构表	合同签订后的 10 天内
BIM 执行计划书	合同签订后的 20 天内
最初的 BIM 模型	合同签订后的 60 天内
设计、施工变更引起的模型修改	在收到变更通知后的 14 天内
4D 施工安装模拟及进度优化	在相应部位施工前的 1 个月内
BIM 竣工模型	在出具完工证明以前

6. 资质/能力

为了评估贵公司在 BIM 应用的专业能力和经验，确保贵公司能成功完成上述工作任务，请提供以下信息，作为投标文件的组成部分。

（1）必备项

①请描述贵公司 BIM 实施团队的工作人员名单，职责及相关经验或背景。如果贵公司计划依靠外包团队进行建模，请描述此外包团队提供的服务及人员状况。

②阐述贵公司完成上述工作任务的技术方案。

（2）可选项

①描述贵公司在类似项目中建立相关模型的经验，见附表 15 经验模板。

②提供泛光照明 3D 模型。该模型应该能够被 Autodesk NavisWorks 读取。

③以 3D 方式展示类似项目的施工方案。

上海中心团队并不需要从提交的模型或成果中查阅有关专利权/所有权的信息，而是希望从该模型或成果中评估投标方以下能力：基于工作面交汇点的实际物理位置，查找可能的冲突并解决的能力；各供应商能够更好地处理预组装，安装工序及最终定型的能力。

类似项目经验模板 **附表 15**

项目名称	
项目实施地点	
项目描述	
合同额，包括初次合同额	
施工阶段 — 开始与结束日期	
项目主要参与人员	
业主 — 名称，公司，联系电话	
实施具体工作之相应人员的职位：例如总承包商，项目经理，设计/建造者，分包（供应）商	
该项目中是否涉及 3D 建模，如果是，请描述相应的技术系统，并描述项目中如何应用 3D 模型	
其他的熟悉贵公司在此项目工作的证明人：姓名，公司，联系电话，与此项目的工作关系	

编 委 简 历

葛 清： 上海中心大厦建设发展有限公司副总经理兼总工程师，国家一级注册建筑师，国家注册城市规划师，中欧 EMBA 。1971 年 4 月生。高级工程师。曾主要任职上海核工程研究设计院建筑设计部主任，上海城投新江湾城工程建设指挥部总工程师、上海城投置地（集团）有限公司总工程师、上海中心大厦建设发展有限公司设计总监、总工程师。现任上海中心大厦建设发展有限公司副总经理兼总工程师。

赵 斌： 上海中心大厦建设发展有限公司 BIM 项目经理。2004－2006 年在韩期间，主要从事建筑施工流程优化、RFID 技术在施工现场的应用，以及基于 BIM 技术的概（预）算自动统计方面的研究。并与韩国三星建设、大宇建设、大林建设等建筑公司进行多个项目合作。2007 年进入中建国际设计顾问有限公司，任职于上海区域建筑数字化业务部 BIM 主管，从事 BIM 可持续设计流程及规则的制定，内部 BIM 技术培训与交流，并利用 BIM 技术先后完成了公司多个大中型项目。2010 年至今就职于上海中心大厦建设发展有限公司，负责上海中心大厦项目的 BIM 相关工作。

何 波： 广州优比建筑咨询有限公司 BIM 项目级应用 & 软件开发技术总监，华中科技大学 BIM 工程中心研究员。1985 年开始进行电脑辅助结构计算，1989 年从事推广普及 CAD 技术，2004 年开始推广 BIM 在工程建设行业的应用，曾经在国企、民企从事过工业与民用建筑设计、软件开发应用、咨询服务等工作。中国建筑工业出版社"BIM 技术应用丛书"《BIM 第二维度——项目不同参与方的 BIM 应用》副主编。曾在国内学术期刊《土木建筑工程信息技术》杂志上发表专业学术论文。

彭 武 /Michael Peng：美国 Gensler 建筑事务所高级建筑师，亚洲区技术总监。中国建筑学会数字建筑专业委员会委员发起人。在数字化设计领域有着相当深入的研究，作为客座教授曾执教于中国美术学院建筑系，香港大学建筑学院。同时也在同济大学设计学院指导数字加工与构建（Digital Fabrication and Construction ）工作室的学生课程。

谢 宜： 广州优比建筑咨询有限公司 BIM 城市级应用 & 建筑性能分析技术总监，6 年 GIS 和三维城市仿真＋5 年 BIM 建筑性能和城市规划，曾任职广州市规划局，研究领域主要包括 BIM 城市规划、建筑性能及城市仿真，曾参与广州数字总规、数字控规、修建性详细规划三维信息化项目，负责广州重点规划区域微环境生态模拟，完成广州大学城、珠江新城、珠江沿岸等数十个项目的仿真系统，曾在国内学术期刊《建筑学报》、《土木建筑工程信息技术》等杂志上多次发表专业学术论文，其在规划行业微环境生态模拟的成果深受行业的好评。

卞若宁：1974 出生，同济大学结构工程博士，现供职于上海建工集团。参建浦东机场二期、广州新电视塔、上海中心大厦等工程，主要从事工程管理工作。现职务为上海建工集团上海中心大厦工程总承包部副总经理兼任 BIM 总监。

胡　琦：上海建坤信息技术有限责任公司常务副总经理，高级工程师，同济大学智能建筑学士，华东理工大学控制工程硕士，曾参与世博会工程建设信息系统、园区能源管理系统等 IT 系统的建设运营，世博会主题馆、辰山植物园智能化系统建设等工程，上海中心、中国商用飞机总部大楼等智能化系统建设项目管理工作。建坤公司 ourbim 产品系列创始人之一，主要研究领域集中在建设工程及运营管理的传统 IT 系统与 BIM 应用结合。

刘　珩：沈阳远大铝业工程有限公司上海分公司，技术部长/技术副总裁助理。2009 年开始参与上海中心大厦项目的外幕墙 BIM 技术研究，将近十年的幕墙领域经验与 BIM 技术融合。2011 年起任上海中心大厦外幕墙工程 BIM 技术总监，负责 BIM 技术在外幕墙各方面的运用。

沈　峰：宝钢工程集团钢结构事业部 IT 总监，1994 年起一直致力于钢结构企业的信息化开发、实施、应用和推广工作，2005 年开始围绕着 BIM 技术在钢结构领域的应用，组织开发和实施钢结构 PDM、ERP、条码监控、生产管理等系统，多次获得冶金部和中国钢结构协会奖项。目前正在探索 BIM 技术在钢结构自动化加工方面的应用。

王　鑫：就职于上海建坤信息技术有限责任公司，多年来一直从事建设领域的数字化集成业务，曾参与 2010 中国上海世博会园区及主要场馆数字化集成系统的建设。近年来致力于 BIM 技术与综合信息集成管理技术结合应用的研究，目前正参与上海中心大厦 BIM 技术 OurBIM 应用综合策划、后世博地块过程 BIM 技术应用规划和中国 P-BIM 研究计划运营管理环节子课题的研究等 BIM 前沿应用技术项目。

俞晓萌：1983 年生，本科学历，上海建工集团机械施工有限公司，曾参与广州电视塔、世博轴、东方体育中心、上海自然博物馆新馆工程。现任上海建工集团上海中心大厦工程总承包部 BIM 工作室主任。

曹洁华：大学毕业后就职于宝钢钢构有限公司从事钢结构深化设计工作十多年。2003年开始运用三维模型技术进行钢结构项目的深化设计及设计管理。主持并承担了诸如中央电视台，中国馆，世博文化中心，深圳京基金融中心等重大项目的深化设计工作。并多次在国内钢结构协会期刊上发表关于三维模型在钢结构深化设计领域中应用的论文。

图 1-1　上海中心大厦效果图

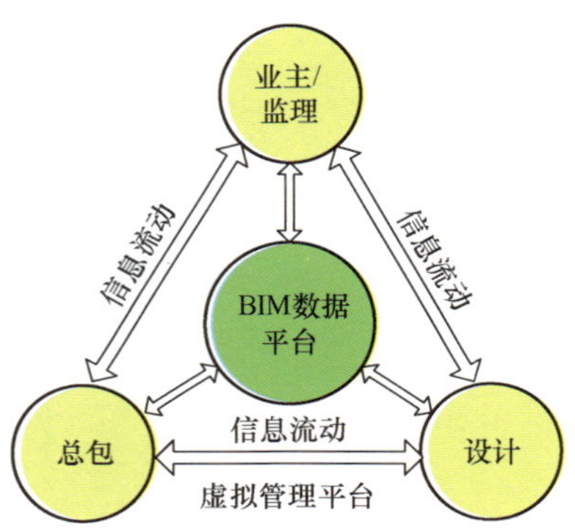

图 1-2　基于 BIM 信息技术的“三位一体”精细化管理模式

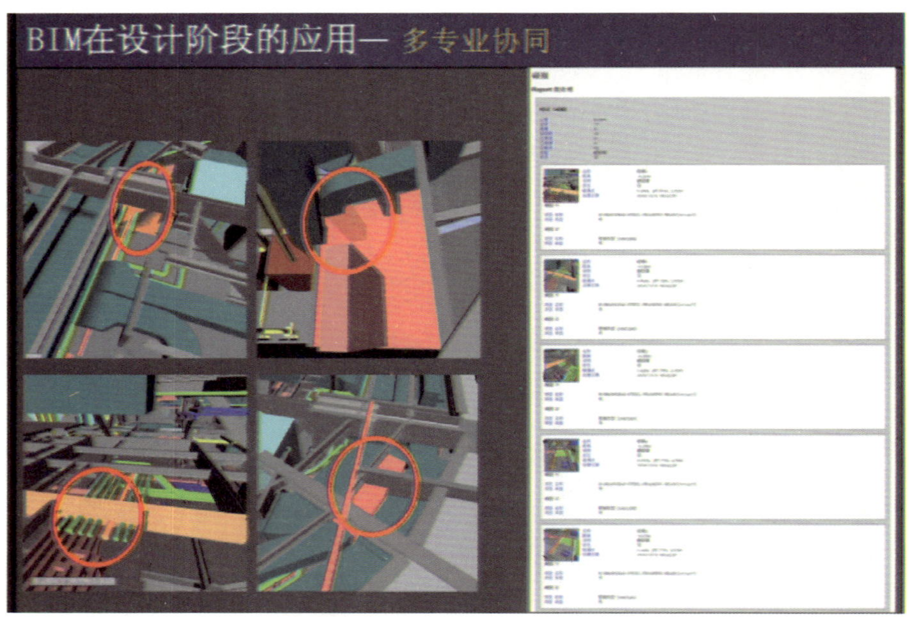

图 1-5　基于 BIM 信息化技术的多专业协同设计

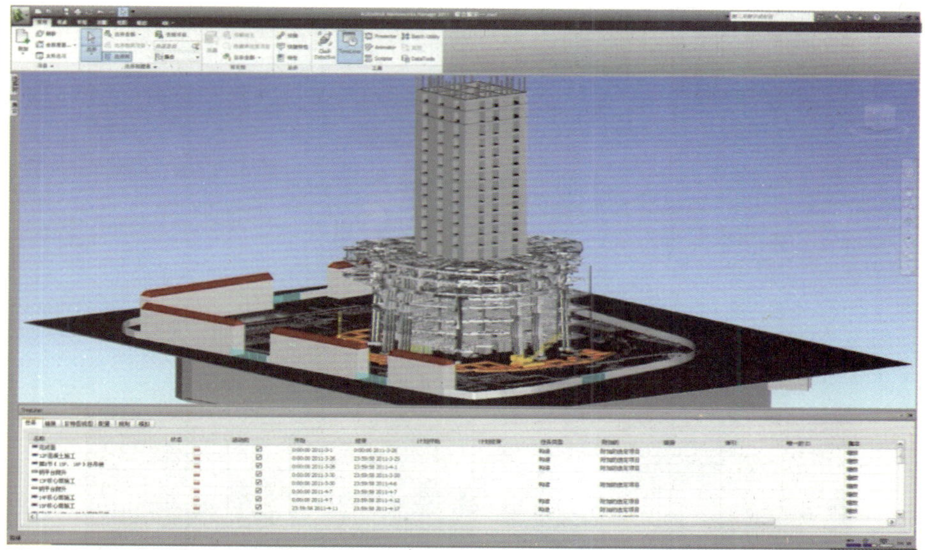

图 1-6　基于 BIM 信息化技术的施工模拟

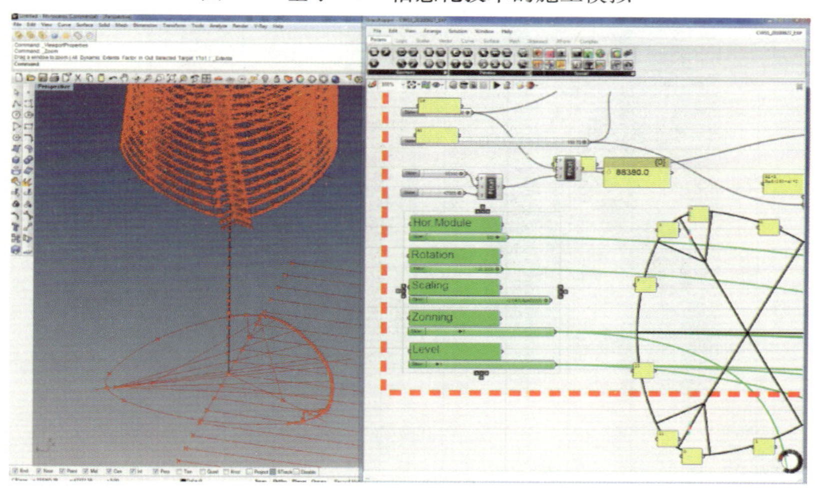

图 2-1　驱动模型的关键参数

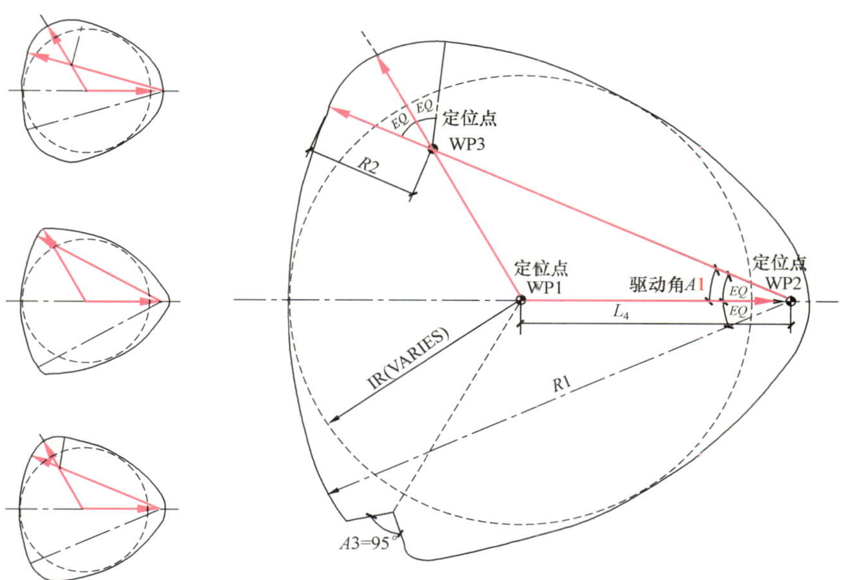

图 2-2　驱动角度 $A1$

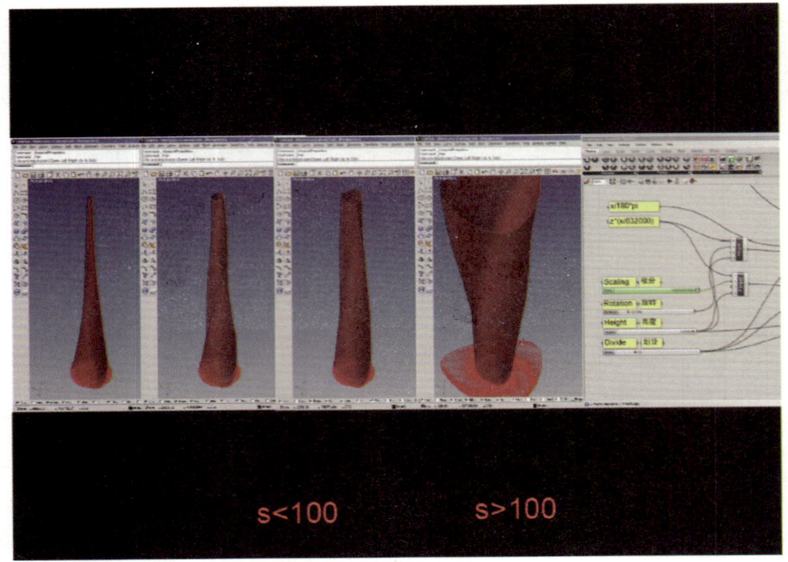

图 2-3　塔楼体量缩减比例示意图

图 2-5　用于风洞试验的 1∶85 建筑模型

Zone 4　四区

Number 编号	LA LA（竖边长）	LB LB（底边长）	LC LC（竖边长）	LD LD（顶边长）	LE LE（错开宽度	T1 T（弯曲宽度）	T2 T（交错宽度）	T3 T（交错宽度）	PR1 PR(板片内角	PR2 PR(倾斜角度）
Z4 L1 1	4564.359	639.131	4515.932	1276.805	379.85	2.872	16.283	7.19	98.38	85.23
Z4 L1 2	4515.932	1826.2	4519.329	1781.47	358.757	36.097	15.603	15.379	90	85.19
Z4 L1 3	4519.329	1826.2	4522.653	1781.188	337.48	32.282	12.245	14.678	90	84.7
Z4 L1 4	4522.653	1826.2	4522.951	1809.147	332.468	2.652	3.237	5.308	90	84.26
Z4 L1 5	4522.951	1826.2	4521.261	1815.856	331.63	17.236	3.231	3.229	90	84.23
Z4 L1 6	4521.261	1826.2	4519.632	1816.265	331.033	17.267	3.226	3.225	90	84.44
Z4 L1 7	4519.632	1826.2	4518.066	1816.674	330.677	17.289	3.224	3.223	90	84.66
Z4 L1 8	4518.066	1826.2	4516.562	1817.083	330.564	17.301	3.223	3.223	90	84.87
Z4 L1 9	4516.562	1826.2	4515.123	1817.493	330.692	17.303	3.224	3.224	90	85.09
Z4 L1 10	4515.123	1826.2	4513.75	1817.902	331.063	17.295	3.227	3.227	90	85.31
Z4 L1 11	4513.75	1826.2	4512.442	1818.311	331.675	17.278	3.231	3.233	90	85.53
Z4 L1 12	4512.442	1826.2	4511.201	1818.719	332.529	17.251	3.238	3.24	90	85.74
Z4 L1 13	4511.201	1826.2	4510.027	1819.126	333.624	17.214	3.246	3.248	90	85.96
Z4 L1 14	4510.027	1826.2	4508.921	1819.533	334.959	17.167	3.256	3.259	90	86.18
Z4 L1 15	4508.921	1826.2	4507.882	1819.938	336.533	17.111	3.268	3.271	90	86.4
Z4 L1 16	4507.882	1826.2	4506.91	1820.341	338.347	17.045	3.282	3.285	90	86.61
Z4 L1 17	4506.91	1826.2	4506.006	1820.743	340.398	16.97	3.297	3.301	90	86.83
Z4 L1 18	4506.006	1826.2	4505.169	1821.142	342.685	16.884	3.314	3.319	90	87.04
Z4 L1 19	4505.169	1826.2	4504.399	1821.54	345.207	16.79	3.333	3.338	90	87.26
Z4 L1 20	4504.399	1826.2	4503.695	1821.935	347.964	16.685	3.353	3.359	90	87.47
Z4 L1 21	4503.695	1826.2	4503.056	1822.327	350.952	16.572	3.375	3.382	90	87.68
Z4 L1 22	4503.056	1826.2	4502.481	1822.717	354.171	16.448	3.398	3.406	90	87.89
Z4 L1 23	4502.481	1826.2	4501.97	1823.103	357.618	16.316	3.423	3.432	90	88.1
Z4 L1 24	4501.97	1826.2	4501.522	1823.486	361.293	16.174	3.45	3.459	90	88.3
Z4 L1 25	4501.522	1826.2	4501.134	1823.865	365.192	16.023	3.478	3.487	90	88.51
Z4 L1 26	4501.134	1826.2	4500.807	1824.241	369.313	15.863	3.507	3.517	90	88.71
Z4 L1 27	4500.807	1826.2	4500.537	1824.613	373.654	15.694	3.538	3.549	90	88.92
Z4 L1 28	4500.537	1826.2	4500.324	1824.98	378.213	15.516	3.57	3,581	90	89.11
Z4 L1 29	4500.324	1826.2	4500.167	1825.343	382.987	15.329	3.603	3.615	90	89.31
Z4 L1 30	4500.167	1826.2	4500.062	1825.702	387.974	15.133	3.637	3.65	90	89.51
Z4 L1 31	4500.062	1826.2	4500.008	1826.055	393.17	14.929	3.673	3.686	90	89.7
Z4 L1 32	4500.008	1826.2	4500.004	1826.404	398.572	14.716	3.709	3.723	90	89.89
Z4 L1 33	4500.004	1826.2	4500.047	1826.747	404.178	14.495	3.747	3.761	90	90.08
Z4 L1 34	4500.047	1826.2	4500.135	1827.085	409.984	14.265	3.785	3.8	90	90.26
Z4 L1 35	4500.135	1826.2	4500.265	1827.418	415.987	14.027	3.824	3.84	90	90.44
Z4 L1 36	4500.265	1826.2	4500.436	1827.744	422.184	13.782	3.864	3.881	90	90.62
Z4 L1 37	4500.436	1826.2	4500.646	1828.297	428.706	13.527	5.213	3.924	90	90.8
Z4 L1 38	4500.646	1826.2	4500.403	1831.425	437.521	16.203	18.006	13.583	90	90.97
Z4 L1 39	4500.403	1826.2	4500.011	1827.97	443.994	50.347	18.187	18.273	90	90.77
Z4 L1 40	4500.011	1826.2	4500.19	1822.451	447.199	51.063	18.276	18.319	90	90.13
Z4 L1 41	4500.19	1826.2	4500.962	1816.871	447.101	51.172	18.274	18.272	90	89.47
Z4 L1 42	4500.962	1826.2	4502.322	1811.296	443.7	50.676	18.179	18.135	90	88.82
Z4 L1 43	4502.322	1826.2	4504.236	1805.789	437.036	49.589	17.993	17.906	90	88.16
Z4 L1 44	4504.236	1826.2	4506.645	1800.415	427.186	47.927	17.712	17.587	90	87.52
Z4 L1 45	4506.645	1826.2	4509.468	1795.238	414.266	45.714	17.335	17.177	90	86.89
Z4 L1 46	4509.468	1826.2	4512.602	1790.317	398.427	42.981	16.86	16.673	90	86.29

图 2-9　幕墙几何数据报告

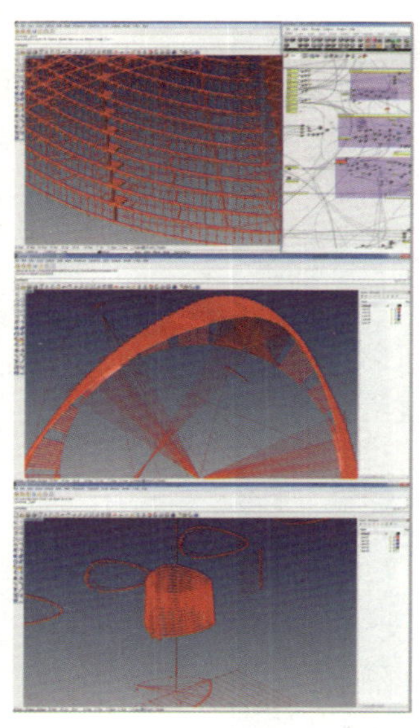

图 2-10　基于算法的 CWSS 参数化模型

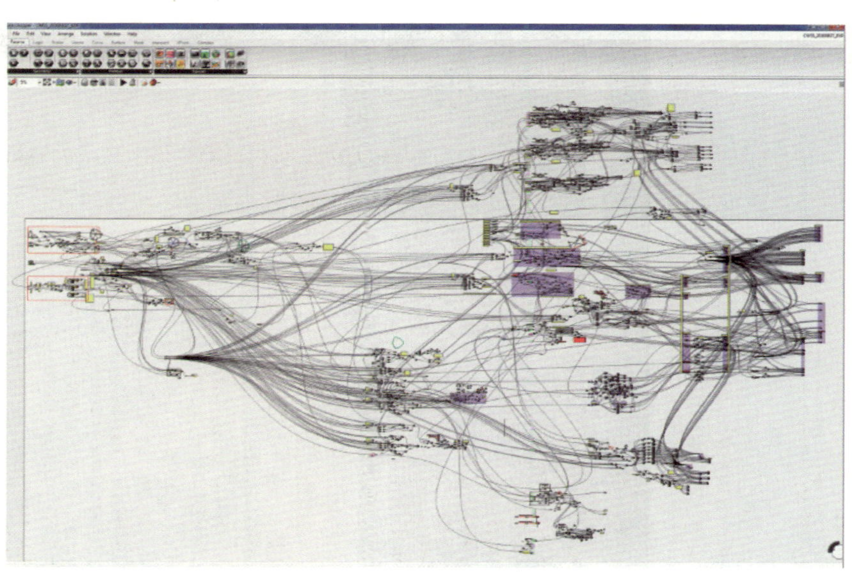

图 2-11　参数化模型的计算逻辑图

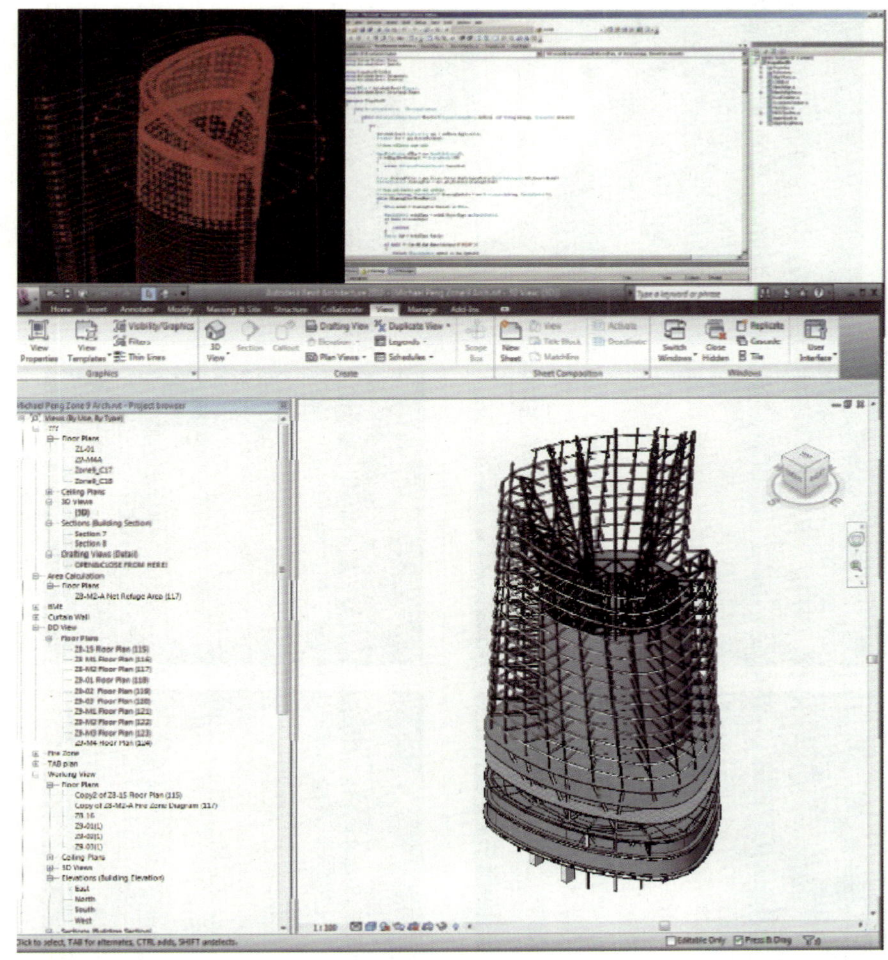

图 2-12　通过 C＃脚本生成的塔冠钢结构 Revit 模型

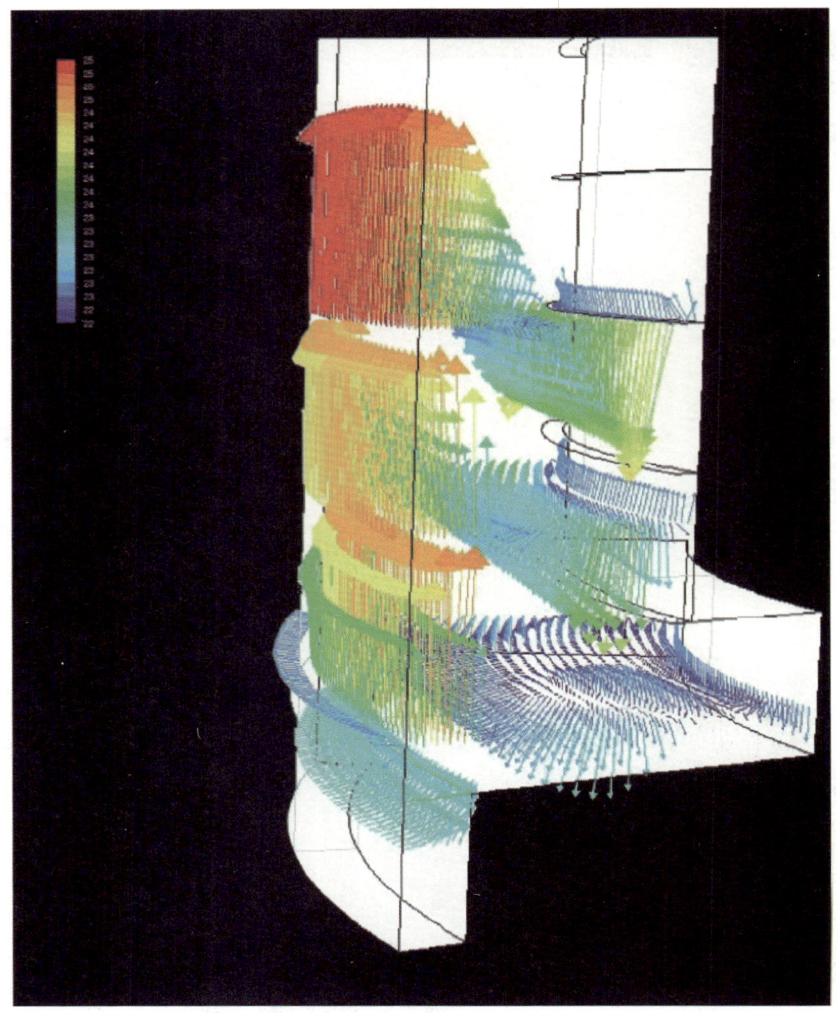

图 2-13　中庭的 CFD 模拟

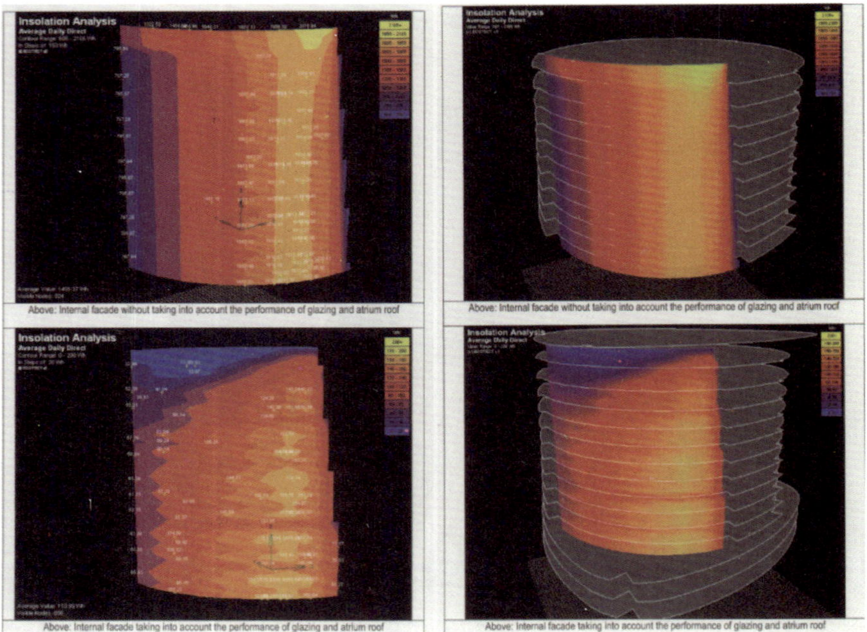

图 2-14　中庭的遮阳分析

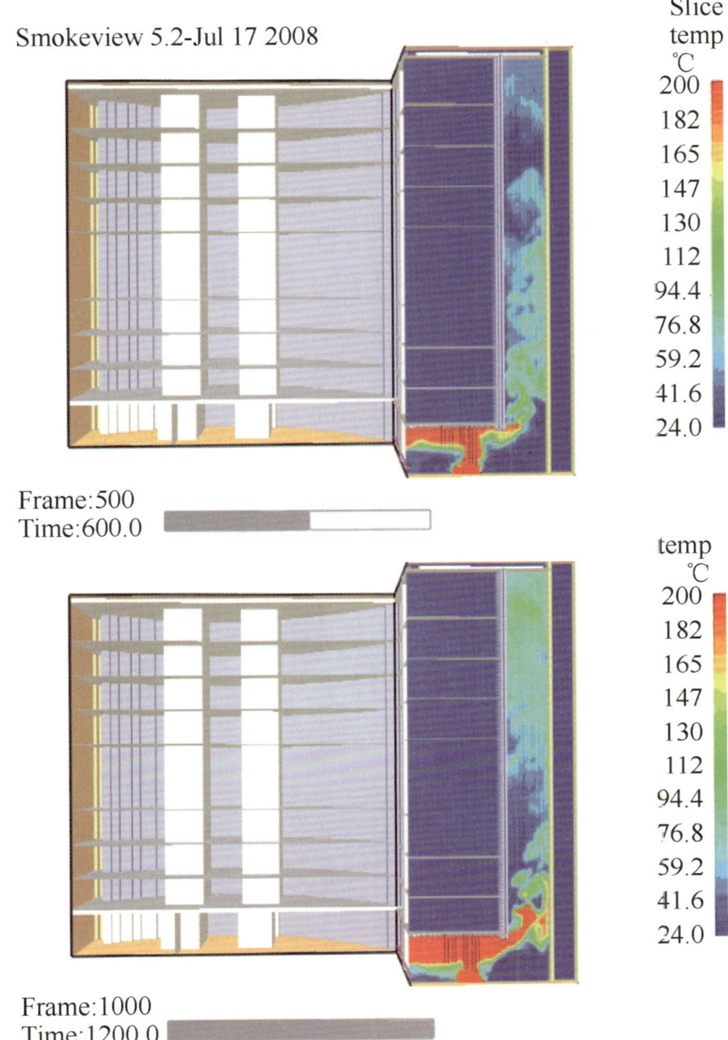

图 2-15　中庭火灾场景的 CFD 模拟

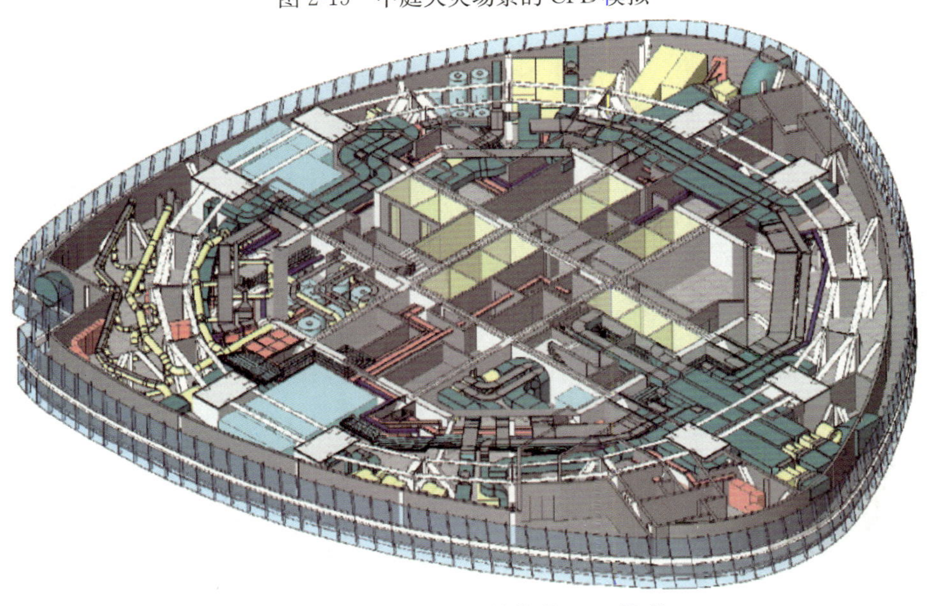

图 2-17　整合机电与结构的 BIM 模型

图 3-1　建筑热工学

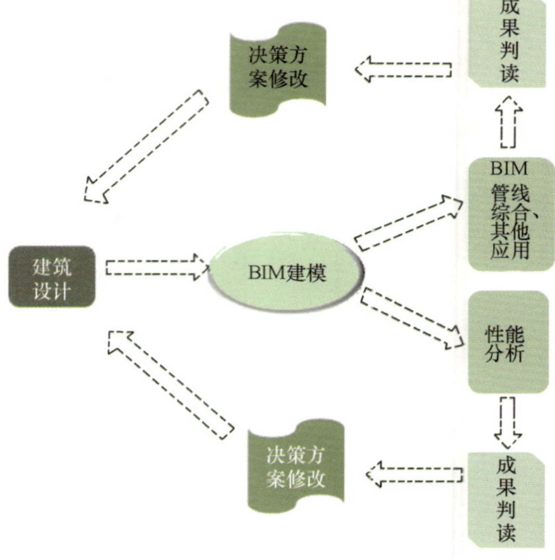

图 3-2　BIM 复合设计流程图

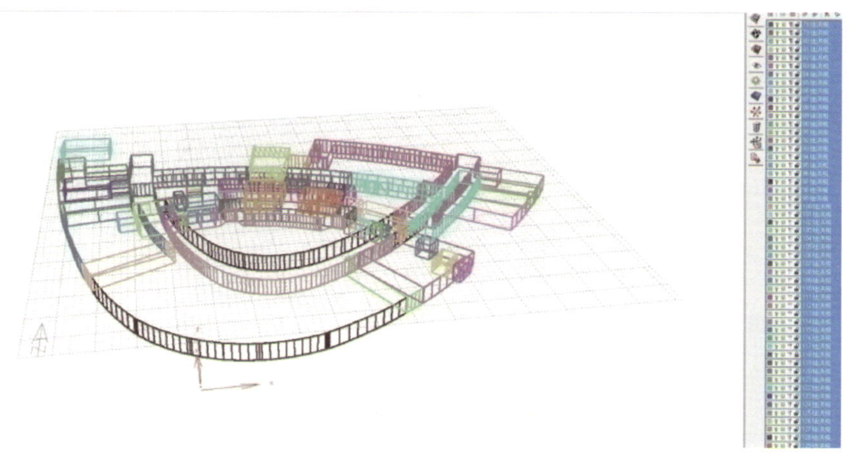

图 3-4　Ecotect 能耗分析模型

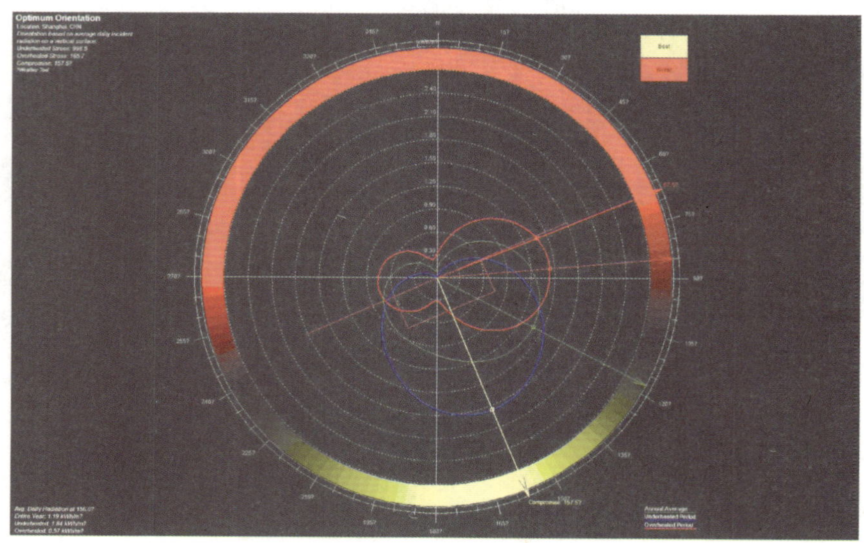

图 3-5　最佳朝向分析

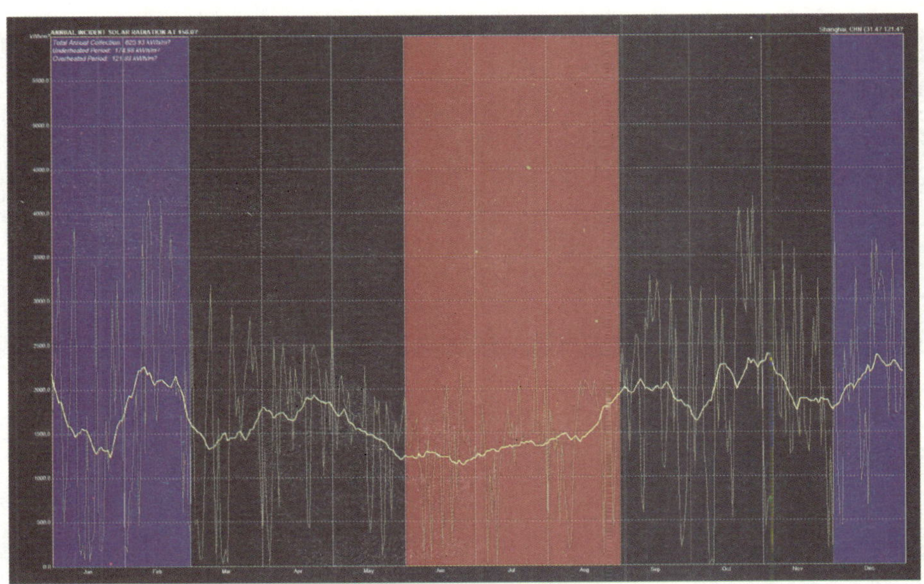

图 3-6 太阳辐射分析

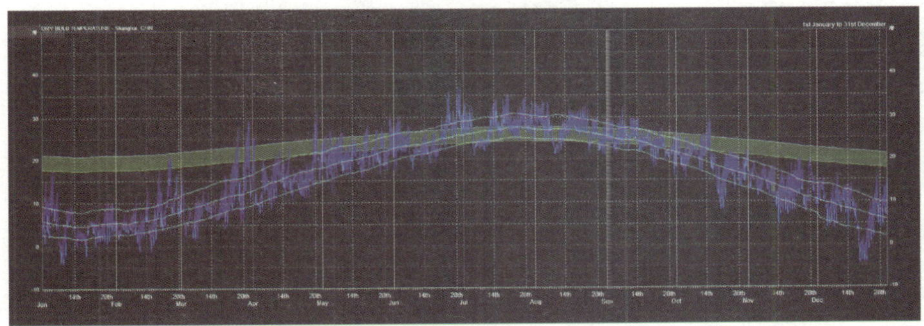

图 3-7 逐时干球温度

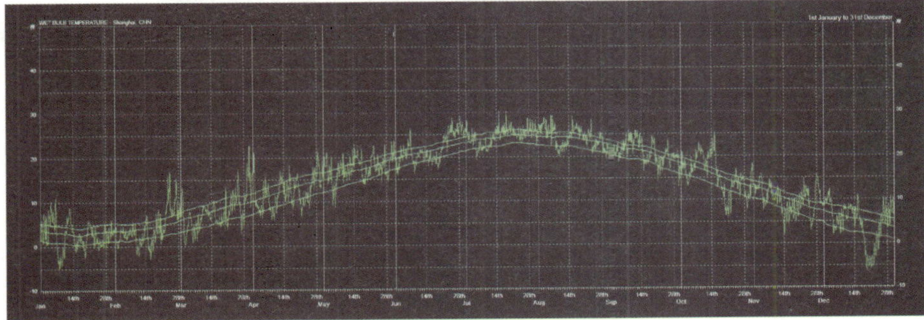

图 3-8 相对湿度图

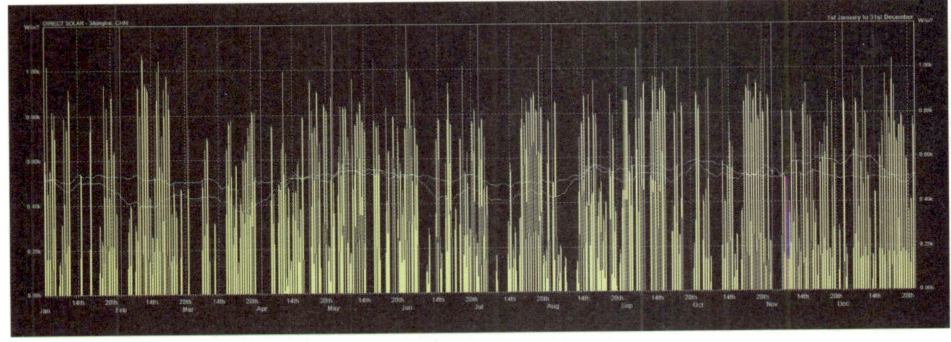

图 3-9 法线方向太阳辐射强度

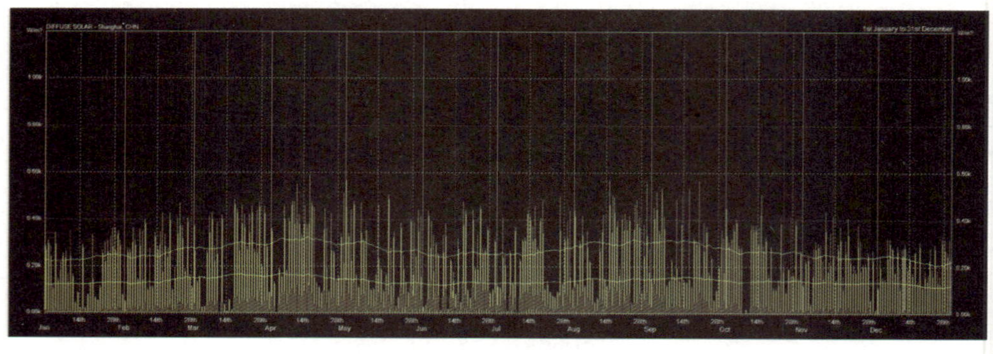

图 3-10　水平方向太阳辐射分析

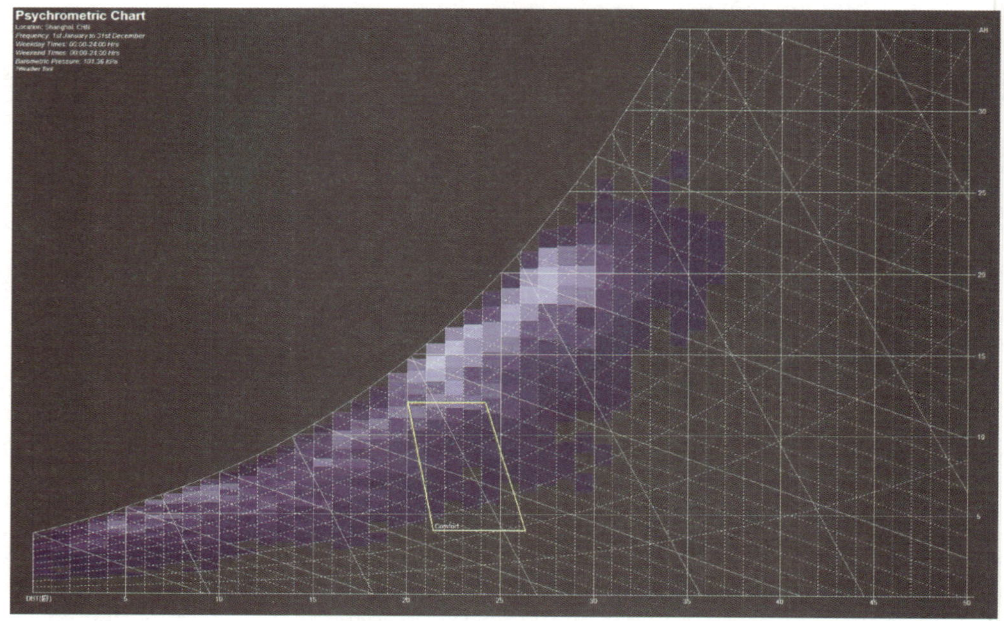

图 3-11　焓湿图舒适度分析

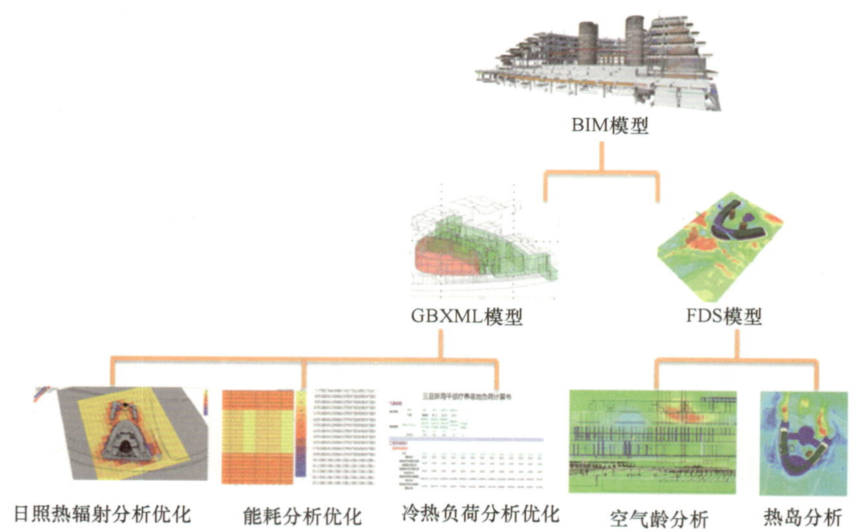

图 3-13　性能分析工作流程图

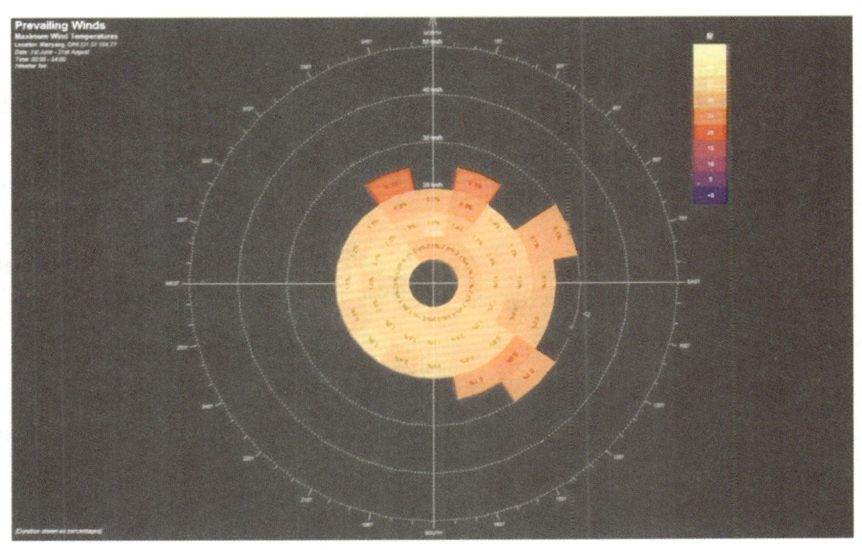

图 3-14　绵阳市夏季风玫瑰图(高温)

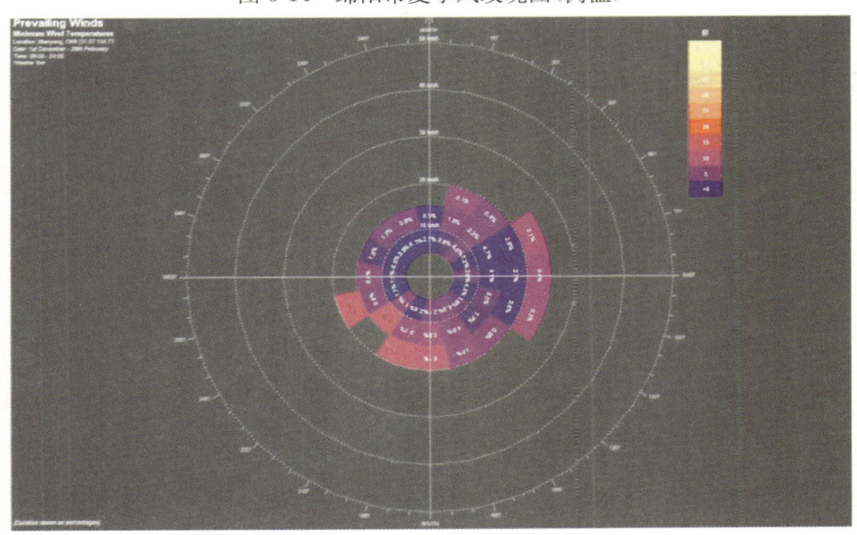

图 3-15　绵阳市冬季风玫瑰图(低温)

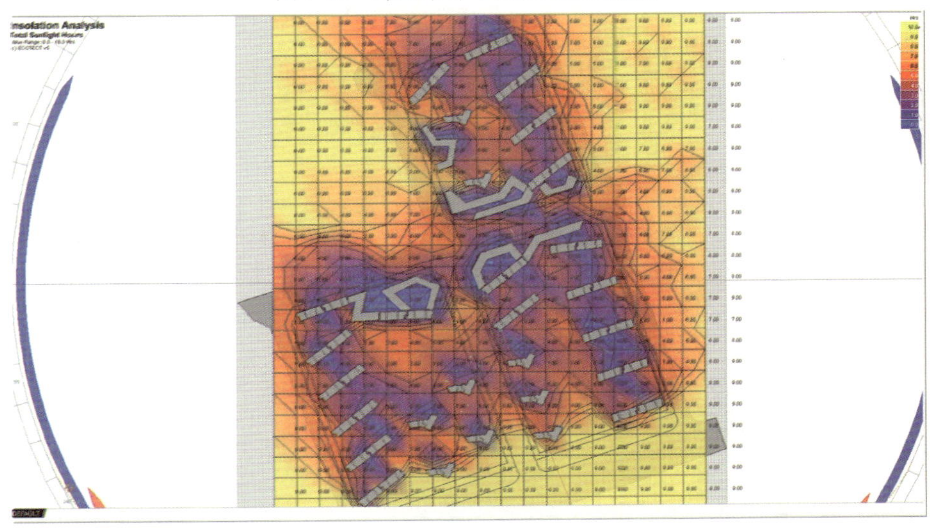

图 3-16　0.3m 高程日照总时间平面图(大寒日)

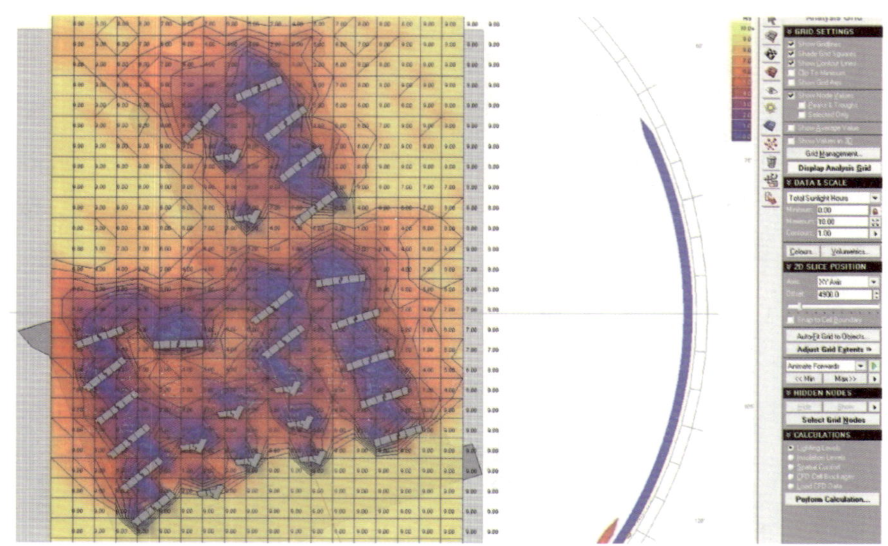

图 3-17　4.9m 高程日照总时间平面图(大寒日)

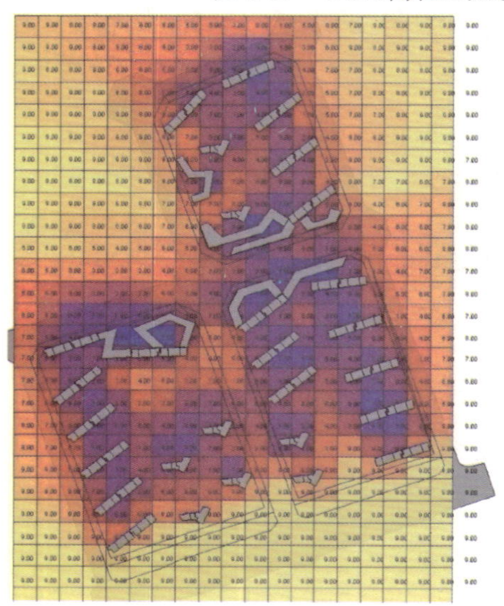
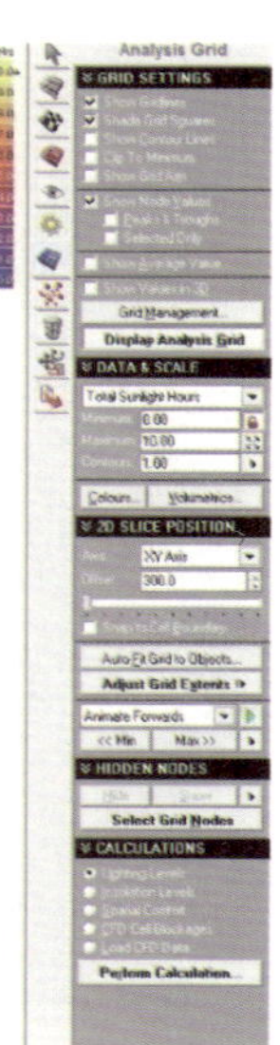

图 3-18　0.3m 高程日照总时间平面图(大寒日)

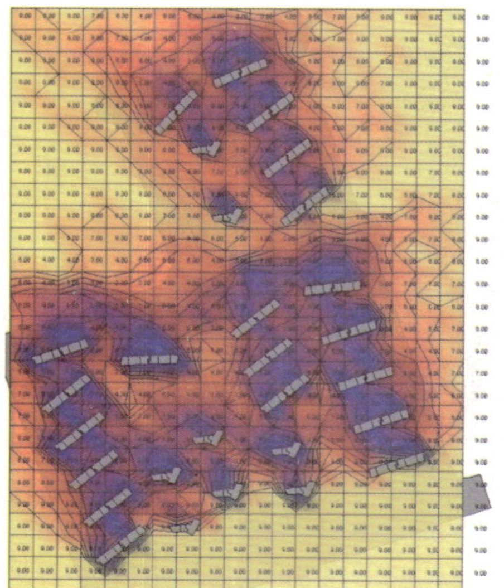
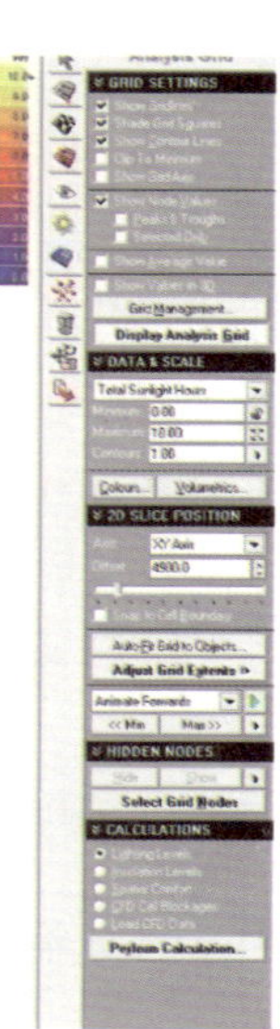

图 3-19　4.9m 高程日照总时间平面图(大寒日)

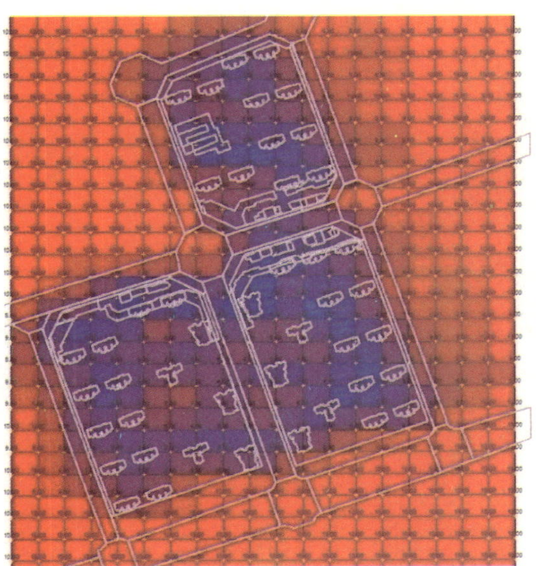

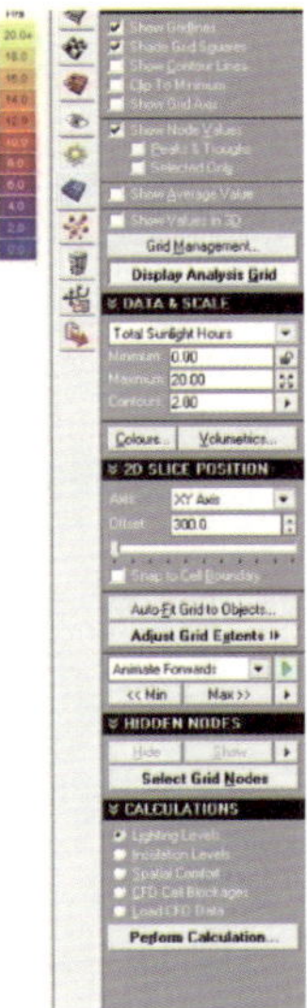

图 3-20 0.3m 高程日照总时间平面图(大寒日)

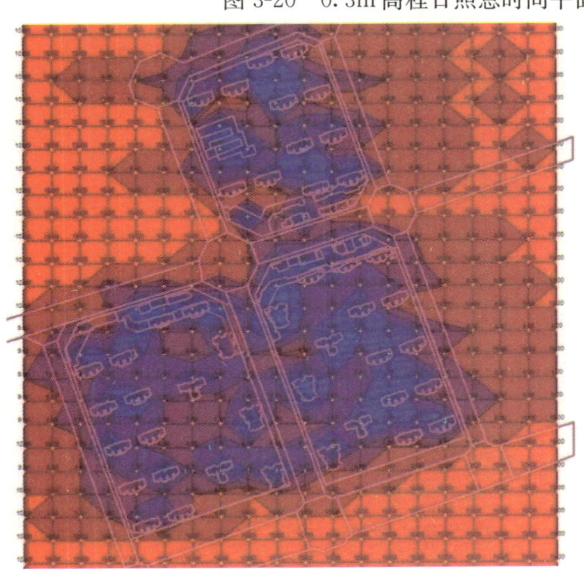

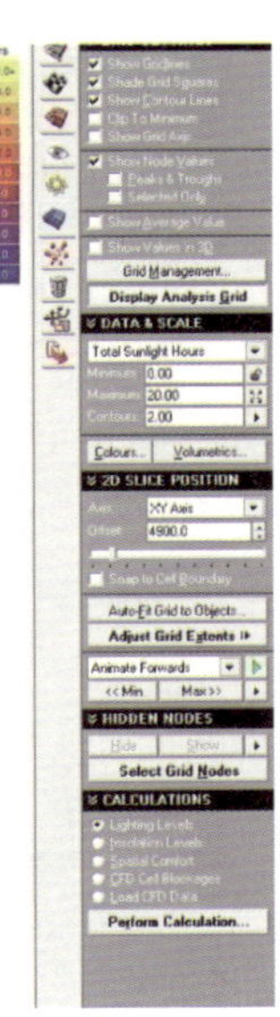

图 3-21 4.9m 高程日照总时间平面图(大寒日)

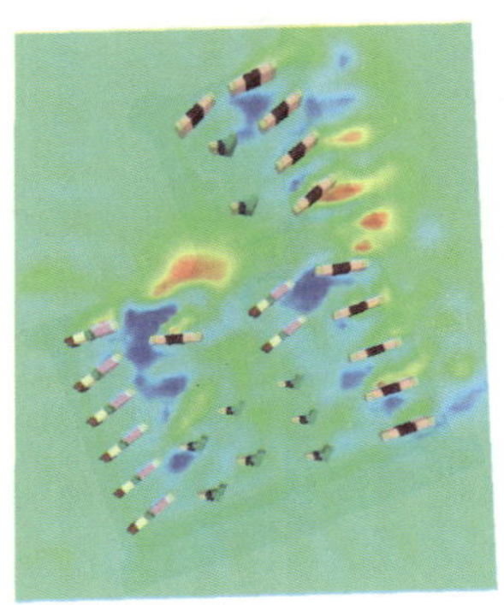

图 3-22 13m 温度云图

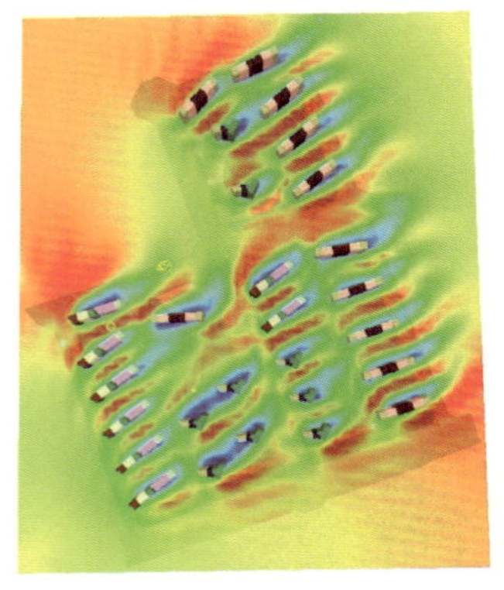

图 3-23　26m 风速分析云图

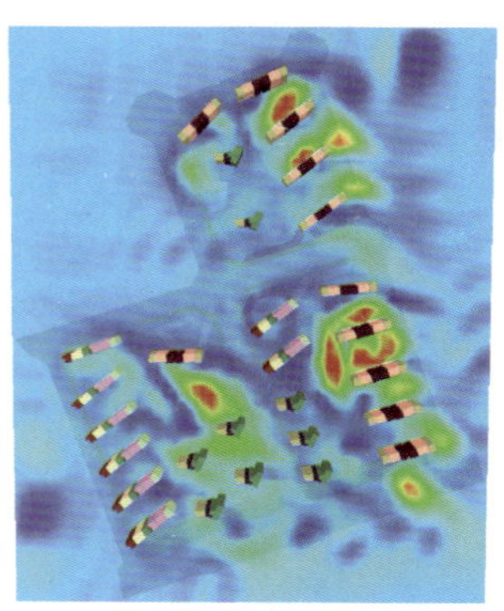

图 3-24　13m 高程温度分析云图

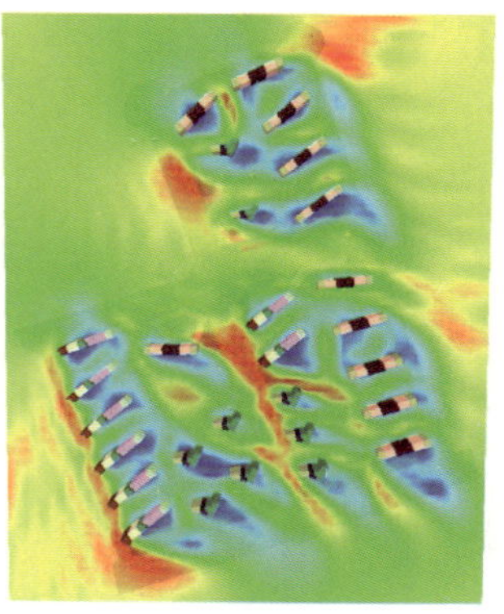

图 3-25　26m 高程风速分析云图

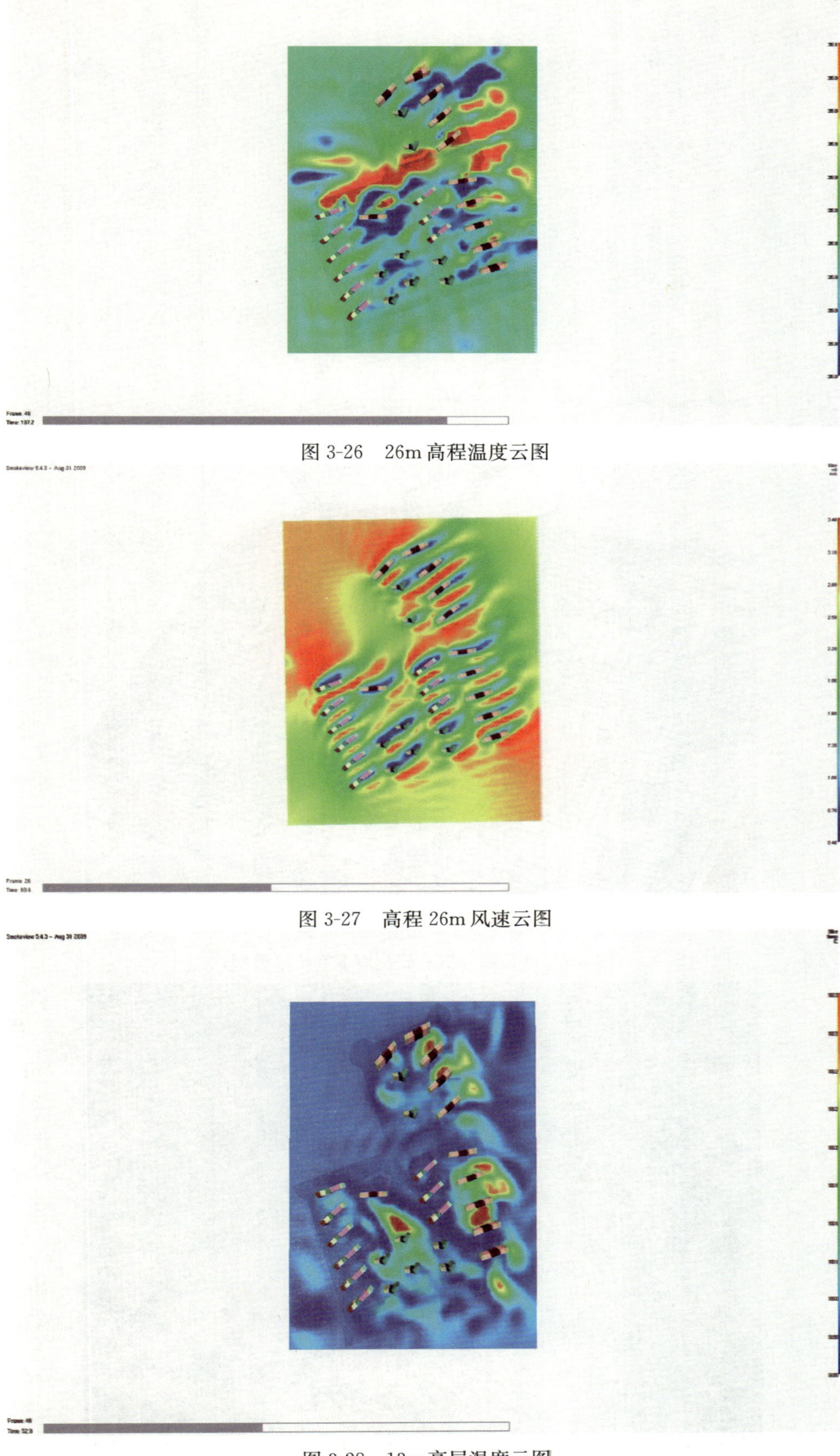

图 3-26　26m 高程温度云图

图 3-27　高程 26m 风速云图

图 3-28　13m 高层温度云图

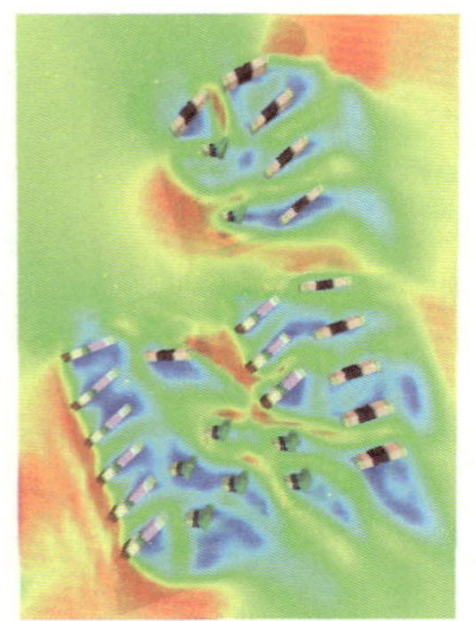

图 3-29　13m 高程风速云图

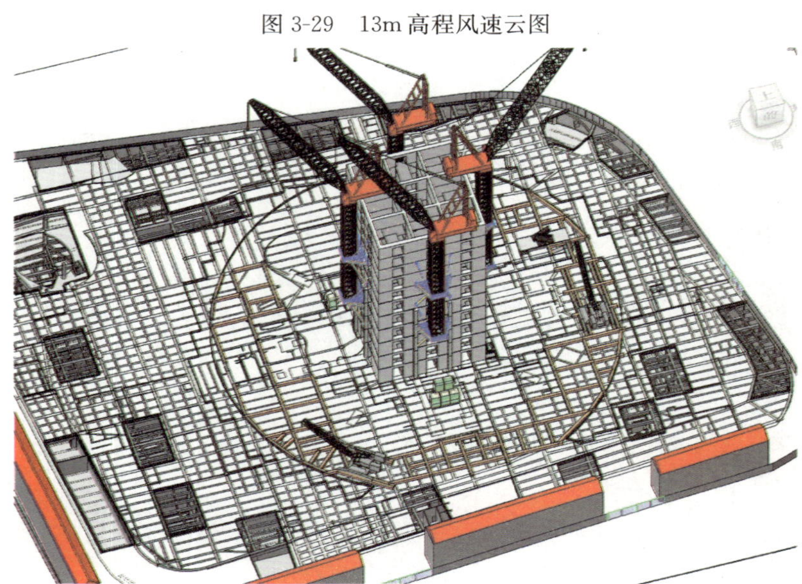

图 4-3　项目部分核心筒及地下室阶段模型

图 4-4　项目现场照片

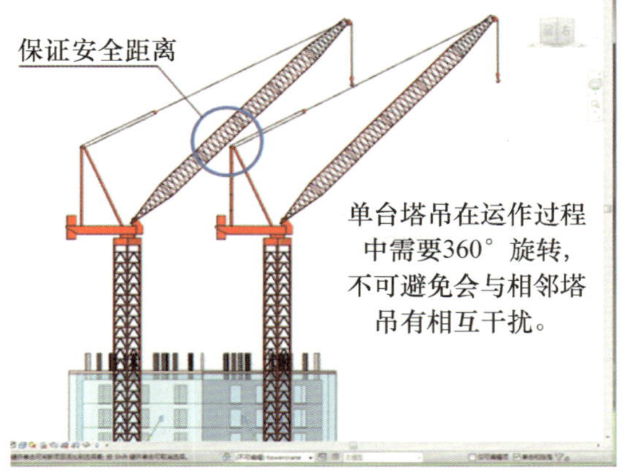

图 4-6　临界状态一

图 4-7　临界状态二

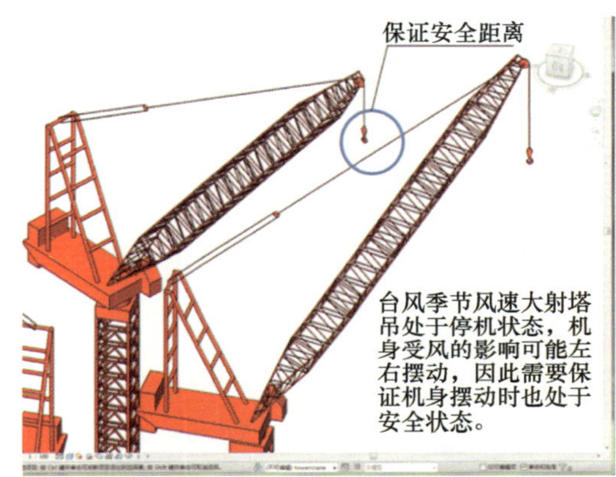

图 4-8　临界状态三

图 4-9　临界状态四

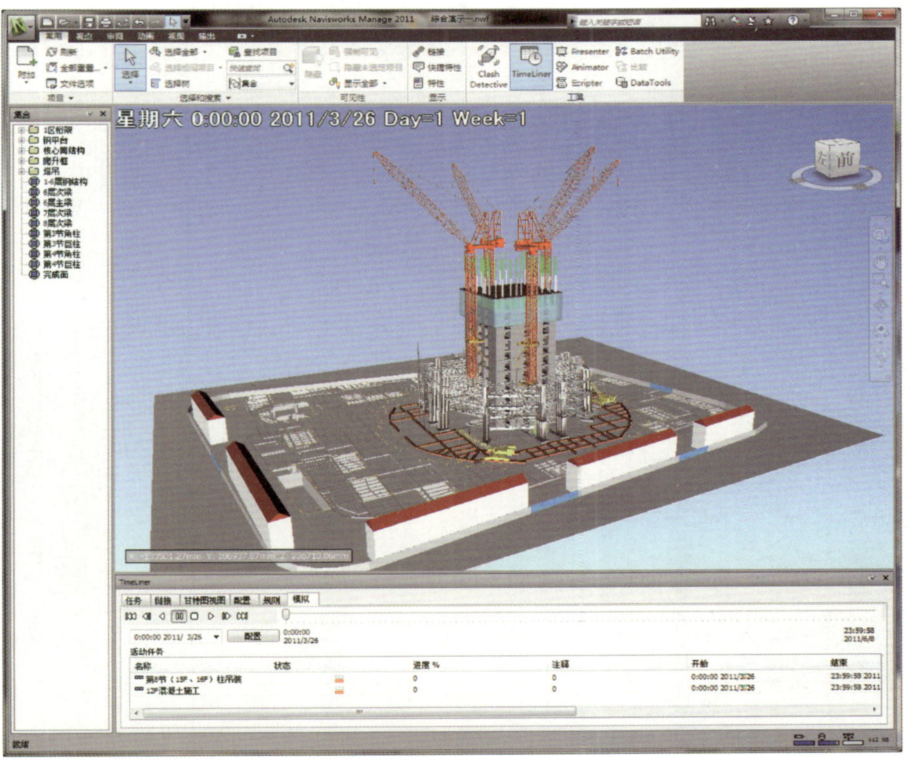

图 4-10　4D 施工模拟

图 4-11　施工计划分析(一)

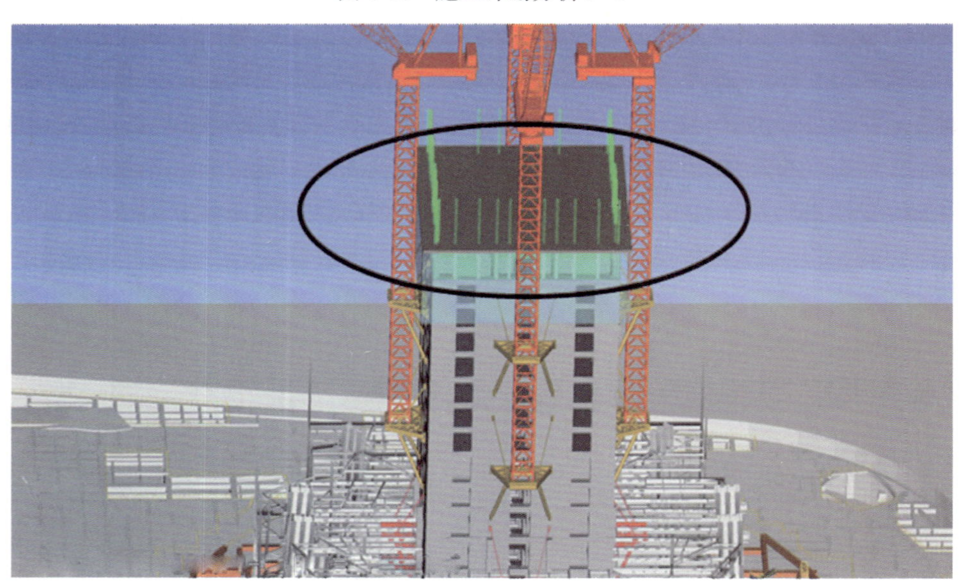

图 4-12　施工计划分析(二)

图 4-13　钢结构与内幕墙碰撞

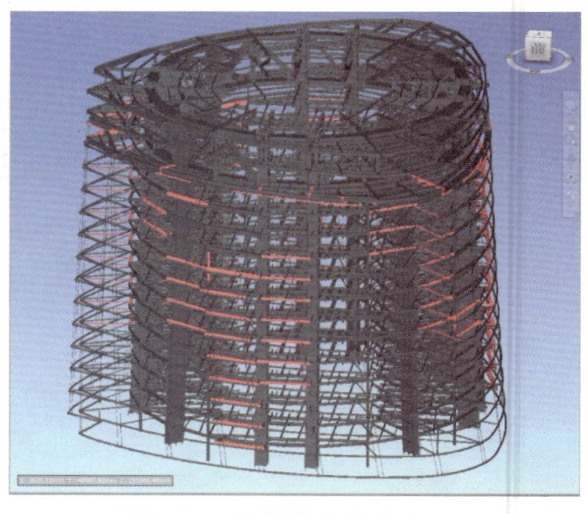

图 4-14　钢结构与外幕墙碰撞

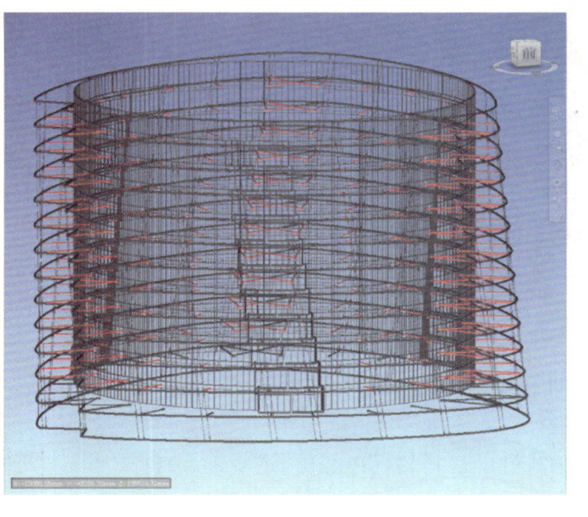

图 4-15　外幕墙与内幕墙碰撞

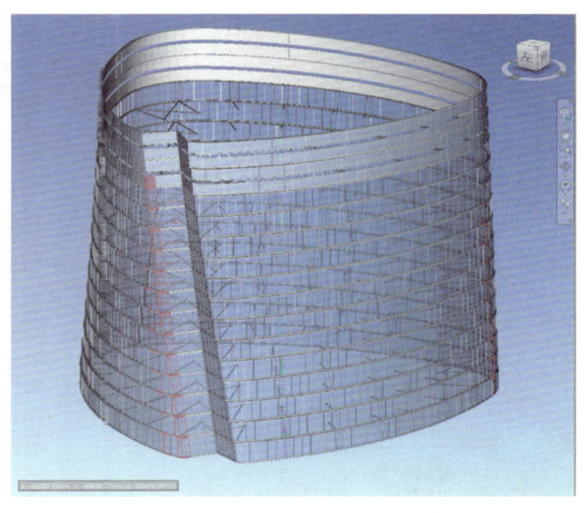

图 4-16　外幕墙与其支撑碰撞

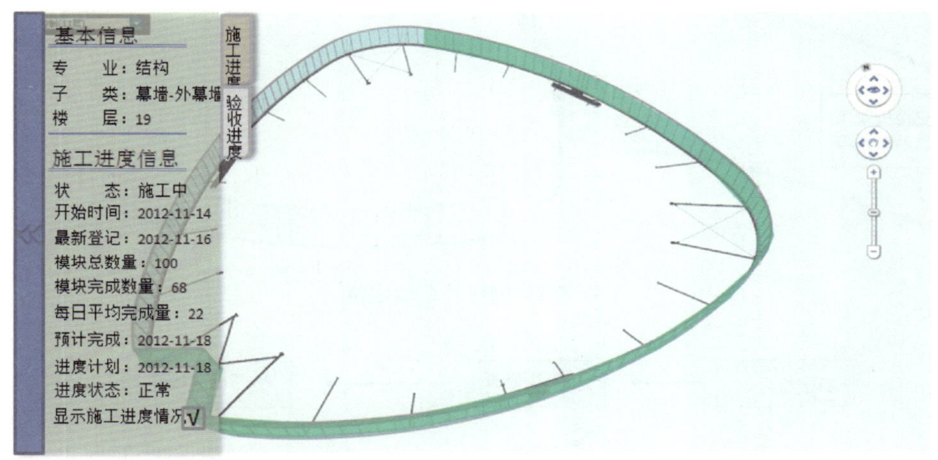

图 5-1　施工完成量在 BIM 模型上的监督应用

图 5-2　虚实对比

图 5-3　实景测量与 BIM 模型数据校对

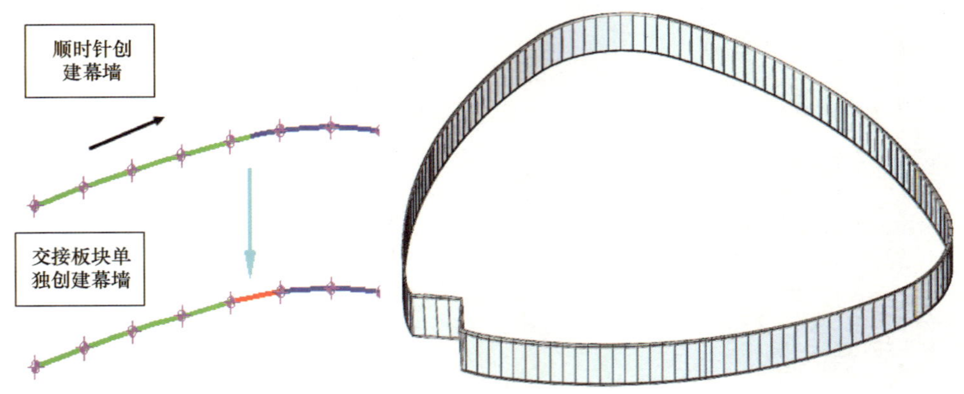

图 6-1　创建外幕墙定位

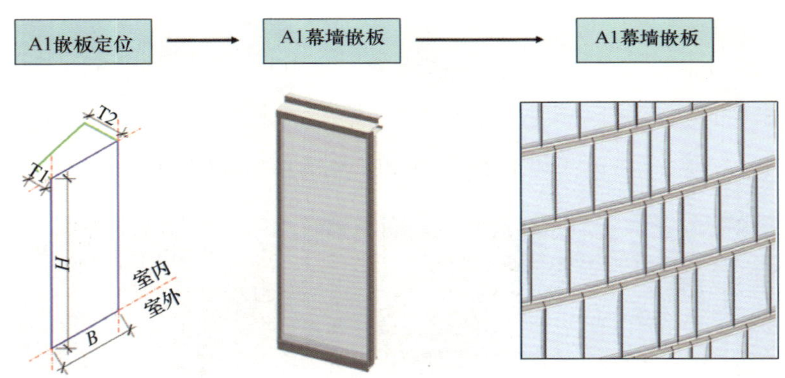

图 6-2　创建 A1/A3 系统

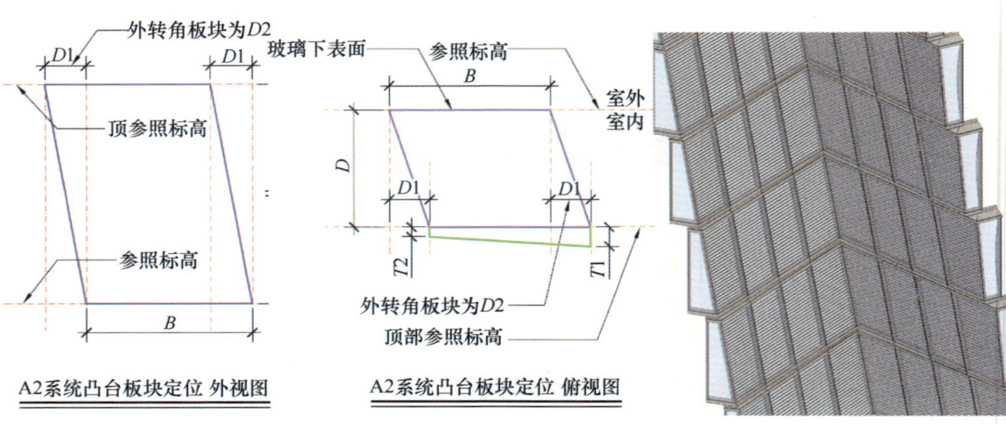

图 6-3　创建 A2 系统

图 6-7　BIM 模型的 3D 漫游

图 6-8　BIM 模型的渲染效昊

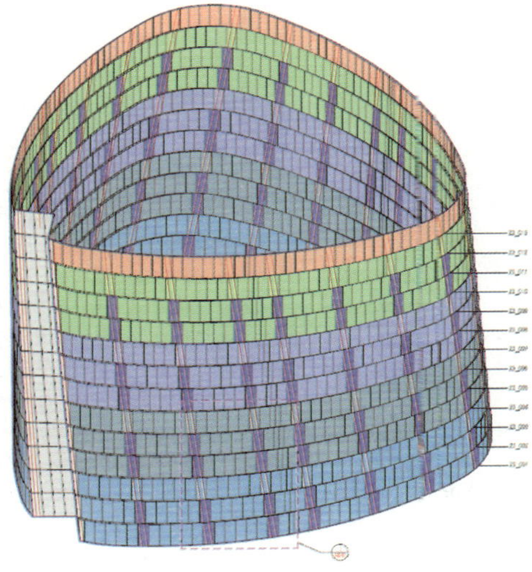

图 6-9　基于 BIM 幕墙优化

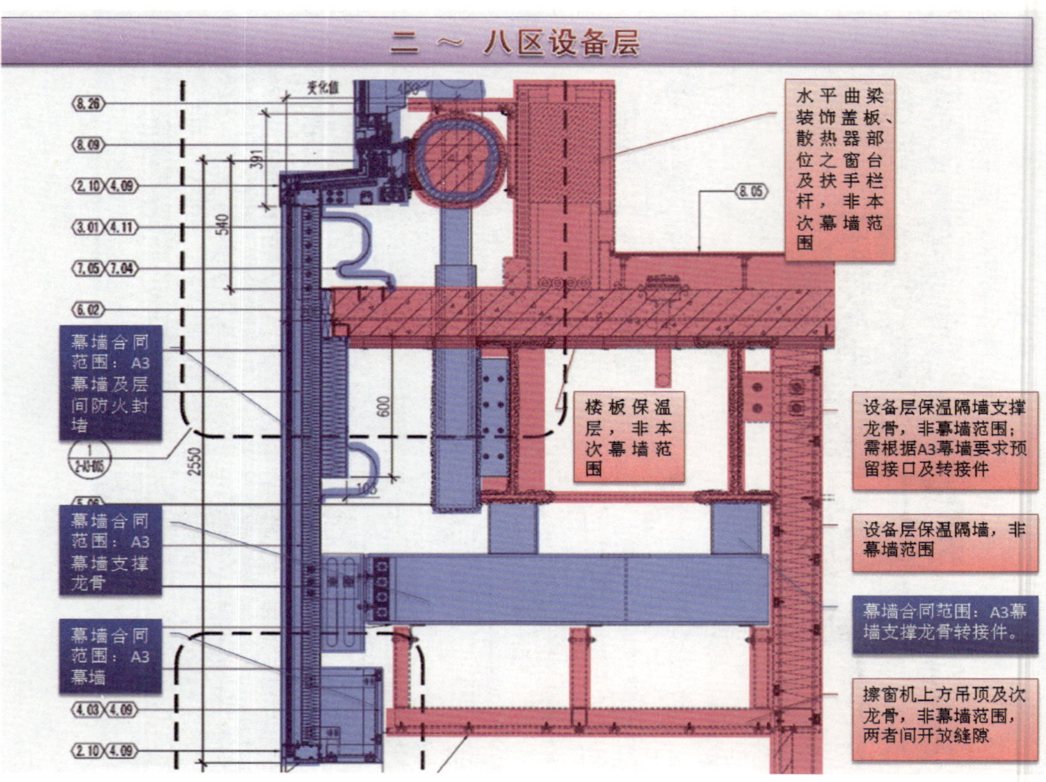

图 6-11　基于 BIM 的工作界面划分

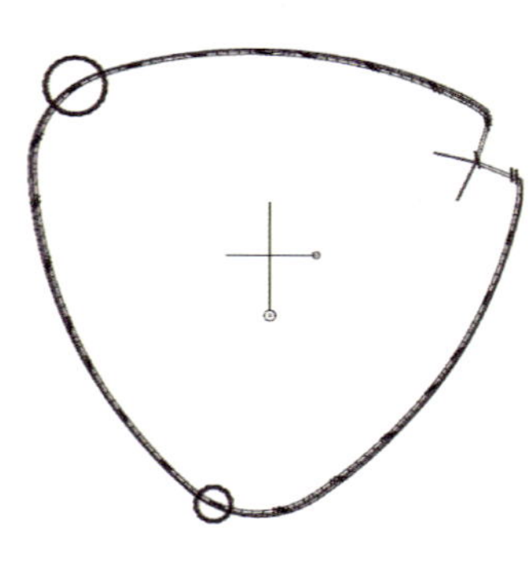

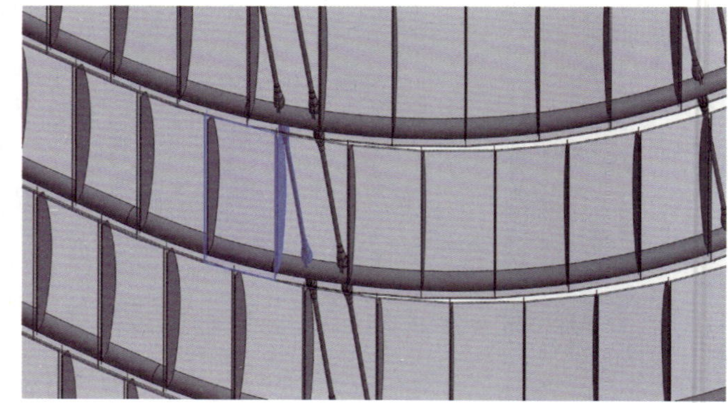

冲突报告

冲突报告项目文件: D:\我的文档\Z8-吊杆玻璃肋.rvt
创建时间: 2011年3月14日　星期一　10:03:24
上次更新时间:

	A	B
1	幕墙嵌板 : DM-T450b1 : DM-T450b1 - 标记 Z8C11N049 : ID 697278	结构框架 : 吊杆90 : 吊杆90 - 标记 Z8C11D16 : ID 580805
2	幕墙嵌板 : DM-T450b1 : DM-T450b1 - 标记 Z8C11N096 : ID 697372	结构框架 : 吊杆90 : 吊杆90 - 标记 Z8C11D32 : ID 580931
3	幕墙嵌板 : DM-T450b1 : DM-T450b1 - 标记 Z8C12N049 : ID 697566	结构框架 : 吊杆90 : 吊杆90 - 标记 Z8C12D16 : ID 581232
4	幕墙嵌板 : DM-T450b1 : DM-T450b1 - 标记 Z8C12N096 : ID 697660	结构框架 : 吊杆90 : 吊杆90 - 标记 Z8C12D32 : ID 581358
5	幕墙嵌板 : DM-T450b1 : DM-T450b1 - 标记 Z8C13N049 : ID 697854	结构框架 : 吊杆90 : 吊杆90 - 标记 Z8C13D16 : ID 581631
6	幕墙嵌板 : DM-T450b1 : DM-T450b1 - 标记 Z8C13N096 : ID 697948	结构框架 : 吊杆90 : 吊杆90 - 标记 Z8C13D32 : ID 581759
7	幕墙嵌板 : DM-T450b1 : DM-T450b1 - 标记 Z8C14N049 : ID 698142	结构框架 : 吊杆90 : 吊杆90 - 标记 Z8C14D16 : ID 582044
8	幕墙嵌板 : DM-T450b1 : DM-T450b1 - 标记 Z8C14N096 : ID 698236	结构框架 : 吊杆90 : 吊杆90 - 标记 Z8C14D32 : ID 582181
9	幕墙嵌板 : DM-T450b1 : DM-T450b1 - 标记 Z8C15N049 : ID 698430	结构框架 : 吊杆90 : 吊杆90 - 标记 Z8C15D16 : ID 582462
10	幕墙嵌板 : DM-T450b1 : DM-T450b1 - 标记 Z8C15N096 : ID 698524	结构框架 : 吊杆90 : 吊杆90 - 标记 Z8C15D32 : ID 582589

冲突报告结尾

图 6-12　碰撞检测及分析报告

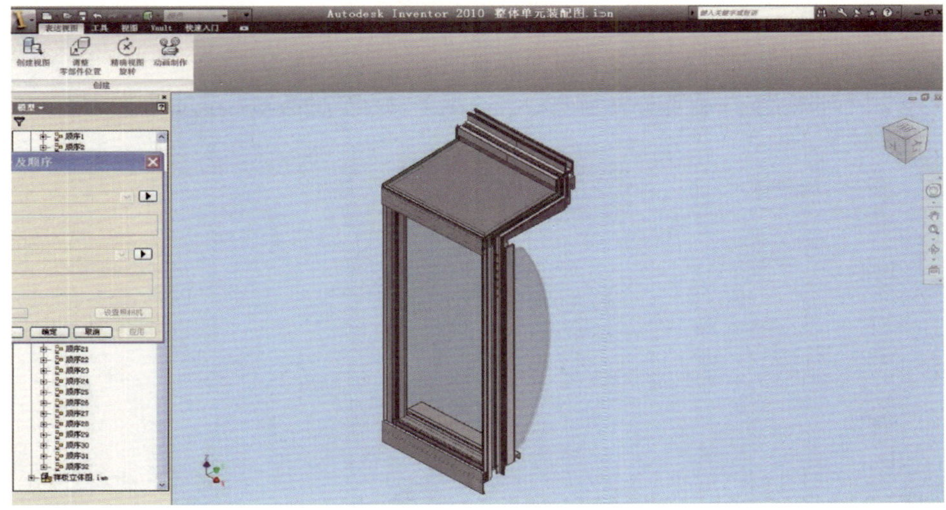

图 6-16　Inventor 模拟组装板块

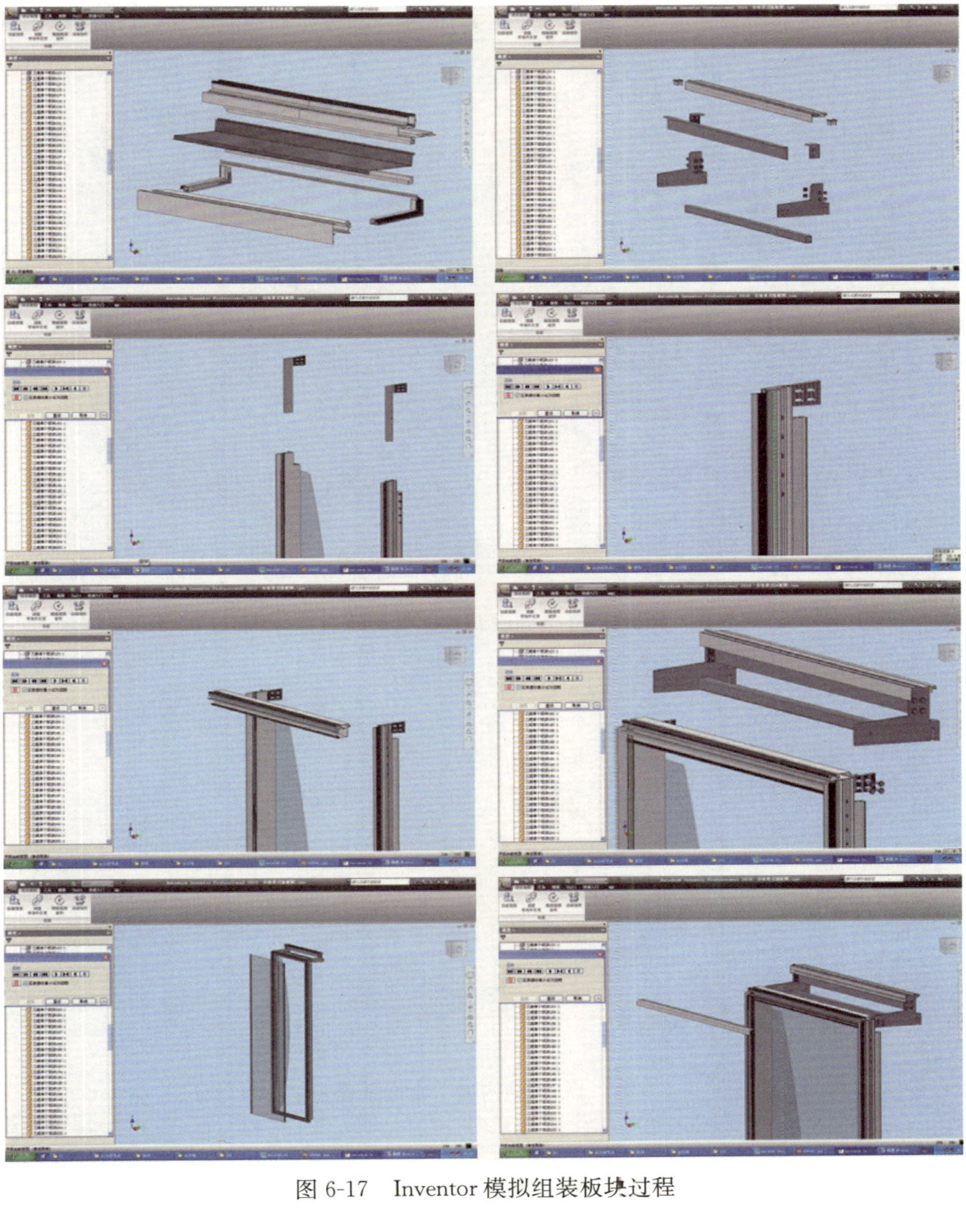

图 6-17　Inventor 模拟组装板块过程

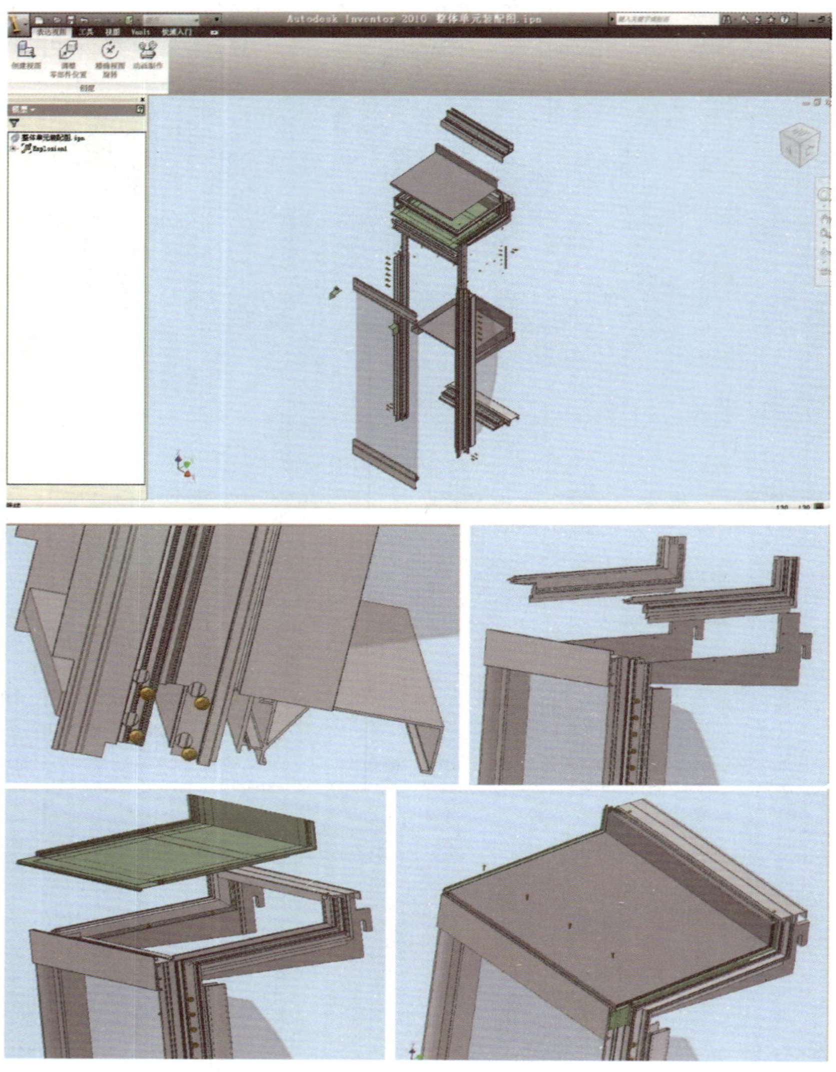

图 6-18　Inventor 模拟组装板块过程

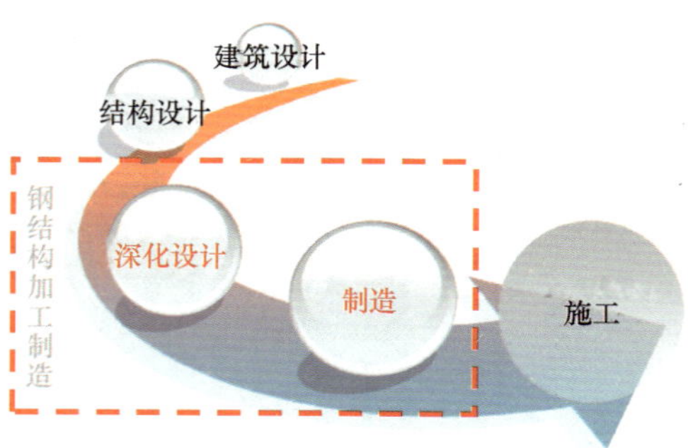

图 7-1　钢结构加工制造过程

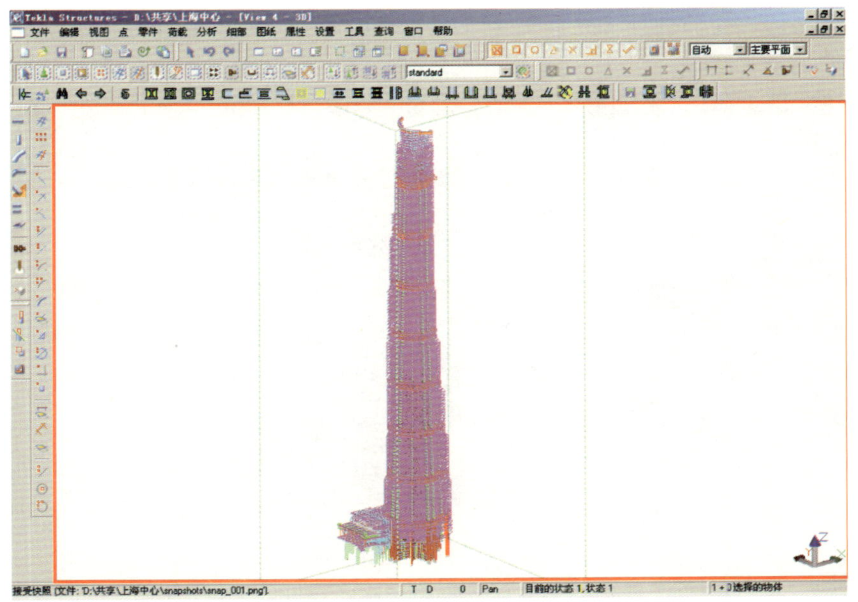

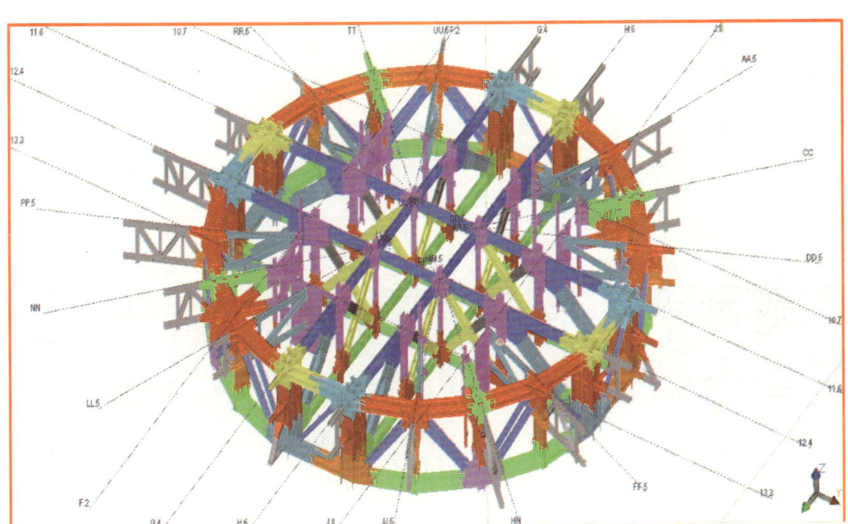

图 7-2　完全实现电脑预拼装的 BIM 三维实体模型局部

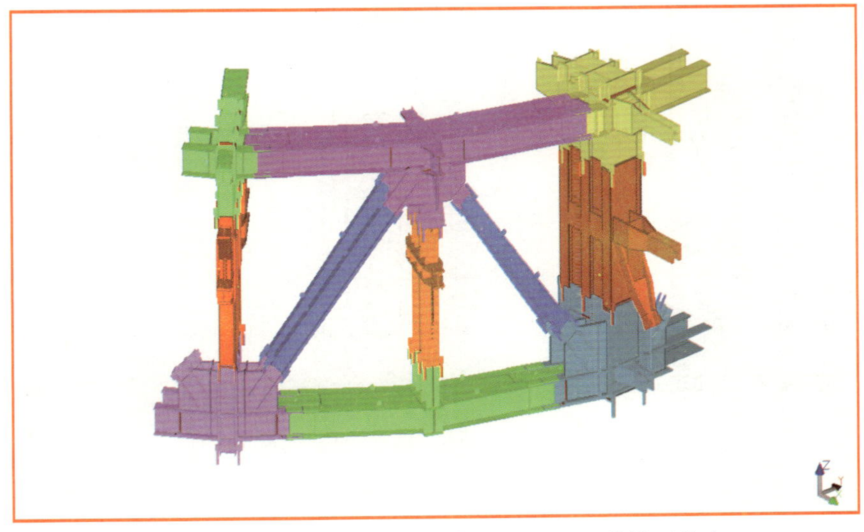

图 7-3　完全实现电脑预拼装的 BIM 三维实体模型节点

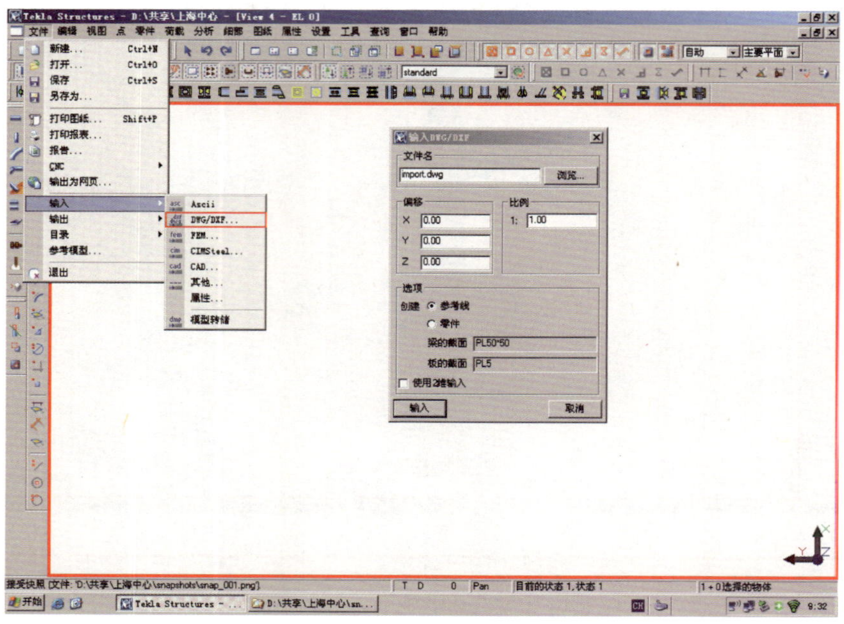

图 7-4　导入 CAD 对话框

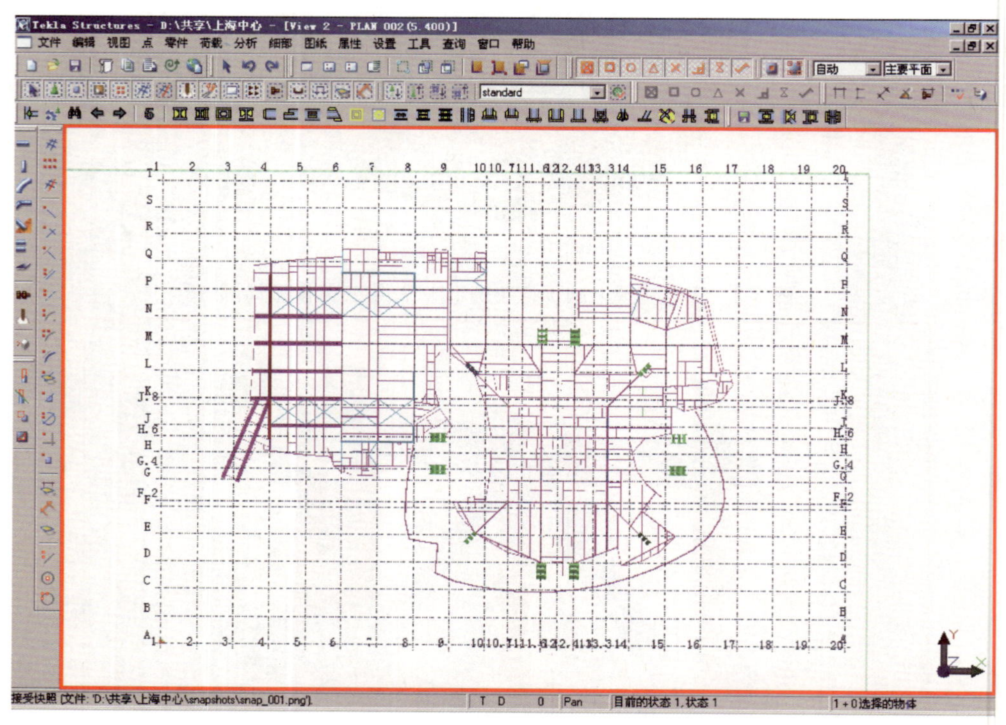

图 7-7　整体 BIM 三维实体模型平面构件的搭建

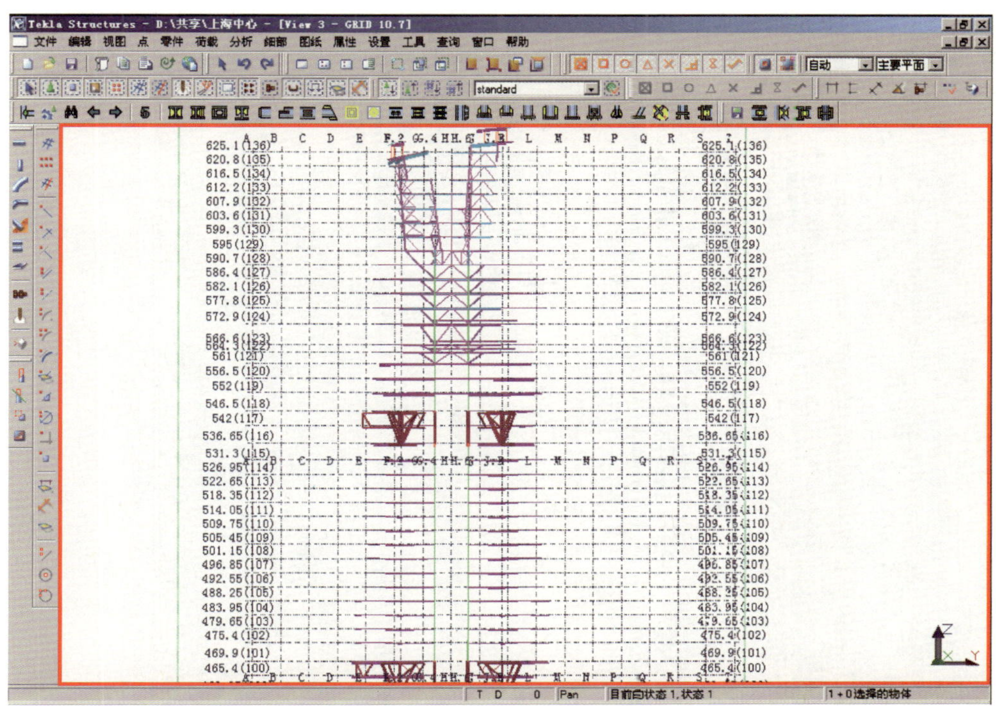

图 7-8　整体 BIM 三维实体模型立面构件的搭建

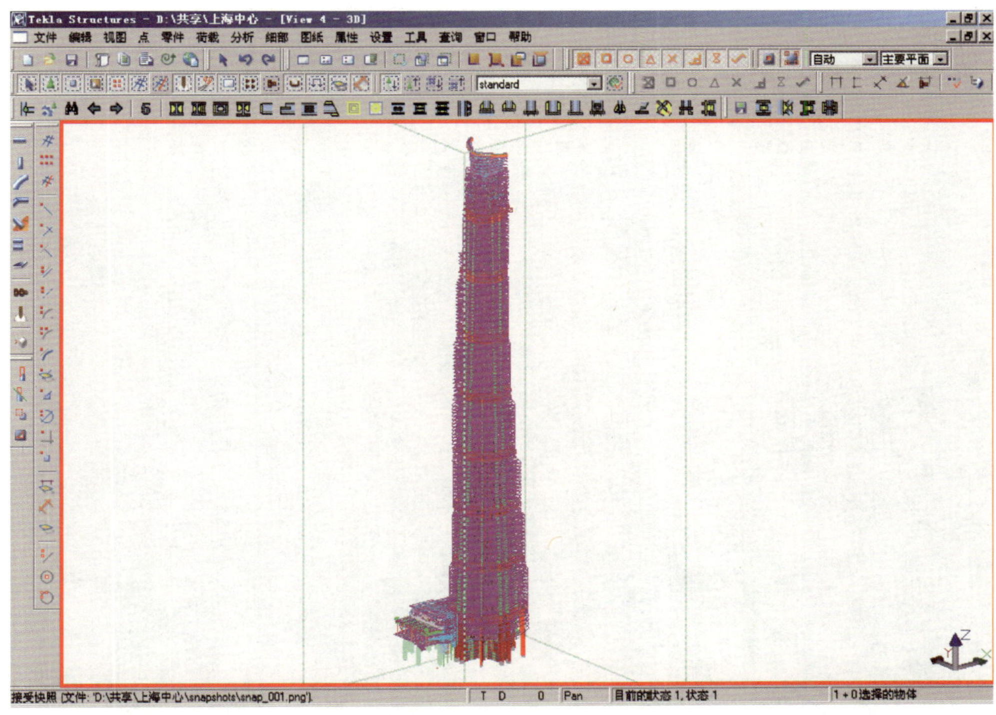

图 7-9　整体 BIM 三维实体模型的搭建

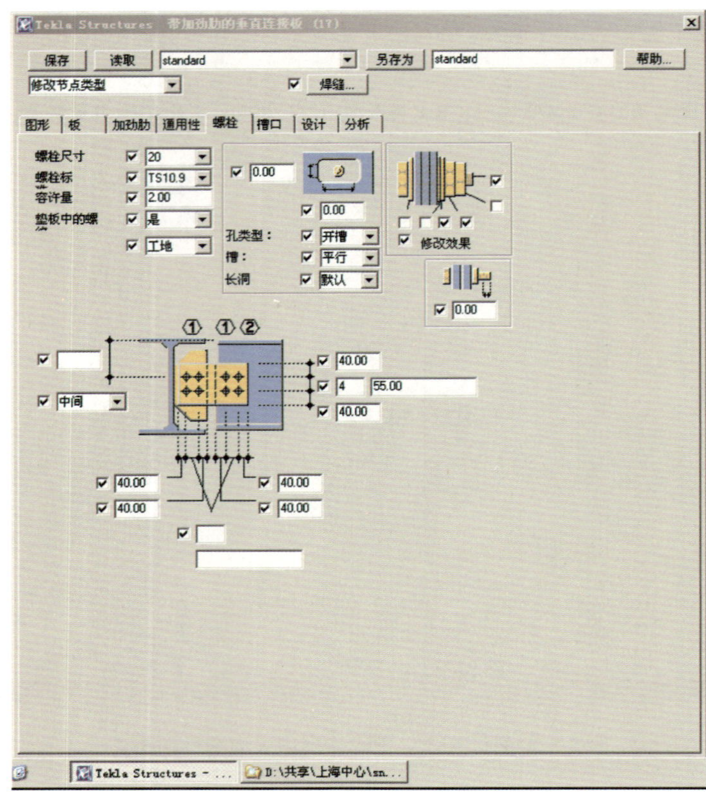

图 7-10　节点参数对话框

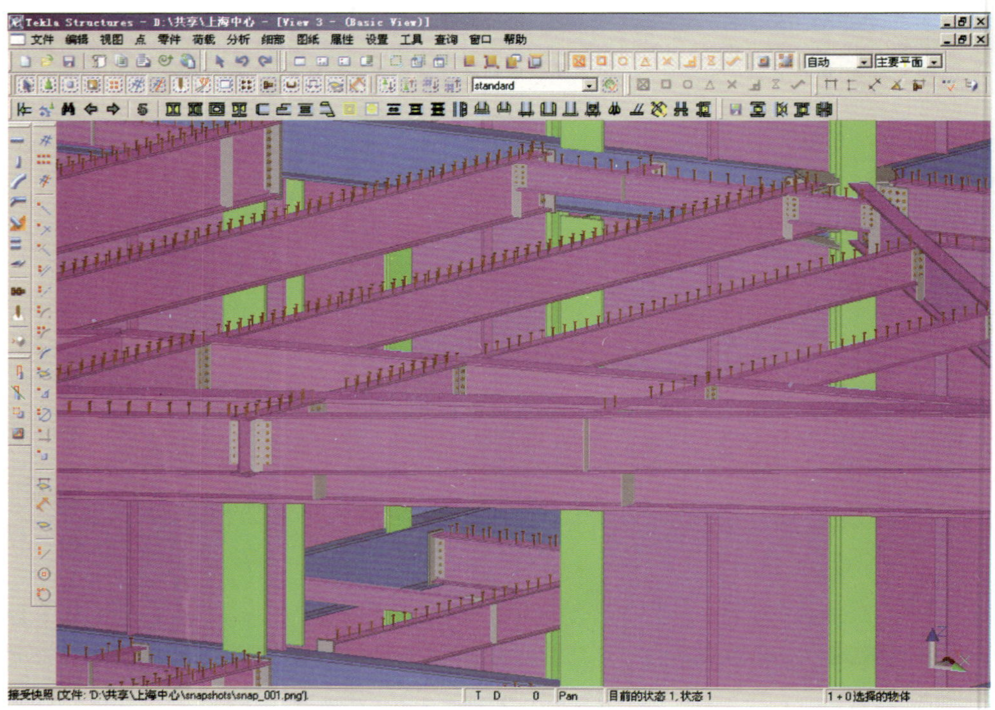

图 7-11　节点装配后的平面梁实体模型

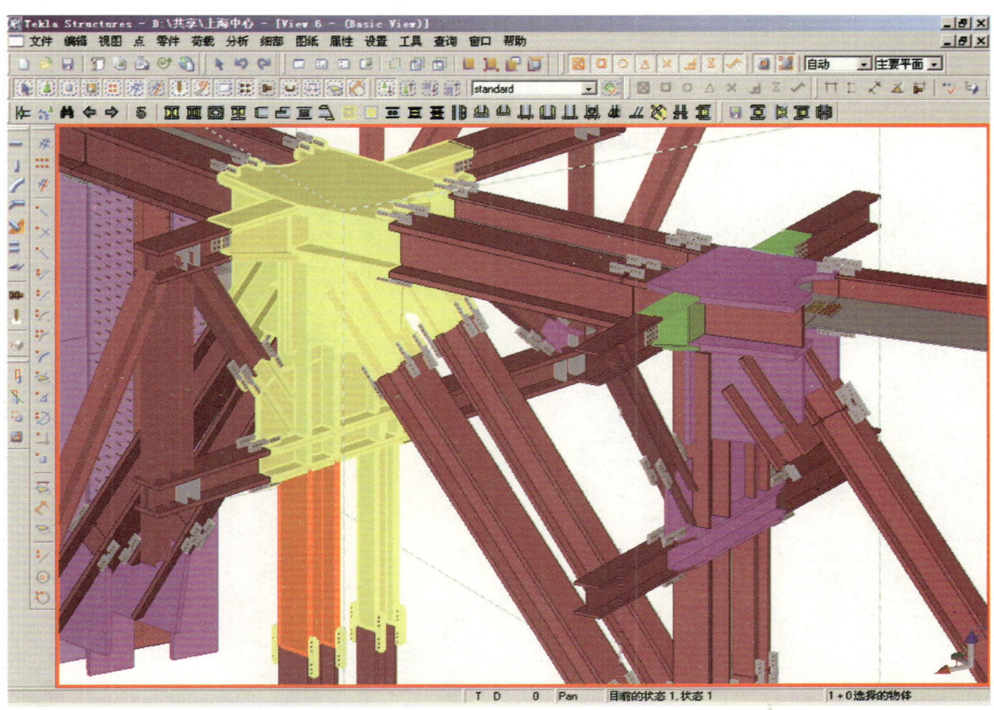

图 7-12　节点装配后的桁架实体模型

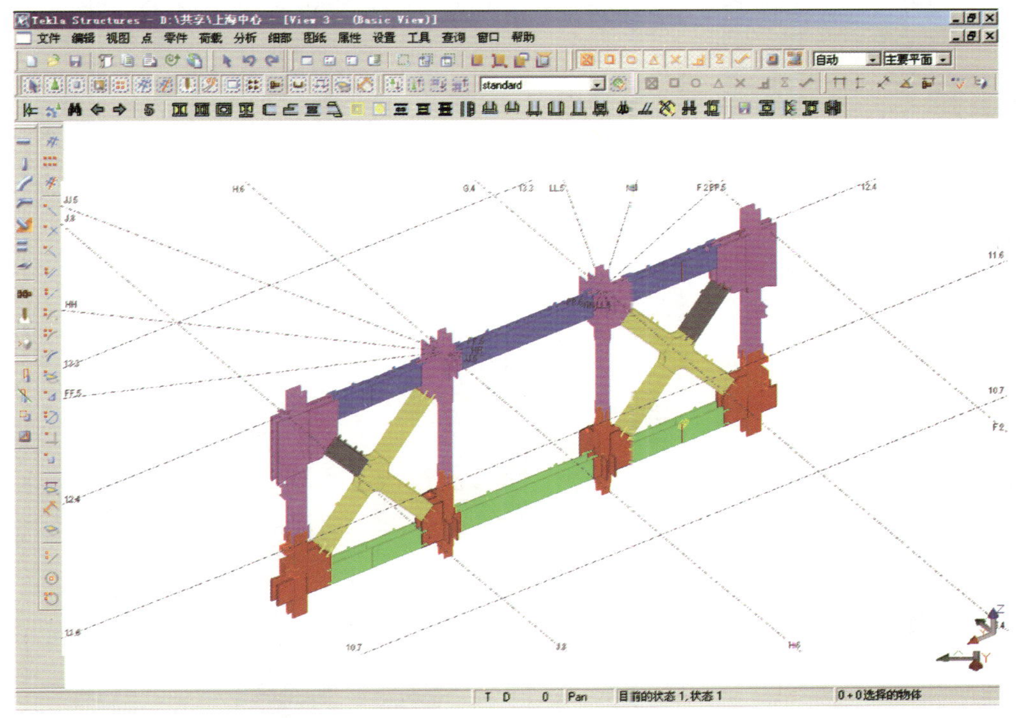

图 7-13　建好节点并按运输、起重量要求分好段的实体模型

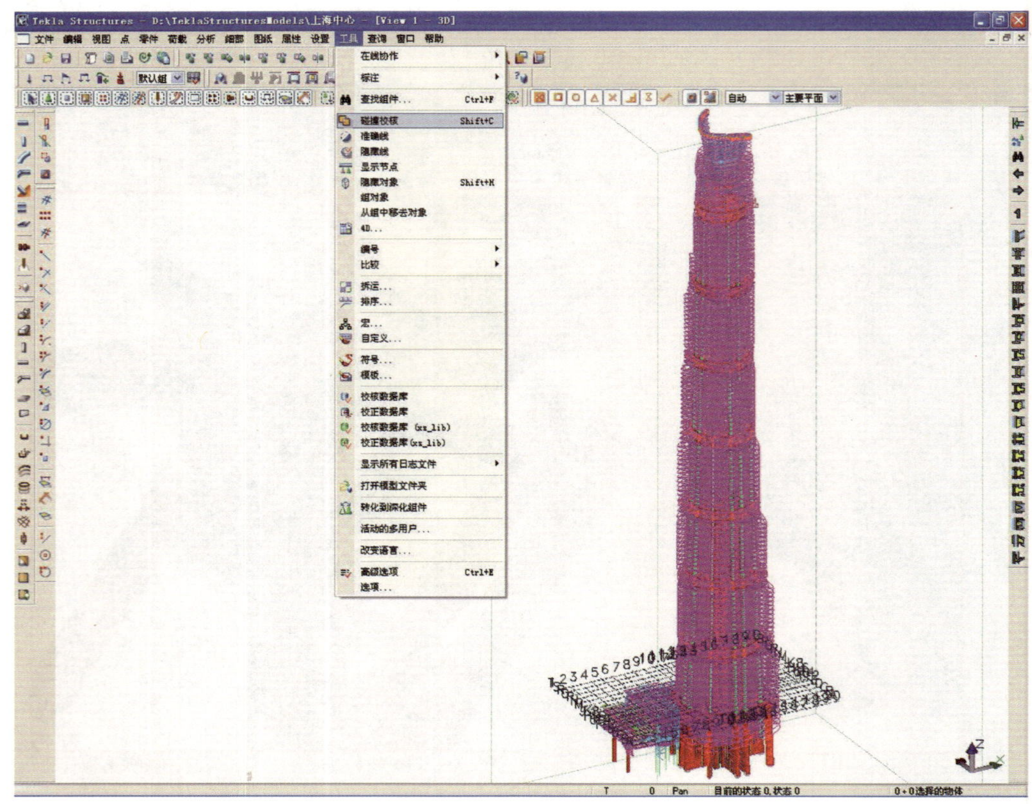

图 7-14 碰撞校核对话框

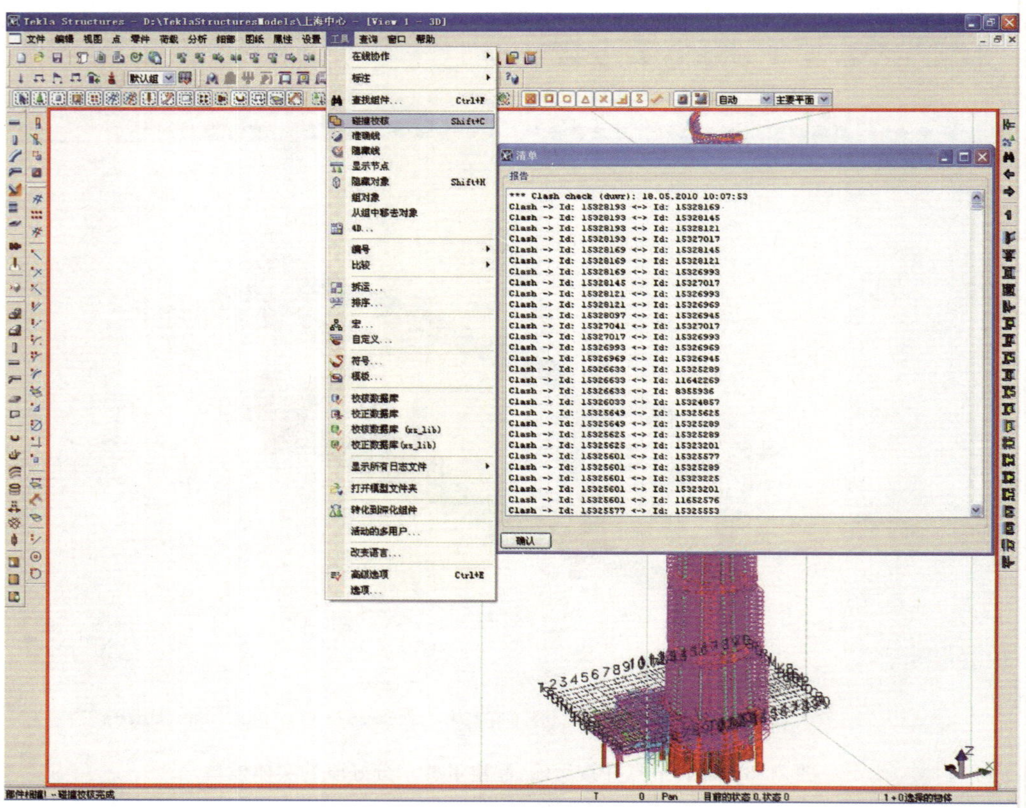

图 7-15 显示存在碰撞问题部件清单

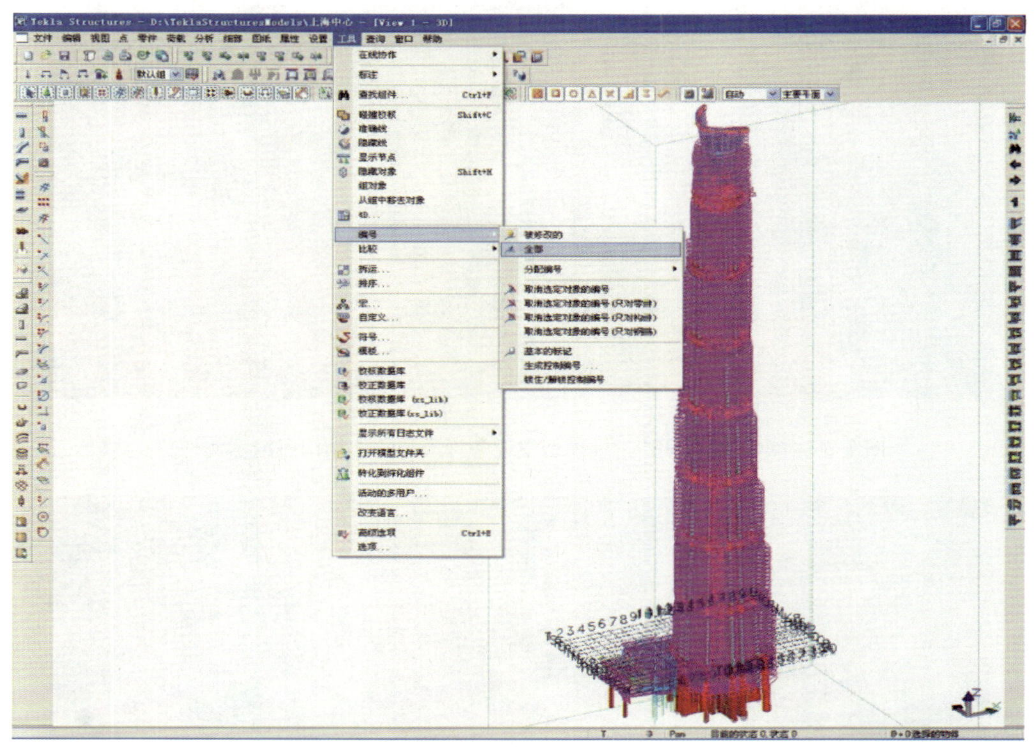

图 7-16　构件编号对话框

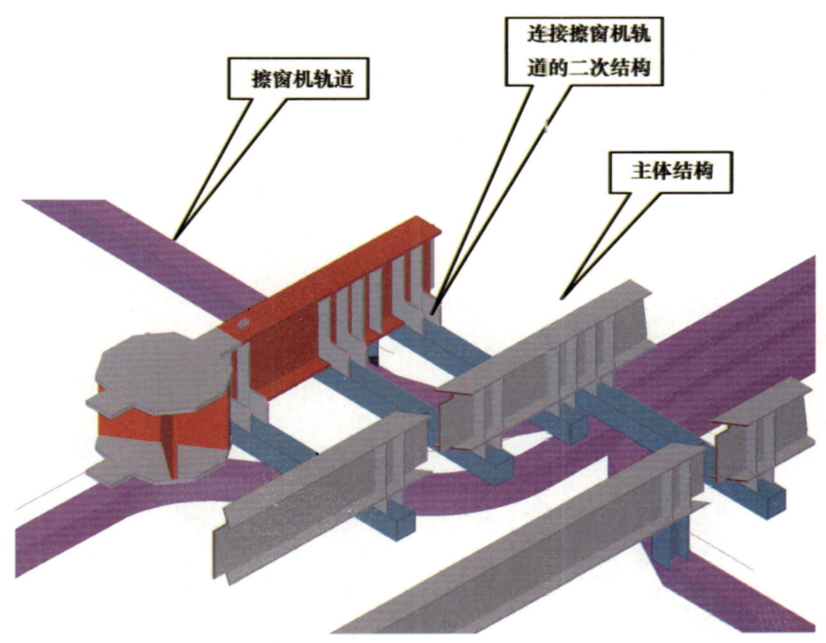

图 7-24　深化设计 BIM 三维模型中擦窗机与主体结构示例

图 7-25　深化设计 BIM 三维模型中设备管道与主体结构碰撞示例(一)

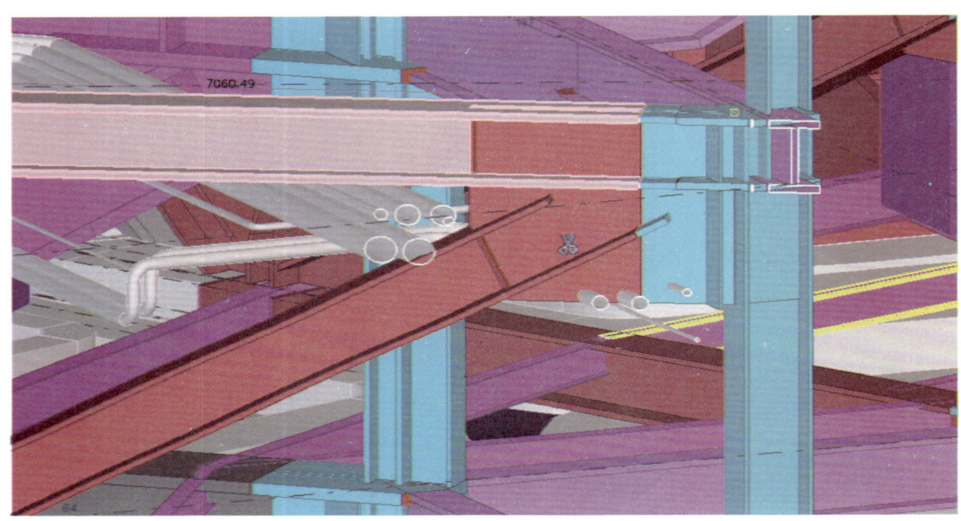

图 7-26　深化设计 BIM 三维模型中设备管道与主体结构碰撞示例(二)

图 7-27　深化设计 BIM 三维模型中设备管道与主体结构碰撞示例(三)

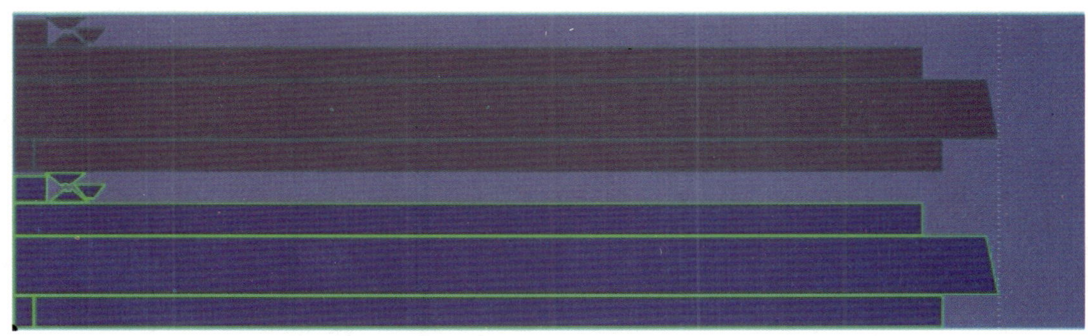

图 7-30　套料结果输出

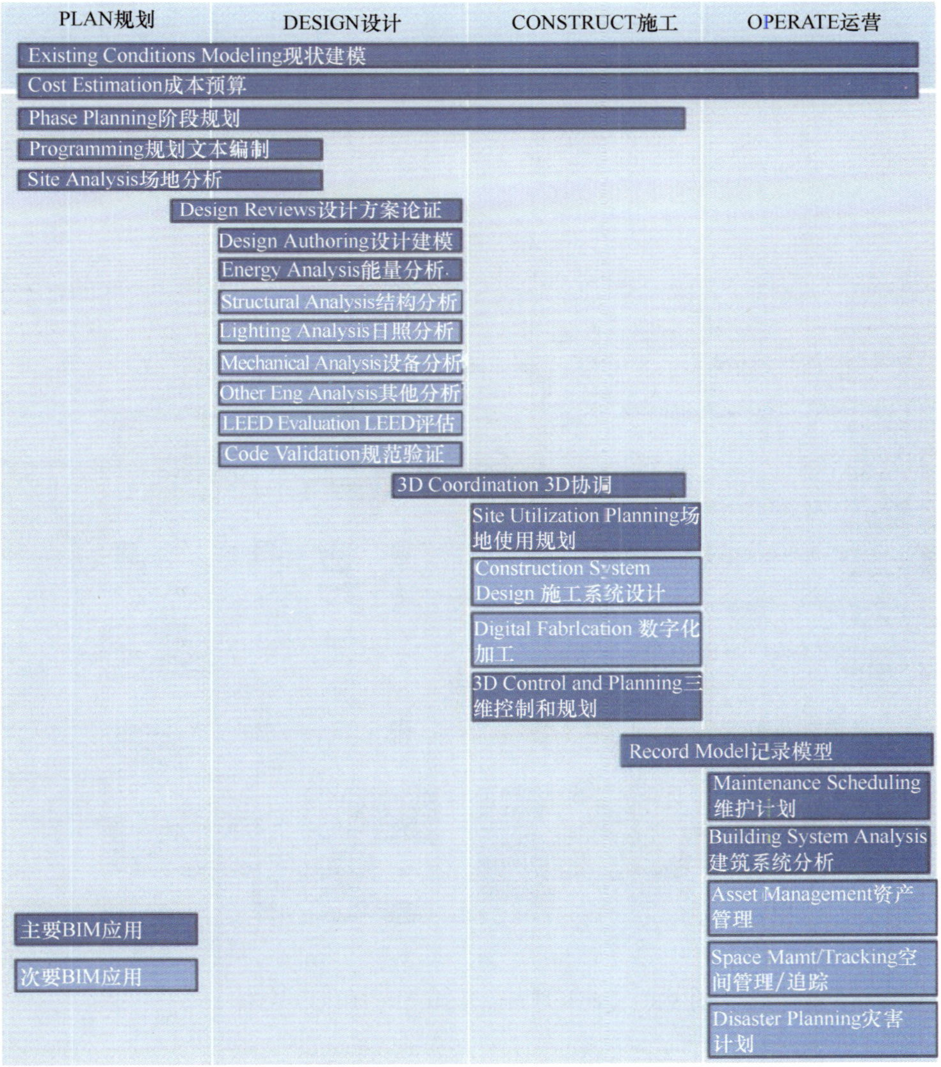

PLAN规划
DESIGN设计
CONSTRUCT施工
OPERATE运营

Existing Conditions Modeling现状建模
Cost Estimation成本预算
Phase Planning阶段规划
Programming规划文本编制
Site Analysis场地分析
Design Reviews设计方案论证
Design Authoring设计建模
Energy Analysis能量分析
Structural Analysis结构分析
Lighting Analysis日照分析
Mechanical Analysis设备分析
Other Eng Analysis其他分析
LEED Evaluation LEED评估
Code Validation规范验证
3D Coordination 3D协调
Site Utilization Planning场地使用规划
Construction System Design 施工系统设计
Digital Fabrication 数字化加工
3D Control and Planning三维控制和规划
Record Model记录模型
Maintenance Scheduling维护计划
Building System Analysis建筑系统分析
Asset Management资产管理
Space Mgmt/Tracking空间管理/追踪
Disaster Planning灾害计划

主要BIM应用
次要BIM应用

图 8-1　建筑生命周期中的 BIM 应用

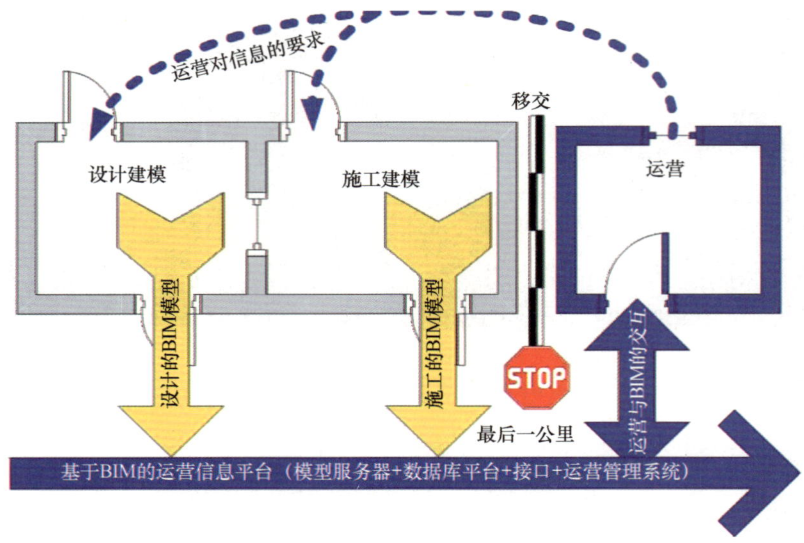

图 8-2　一个基于 BIM 的建设—运营一体化信息平台解决方案

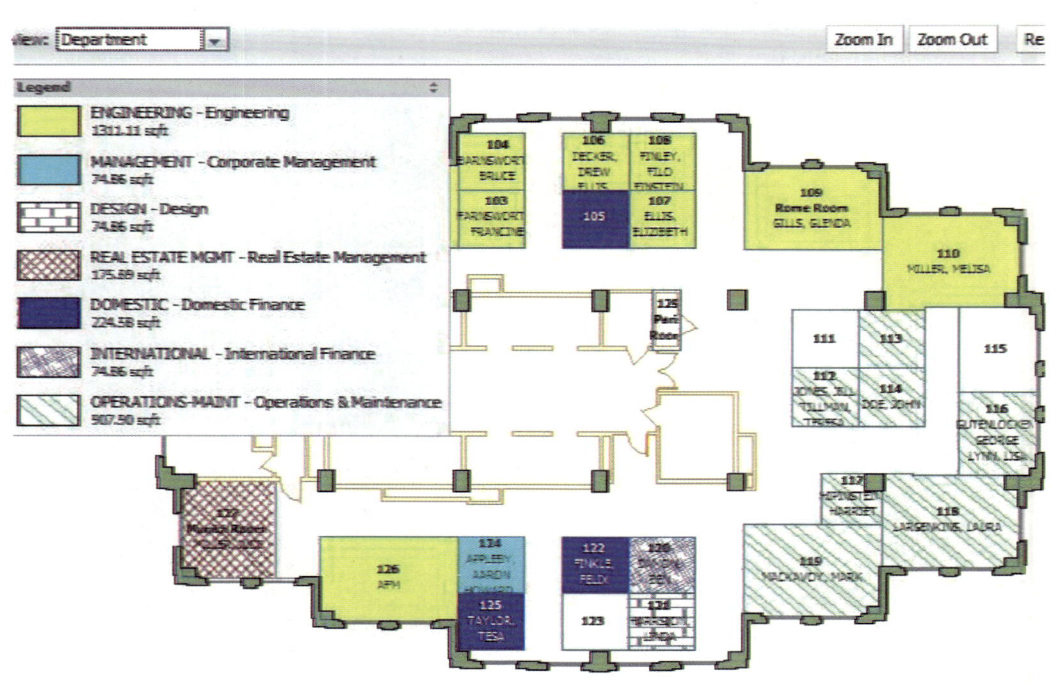

图 8-3　空间管理系统界面(ARCHIBUS/FM)

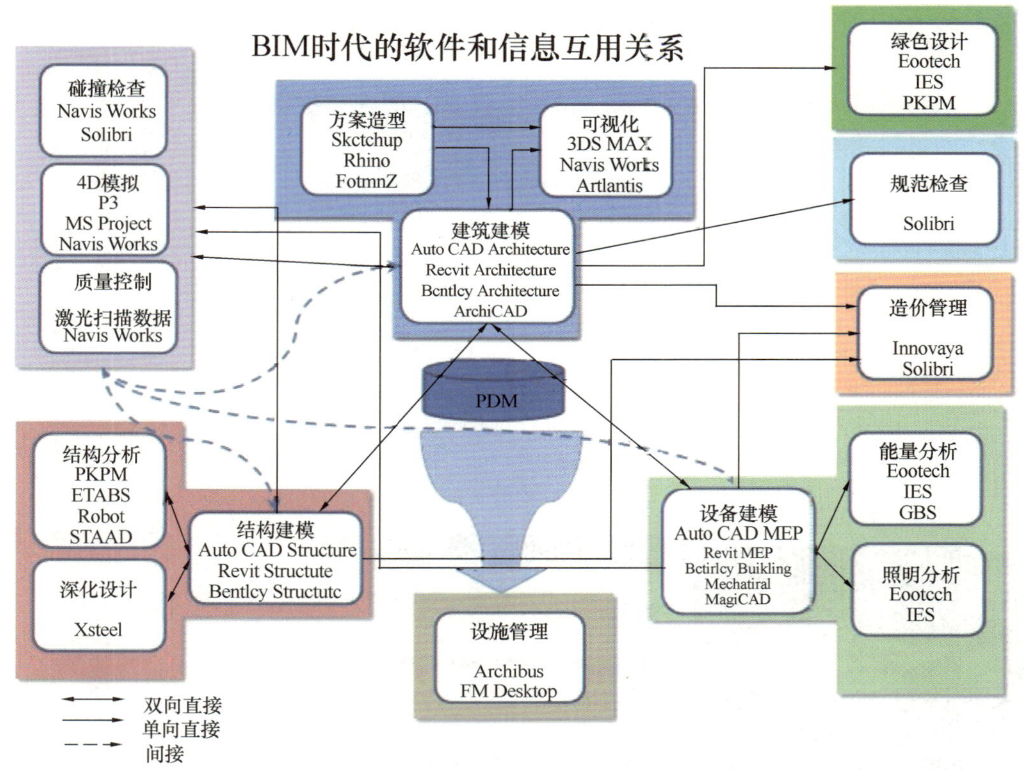

图 8-4　BIM 应用软件汇总图

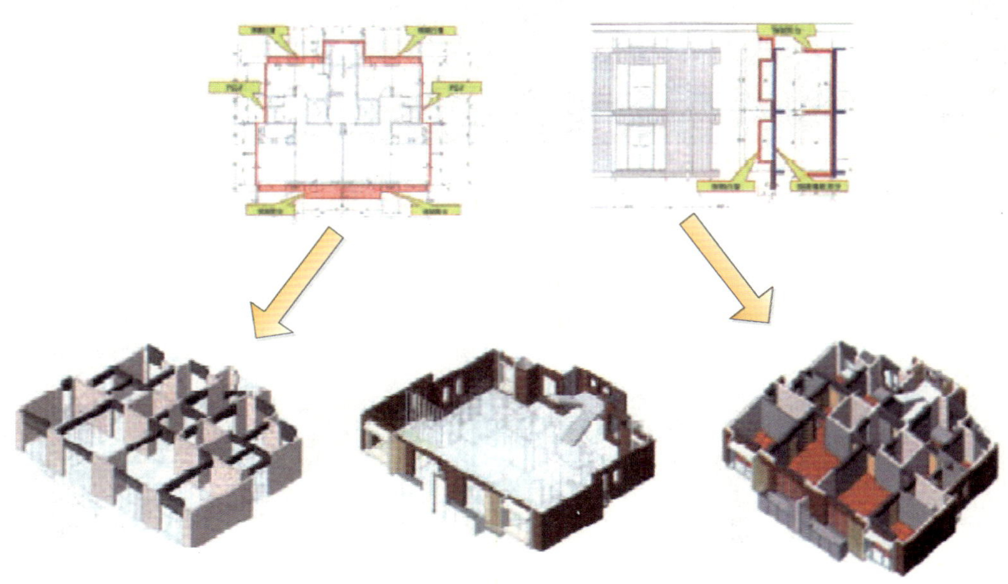

图 8-5　非几何属性与实体模型关联

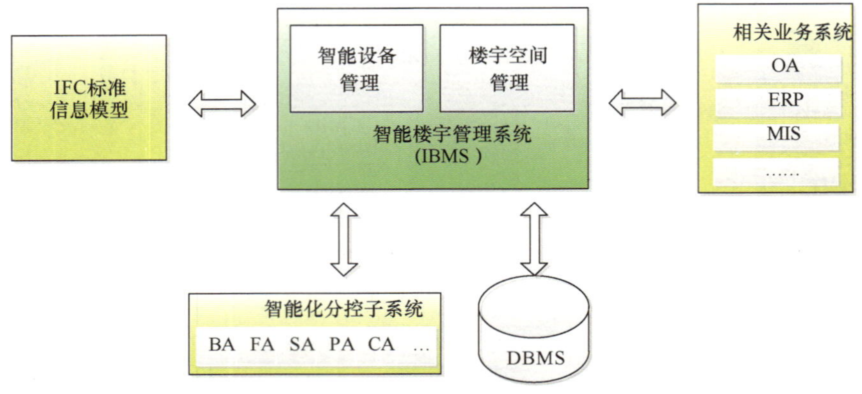

图 8-6 BIM 和 IBMS 集成

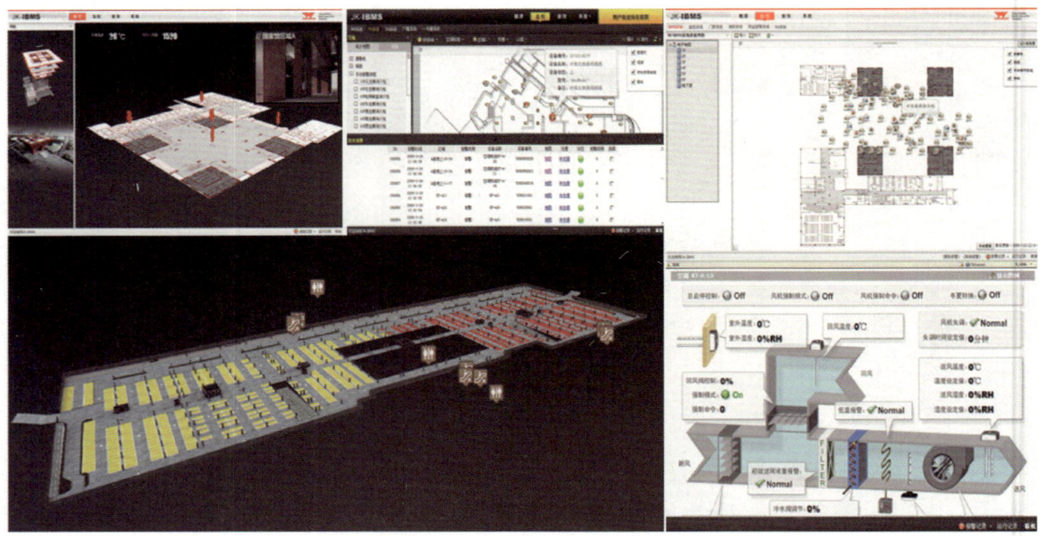

图 8-7 不同系统之间信息共享

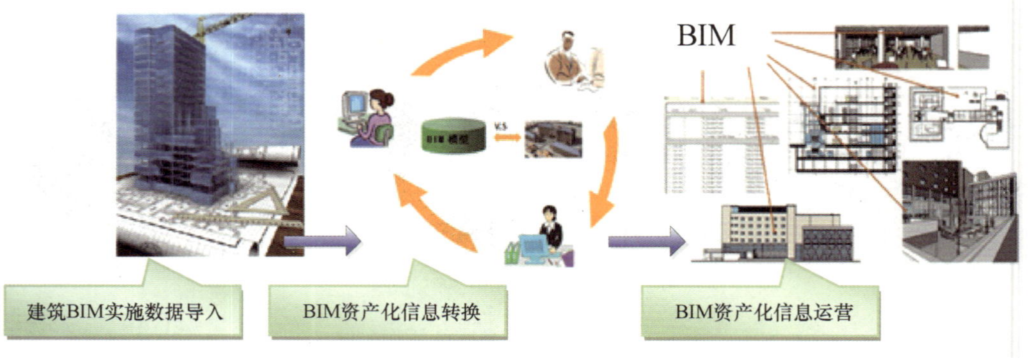

图 8-8 基于 BIM 的资产管理

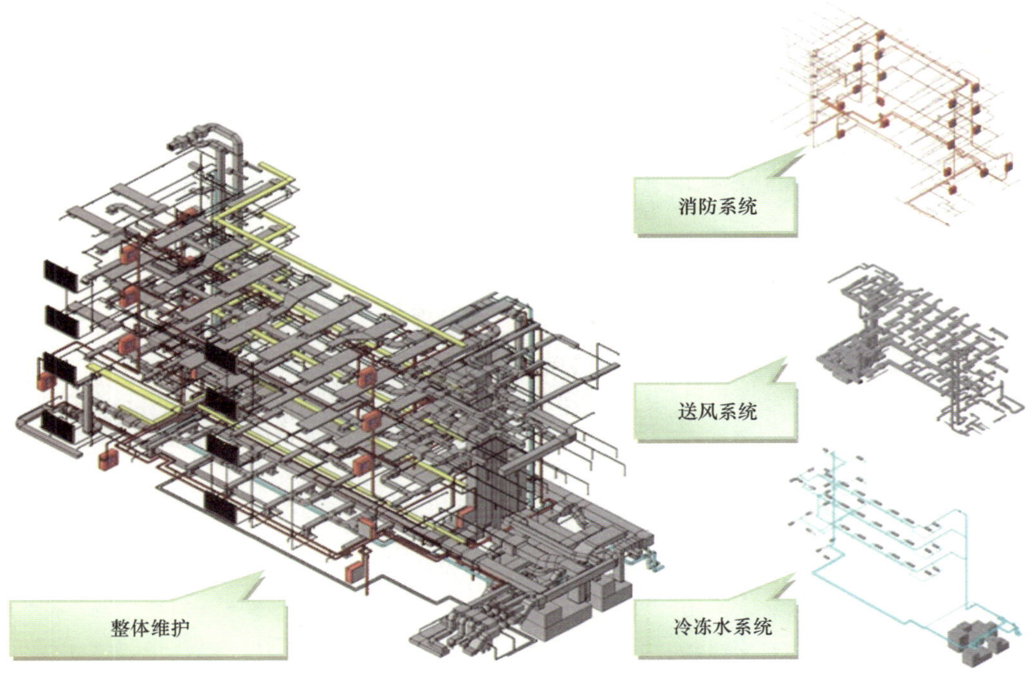

图 8-9　集成一体的 BIM 模型

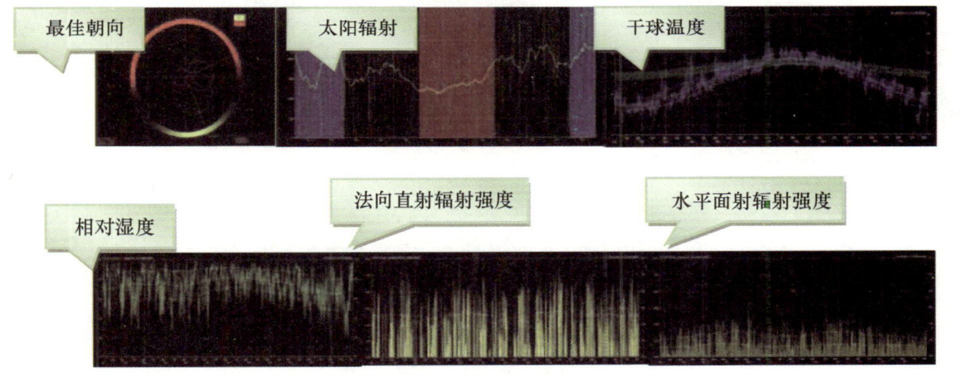

图 8-10　建筑所在地气象分析

图 8-11　舒适度分析

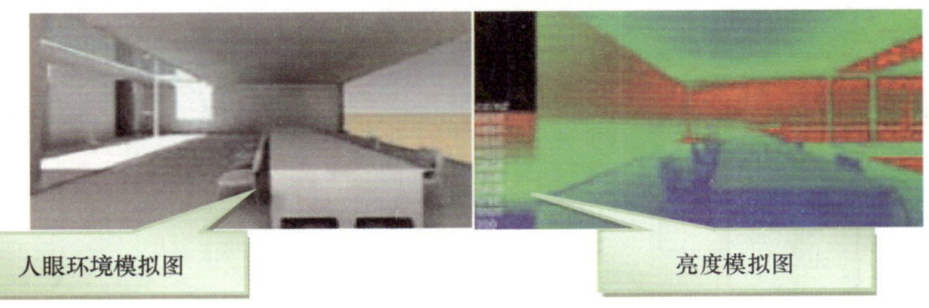

图 8-12　采光分析

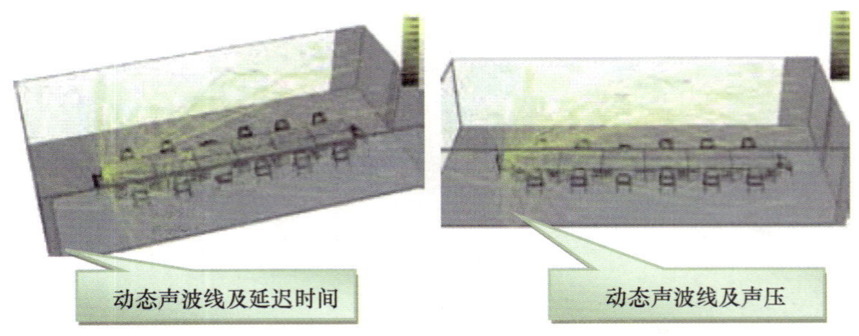

图 8-13　声环境分析

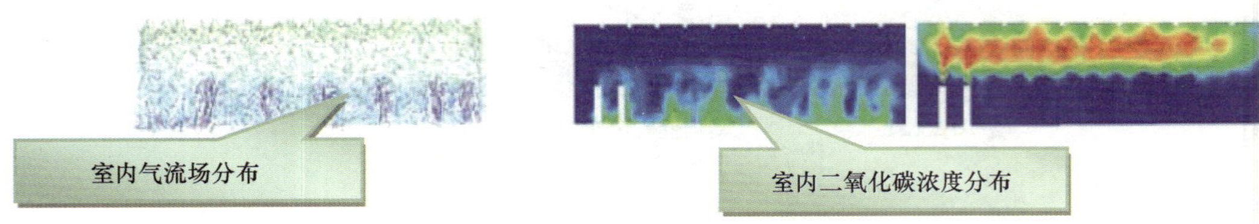

图 8-14　热环境模拟

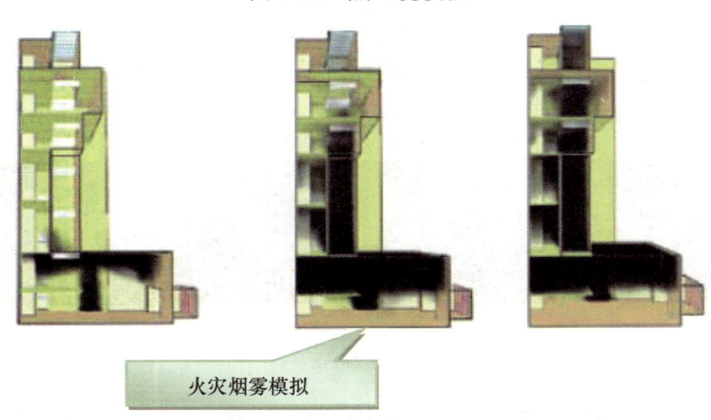

图 8-15　烟气模拟分析

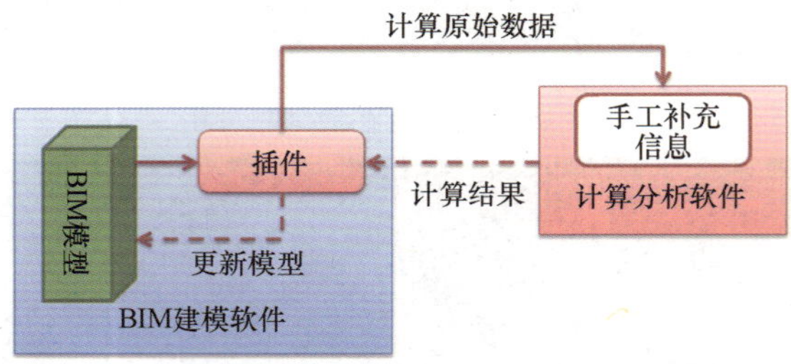

图 9-2　BIM 建模软件计算

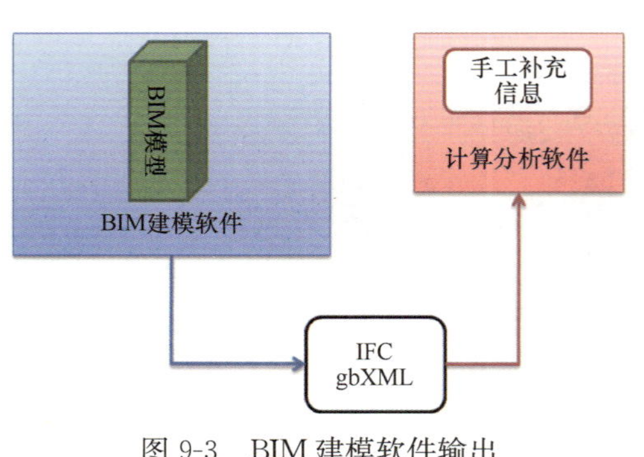

图 9-3　BIM 建模软件输出

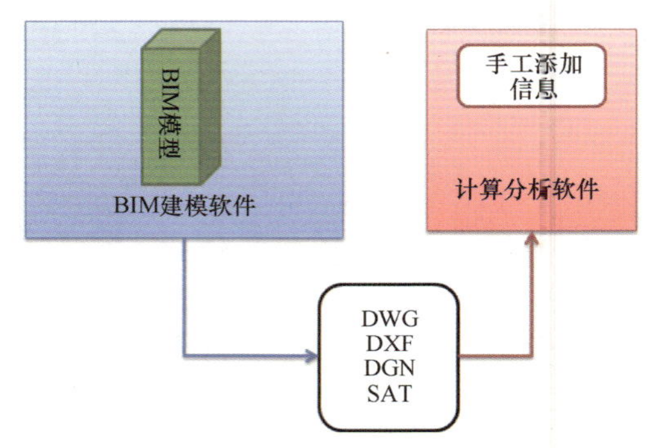

图 9-4　BIM 建模软件输出格式

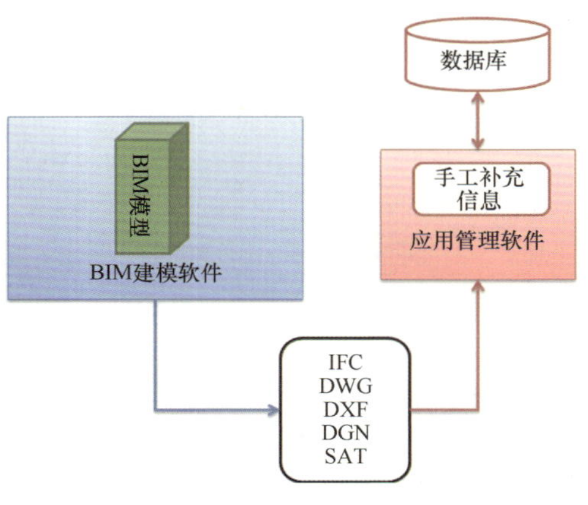

图 9-5　BIM 软件与其他数据库组成管理系统

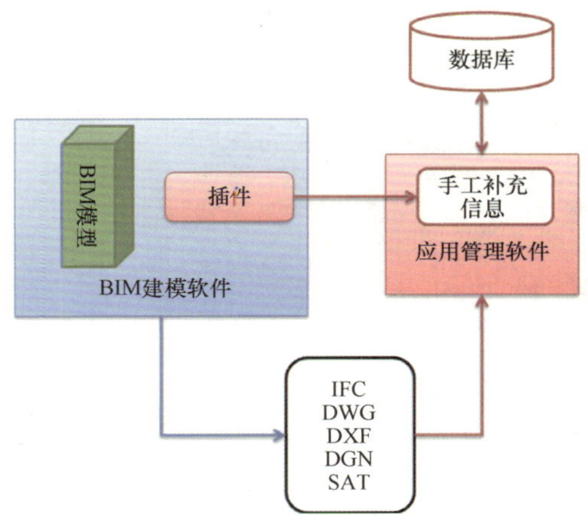

图 9-6　BIM 软件数据转插件

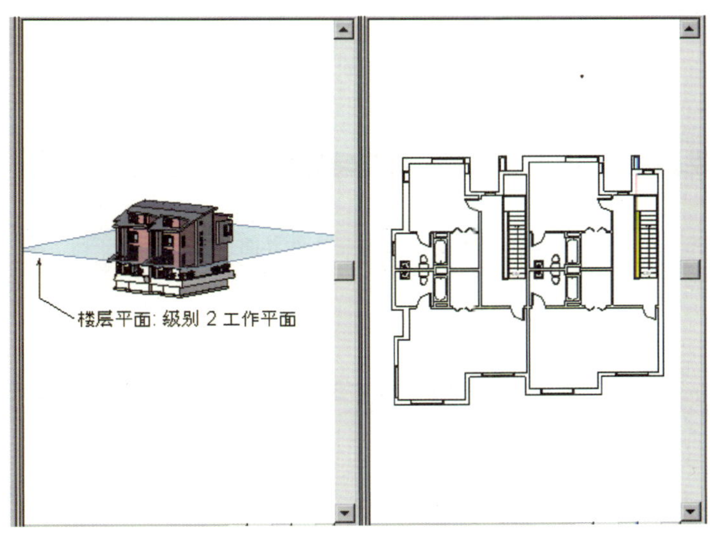

图 9-7　“标高 2”工作平面

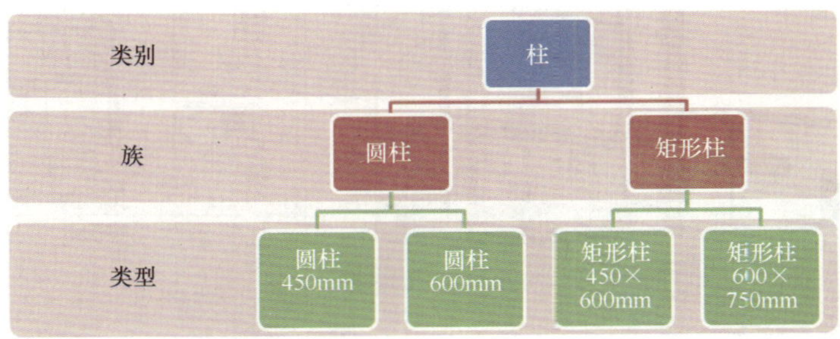

图 9-8　图元分类

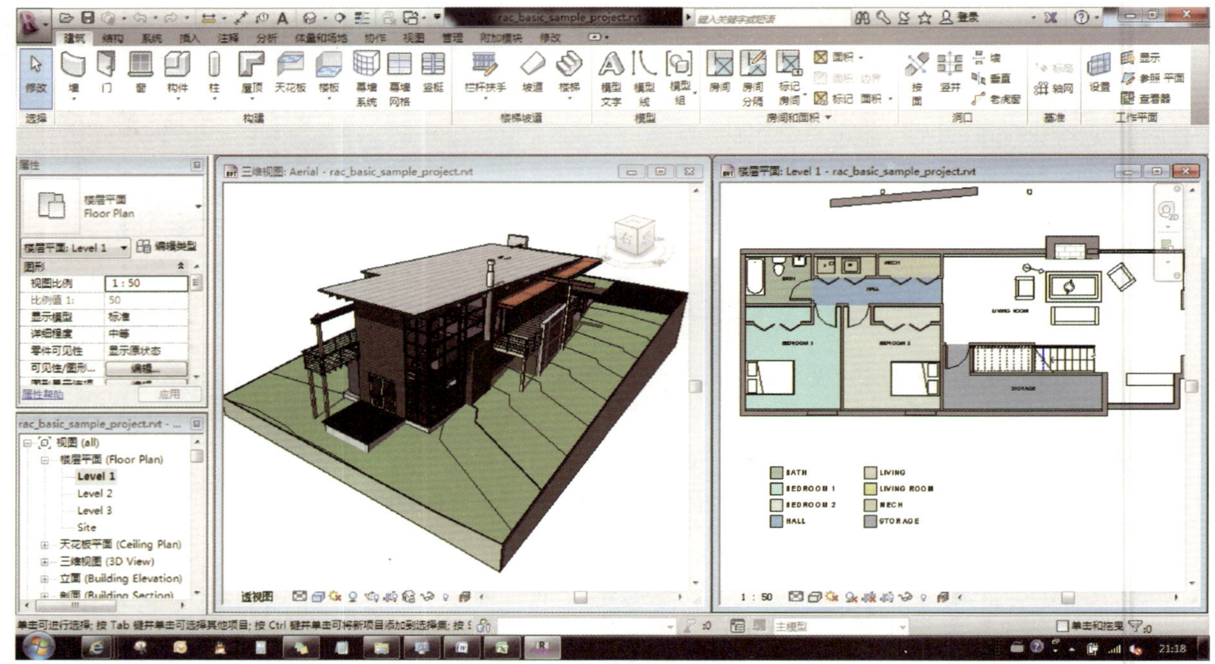

图 9-9 Revit 软件界面

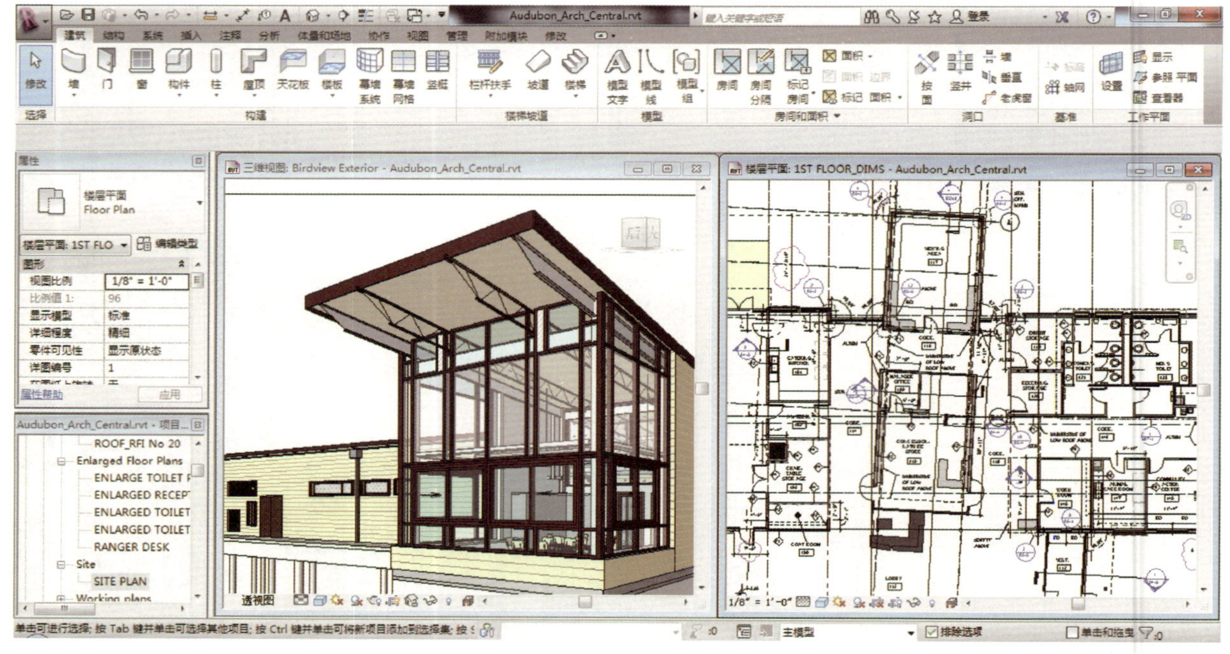

图 9-11 Revit 用于建筑设计

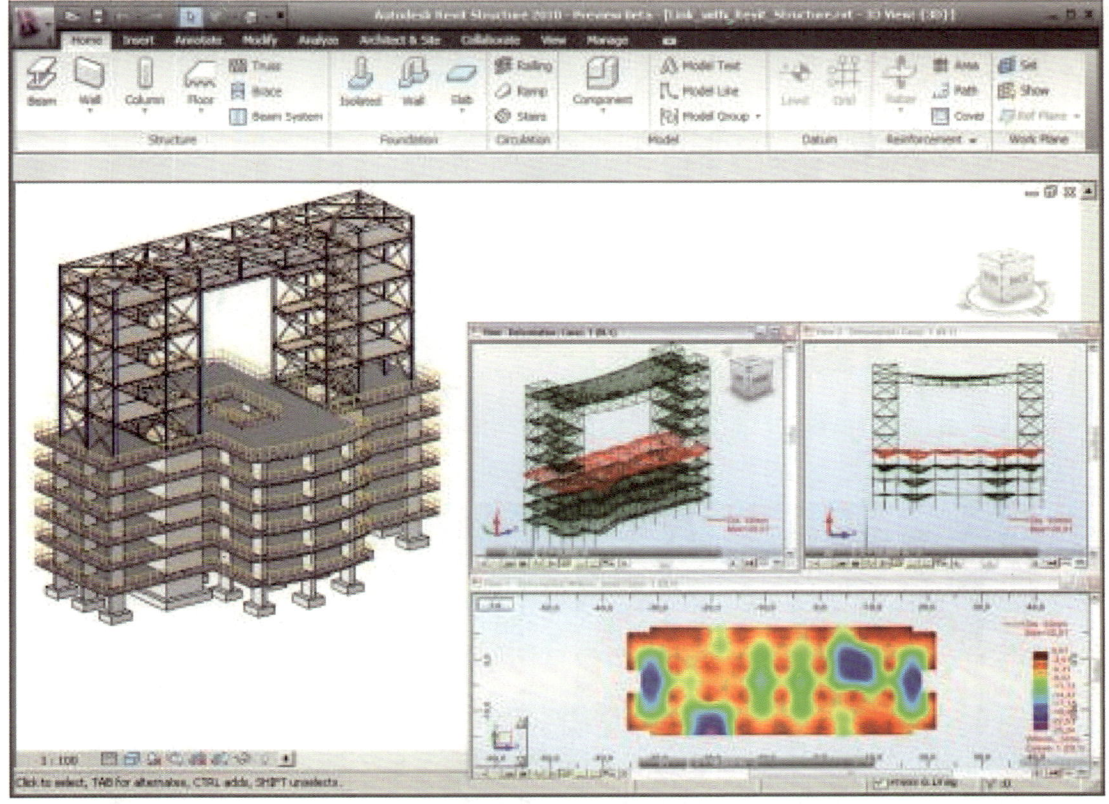

图 9-12　Revit 用于结构设计

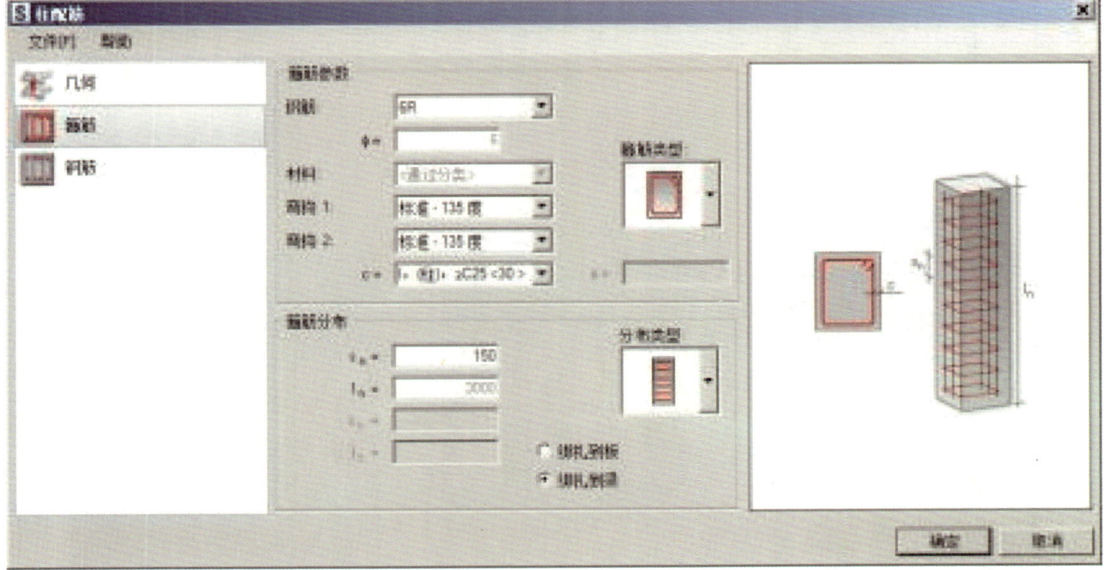

图 9-13　Revit 钢筋建模

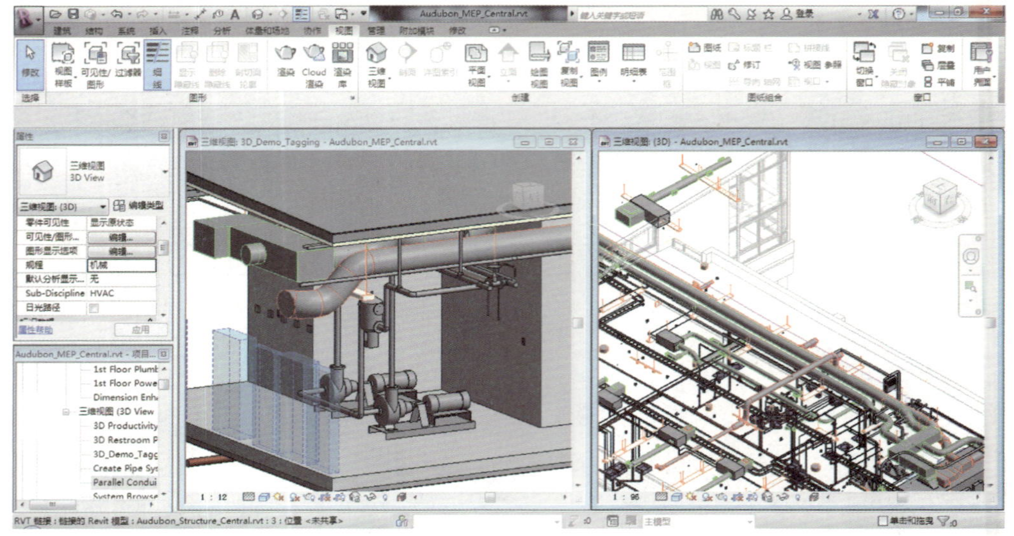

图 9-14　Revit 机电建模

图 9-15　Navis Works 提供的整体视图

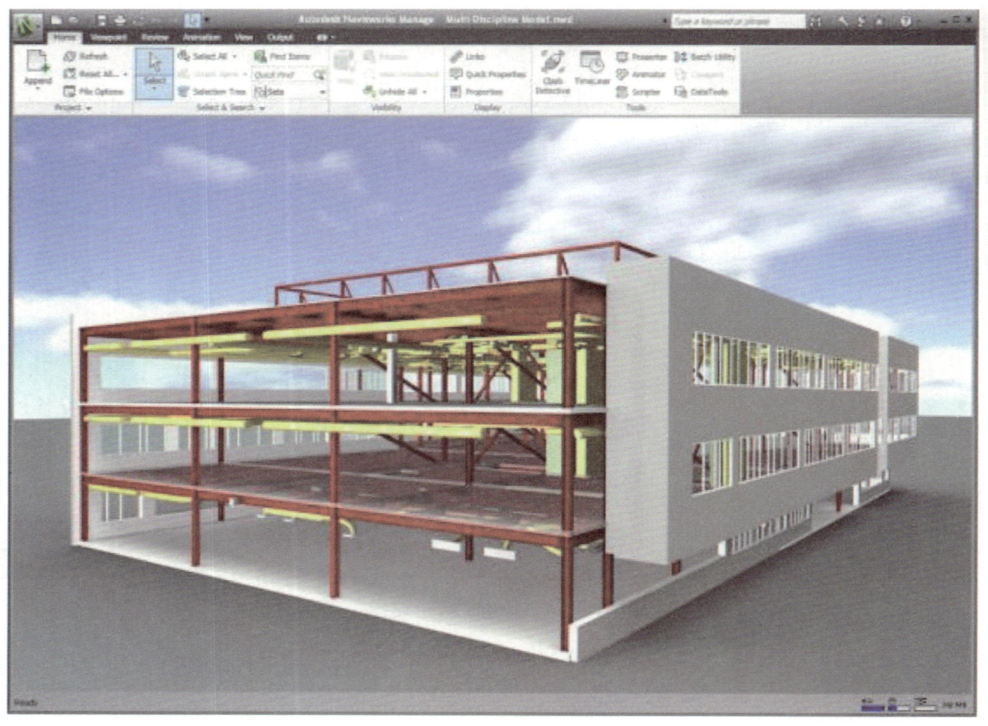

图 9-16　各专业模型整合

图 9-17　实时漫游

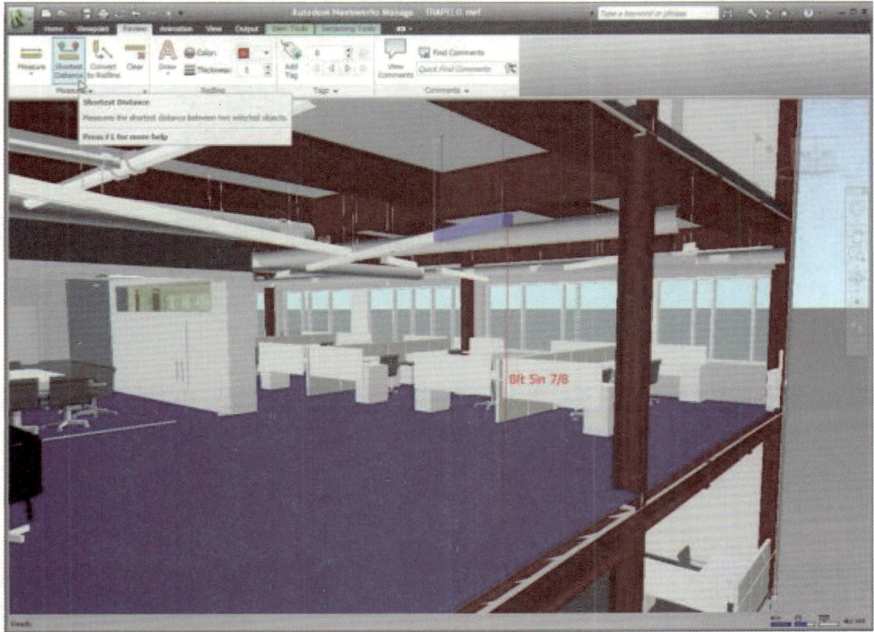

图 9-18　审核工具

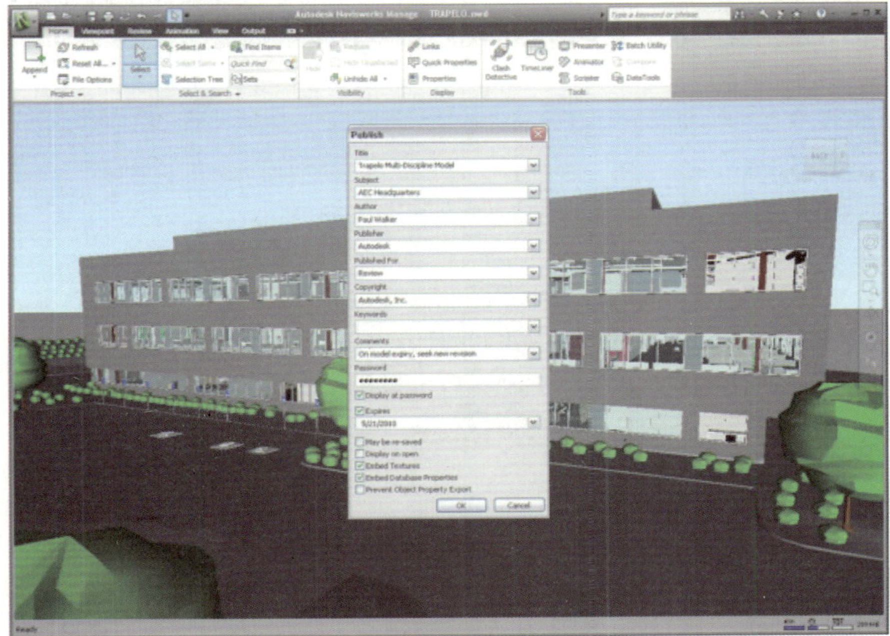

图 9-19　发布 NWD 或 DWF 文件

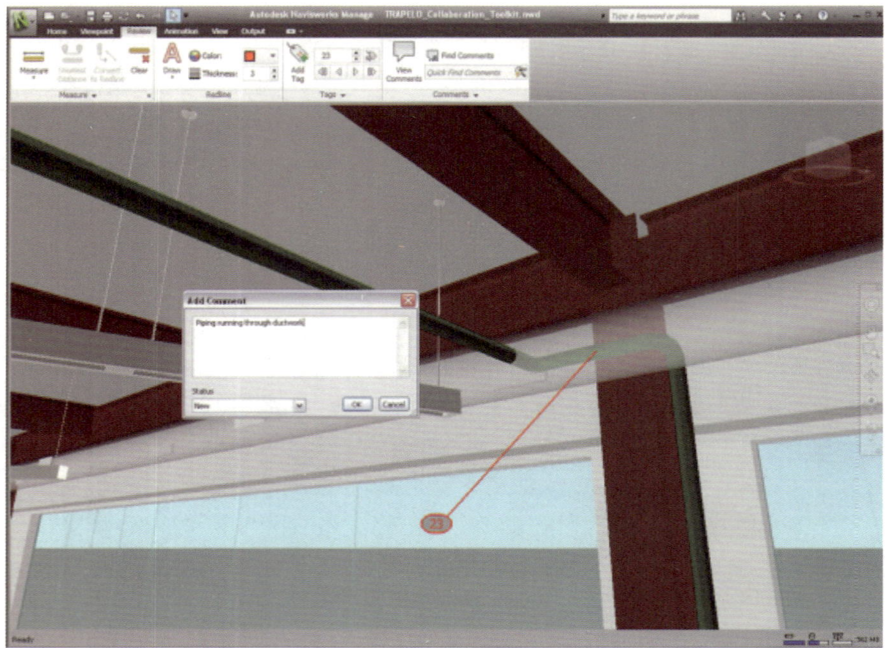

图 9-20　注释

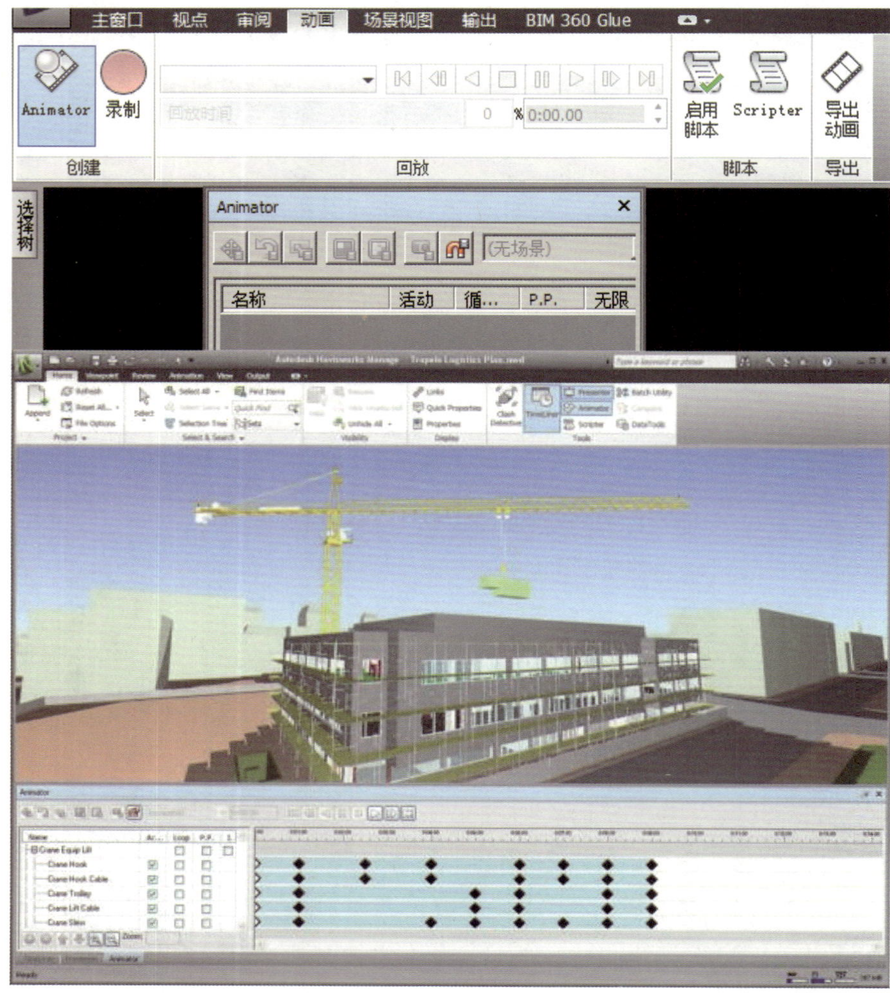

图 9-21　对象动画

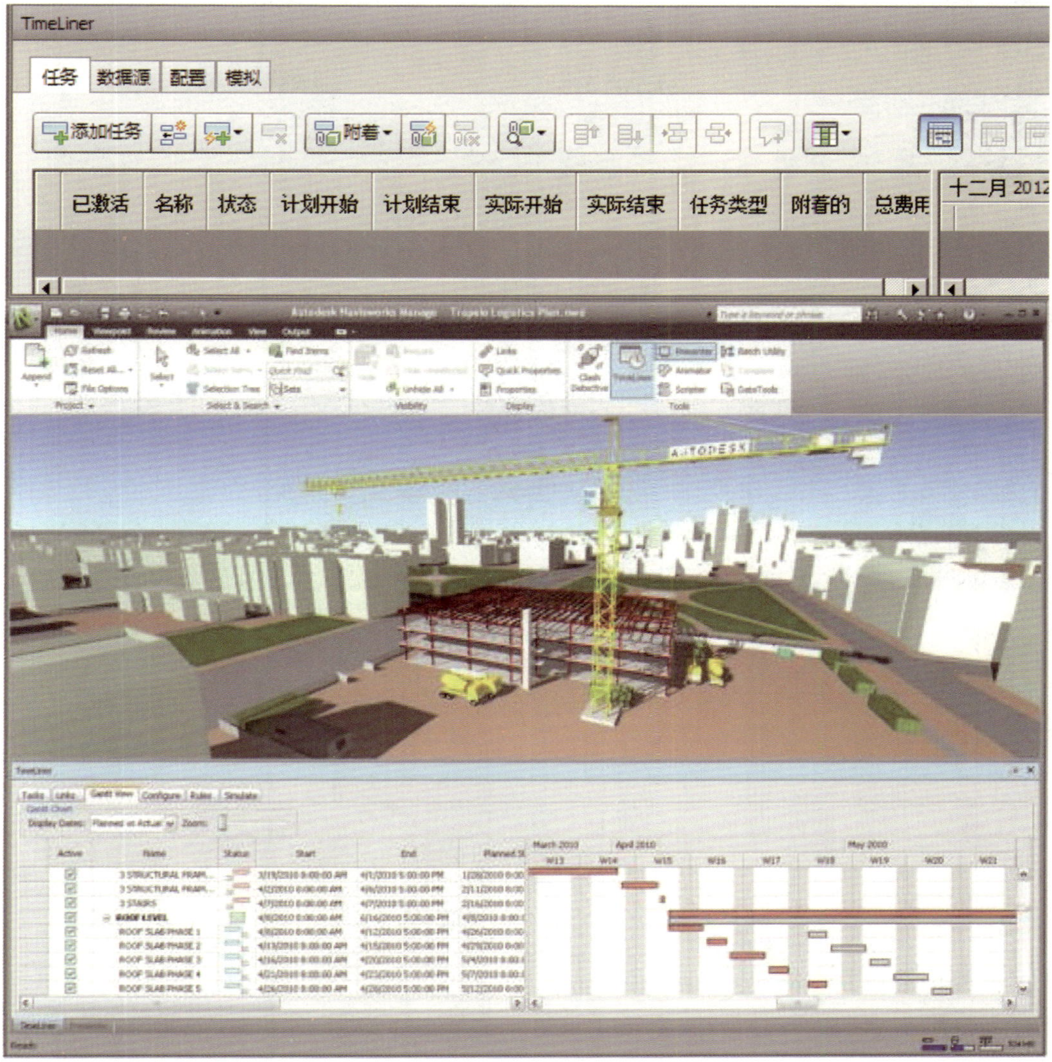

图 9-22　四维、五维项目进度模拟

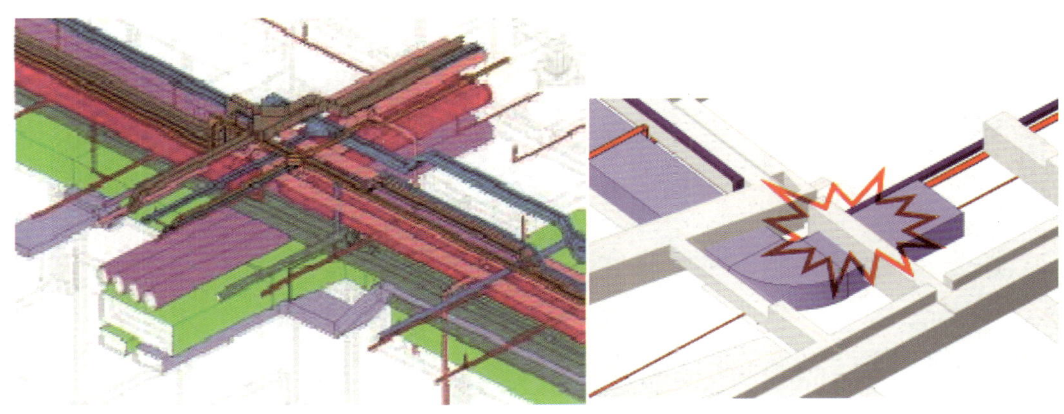

图 9-23　模型碰撞

图 9-24　ArchiCAD 软件

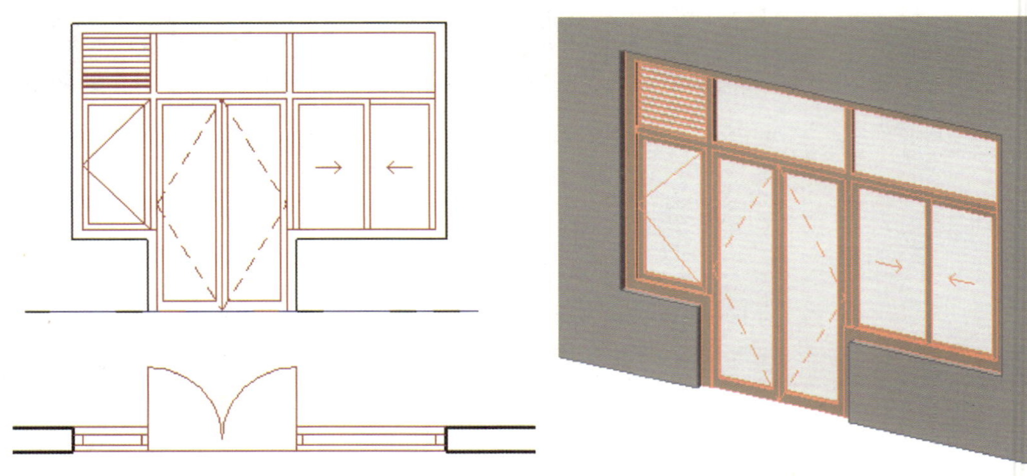

图 9-25　GDL 软件制作窗

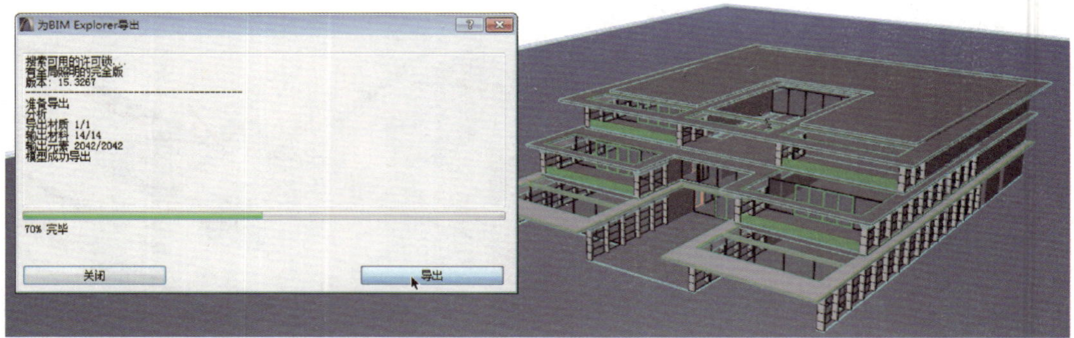

图 9-26　BIM Explorer 导出

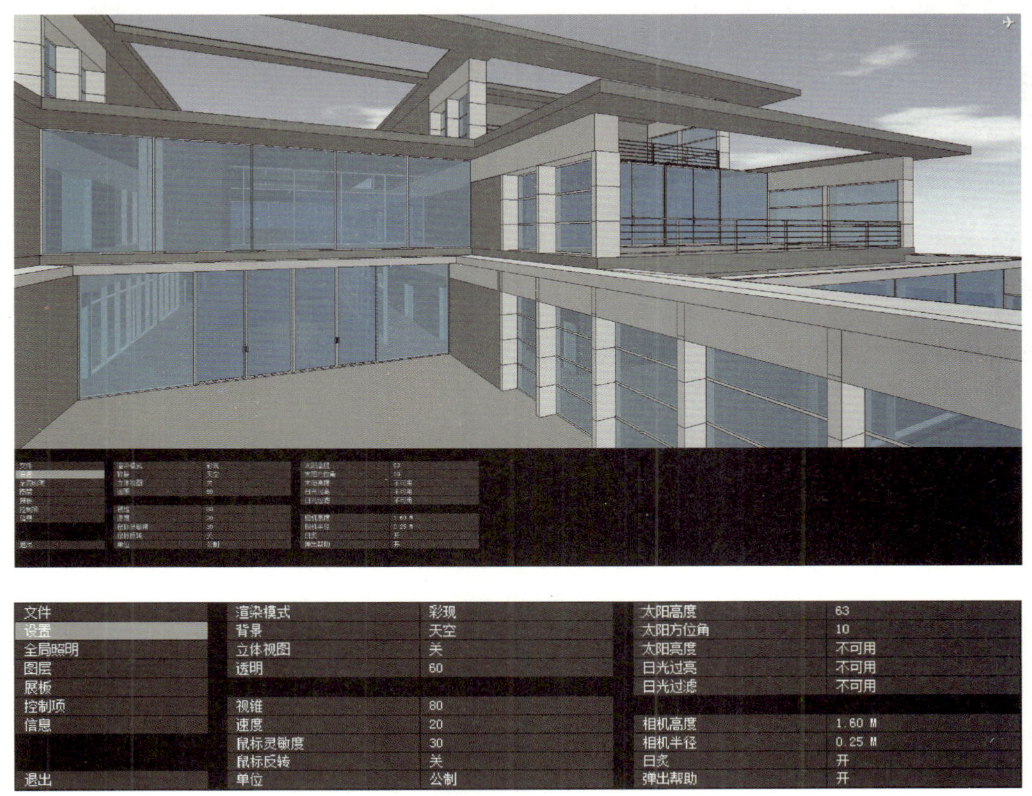

图 9-27　BIM Explorer 界面

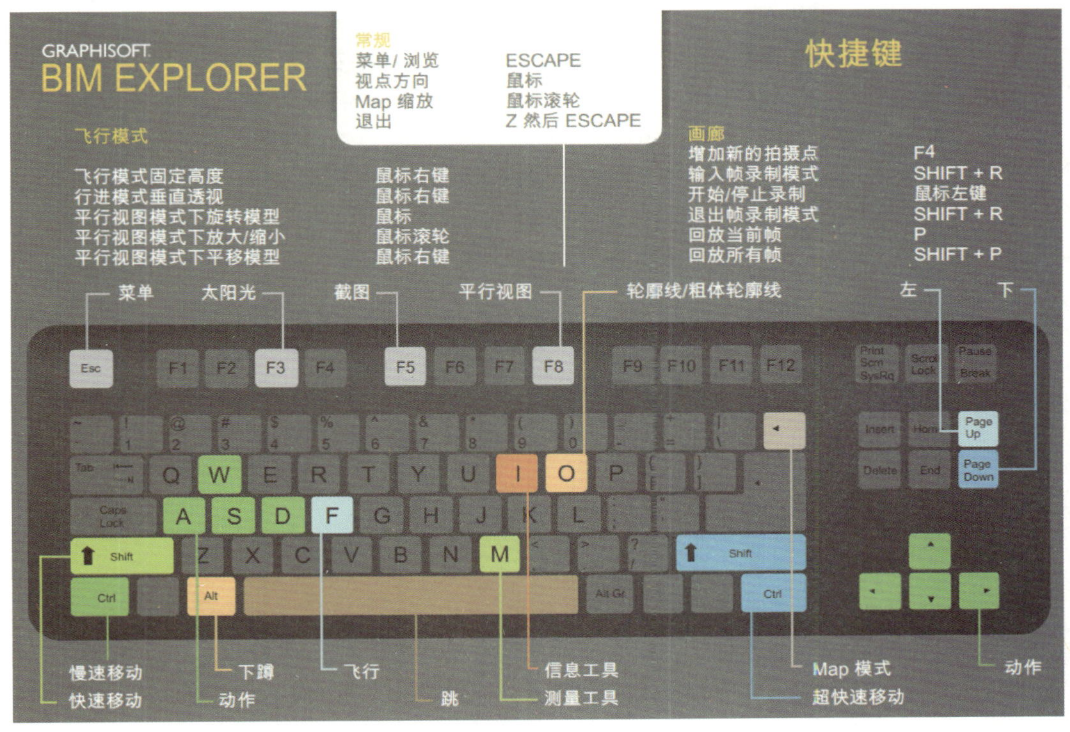

图 9-28　键盘控制的快捷键

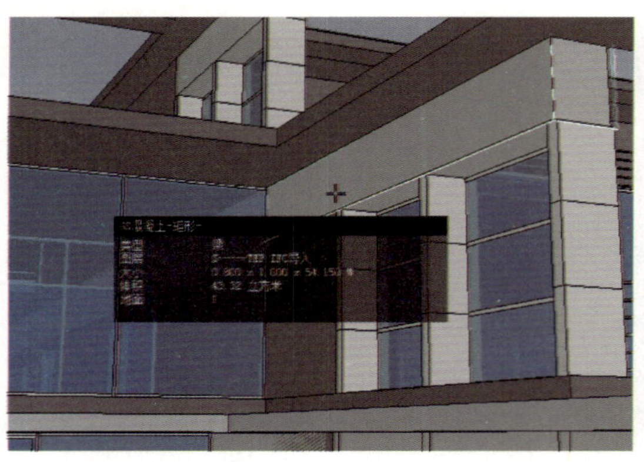

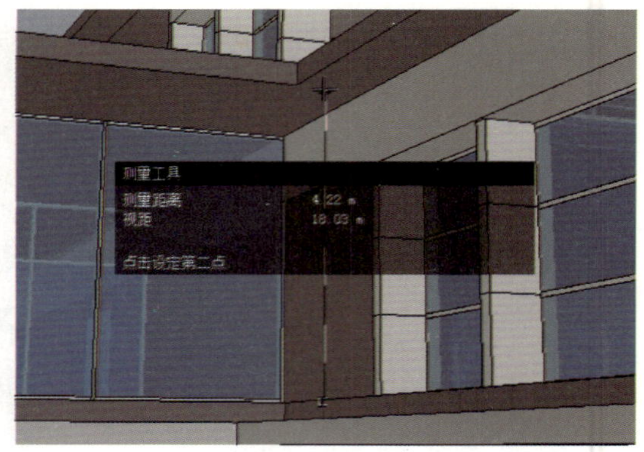

图 9-29　测量工具

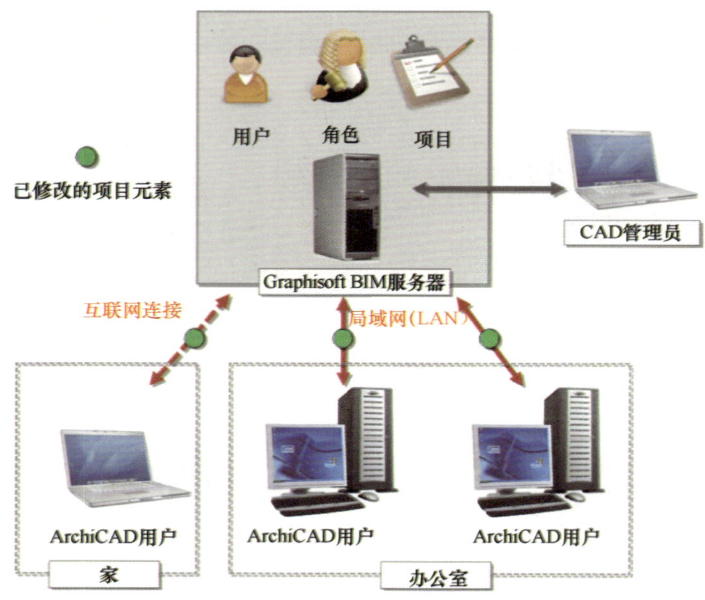

图 9-30　ArcdiCAD 团队模式

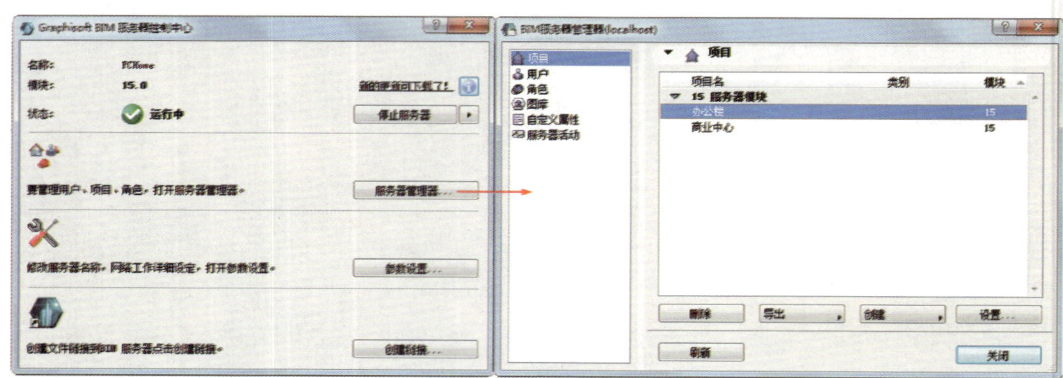

图 9-31　服务界面

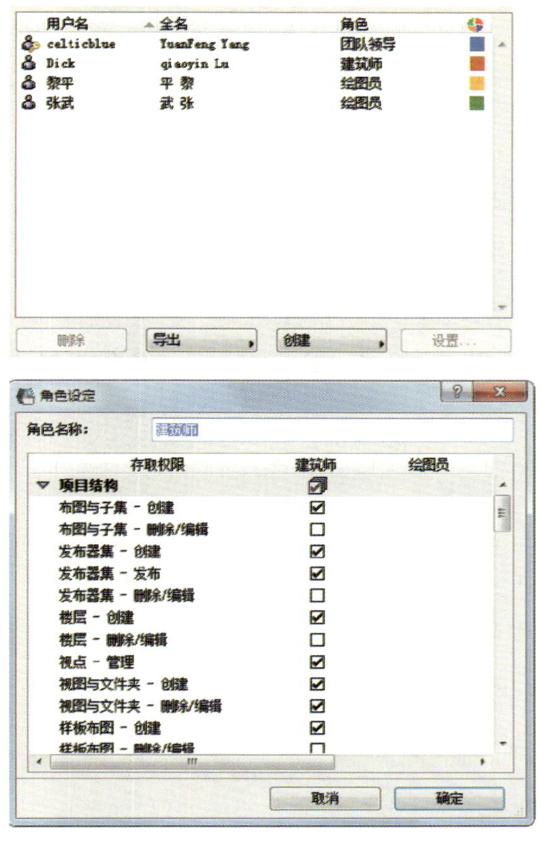

图 9-32　团队权限设置

图 9-33　对话框

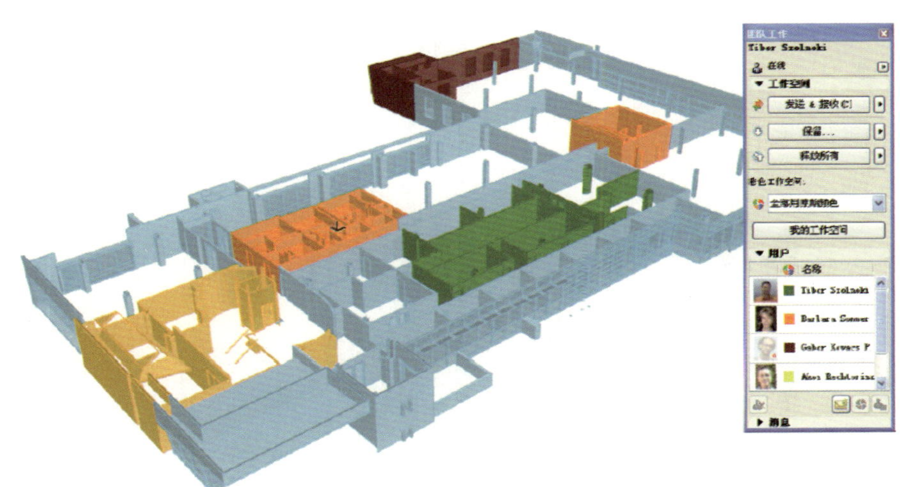

图 9-34　用颜色显示工作范围

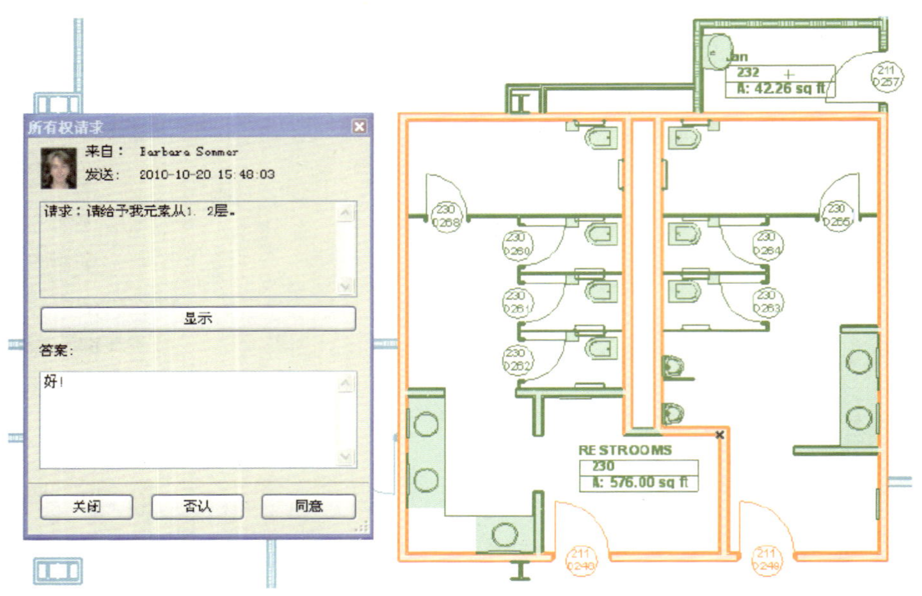

图 9-35 使用请求

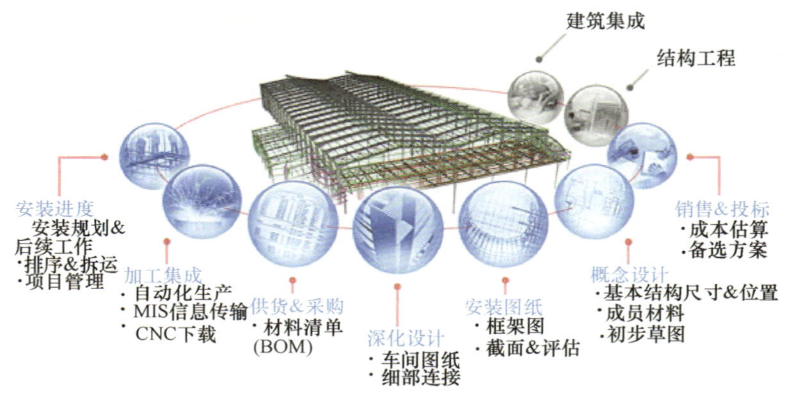

图 9-36 Tekla Structures 软件

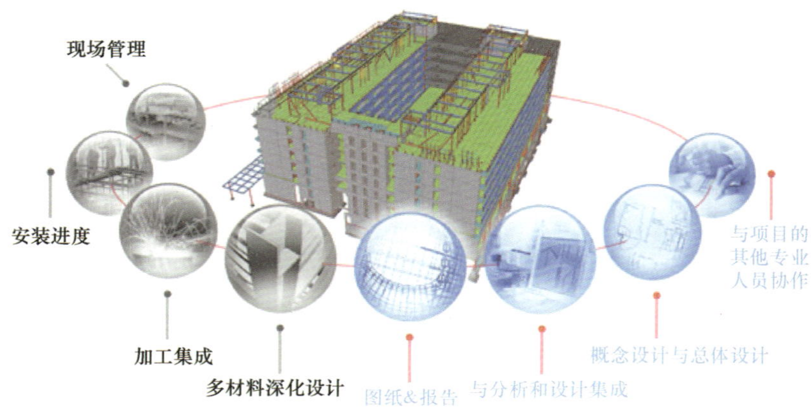

图 9-37 分化模型

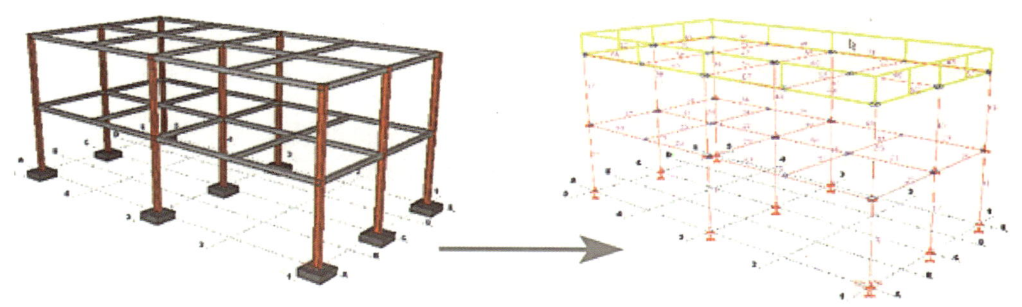

图 9-38　创建模型图形

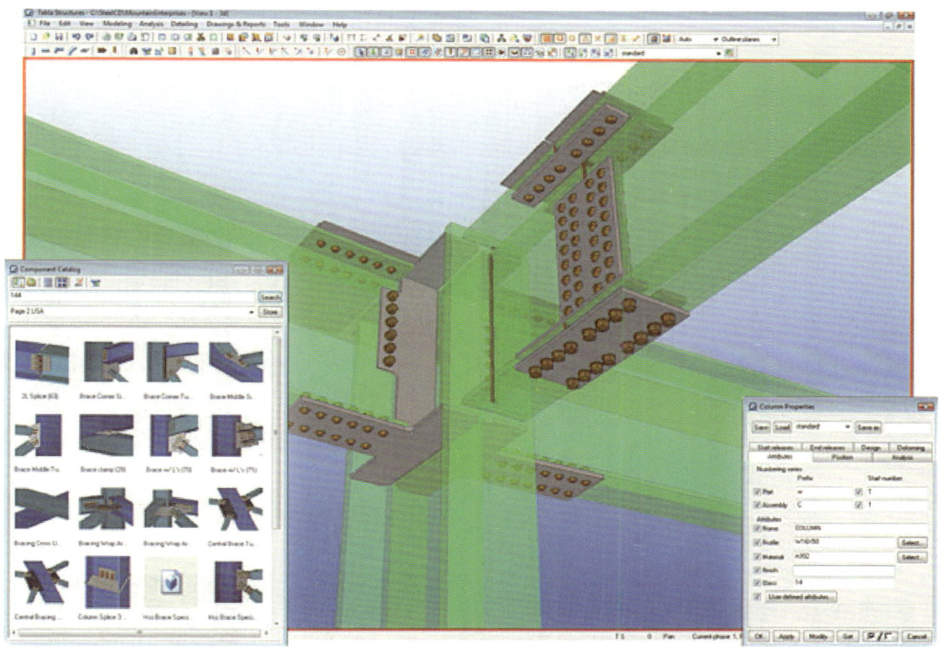

图 9-39　自创参数对象

图 9-40　生产信息生成

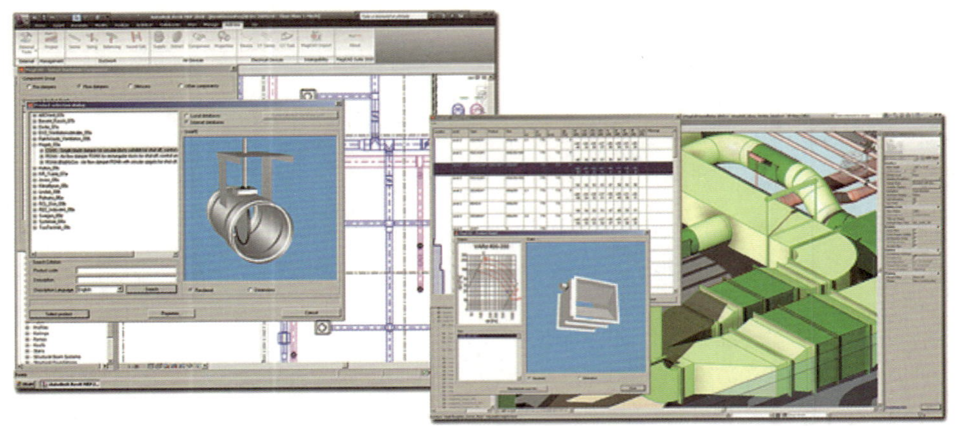

图 9-41　直接使用设备产品

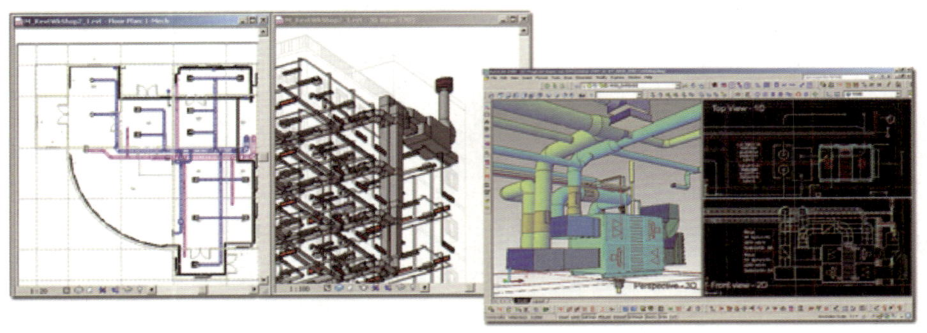

图 9-42　绘图和计算

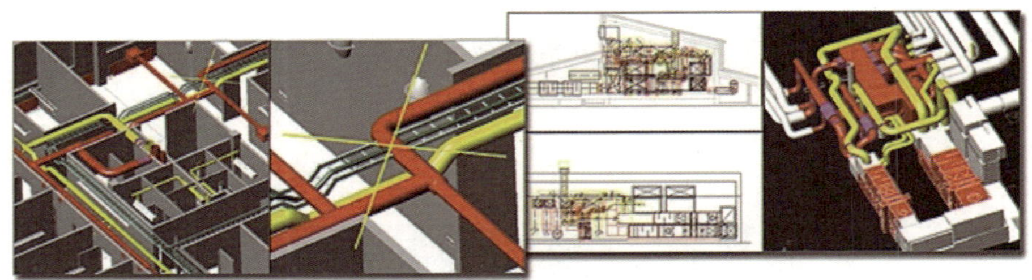

图 9-43　碰撞检查

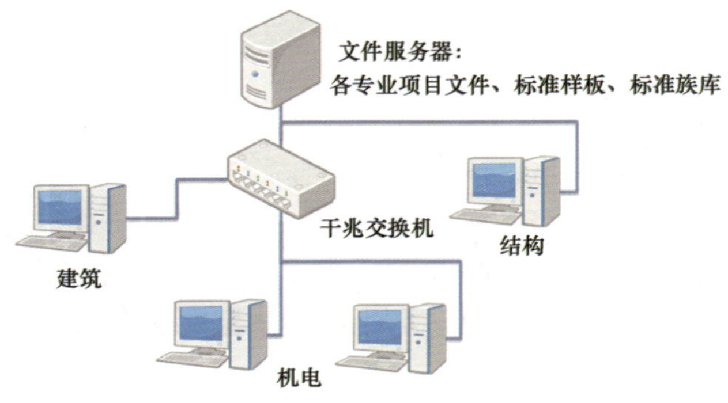

图 9-44　典型网络示意图

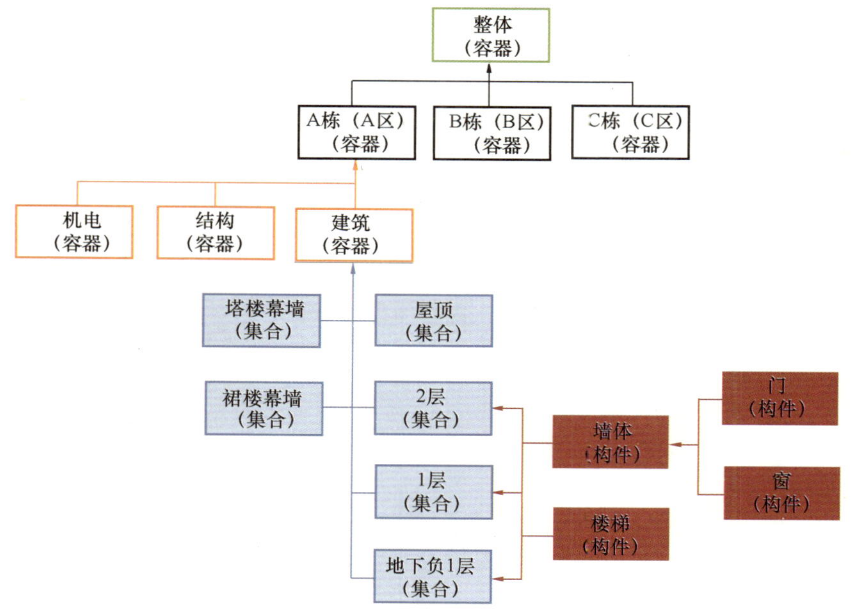

图 9-46　模型组织示意图

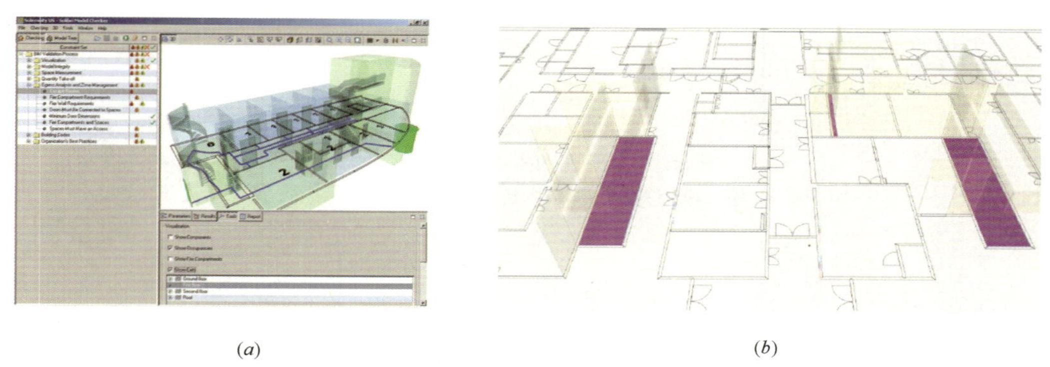

(*a*)　　　　(*b*)

图 9-50　BIM 模型检查

(*a*)安全疏散距离检查；(*b*)未定义空间检查

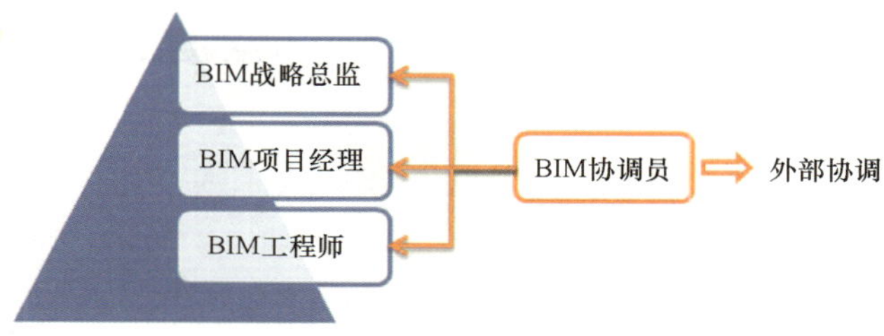

图 9-51　成员构成

模型详细程度 表 9-3

应　用	对应 2D 图纸比例	说　明	图　　例
构思、方案	1∶200～1∶1000	体量推敲、面积、体积、位置和朝向等基本数据	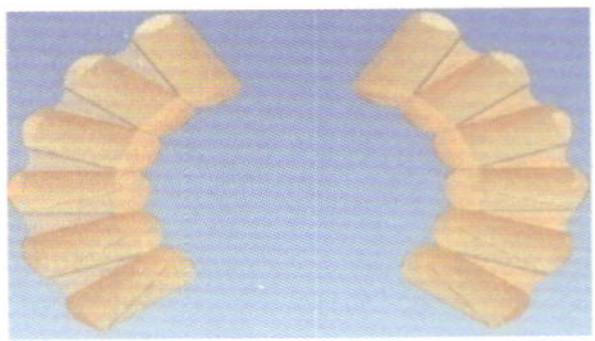
初步设计	1∶200	主要的尺寸，形状，位置，朝向，可统计数据。可以包含建筑属性	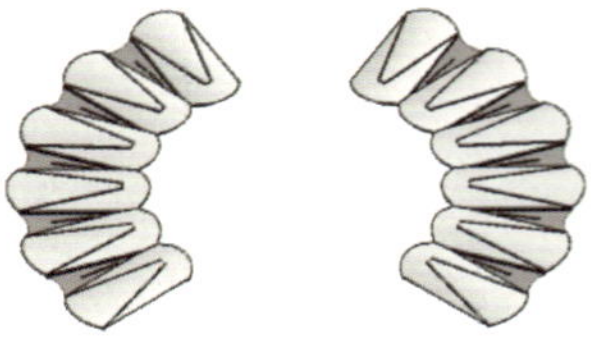
施工图	1∶50～1∶100	精确的尺寸，形状，位置，朝向，统计数据。应包含建筑属性	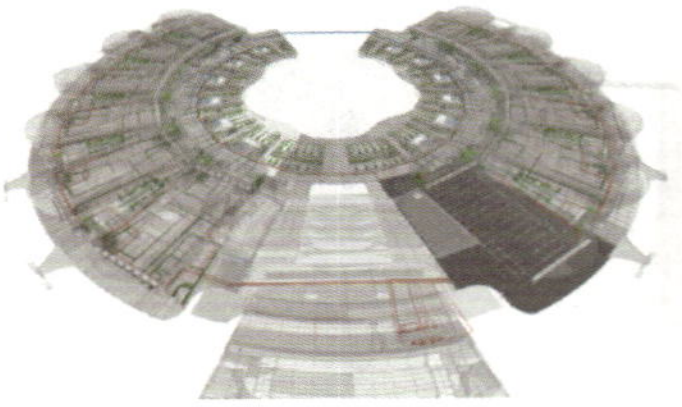
深化设计、加工	1∶5～1∶100	满足制造和装配要求的细节程度	
竣工交付、运维	1∶100	施工图详细程度，但经过施工阶段的变化和更新	